樊树志

著

EARLY URBANIZATION
OF JIANGNAN TOWNS

江南 市镇的
早期 城市化

中华书局

图书在版编目(CIP)数据

江南市镇的早期城市化/樊树志著. —北京:中华书局,2023.2
(2023.9 重印)
　ISBN 978-7-101-16007-9

　Ⅰ.江… Ⅱ.樊… Ⅲ.城市化–城市史–华东地区–明清时
代–民国 Ⅳ.F299.275

中国版本图书馆 CIP 数据核字(2022)第 233959 号

书　　名	江南市镇的早期城市化
著　　者	樊树志
策划编辑	贾雪飞
责任编辑	黄飞立
装帧设计	刘　丽
责任印制	管　斌
出版发行	中华书局
	(北京市丰台区太平桥西里 38 号　100073)
	http://www.zhbc.com.cn
	E-mail:zhbc@zhbc.com.cn
印　　刷	三河市宏达印刷有限公司
版　　次	2023 年 2 月第 1 版
	2023 年 9 月第 2 次印刷
规　　格	开本/920×1250 毫米　1/32
	印张 17⅛　插页 18　字数 400 千字
印　　数	3001-5000 册
国际书号	ISBN 978-7-101-16007-9
定　　价	98.00 元

樊树志 复旦大学教授。代表著作有：《明史十二讲》
（2021）、《重写晚明史：王朝的末路》（2019）、《重写晚明史：内
忧与外患》（2019）、《重写晚明史：新政与盛世》（2018）、《重写
晚明史：朝廷与党争》（2018）、《晚明大变局》（2015）、《明代文
人的命运》（2013）、《明史讲稿》（2012）、《张居正与万历皇帝》
（2008，2022）、《大明王朝的最后十七年》（2007）、《国史十六
讲》（2006）、《江南市镇：传统的变革》（2005）、《权与血：明帝
国官场政治》（2004）、《晚明史（1573—1644年）》（2003）、《国
史概要》（1998）、《崇祯传》（1997，2021）、《万历传》（1993，
2020）、《明清江南市镇探微》（1990）、《中国封建土地关系发展
史》（1988）等。其中，《晚明史（1573－1644年）》获第十四届"中
国图书奖"；《晚明大变局》入选《人民日报》、《光明日报》、《中
华读书报》、新华网、新浪网等二十余家媒体2015年度好书。

目 录

导　论

明清时代江南市镇的蓬勃发展，缔造了辉煌的经济、文化业绩，成为前近代的一抹亮色，至今仍留下深深的印迹；南浔镇、周庄镇、同里镇、乌镇、朱家角镇、角直镇、七宝镇等，作为历史文化遗产，备受世人瞩目。人们在对它们流连忘返、赞颂备至的同时，很自然要对它们的历史踪迹，对它们曾经的辉煌以及它们所走过的兴衰之路有所了解。人们对它们的认识，当然不会仅仅满足于走马观花、浮光掠影，不会仅仅满足于小桥流水人家这种浅表层次。人们对它们的依恋和珍惜，充满了怀旧感。这种怀旧感，并非颓废的发思古之幽情，而是对历史的尊重，是对已经消逝，离我们远去的文明的一种追忆，是对过去曾经有过，而今仍萦绕于心的辉煌业绩的怀念。这或许就是关于江南市镇的研究，历经几十年而不衰的原因吧！历史并非现实，但是，历史与现实的联系毕竟难以割断，对于现实中早已消逝的辉煌，人们是倍加珍惜的。

　　怀着这种心情，笔者撰写了这本书。书名之所以定为"江南市镇的早期城市化"，是想把笔者对江南市镇的感受，传达给读者诸君：现在看来古色古香、恬淡宁静的江南市镇，曾经一度引领时代潮流，带动了社会的变革，推进了早期城市化进程。现今旅游者们所看到的江南市镇硕果仅存者，只是它们留下来的一个空壳，甚至是经过人为加工的空壳。殊不知，它们过去是充满经济活力的工商业中心，吸引着大江南北的富商大贾（包括徽州商人、山陕商人、闽粤商人），是全国丝绸、棉布等名牌产品的集散地，拥有几百家店铺、牙行、作坊、茶楼、酒肆，居民数千户乃至上万户，是热闹非凡的"地方小都市"（海外学者语）。本书目的在于，把这个空壳曾经拥有的内容，按照历史的本来面貌，真实地复原在读者诸君面前，即不是将怀旧仅停留在空壳的层面上，而是再现它过去辉煌的真实动态的各个方面。

江南地区经过长期的开发，到明代进入经济高度成长时期，最先显示出传统社会正在发生的变革，社会转型初露端倪。农家经营的商品化程度日益提高，以农民家庭手工业为基础的乡村工业化（即学者们所说的早期工业化），在丝织业、棉织业领域达到了世界先进水平，工艺精湛的生丝、丝绸、棉布不仅畅销于全国各地，而且远销海外各国，海外的白银货币源源不断地流入中国。从这个意义上讲，江南市镇已经领先一步进入了"外向型"经济的新阶段。这样说，并非夸张，而是历史的本身。

一　全球化贸易与江南市镇

15世纪末16世纪初，是世界历史上的"地理大发现"时代，或者说"大航海时代"。葡萄牙人绕过非洲好望角，进入印度洋，占据印度西海岸贸易重镇果阿（Goa），以及东西洋交通咽喉马六甲（Malacca），来到中国东南沿海。西班牙人发现美洲"新大陆"，后来绕过美洲南端进入太平洋，到达菲律宾群岛以及中国沿海。这两个国家的商人都把与中国贸易当作首要任务，或者说作为牟取巨额利润的重要渠道。这样就使中国进入了全球贸易的网络之中。

葡萄牙人为了把中国商品运往各国，以澳门为中心，构建了几条国际贸易航线：澳门—暹罗（泰国）—马六甲（马来西亚）—果阿（印度）—里斯本（葡萄牙）航线，澳门—长崎（日本）航线，澳门—马尼拉（菲律宾）—阿卡普尔科（墨西哥）航线。在这些航线上航行的大帆船，把中国的生丝、丝绸、棉布、瓷器等商品运往各国。葡萄牙人以澳门为中心来安排远东贸易，每年五月至六月，他们乘坐大帆船，顺着夏季的西南季风从果阿起航，装载着胡椒、苏木、象牙、檀香等印度货物，以及原产于美洲，经里斯本转运来的白银货币，抵达澳门。在其后的一年中，把货物与白银换成中国的生丝、丝绸、黄金、铅、水银、糖、麝香、茯苓、棉纱、棉布等商品，在第二年初夏，乘着季风继续东航，进入日本长崎，把生丝、丝绸、棉布等中国商品，以高昂的价格迅速脱手，然后装上日本白银以及少量其他货物，乘着同年秋天的季风返回澳门。他们再在澳门用日本白银大批购买中国的生丝、丝绸、瓷器、黄金等物，到第三年秋天，才乘着季风返回果阿。由澳门运往果阿，再由果阿运往里斯本的中国商品，数量最大的是生丝。1580—1590年从澳门运往果阿的生丝有3 000担，价值白银24万两，利润达白银36万两；1636年从澳门运往果阿的中国生丝有6 000担，价值白银48万两，利润达白银72万两。由于中国对印度等地的香料之类商品需求量不大，葡萄牙商人必须用大量白银来购买中国商品。这些白银是墨西哥、秘鲁出产的，由葡萄牙、西班牙商人运往欧洲大陆的塞维利亚、里斯本，再运往果阿，以至于当时马德里商人说，葡萄牙人从里斯本运往果阿的白银几乎全部经由澳门进入了中国。

据日本学者的研究，当时日本对中国生丝的需求量是很大的（用来制作绢制品）。当时大内氏城下町山口的机织业名闻遐迩，最大的机织业中心莫过于京都的西阵；但生丝产量严重不足，17世纪日本的生丝总需求量为三四十万斤，几乎完全仰赖葡萄牙商人从中国运来。[1]据统计，1600年前后葡萄牙商人从澳门运往长崎的中国商品，首屈一指的就是生丝（500～600担）、丝线（100～500担）、绸缎（1 700～2 000担），它们的利润率分别是75%～87%、164%～186%、111%～127%；其次便是棉纱（200～300担）、棉布（3 000匹），利润率分别是128%～157%、177%～186%。[2]

西班牙商人的"马尼拉大帆船"（Manila galleon）则把福建月港运来的中国商品运往美洲墨西哥、秘鲁、巴拿马、智利。马尼拉大帆船抵达墨西哥的阿卡普尔科港后，就在当地举办盛大的集市，中国价廉物美的生丝、丝绸深受欢迎，十分畅销。其影响之大，据说，使得当地的丝织业就此趋于衰落。

据严中平的研究，西班牙占领菲律宾以后，从中国运去的棉布很快就成为当地土著居民的生活必需品。1591年西班牙的菲律宾总督发现，当地土著居民因为使用中国衣料，不再种棉织布，所以下令禁止土著居民使用中国衣料（丝绸、棉布）。1592年，这个总督报告西班牙国王说，中国商人收购菲律宾棉花，转眼就从中国运来棉布，棉布已成为中国在菲律宾销路最大的商品。同样，至迟在1680年代，中国丝绸就已威胁到西班牙产品在美洲的销路。17世纪初，墨西哥人穿丝绸多于穿棉布。到了1637年，情况愈发严重，墨西哥的丝织业都以中国丝为原料，墨西哥本土蚕丝基本上被消灭了。邻近墨西哥的秘鲁也是中国丝绸的巨大市场，中国丝绸在秘鲁的价格只有西班牙制品价格的三分之一。中国丝绸不仅泛滥于美洲市场，夺取了西班牙丝绸在美洲的销路，甚至绕过大半个地球，远销西班牙本土，在那里直接破坏西班牙的丝绸生产。[3]

无论是澳门—果阿—里斯本航线、澳门—长崎航线，还是月港—马尼拉—阿卡普尔科航线，中国出口的商品都是以生丝、丝绸、棉布为主，而进口的只有少量的香料之类，葡萄牙、西班牙始终处于贸易逆差之中，中国则始终处于贸易顺差。贸易的不平衡，导致对方不得不支付巨额的白银货币。因此，这种贸易被外国学者称为"丝—银对流"或"丝—银贸易"。这种状态持续了两个半世纪，美洲的白银与日本的白银大量流入中国，成为当时全球化贸易中一道独特的风景。贡德·弗兰克（Andre Gunder Frank）把西方国家这种结构性贸易逆差称为"商业上的'纳贡'"，他在《白银资本——重视经济全球化中的东方》一书中写道：

在1800年以前，欧洲肯定不是世界经济的中心。无论从经济分量看，还是从生产、技术和生产力看，或者从人均消费看，或者从比较"发达的""资本主义"机制的发展看，欧洲在结构上和功能上都谈不上称霸。16世纪的葡萄牙、17世纪的尼德兰或18世纪的英国在世界经济中根本没有霸权可言……在所有这些方面，亚洲的经济比欧洲"发达"得多，而且中国的明—清帝国、印度的莫卧尔帝国，甚至波斯的萨菲帝国和土耳其奥斯曼帝国所具有的政治分量乃至军事分量，比欧洲任何部分和欧洲整体都要大得多。

（1500—1800年）整个世界经济秩序当时名副其实地是

以中国为中心的……外国人，包括欧洲人，为了与中国人做生意不得不向中国人支付白银，这也确实表现为商业上的"纳贡"。

"中国贸易"造成的经济和金融后果是，中国凭借着在丝绸、瓷器等方面无与匹敌的制造业和出口，与任何国家进行贸易都是顺差。因此，正如印度总是短缺白银，中国则是最重要的白银净进口国，用进口美洲白银来满足它的通货需求。美洲白银或者通过欧洲、西亚、印度、东南亚输入中国，或者用从阿卡普尔科出发的马尼拉大帆船直接运往中国。[4]

这是多么振聋发聩的论断！对此学者们或许见仁见智，有不同意见，但他所揭示的历史事实——西方国家在与中国的贸易中始终处于结构性逆差之中，却是无可置疑的。

关于这点，中国学者早已有所关注。梁方仲的论文《明代国际贸易与银的输出入》指出："欧洲东航以后，银钱及银货大量地由欧洲人自南北美洲运至南洋又转运来中国……由万历元年至崇祯十七年（1573—1644）的七十二年间合计各国输入中国的银元由于贸易关系的至少远超过一万万元以上。"[5] 而对此研究得最为精深的当推全汉昇。他在1969年发表于香港《中国文化研究所学报》第2卷第1期的论文《明清间美洲白银的输入中国》，系统地分析了这个问题，所提供的资料与结论，至今无人能够超越。他写道：

自1565年起至1815年止，共达两个半世纪之久，西班牙政府每年派遣一艘至四艘（通常以两艘为多）载重由三百吨至一千吨（有时重至二千吨）不等的大帆船（galleon），横渡太平洋，来往于墨西哥的阿卡普尔科（Acapulco）与菲律宾马尼拉（Manila）之间。

在 16、17、18 世纪间，每年由大帆船自美洲运往菲律宾的银子，有时多达四百万西元，有时只有一百万西元，但以二三百万西元的时候为居多……到了 1765 年 2 月 10 日马尼拉最高法院检察长向西班牙国王上奏说："自从菲律宾群岛被征服（1565 年）以来，运到这里的银子已经超过二万万西元。"其后，依照德科民（De Comyn）的计算，在由 1571 年至 1821 年的二百五十年中，自西属美洲运抵马尼拉的银子，共为四万万西元。[6]

全汉昇认为，这四万万西元（即比索）当中，至少有一半甚至更多一些流入了中国。[7]

全汉昇的这一研究成果，受到西方学者的广泛关注，法国年鉴派学者布罗代尔（Fernand Braudel）在《15 至 18 世纪的物质文明、经济和资本主义》一书中说"一位中国历史学家最近认为，美洲 1571 至 1821 年间生产的白银至少有半数被运到中国，一去而不复返"，就是征引全汉昇的结论。

布罗代尔认为，16 世纪"各种协力促成的运动"是从西班牙前往美洲。从贸易角度看，马尼拉大帆船代表着一条特殊的流通路线。美洲白银 1572 年开始一次新的分流，马尼拉大帆船横跨太平洋，把墨西哥的阿卡普尔科同菲律宾的马尼拉连接起来，运来的白银用于收集中国的丝绸和瓷器，印度的高级棉布，以及宝石、珍珠等物。他认为，这种远程贸易对中国东南沿海经济发展起到了巨大影响。从事对外贸易的中国商人在 1638 年日本实行闭关锁国后，同荷兰商人一样，甚至比后者更加有效地参加与日本列岛的丝绸和白银的贸易；他们在马尼拉接收大帆船从阿卡普尔科运来的白银；中国始终派人出外经商，中国的工匠、商人和货物深入南洋群岛每个角落。[8]

这种盛况与江南市镇有着密切的联系，出口的生丝、丝绸主要来源于太湖流域的丝绸业市镇。正如全汉昇所说："在近代西方工业化成功以前，中国工业的发展使中国产品在国际市场上的强大竞争力来说，显然曾经有过一页光荣的历史。中国蚕丝生产普遍于各地，而以江苏和浙江之间的太湖流域最为重要……海外市场对中国丝绸需求量非常大，因而刺激这个地区蚕丝生产事业的发展，使人民就业机会与货币所得大量增加，当然是一个重要因素。"[9]全汉昇所说生丝与丝绸的出口，"以江苏和浙江之间的太湖流域最重要"，指的就是江南丝绸业市镇集中的地区。这些市镇及其四乡以出产优质生丝与丝绸而闻名于世，被称为"湖丝"——湖州及太湖周边出产的生丝的通称，它的著名品牌"辑里丝"就是以南浔镇的辑里村为中心的地区出产的湖丝品牌，在国际市场上享有极高的声誉。

乾隆二十四年（1759年），两广总督李侍尧在一份奏折中说："外洋各国夷船到粤，贩运出口货物，均以丝货为重，每年贩运湖丝并绸缎等货，自二十余万斤至三十二三万斤不等，统计所买丝货，一岁之中，价值七八十万两，或百余万两。至少之年，亦买价至三十余万两之多。其货物均系江、浙等省商民贩运来粤，转售外夷，载运回国。"[10]这条史料揭示了当时外贸的实况：外国商船到清朝官方指定的贸易口岸广州，所买货物都以丝货为主，而这些丝货又以太湖流域的"湖丝"以及绸缎为主，这些由江苏、浙江等商民贩运到广州的出口"湖丝"及绸缎，每年的交易额在数十万两至百余万两白银上下，并不是一个小数字。

这样的外贸形势，刺激了江南市镇的蚕桑丝织业的蓬勃发展，进入了"外向型"经济的轨道。这种情况早在明代后期就已初露端倪，随着马尼拉大帆船把从福建运来的湖丝及丝织品运往美洲。在马尼拉港，"当日在中国每担值银一百两的湖丝，运到那里出售，起码得价二倍。除西班牙人外，有时日本人也在那里收购湖丝。当大家在市场上争着购买的时候，湖丝价格更急剧上涨，每斤售银五两，即每担（售银）五百两"[11]。处于对外贸易前沿的福建、广东，鉴于太湖流域的湖丝及丝绸外销势头的旺盛，也纷纷从事以湖丝为原料的丝织业。全汉昇写道："当太湖沿岸居民大规模种桑养蚕的时候，因原料供应充裕而产量增加的丝织工业，并不以江、浙各地为限，就是距离较远的福建、广东，也因能够利用品质优良的湖丝或吴丝，而织造出更多更好的绸、绢、纱、缎等物……此外，福建以南的广东也出产蚕丝，但丝质不佳，故那里丝织工业也以吴丝来织造甲于天下的纱、缎。"[12]

　　太湖流域的湖丝及丝绸的出口，进入清代以后更趋兴旺。从1670年代末期起，一直到鸦片战争前夕，出口欧洲的中国生丝，逐渐有了历年可以比较的统计数字。1679—1833年的155年中，每年的出口量，从8担上升到9 920担。从1840年代中期起，每年的出口量经常在5万担以上；1890年代初，中国生丝的出口量第一次突破10万担大关。到1920年代末，中国生丝出口曾经达到19万担的高峰。1845—1929年的85年中，仍保持年增长率3.5%的上升趋势。[13]

　　其原因是显而易见的。五口通商以后，湖丝不再辗转至广州出口，而是就近在上海出口，刺激了出口数量的猛增。湖丝集散地南浔镇的丝商到上海经营湖丝出口贸易者日渐增多，成为近代上海丝业巨头，例如陈煦元，"侨沪数十年，为丝业领袖，能通译西语，而出以笃诚，中西丝商倚为长城"[14]。

资料表明，进入1870年代，出现了湖丝出口的全盛时期；1890年以后的几年中，年输出量达10万担上下。[15]刘大钧在谈到辑里丝深受西人欢迎、外销日趋增加的走势时说："大约自1870年左右而后，至1920年后止，为时计五十年，丝业贸易兴畅，蚕桑区农民繁荣，乃造成湖州蚕桑事业之全盛时期。"[16]

《吴江丝绸志》也说，上海开埠后，上海成为主要的辑里丝出口市场，而辑里丝主要来自湖州的南浔镇与吴江的震泽镇。光绪六年（1880年），仅震泽镇一地出口的辑里丝就达5 400余担，占全国生丝出口总量的十五分之一。[17]

从上面的简要分析中，已经可以清晰地看到江南丝绸业市镇在全球化贸易中所具有的举足轻重的地位。

棉布业市镇在棉布出口中的地位也是如此。早在晚明时期，中国棉布已经畅销海外，由于价廉物美而在世界市场上所向披靡。中国棉布远销南洋群岛，在16世纪后期有了历史文献的记载。17世纪初，被称为Cangas的中国棉布，由澳门向南洋的望加锡（Macassar）和交趾支那出口。与此同时，中国棉布由澳门开往长崎的商船运往日本。18世纪初，中国棉布销往俄国，称为Kitaika的中国棉布在对俄出口商品中占据首位。1730年代，中国棉布首次由英国东印度公司运销英国，以后几乎遍及欧洲国家以及北美大陆。

而这种畅销海外的中国棉布，主要来自江南市镇。严中平指出，大量江南棉布进入海外远程贸易，甚至在18—19世纪间远销英国等海外市场。[18] 全汉昇说得更加明确："早在十八世纪的三十年代，英国东印度公司已经开始购运'南京棉布'（Nankeen）。南京为清代江苏省治，两江总督驻在那里，可以说是江苏的代表，故外人称江苏出产的棉布为南京棉布。在鸦片战争后不久，一个在上海附近考察的英国植物学者也说：'在上海附近种植的棉花，名曰南京棉花，用它纺织成的棉布，叫做南京棉布。'"[19] 全氏征引马士（H. B. Morse）和 R. Fortune 的论著，揭示了西方人心目中十分流行的概念——"南京棉布"，实际上就是南京这个地名的英译。它充分表明，远销海外的中国棉布主要是江苏生产的。需要补充说明的是，既然"南京棉布"的定义是"上海附近种植的棉花"纺织成的棉布，那么，与其叫做南京棉布，不如叫做上海棉布或松江棉布，更为确切。事实上，明清两代松江棉布以其质地精良而畅销于海内外，被称为"衣被天下"是名副其实的。

1786—1833年的48年中，英国、法国、荷兰、瑞典、丹麦、西班牙、意大利等国商船从广州购买的"南京棉布"共计4 400余万匹。各国商船从广州购买"南京棉布"最多的一年是1819年，共达330余万匹，价值170余万银元。1817—1833年的17年中，各国商船从广州购买的"南京棉布"共计1 900余万匹，平均每年输出110余万匹，价值达78万银元左右。1804—1829年的26年中，美国商船从广州购买"南京棉布"3 300余万匹，平均每年购买120余万匹。美国商船从广州输出的"南京棉布"，大部分运回本国，小部分运往欧洲、西印度群岛、南美洲、马尼拉及夏威夷等地。[20] 在本书"棉布业与江南市镇的成长"一章中，我们还将讨论这一情况。

明清两代江南市镇及其四乡生产的生丝、丝绸、棉纱、棉布，不仅行销全国，而且行销海外，在全球化贸易中，遍及亚洲、欧洲、美洲。这种盛况，是汉唐盛世的"丝绸之路"所望尘莫及的。连续几个世纪，数量巨大的货源，从江南市镇流向海外，刺激了江南市镇的繁荣昌盛。把这种江南市镇经济称为外向型经济，是毫不为过的。

二 江南市镇的"早期工业化"

2000年，李伯重推出新作——《江南的早期工业化（1550—1850年）》，在学术界引起强烈的反响。题目看似标新立异，其实极富创新精神。他把西方学者关于欧洲早期工业化的理论与方法，运用到对于中国江南经济的研究中，认为明清时代在1550—1850年的三个世纪中，江南出现了早期工业化。这种对历史的重新解读，令人耳目一新。

一提起中国的早期工业化，人们很自然的联想，就是近代洋务运动中的早期工业化。很少有人会想到，1850年以前的三个世纪中，江南已经出现了早期工业化。李伯重从纺织业、食品业、服装制作业、日用百货业、烟草加工业、造纸业、印刷业、工具制造业、建材业、造船业等方面，展开论证。他所得出的结论是，1850年以前的三个世纪中，江南工业的发展，使得工业在江南经济中所占的比重日益提高。到了19世纪初，在江南大部分地区，工业的地位已与农业不相上下，在经济最发达的江南东部，甚至可能已经超过农业。用西欧的标准来衡量，此时江南农村可能已经"过度工业化"了。此语出于美国学者伊懋可

（Mark Elvin）。伊懋可鉴于明清时期的中国农村工业的发展引人注目，认为当时的中国农村可能已经"过度工业化"和"过度商业化"了。伊懋可此语并不专指江南，但是由于江南农村工业最为发达，因此江南应是最"过度工业化"的地区。[21]

为了避免误解，李伯重在该书的第一章"导论——本书题解"中，对"早期工业化"作了解释："所谓早期工业化，指的是近代工业化之前的工业发展，使得工业在经济中所占的地位日益重要，甚至超过农业所占的地位。由于这种工业发展发生在一般所说的工业化（即以工业革命为开端的近代工业化）之前，因此又被称为'工业化前的工业化'。"[22]一些西方学者把近代早期欧洲农村工业的重大发展，称为"原始工业化"，指的是欧洲许多地区农村家庭手工业生产的重大发展。[23]

确实，在这个问题上中国与欧洲是可以找到共同点的，或者说是可以比较研究的。王晋新《深刻而全面的经济变革——论16—18世纪中叶英国社会经济》对此有所分析，其中有两点就颇值得注意，而且与中国江南颇有相似之处。

其一，农业经济的商业化。英国著名的伊丽莎白时代史专家罗斯在《伊丽莎白时代英国的社会结构》中指出：16世纪下半叶英国出现了一个从中世纪那种相对静止的状态向以货币、市场及商业交换为基础的更自由、更具流动性状态迅速而集中的转变。这种转变在此后便延续不断且愈演愈烈，这在当时英国农业的各个领域、各个层面都有反映和表现。其结果是在农场经营中采用了商业的方式，人们不断调整生产以适应市场条件，商业化已成为英国农业的主导性趋势。

其二，工业的乡村化和乡村的工业化。杜普莱西斯在《早期欧洲现代资本主义的形成过程》中，对中世纪西欧工业地理的变迁轨迹进行考察时说：中世纪欧洲工业地理是流动性的。在中世纪早期，大部分工业品生产在农村；在中世纪接近尾声时，农村的工业生产再次兴旺起来。15世纪前后，西欧诸国工业地理布局都出现或大或小的向农村转移的现象，形成一种工业乡村化趋势。西方学术界在这一领域代表性研究成果有：门德尔斯提出的"原工业化"理论，而后德国学者的《工业化之前的工业化》，以及布罗代尔的《论文明与资本主义》《15至18世纪的物质文明、经济和资本主义》。在工业向乡村转移或乡村工业发展上，英国是西欧诸国中发展最快的国度。乡村工业的勃兴是16—18世纪英国社会经济发展过程中最为显著的时代特征。促使英国乡村工业繁荣的因素很多，而最为关键的是英国乡村社会和农业生产的发展、变革，为乡村工业化准备了有利条件。第一，此时英国农业生产的长趋势增长，为工业生产提供了必需的粮食保障；第二，英国农业发展中所形成的专业化趋势，从结构上增强了购买纺织品和其他日用品的能力，为工业品扩大了需求空间；第三，农业结构变革中溢出了大量剩余劳动人手，满足了乡村工业对劳动力的需求。[24]

这些现象与同时期中国江南出现的变革有很多相似之处，因此，两者之间完全可以比较研究。

15—18世纪的世界经济发展中，最为引人注目的两个地区就是中国东部和欧洲西部。经济学家麦迪森（Angus Madison）新近对中国和欧洲历史上的各种主要经济指标作了估算，得出了以下结果：在欧洲工业革命完成以前，中国和欧洲（苏联地区除外）是世界上最大的两个经济体。1700年，中国和欧洲的GDP（国内生产总值）在世界GDP中所占比重，分别为23.1%（中国）、23.3%（欧洲）；1820年则分别为33.4%（中国）、26.6%（欧洲）。1700—1820年间GDP增长率，中国为0.85%，欧洲为0.65%。在引用了这些数据后，李伯重说："在欧洲工业革命之前的几个世纪中，中国在经济发展的许多方面尚不逊于欧洲；在另一些方面，尽管欧洲的发展已明显加快，但中、欧之间的差异也还并不很大。"[25] 这种观点，对于以往流行的所谓"定论"——明代以后中国开始落后于欧洲，是很有意义的挑战。

无独有偶，2000年，美国学者彭慕兰（Kenneth Pomeranz）在美国普林斯顿大学出版社出版了他的著作《大分流：欧洲、中国及现代世界经济的发展》，引起国际学术界轰动，2001年获得了美国历史学会费正清奖和世界历史学会年度奖。2003年此书由江苏人民出版社出版了中译本，中国学者得以一睹其风采。然而在此之前，一些学者还未读到彭慕兰的大作，就匆匆忙忙发表一系列否定性意见，说他不了解中国历史，援引的都是二手资料，显得过于轻率。

其实彭慕兰对这一课题是有研究积累的，这从书末所附长达48页的参考文献目录就可以感受到。不论你是否赞同他的观点，他的这本书对于我们研究这一时期历史，肯定有所启发，我们不是常说"他山之石，可以攻玉"嘛！

彭慕兰在该书引言中概括了他的结论：直到工业化得到充分发展之前，欧洲并不比东亚好多少；工业革命前夜，欧洲并没有领先于东亚，但其制度促使工业化必然发生，东亚则不然。他在引言中还说明了撰写该书的目的是向欧洲中心论挑战，西方人写的世界史是以欧洲为中心的，东方则是语焉不详的衬托。他要反其道而行之，通过这本书让人们知道：第一，一旦去掉了中国作为欧洲假定的对立面，对欧洲历史将会有怎样的解读；第二，一旦看到了欧洲与中国经济之间有相似之处，对欧洲的历史将会有怎样不同的解读。[26]他的大作的结论和目的，不论从什么角度看，都是非常有意义的，也是历史学家感兴趣的，并非故意耸人听闻。学术贵在创新，人们应该善待创新。

他在该书中文版序言中，对题目"大分流"（The Great Divergence，黄宗智译为"大分岔"）作了解释，从而进一步说明了他的目的。他指出，进行比较——东西方比较，必须选择恰当的"单位"——具有可比性的"单位"。具体而言，把中国与欧洲比较，把江南与英格兰比较，是有可比性的。中国与欧洲大小相当，中国有先进的江南，也有落后的西北；欧洲有先进的英格兰，也有落后的塞尔维亚。1750年的长江三角洲，有人口3 100万～3 700万，相当于一个欧洲国家的人口，其经济发达程度，可以与英格兰加以比较研究。[27]

比较的结果，他颠覆了西方盛行的一种历史观点：西方的崛起与东方的停滞，或者说19—20世纪的历史是北大西洋核心区——变革的发动机；世界其余部分——以不同方式作出"反应"。他认为欧洲核心区（北大西洋核心区）和世界其他一些地方（尤其是东亚）核心区之间经济命运的大分流，在18世纪相当晚的时候至19世纪时才出现。在此之前，即18世纪的中国，在知性和其他方面都比早先的著作对它的描述更有活力。彭慕兰和他的朋友王国斌都赞同布罗代尔的观点：清代中国（18世纪）出现了"市场经济"，但几乎没有出现"资本主义"。这并不表明中国落后于西方。他在书中多次引用一位日本学者杉原薫的研究成果，并且不无遗憾地表示，看到他的研究成果太晚了，书已经写了相当大一部分了。杉原薫说，1520—1820年全球经济史的主体是"东亚的奇迹"：人口迅速增长，生活水平有节制地稳定地提高；而遥远的大西洋沿海有相当少量的人口似乎享有更快的人均增长率。[28]

彭慕兰认为杉原薫所说的"东亚奇迹"，完全可以媲美于工业化的"欧洲奇迹"。杉原薫指出，1500年以来，西欧是"资本密集道路"，东亚是"劳动密集道路"。彭慕兰补充道，以18世纪后期至19世纪初期为分水岭，在此之前，欧洲也是"劳动密集道路"；在此之后，欧洲才是"资本密集道路"。

此书关注的另一个焦点是"原始工业化"，也叫"原工业化"或"早期工业化"，即工业革命之前的乡村工业化。他对"原始工业化"的界定在于：为市场而不是为家庭的手工制造业。比较的结果，1750年欧亚大陆许多地区，农业、商业和原始工业，存在令人吃惊的相似之处。1750年长江下游人均生产的棉布，与1800年英国一样多。彭慕兰也指出了"原始工业化"的局限性，他写道："对'原始工业化'——现代欧洲早期农村手工业的巨大增长——的研究，得出了一个类似的结论。戴维·莱文（David Levine）对英格兰农村纺织业的研究说明，一个农村纺织工人的收入不能养活一个家庭；如果没有某些农业收入或儿童劳动的参与，即使两个这类工人的收入通常也是不够的。"[29]对于中国的"原始工业化"，他也指出："中国长江下游地区在出售足够的棉布，输入足够的粮食和木材以维持原始工业的发展或维持其工人相对较高的生活水平方面，遇到了越来越多的困难。"[30]

看了以上介绍，读者诸君可能已经有所发现，李伯重和彭慕兰两位学者的研究方法与基本倾向有惊人的相似之处。这种不谋而合，当然不是偶然的。大家不是都很追求"学术前沿"吗？笔者以为，这就是学术前沿，国际学术前沿。从这个意义上，我是很佩服这两位学者的。前一段时期，一些学者对彭慕兰的非议，在我看来有所偏颇。而吴承明的评论则显得较为公允，他对于黄宗智与彭慕兰的论战[31]，发表了这样的看法：

——"彭说，19世纪以前是多中心世界，工业革命发展后才有欧洲中心。我完全同意。"

——"彭慕兰提出另一指标，即看谁更接近于新古典经济学的原则。……结论是：18世纪江南的小农经济比同时期英国的大地主经济更接近于新古典原则，更能避免内卷化。黄宗智反对彭的结论。……我不同意黄的定义，因小农的效益不能用单位劳动的边际报酬衡量。我对彭慕兰的结论也有保留。"

——"18世纪，中国与西方比，无论在国富或民富上都胜一筹，至少旗鼓相当。但富的不一定先进，往往更保守。……中国在科技和在制度（尤其法律和经济制度）改革上，已落后于西方了。"[32]

从上述视角来看，江南市镇的乡村工业化——"早期工业化"，尤其是在丝织业、棉织业领域所达到的水平，是领先于工业革命前的欧洲（包括英国）的。

第一，江南丝绸业市镇的四乡，从明中叶以来，逐渐把养蚕缫丝与丝织业作为主业，也就是家庭收入的主要来源。

明中叶人谢肇淛在《西吴枝乘》中说：蚕桑之事"湖人（引

者按：指湖州人）尤以为先务，其生计所资，视田几过之"[33]。这种情况一直持续到清代。沈廷瑞《东畲杂记》关于濮院镇四乡农家的经营方式，有这样的描述："近镇人家多业机杼，间有业田者，田事皆雇西头人为之。西头，谓石（门）、桐（乡）邑界，其地人多而田少，往往佃于他处，每于春初挈眷而来，年终挈眷而去，名曰种跨脚田。"[34]可见以出产"濮绸"闻名的濮院镇四乡农家的经营重心已由纯农业转移到蚕桑丝织业，即由农业转移到工业（当然是乡村工业、原始工业），而把农业看作副业，因无暇顾及，不得不雇石门、桐乡农民来"种跨脚田"。

这种主业与副业的倒置现象，也就是农民不再把农业作为主业，而把工业作为主业的现象，在丝绸集散中心盛泽镇也存在。据民国时代的调查，"盛泽的纺织业，也是农村副业的一种。……不过，盛泽纺绸业之为农村副业，和普通的有个很大不同的地方，普通所谓副业，如其名所示，是从属于农业的一种农暇时的职业，农民的主要收入，当然还是以农业为主。而盛泽的情形恰恰相反；从事纺绸业的农民，固然都有土地，而大部都是自耕农，可是对于农业并不重视。他们的重要经济来源是在于纺绸，这一年纺绸业如兴盛，他们竟至可让土地去荒芜"[35]。其他资料也都证明了这一变革：

——"初盛泽纺绸，乃是农家副业，无所谓工厂，农家织绸，卖于绸庄，为该地农家经济之主要收入，农田收获，反漠视之。"[36]

——"盛泽所有丝绸产品全为农村工业……盛泽四乡农民，重织轻耕。"[37]

在这种"重织轻耕"的背景下，当地农民不重视种田，农田耕作雇佣外地客籍人。看到历史上的这种情景，令人联想到1980年代"苏南模式"之下，苏南农民大多进厂务工，农田雇佣外地农民耕种的那一幕。两者之间，虽然相差几百年，却何其相似乃尔！

第二，在欧洲工业革命之前，同样是乡村手工业，江南的中国丝织业的工艺水平领先于欧洲。

据严中平的研究，16世纪下半期由菲律宾输入美洲的中国丝绸，由于价廉物美，十分畅销，而使西班牙本国丝绸在美洲市场上几乎绝迹。从马尼拉向西属美洲贩卖中国丝绸的利润，最高可达成本的10倍。中国丝绸不仅是马尼拉河、墨西哥西海岸阿卡普尔科西班牙商人的利润来源，也是墨西哥一大批丝织工人的"主要谋生之道"。[38]

据前述汪敬虞的研究，中国生丝大量销往欧洲各国，到1890年代初，生丝出口量第一次突破10万担大关。原因就在于中国生丝工艺精良。他指出："在鸦片战争前，中国生丝在国际市场上，曾经居于领先地位，这是举世公认的。"[39]

中国江南乡村工业所生产的生丝、丝织品，以其精良的工艺，畅销全世界，通过"丝—银对流"，巨额白银源源不断流入中国，进一步刺激了江南市镇的早期工业化。

第三，棉布业市镇也是如此。

从乌泥泾镇起步的棉花种植与棉纺织业，导致松江府及其周边地区农业经济与农家经营发生了革命性变化。一方面，棉花种植超过了传统的稻米种植，即学者们所说的棉作压倒稻作。吴伟业《木棉吟序》说:"上海、嘉定、太仓境,俱三分宜稻,七分宜木棉。"[40]这种"棉七稻三"的格局,就是棉作压倒稻作的明证。嘉定一带甚至达到了"棉九稻一",乃至专种棉花不种水稻。另一方面,棉花的种植以及对棉花的深加工——纺纱、织布,为农家带来了巨大的经济效益,成为农家的主要经济来源,当地人说"田家输官偿息外","其衣食全赖此"。[41]也就是说,原先的副业一变而为主业,与丝绸业市镇一样,工业成为主业,农业成为副业。无怪乎黄宗智要把这种变革称为"棉花革命"。他在《长江三角洲小农家庭与乡村发展》中指出,1350年至1850年间长江三角洲在围绕着"棉花革命"的过程中,经历了相当程度的商品化。[42]

正德《松江府志》说:"俗务纺织,他技不多。而精线绫、三梭布、漆纱方巾、剪绒毯,皆为天下第一……前志云:百工众技与苏杭等。要之,吾乡所出,皆出于实用,如绫布二物,衣被天下,虽苏杭不及也。"[43]值得注意的是,这些棉纺织品多是农家手工织机上生产出来的,也就是说,是乡村工业的产品。而农家纺纱织布业又带动了染布业、踹布业,这也是乡村工业的一部分。农家纺纱织布的收益,明显超过了种植业。乾隆时人褚华在《木棉谱》中说,纺纱工具常见的多为手摇纺车,"以一手摇轮,一手拽棉条而成一缕,小儿女用以消夜而已";如果纺纱出卖,"夜以继日,得斤许即可糊口"。[44]未成年的女孩,每天纺纱,即可达到"糊口",即养活自己的程度。这是务农不可能达到的。如果织布,收益就更高了。《紫堤村志》说:"贫民竭一日之力(织布),赡八口而有余。"[45]这与英国的情况有所不同,即如彭慕兰所说:"戴维·莱文(David Levine)对英格兰农村纺织业的研究说明,一个农村纺织工人的收入不能养活一个家庭。"[46]

松江府及其周边地区棉布业市镇生产的棉布，在西方世界曾经风行一时。以嘉定、宝山一带生产的"紫花布"裁成裤管像大象腿形状的长裤，流行于19世纪的法国市民中间，它生动地反映在著名作家雨果的作品《悲惨世界》中，称为"The Modern Library"。这种被称为"南京棉布"的紫花布裤子，也是1830年代英国绅士的时髦服装，如今还作为历史文物保存在伦敦的大英博物馆中。1792年英国派遣马戛尔尼出使中国时，东印度公司要求其在广州的大班收集茶叶、生丝和南京棉布的生产情报，提供使团参考。可见中国棉布的出口，在东印度公司心目中，已经处于与茶叶、生丝同等重要的地位。英国的棉纺织业在欧洲是名列前茅的，它如此重视中国棉布的进口，可见中国江南市镇出口的棉布品质是上乘的，而且价廉物美。一直到18世纪中叶，英国东印度公司收购中国棉布，每匹价银不过0.34两，价格之低廉，在当时国际市场上无出其右。而且质量也在世界前列，一直到棉布出口走下坡路的1830年代，南京棉布的好名声仍然保持不坠——西方人说它"在色泽上和质地上仍然优于英国制品"。从1780年代起，英国商人就企图开辟英国棉布在中国的市场。继1781年港脚贸易商人向中国试销棉布后，1786年英国乡村织机织造的棉布，经东印度公司之手，第一次试销于广州，然而都卖不出去。原因是价格大大高于中国棉布，又不合中国服式之用。

这就表明，在欧洲工业革命发生以前，欧洲国家和中国一样，也处在手工业阶段，或者说"乡村工业化"或"早期工业化"阶段，中国江南劳动密集型的手工棉纺织业，以其工艺精良、劳动力价格低廉，使得欧洲国家同样处在"乡村工业化"阶段的棉纺织业相形见绌。然而，到了欧洲工业革命发生之后，出现了机器与工厂化的棉纺织业，而中国江南的棉纺织业依然停滞不前，逐渐失去了竞争优势。

三 江南市镇社会的内部变革

从以上两节的分析中，已经可以清晰地看到，明清时代的江南市镇经济明显不同于以往的传统经济。面向全球化贸易的市场经济，乡村工业化——"早期工业化"，都是前所未有的新事物，标志着江南市镇正在发生有别于传统的变革。这种内部变革，还显示在以下几方面。

1. 雇佣工人群体与劳动力市场的出现

江南市镇是一个工商业中心，随着乡村工业化的发展，市镇上各种作坊林立，例如机坊、炼坊、染坊、踹坊，都需要大量有一技之长的雇佣工人，于是劳动力市场便应运而生。

乾隆《吴江县志》谈及绫绸业的发展时，回顾道：明代成化（1465—1487年）、弘治（1488—1505年）以后，"土人（引者按：指吴江本地人）亦有精其业者，相沿成俗。于是盛泽、黄溪四五十里间，居民乃尽逐绫绸之利，有力者雇人织挽"[47]。盛泽镇上受机坊老板雇佣的"佣织"，有机工、曳花等，人数多达几千人。乾隆《盛湖志》称："中元夜，四乡佣织多人及俗称曳花者约数千计，汇聚东庙并升明桥，赌唱山歌，编成新调，喧阗达旦。"[48]除了受雇于机坊的机工、曳花，还有加工丝绸的炼坊、染坊、踹坊的工人，清末时"凡炼绸之坊十余，染坊三十余，踹轴等坊亦如之，业此者近千人"[49]。盛泽镇（包括四乡）

当时拥有人家万户，其中机工、曳花有数千人，炼坊、染坊、踹坊等的雇佣工人有近千人，几乎可以说有一半人家以此为生，形成一个数量庞大的雇佣工人群体。

如此庞大的雇佣工人群体，构成了一个劳动力市场。盛泽镇附近的黄溪市，富裕机户开设的机坊大多"雇人织挽"。这些雇佣工人并非固定的长工，而是临时的短工——闲时解雇，忙时雇佣。因此，就有了如同其他商品市场一样的劳动力市场。等待雇佣的工人，每天清晨聚集于固定的劳动力市场——在长春桥、泰安桥的桥塊，"以待人雇织，名曰'走桥'，又曰'找做'"。这种等待雇佣的工人都有一技之长，在丝绸生意兴隆的年代，机坊老板为了招徕、笼络工人，往往百般迁就："每逢节候，肴馔必更丰焉"；工人"或食无兼味，辄去而他适"。一到生意清淡季节，机坊老板便辞退工人，这些工人因"无人雇织"，往往沦为乞丐，"沿途求乞以为常"。[50]这些工人显然是早期的无产者，而那些雇主则是早期的资产者。

另一个丝绸集散中心濮院镇的情况也大体如此。拥有较多织机和较多资本的机坊老板，经常要雇佣工人，每天都有大批工人聚集在劳动力市场——太平桥头的太平巷，等待雇佣。这些工人有专门的技艺，或"人兼数事"，或"专习一业"，"衣于是，食于是，尽其力而终身"。[51]太平巷就是这些工人的集结地点，也是劳动力市场。《濮川所闻记》说："太平巷，本福善寺，西出正道。阖镇织工、拽工，每晨集此以待雇。"[52]《濮院琐志》说："织工、拽工或遇无主，每早各向通衢分立，织工立于左，拽工立于右。来雇者一见了然，谓之'巷上'。"[53]

棉布业市镇也有数量可观的雇佣工人群体。与朱泾镇齐名的枫泾镇就是一个典型事例。吴遇坤《天恩录》记载：“康熙初，里中多布局，局中多雇染匠、砑匠，皆江宁人，往来成群。”染坊、踹坊雇佣的工人数量巨大，以致“往来成群”，经常与镇民发生冲突。康熙二十二年（1683年）终于酿成一桩大案。吴遇坤《天恩录》根据康熙二十二年案碑，如此写道：“（染匠、砑匠）扰害闾里，民受其累，积愤不可遏，纠众敛巨资，闭里门、水栅，设计愤杀，死者数百人……后死者家属数百人，各以白布缚首，持械复仇。恤以资，乃罢。”[54] 被镇民“设计愤杀”的染匠、砑匠竟有数百人之多，其家属数百人上街复仇，可见枫泾镇上受布局雇佣的工人群体，实在不是一个小数目，肯定在数百人乃至数千人。

2. 市镇人口结构的变化：工商业人口比重的增大

江南市镇作为一个工商业中心，其人口构成不同于乡村，最突出的一点就是工商业人口比重的增大。例如濮院镇，几乎全镇居民都从事丝织业，乾隆时人杨树本说：“他邑之织多散居，濮院之织聚一镇，比户操作。”[55] 所谓“比户操作”，就是说家家户户都在从事丝织业。这样的记载当然不够理想，失之笼统。当时又缺乏人口职业统计的数字，难以量化分析。到了晚清以降，才有了一些稍微像样的统计数字。嘉庆《珠里小志》就有关于朱家角镇的人口分类统计，它在户数、口数之外，把人口分成：男口、女口、幼童口、幼女口、店伙口、雇工口、奴仆口、婢女口、僧口、道士口、女尼口。朱家角镇镇区（即四栅以内）有1 502户，5 937口，其中店伙口267，雇工口99，如果加上店铺主、作坊主（这两个数据没有统计），那么工商人口比重肯定不小。[56]

满铁上海事务所调查室《上海特别市嘉定区农村实态调查报

告书》，提供了当时嘉定县各个市镇的人口分类统计。尽管当时嘉定县盛极一时的棉纺织业（土布业）已经衰落，但是一些市镇的工商业人口依然相当可观。号称"银南翔"的嘉定县最大工商业中心南翔镇，农业人口明显少于工业人口，更少于商业人口。该镇农业人口838，工业人口957，商业人口1 126，工商业人口是农业人口的2.5倍。[57]

与此相关联的是以市镇为中心的乡村城市化，介于县城与乡村之间的经济中心地的形成。明清时期这一地区的大镇，人口都在万户以上，例如南浔镇、盛泽镇、乌青镇、平望镇、朱泾镇、罗店镇、王江泾镇、双林镇、濮院镇等。当时人都认为这些市镇实际上已经具有县城、府城的规模，即"名为镇而实具郡邑城郭之势"[58]。一些中小型市镇也有数千户人家，而且商贾辐辏，十分繁华，迥然区别于乡村。这是具有中国特色的乡村城市化的模式。饶济凡（Gilbert Rozman）及赵冈的研究揭示了这一点：英国及日本的城市人口比较集中于大中型城市，在英国占城市人口的74%，在日本占城市人口的71%，而小城市及市镇的人口只占城市人口的四分之一左右。中国则不然，不足一半的城市人口是在大中型城市，其余都散居于小城市及市镇。中国的7 100个小型城市，包括不足万人的县城、州城，大部分是市镇。[59]

3. 经济的高度成长与奢侈风尚

明中叶以降，江南市镇经济进入高度成长时期，工商业蓬勃发展。多层次市场的形成，市场经济的活跃，全国乃至海外对于这里生产的生丝、丝绸、棉布等商品日益增长的需求，刺激了这一地区经济与社会更加繁荣。江南的丝绸业市镇、棉布业市镇,个个都是一派万商云集的繁忙景象,大量商品和货币在这里集聚,造就了工商各业及服务行业的普遍繁荣,出现了江南市镇的黄金时代。这一地区的经济中心——苏州,堪称全国最为奢华的城市,直到近代上海兴起之后,才被上海所取代。苏州的奢侈风尚,逐渐弥漫于邻近各府县、市镇。当时文献几乎异口同声地说,明中叶以来,江南社会逐渐由俭入奢,以后愈演愈烈。康熙《淞南志》说,自明朝以来"人有恒产,多奢少俭",入清以后,"饮食服饰竞以侈靡相尚"。[60]淞南即吴淞江(苏州河)以南地区,在近代上海成为时尚之都以前,这里已经很时髦了。

江南市镇的奢侈风尚,集中体现在迎神赛会的节庆活动中。《枫泾小志》说:"赛神之举莫甚于枫泾,始于乾隆癸巳岁(1773年),至戊戌(1778年)更踵事增华……择童子十岁以下貌端好者,遍扮诸天列宿,尽态极妍,衣皆奇丽,珠以万计,金玉以千计。其有不足,则假诸邻邑。互相夸耀,举国若狂,费几累万。至期士女倾室往观,百里内闻风而来者,舟楫云集,河塞不通,一时传为胜举。然废业耗财,莫此为甚。"[61]这是一种普遍现象。《朱泾志》也说:"忙做忙,莫忘朱泾赛城隍。"那意思是说,无论多么繁忙,都不应该忘记朱泾镇的迎神赛会,因为那是轰动方圆百里的盛大狂欢节。但是,"凡村庄胜会最非善事,会中置办物件,有形之花费,动以累千计。倾动远近,四处人舟云集,阖镇亲友盘桓,其无形之花销更以累万计"[62]。

那么应该如何评价江南市镇的奢侈风尚呢?明中叶松江人陆楫在《蒹葭堂稿》中对奢侈风气给予全面肯定,提出"奢能致富"的观点,令人刮目相看。针对当时的"论治者"主张"禁奢",理由就是"以为财节则民可与富也",陆楫反驳道:

——"彼有所损，则此有所益，吾未见奢之足以贫天下也。"

——"予每博观天下大势，大抵其地奢则其民必易为生，其地俭则其民必不易为生也。"

——"今天下之财赋在吴越，吴俗之奢莫盛于苏，越俗之奢莫盛于杭。……盖俗奢而逐末者众也。……其居人按时而游，游必画舫肩舆，珍馐良酝，歌舞而行，可谓奢矣。而不知舆夫、舟子、歌童、舞妓，仰湖山而持爨者不知其几。"

——"若今宁、绍、金、衢之俗最号为俭，俭则宜其民之富也。而彼诸郡之民，至不能自给，半游食于四方。"

——"要之，先富而后奢，先贫而后俭。……且自吾海邑（引者按：指上海县）言之：……谚号为'小苏州'，游贾之仰给于邑中者，无虑数十万人。特以俗尚甚奢，其民颇易为生尔。"[63]

陆楫这篇反驳"禁奢"主张的精彩短论，不仅超越了前人，而且超越了同时代人，面对社会的转型，向传统观念挑战，对伴随市场经济繁荣而来的奢侈风气给予最大限度的肯定，指出这种现象乃是社会富庶的产物，反过来进一步促进社会的富庶。"先富而后奢，先贫而后俭"，"奢则其民必易为生"，多么卓尔不群，多么不同凡响！

有意思的是，乾隆时期的苏州人顾公燮也有类似观点，互相共鸣。他说："即以吾苏而论，洋货、皮货、绸缎、衣饰、金玉、珠宝、参药诸铺，戏园、游船、酒肆、茶店，如山如林，不知几千万人。有千万人之奢华，即有千万人之生理。若欲变千万人之奢华而返于淳，必将使千万人之生理亦几于绝。"[64]奢侈提供了无数就业机会，如果禁奢，势必使这些人断绝生计。

陆楫、顾公燮是从经济的角度而不是从道德层面来看待奢侈的，从消费刺激生产的角度提出新的消费理念，显然有助于当时蓬勃发展的江南市场经济。

十分巧合的是，与马克斯·韦伯同时代的德国社会学家维尔纳·桑巴特在《奢侈与资本主义》一书中对于奢侈现象的论述，与二三百年前的陆楫、顾公燮有异曲同工之妙，从另一个角度充分肯定了奢侈的历史意义。桑巴特理论的精髓在于：浪费应被视为奢侈，但奢侈未必是浪费。他自己概括为一句话：奢侈生出了资本主义！

对于"奢侈生出了资本主义"这个历史主义观点，桑巴特独抒己见："奢侈促进了当时将要形成的经济形式，即资本主义经济的发展。正因如此，所有经济'进步'的支持者，同时也是奢侈的大力倡导者。"[65]这种理论，被《奢侈与资本主义》的英译本导言作者菲利普·西格曼称为"桑巴特关于资本主义产生过程中心理学的奢侈动力学理论"。西格曼在评介桑巴特关于奢侈消费对资本主义成长具有的重要性时指出："到了17世纪末，在欧洲广泛出现的已经增长的财富，带动了非常强烈的奢侈需求，桑巴特认为这一变化震动了从以手工业立场看待商业到关注工业资本主义的所有的商人。农业也对奢侈需求产生了回应……到18世纪时，所有真正的奢侈品企业都转变为通常以大规模生产为特征的资本主义企业。"[66]

桑巴特认为，欧洲的海外贸易起源于奢侈品消费，而中国江南市镇生产的生丝、丝绸、棉布等商品，在当时欧洲被当作奢侈品的典型代表。正是由于欧洲的奢侈品消费刺激了海外贸易的发达，源源不断的生丝、丝绸、棉布运往欧洲，巨额白银流入中国，从而推动了江南市镇丝织业、棉织业的持续繁荣,使江南市镇社会日趋富庶,奢侈风尚弥漫。这是当时两个先进的经济共同体的良性互动。

四 江南市镇的外部变革
——对上海周边农村土地关系的透析

江南市镇的基础在四乡农村,正是农家经营的商品化、乡村的工业化,带动了江南市镇的发展。反过来,江南市镇的发展也促进了四乡农村的变革,这种变革是顺应工业化与城市化的进程而展开的。这在上海周边农村反映得最为明显。

1. 土地所有权的分散化趋势

自明代至民国时代,上海周边农村土地所有权的运动,有集中,也有分散,十分纷繁复杂。不过还是有规律可循,随着时代的推移,特别是近代以降,地权呈现明显的分散化趋势,乃是引人注目的主流。

崇祯年间的大学士钱士升(浙江嘉善人)在谈到江南的土地占有状况时说:"就江南论之,富家数亩以对,百计者什六七,千计者什三四,万计者千百中之一二耳。"[67]这种粗线条的勾画未免过于笼统,却大致反映了江南农村土地所有权分配状况:占田数百亩者达60%~70%,占田数千亩者达30%~40%,占田数万亩者仅仅千分之一二。松江徐阶家族便是"千百中之一二"的典型。嘉靖、隆庆年间担任内阁首辅的徐阶,是松江府华亭县人,权倾一时,富甲天下。一般人估计,徐府田产多达四十万亩。[68]徐氏家族在松江的势力,清初一蹶不振,久而久之便渺无声息了。清初上海县人叶梦珠对松江地区"门祚之靡常"感慨系之，谈到徐氏时有一段精当的议论："吾郡自嘉、隆以来，簪缨之盛，莫如徐氏。……八世一品，同郡罕比。易代而后，世荫既革，科名莫继。孝廉闇公孚远遁迹海外，世业遂废。"[69]

清初的"奏销案"对于这一地区的地权分散是一个影响至广的因素。严厉的"追比"（退赔），迫使欠税富户抛售田产，致使地价狂跌。地权分散化的另一个更为重要的因素是高度发达的商品经济的冲击。清中叶无锡人钱泳说："俗语云：'百年田地转三家。'言百年之内，兴废无常，必有转售其田至于三家也。今则不然，农民日惰而田地日荒，十年之间，已易数主。"[70]这反映长江三角洲土地作为特殊的商品，它的所有权是可以流通、转移的，而且速度非常快——"十年之间，已易数主"。洪焕椿根据苏州博物馆藏的一些"置产簿"，揭示当地富户兼并土地都是小笔购置，逐年积累。对于他们而言当然是土地的集中，但从全局看，这种集中，并不能掩盖总体上的分散。[71]

土地所有权的分散化趋势，在道光、咸丰以后更加明朗化。伴随着近代化的步伐，新兴工商业城镇的发展，使得"乡居地主"向"城居地主"转化，离乡地主携带着从土地上积累起来的财富进入城镇，把土地资本转化为工商业资本。与工商业利润比较，出租土地所得的地租就显得微不足道了。最富有者对购买田地已不感兴趣，地权的分散化趋势就成为历史的必然。[72]

据民国时期中央研究院社会科学研究所对无锡20个村1 035户农家土地占有状况的调查，地主占有的土地，在总面积中只占47.3%，平均每户占地不过54.5亩，与其他农户相比不占很大优势。请看下表。

1930年代无锡20个村农家土地占有状况

类　别	农家数目	农家百分比	占有地亩	地亩百分比	每家平均地亩
地　主	59	5.7	3 217	47.3	54.5
富　农	58	5.6	1 206	17.3	20.8
中　农	205	19.8	1 418	20.8	6.9
贫农、雇农	713	68.9	965	14.2	1.4

资料来源　陈翰笙:《现代中国土地问题》,冯和法编:《中国农村经济论》,上海黎明书局,1934年。

据1923年南京东南大学的调查,上海地区各县土地占有状况,比上述无锡县为代表的苏南地区更为分散化,占地超过50亩者寥寥可数。请看下表。

1920年代上海地区各县土地占有状况

地　区	1～5亩	5～15亩	15～30亩	50亩以上
上海洋泾	50%	50%	0	0
上海陆行	10%	80%	10%	0
上海漕河泾	28%	70%	2%	0
上海蒲淞	8%	90%	2%	0
上海闵行	8%	50%	40%	2%
上海法华	60%	40%	0	0
青浦金泽	50%	40%	8%	2%
青浦七宝	30%	60%	8%	2%
青浦章练塘	45%	50%	4%	1%
青浦白鹤青村	16%	62%	16%	6%
川沙九团	30%	60%	10%	0

34

地　　区	1～5亩	5～15亩	15～30亩	50亩以上
川沙高昌	15%	70%	10%	5%
嘉定第七区	30%	60%	10%	0
嘉定第十四区	40%	50%	10%	0
宝山真如	38%	40%	20%	2%
宝山刘行	38%	40%	20%	2%
宝山江湾	54%	30%	15%	1%
宝山罗店	50%	30%	15%	5%
宝山城区	25%	70%	5%	0

资料来源　朱其华:《中国农村经济的透视》,中国研书店,1936年,第318～319页。

　　从上表可以看出,占地50亩以上的比例很小,而且愈靠近上海市区的农村,占地50亩以上者愈少。原因就在于,上海发达的工商业与可观的利润,刺激地主把资金投入工商业,对土地投资的兴趣日趋降低。

　　满铁上海事务所调查室的调查表明,上海附近农村土地所有权的分散化趋势十分明显。对嘉定县澄桥丁家村50户农家的抽样调查显示,仅有2户占地在30亩以上,另有2户占地在20亩至30亩之间,其余46户占地都在20亩以下。[73]这个调查范围过于狭小,缺乏代表性。1950年嘉定县在土地改革以前所作调查,可以弥补这一缺陷。土地改革前,嘉定县土地所有权分散化状况十分明显。请看下表。

1950年土改前嘉定县各阶层土地占有状况

类　　　别	人均占有土地（亩）	占有土地比例（%）
地　　主	20.0	21.9
半地主式富农	8.0	2.7
富　　农	5.5	8.0
中　　农	2.6	38.8
贫　　农	1.0	21.2
雇　　农	0.6	0.7
小土地出租	5.5	2.7

资料来源　1991年笔者陪同日本学者滨岛敦俊、片山刚在嘉定县调查时，嘉定县土地局负责人刘纪中所提供的土地改革档案资料。

由上表可知，1950年以前嘉定县地主所有的土地仅占全县耕地的21.9%，而中农所有的土地却占全县耕地的38.8%，中农和贫农所有的土地占全县耕地的60%，很明显，这是一个自耕农占优势，而地主并不占优势的地区。

这种状况在一个镇的调查中显示得更加突出。请看下表中娄塘区（即娄塘镇）土地改革前各阶层土地占有状况。

1950年土改前嘉定县娄塘镇各阶层土地占有状况

类　　　别	自耕（亩）	出租（亩）	合计（亩）	占全区耕地比例（%）
地　　主	8 632.52	2 998.77	11 631.29	14.70
半地主式富农	550.15	207.43	757.58	0.96
富　　农	7 949.36	510.35	8 459.71	10.60
中　　农	29 142.40	288.61	29 431.01	37.20

类　　别	自耕（亩）	出租（亩）	合计（亩）	占全区耕地比例（%）
贫　农	21 518.58	42.71	21 561.29	27.30
雇　农	392.97		392.97	0.49
工商业家	323.05	331.15	654.20	0.83
小土地出租者	667.12	396.45	1 063.57	2.39
工　人	171.56	29.50	201.06	0.25
手工业者	619.68	10.00	629.68	0.80
自由职业者	316.15	141.53	457.68	0.58
小商贩	171.02		171.02	0.22
城市贫民	130.10		130.10	0.16
公　田	13.00		13.00	0.02
公学慈善田	12.80	195.14	207.94	0.28

资料来源　1991年笔者陪同日本学者滨岛敦俊、片山刚在嘉定县娄塘镇调查时，土改时的乡长所提供的统计数字。

　　娄塘镇的地主所有土地仅占14.70%，而中农所有土地却占37.20%，贫农所有土地也占27.30%，地主所有的土地一点也不占优势；而且地主的自耕地远较出租地为多，可见大多是一些自己经营土地的小地主，更加强烈地反映出土地所有权分散化的趋势。

　　松江地区也是如此。1950年土地改革前对松江县新农乡的调查，可由下表显示出来。

1950年土改前松江县新农乡各阶层土地占有状况

阶　层	占有土地（亩）	比例（%）	自耕田（亩）	佃入田（亩）	出租田（亩）
地　主	1 357.590	27.34	559.202	173.234	801.383
富　农	1 031.279	20.77	631.051	873.434	400.028
中　农	1 958.059	39.44	1 607.867	5 442.416	350.192
贫　农	591.431	11.91	572.061	4 395.346	19.370
雇　农	1.500	0.03	1.500	2.00	0
宗教职业者	4.150	0.08	4.150	0	0
手工业者	1.984	0.04	1.984	0	0
小商贩	19.500	0.39	19.500	0	0

资料来源　华东军政委员会土地改革委员会：《江苏省农村调查》（内部发行），上海，1952年，第141～142页。

新农乡地主所有土地仅占27.34%，中农与贫农所有土地占51.35%，如果加上富农土地，那么这个比率高达72.12%，自耕农经济占有压倒优势。而且该乡地主所有的土地占41.63%是自耕田，另有10.11%是佃入田，这类地主大体属于经营规模不大的小地主。根据另一调查，新农乡出租的7 335.38亩分别属于195个地主，平均每户地主出租土地37.62亩。而且这些地主中54户在上海市，49户在松江县城，62户在泗泾镇，都属于"城居地主"。[74]

在对嘉定县、松江县作了分析以后，再对南汇、川沙、青浦、上海等县作一个鸟瞰。据1950年土地改革前的调查，南汇、川沙、青浦三县地主占有的土地状况如下表所示。

1950年土改前南汇、川沙、青浦县地主土地占有状况

县 别	调查户数	50～100亩	100～300亩	300～500亩	500～1 000亩	1 000亩以上
南 汇	68	38	21	9	0	0
川 沙	6	5	0	1	0	0
青 浦	103	48	28	24	2	1

资料来源 《土地改革前苏南农村的土地占有与土地使用状况》，中共苏南区委土地改革委员会:《苏南土地改革文献》(内部发行)，南京，1952年，第482页。

从上述抽样调查可知，南汇、川沙两县没有500亩以上的地主，青浦县500亩以上的地主有3户，基本上反映了当地的土地关系特点。这个判断还可以由下表得到验证。

从《苏南土地改革文献》中，可知1950年土地改革前南汇、川沙、上海三县各阶层土地占有的详细比例，见下表。

1950年土改前南汇、川沙、上海县各阶层土地占有状况

县别	土地总数（亩）	地主（％）	工商业者（％）	小土地出租（％）	富农（％）	中农（％）	贫农（％）	雇农（％）
南汇	60 236.14	13.29	0.44	6.55	11.84	44.73	22.31	0.48
川沙	64 052.81	14.98	5.56	11.08	6.45	40.12	18.19	0.84
上海	327 064.69	18.00	2.60	4.57	13.29	40.30	18.03	0.47

资料来源 《苏南二十个县一千七百二十二个乡土地改革前各阶层占有土地比较表（三）》，《苏南土地改革文献》，第768页。

这三个县地主所有的土地在全部耕地中的比例不到20%，分别为13.29%、14.98%、18.00%，不但低于中农，而且低于贫农

（分别为22.31%、18.19%、18.03%）。而且这三个县地主每户所有土地数量也较少，每户平均低于50亩，分别为：南汇县地主户均32.15亩，川沙县地主户均44.63亩，上海县地主户均32.25亩。[75]

以上不厌其烦地列举一大批数据，无非是想证明这一地区土地所有权的分散化趋势，乃是不争的事实。在地权分配中，中农、贫农所占比率明显高于地主，可以概括成一句话：以中农为主体的自耕农经济所占比重超过了地主经济。这种状况截然不同于当时颇为流行的权威论断：大量土地集中在地主阶级手中，广大的农民，只有少量土地或没有土地。地主土地不到20%，能说"大量土地集中在地主阶级手中"吗？中农、贫农土地超过了50%，能说"只有少量土地或没有土地"吗？读者诸君也许会说，上述那个权威性论断是就全国而论的，不错。但是，1952年华东军政委员会土地改革委员会编的《江苏省农村调查》，开卷第一篇《苏南农村土地制度初步调查》居然置上述事实于不顾，对苏南土地关系所下的结论依然是："大量土地集中在地主阶级手中，广大农民，只有少量土地或没有土地"，就令人费解了。另一令人费解的问题是，1950年代初，一些学者鉴于苏南的特殊性，提出"苏南无封建"的看法，结果遭到了严厉的批判。其实，作为一个学术问题，"苏南无封建"是可以探讨的，不必一棍子打死。

2."一田二主"：田面权与田底权的分离

伴随着土地所有权的分散化趋势，江南农村普遍出现田面权与田底权分离的现象，也就是说，在同一块土地上，形成两个所有权——田面权、田底权，以及两个所有权人——田面业主、田底业主，这种现象被当时人称为"一田二主"。江南市镇更是如此。最为典型的史料就是《周庄镇志》中的一段话：

> 俗有田底、田面之称，田面者佃农之所有，田主只有田底而已。盖与佃农各有其半，故田主虽易而佃农不易，佃农或易而田主亦不易。有时购田建公署，架民屋，而田价必田主与佃农两议而瓜分之，至少亦十分之四也。[76]

《周庄镇志》的编者陶煦敏锐而精确地把田面权与田底权分离而形成的"一田二主"现象的本质揭示出来，实属难能可贵。因为直至今日一些学者对于这个问题的认识，还没有达到陶煦的水平，不承认有"一田二主"的存在，不承认田面权是一种所有权，武断地下结论："田面权就是永佃权。"在笔者看来，田面权与永佃权是既有联系又有区别的两种物权，简单地说，前者是所有权，后者是使用权。从陶煦的话中可以知道，当一块耕地被征购用于建造公署民屋时，其田价必须由田底业主（田主）与田面业主（佃农）"两议而瓜分之"，不能由田底业主（田主）一人独吞。而且田面的价格与田底的价格已经相差无几，各占50%，最低限度田面业主也要占40%。如果田面权就是永佃权，永佃权拥有者可能获得田价的一半或十分之四吗？

民国时期的社会调查资料，进一步证实了陶煦的观点。1918年关于江苏省物权习惯的调查报告，其中一则为"一田亩上设定两个所有权"，说得很透彻："查江苏佃户租种田亩，有肥土之称，又呼为田面，即佃户于业主田亩上有相当之地价，不啻一田亩而设定两个所有权人于其上。"[77]你看，"一田亩而设定两个所有权人于其上"云云，就是指田底权所有人与田面权所有人，同一田亩拥有经过分割的两个所有权，也就是"一田二主"。如果田面权仅仅是使用权（永佃权），就无法解释上述调查报告所揭示的现象。

1934年10月10日上海《大晚报》刊登一篇关于常熟县农村的调查报告，从另一个侧面证实了陶煦的观点。该调查报告指出："田面权是与地主所有权并行的，与所有权分离而独立存在。田面权属佃农所有，其转移价常较（田底）所有权为高。如现在田亩所有权（田底权）的买卖，每亩稻田最高三十元，田面权尚值六十元；棉田（田底）所有权最高二十元，田面权值三十元。"[78]田面价格明显高于田底价格，如果田面权仅仅是使用权（永佃权），那岂非咄咄怪事：使用权价格竟然高于所有权价格！

1930年代一位学者在实地考察了苏州、无锡、常熟农村的田面权与田底权后，悟出了其中的道理，如此写道："所谓田底、田面，同时因其所有主体不同，亦有田底权、田面权之分，前者归地主所有，后者归佃户所有。田底权固然为产权之一种，田面权因有独立之价格，所有者可自由买卖，故亦为产权之一种"；"盖田底面制其最大之特点在此，即田底田面权之分裂，及田面权为产权之一种，而可以移转变更，比之其他租佃制度下佃户所有之佃种或耕种权只能使用或收益者，判然不同"。[79]这种从实际出发所得出的结论——田面权和田底权一样，是产权的一种，是可信的。

《民商事习惯调查报告录》在记录浙江省黄岩县的习惯时，从法律上区别田面权与永佃权，非常值得注意，因为它具有普遍意义。其中一条"对于不动产通行上下皮权"，指出：黄岩地区乡间俗例，称田底权为"下皮权"，称田面权为"上皮权"，而"上下皮权其效力与永佃权相异之点有二"：其一，"无存续期间之制限，故下皮权人（田底权人）若不并将上皮权一并收买，永远无消灭上皮权（田面权）之一日"；其二，"利用上皮权（田面权）之土地不受下皮权（田底权）人之拘束，故不问良田美地，上皮（田面）佃人得于田底上造屋置坟、掘坑烧窑，下皮（田底）人不得过问"。该书编者评论道："此项习惯，查其第一异点，与《民律草案》所规定永佃权二十年以上、五十年以下之存续期间相抵触；其第二点，亦与《民律草案》规定永佃权者利用他人土地为耕作或畜牧之事项不合。"[80]请看，无论从民间惯例，还是民法的角度去考察，田面权与永佃权都不相同：永佃权虽然号称"永佃"，但不得超过五十年；田面权则没有时间限制，除非用经济手段购买；永佃权人只能使用土地从事耕种、畜牧，而田面权人可以破坏耕地，用于"造屋置坟"，田底业主无权干预。

1950年代以来，学者们之所以回避田面权是产权（所有权）这一事实，是被预设的某种观念所束缚：既然田面权大多在佃农手中，只能说成是使用权（永佃权），决不能说成是所有权（产权）；否则，地主与佃农的阶级关系岂不混淆！其实不必讳言。因为田面权存在于特种租佃关系之中。只要对江南地区田面权的由来稍加考察，就可以知道，它主要是两种：其一，农民为生活所迫，出卖土地时，只卖田底，不卖田面，虽然成为田底业主的佃户，但自身仍是田面业主；其二，农民为了得到土地，花高价向地主买得田面，其价格往往等于田底价，甚至高于田底价。在这种情况下，田面权成为一种产权（所有权），田面价高于田底价，便不足为奇了。

这种现象存在于江南已久。据乾隆五十三年（1788年）的《江南征租原案》的记载，田面与田底的分离，在明清之际久已成为惯例，很多地方的佃户拥有田面权。该书写道："佃户揽种包租田地，向有取用、顶首等名目钱文，名为田面。其有是田者，率多出资顶首，私相授受。由是佃户据为己有，业户不能自主。"为避免纠纷，官府议定规条，主张仿照苏州府田面惯例："每亩田面之价，即以每亩租额为定。"[81]可见田面是有价格的，是可以转让的。

从第一历史档案馆所藏乾隆刑科题本中，可以见到关于田面转让的案例。有一份乾隆十二年（1747年）苏州府长洲县章敬山将"田面"转顶并绝卖与章茂甫"永远布种"的题本，说的是康熙五十八年（1719年），章敬山"把佃种华阳桥沈家的租田田面八亩五分，转顶与章茂甫耕种还租"，到了乾隆九年（1744年）章敬山"备足了原价银，向（章）茂甫取赎这田"，引起纠纷。[82]所谓"转顶"是田面权买卖的一种方式，由于耕地这种商品的特殊性，田面卖出多年，买方已在土地上投入很多工本，卖方要想以"原价银"八两赎回这八亩五分田面，显然是不可能的，这就是引起纠纷的根本原因。

江南这种田面惯例，一直延续到民国时期。《中国民事习惯大全》记载1918年关于旧松江府属各县的调查报告，其中一则题为"田底田面召顶外顶之区别"，如此写道："查松江习惯，对于所畸田亩之所有权，分为底、面两种。畸田底者，谓之业户，完纳赋税……畸田面者，谓之佃户，耕种该田，除完纳租米于业户外，有收取余利之权。其田面之价值，为田底价值之半。亦可互相买卖，其买得者，即有耕种该田之权。因田有底、面之分，遂有召顶、外顶之区别。召顶者，当买田之时，田底、田面并同买进，于召佃承种时，须由该佃户先缴顶首洋若干元，视田之肥瘠以定等次。倘有抗欠租米等情，即将顶首扣抵，收田另召，是谓召顶。外顶者，当时只卖田底，而田面向系种户所有，每年认还租米……倘该种户有意抗欠租米，为数较巨者，可将田面作价抵租，另召接耕，是谓外顶。按此种习惯，松江相沿已久。"[83]这种民间惯例，看上去很复杂，其实也很简单，不过是说田面权与田底权都是所有权，都可以买卖；田底、田面同时买进，与只买田底不买田面所形成的租佃关系是不同的。

该调查报告所说田面买卖的习惯在松江"相沿已久"，殆非虚言。不少文献都可以为证：

——《松江府续志》在记述当地风俗时指出："此业户买田，俗云田底是也。又有田面之说，是佃户前后授受者，视其田之高下广狭以为差等。"[84]

——晚清松江人姜皋说："至田面由佃户乡间授受者，曰顶种。佃户退业另召者，曰召种。其价全视村落之盛衰以为准。谚云'田落富家村'是也。"[85]

这种情况，民国时期依然存在。满铁1930年代末对于松江的调查报告指出：当地田面与田底分离的状况十分普遍。抽样调查表明，有田面权的达137件，没有田面权的仅9件。[86]在调查中发现，和历史时期一样，田面权和田底权都可以买卖、转让，在当地习惯中，田面买卖与田底买卖大体相似，买方首先必须向村内的地保调查该地块的所有权、坐落四至及收获量等。如果是田面买卖，买方还得向拥有田底的业主询问，该佃户（即卖方）有无欠租等情况。如有欠租，田面买卖后怎样处置欠租，是买方与卖方之间的事，与田底业主（即地主）无关。[87]这足以证明田面早已是独立于田底的产权主体。

1950年土地改革前的松江新农乡的调查报告写道："该乡大部分土地，有'田面'与'田底'权之分……农民占有'田面'权的土地，每年仍须向地主交大租，但'田面'权可以自由出租、出典或买卖。地主中亦有将自田的'田面'权出卖给农民者，卖时须写绝卖契（名春花永状），农民又称此为杜绝契……也有农民买'田面'权时，因不能一次付清'田面'价格，而只交顶首者，六年为期，期满后地主又涨顶首，待涨到'田面'价格时，方写'田面'权绝卖契。新农乡农民所有佃入田中，大部分有'田面'权，如张家村农民有'田面'权的田占佃入田的98.7%。"[88]

这种情况是其他地区所没有的。之所以会大量出现田面权与田底权的分离，与这一地区市镇经济繁荣，工商业发达，城居地主较多，有着密切的关系。据土地改革前的统计，上海周边各县的"城居地主"在地主群体中所占比例如下：

南汇县37.60%，松江县54.79%，奉贤县31.68%，金山县41.09%，青浦县52.98%，嘉定县39.09%，川沙县14.78%，上海县45.32%，宝山县25.16%。

这些城居地主大多经营工商业或从事其他职业，据南汇县惠南镇、松江县中山镇、奉贤县中山镇、奉贤县南桥镇、金山县朱泾镇、青浦县城厢镇、嘉定县西郊、川沙县城厢镇、上海县闵行镇的调查，兼营工商业或其他职业的地主，占地主总数的42.47% ～ 93.33%。[89]这类以工商业或其他职业为主业的地主，大多无暇经营田产，乐于出卖田面，保留田底（收租），促使田面与田底分离的进程加速。而在农业高度集约化的上海周边地区，佃农（包括佃中农、佃富农）多致力于获取田面权，使自己可以较为稳定地经营土地，增加对土地的投入，对农业经济的发展有着不可估量的积极意义。

3. 地租形态与地租率的变革

这一地区的地租形态，既有对传统的沿袭，也有因时的变革，从缴租的方式上看，有定租、活租、分租三种。

所谓定租，即定额地租，由来已久。早在宋代，江南就流行定额地租——每亩租额固定，多则一石以上，少则七八斗，大致与田地好坏、地方习俗、主佃关系等因素有关。《江苏金石志》所载碑刻，透露了当时民间定额地租的状况。[90]清初上海县人叶梦珠说，华亭县、娄县、青浦县每亩租额"一石五六斗者比比"，上海县每亩租额"上田不过石一二斗，次则八九斗，下至六斗"。[91]他所说的就是定额地租。

据土地改革前的调查，本地区流行的定额地租有两种形式：定租呆缴与定租活缴。

所谓定租呆缴，即租额一经确定，荒熟不论，租额不变，契约上写明："丰年不增，荒年不减"，"风虫水旱概不管"。如奉贤县的板租，不管年成好坏，按规定租额缴纳，每亩三斗半到四斗米；青浦县的板租，不论年成丰歉，每年租额固定不变，每亩八斗至一石二斗之间。

所谓定租活缴，即事先约定租额，丰年按照原租额缴纳，荒年酌减或迟缴。如青浦县的花租，先议定租额，秋收后按年成好坏决定增减；松江县的虚租租额按年成好坏打折扣，每年秋收时由地主与县政府、参议会决定后公布，或打八折，或打七折，或打六折。上海县的虚租也是如此，业主与佃户建立租佃关系时议定租额，收获时可按收成情况酌打折扣，每亩实缴租额一般在六斗至七斗米之间，占产量的25%～35%。[92]

所谓活租，与定租活缴比较接近。一般是根据当年亩产量多少，临时评产缴租。如：奉贤县的活租，又称花租，每亩租额大致在一石二斗至一石三斗之间，实缴租额按年成决定，以每年实产量的37.5%缴纳；青浦县的活租又称看租，先不决定租额，秋收后再按年成好坏决定租额，大体每亩三斗至九斗八升或一石左右。[93]

所谓分租，即分成租，上海周边地区称为"分场田""合种田"。松江县这一类型约占全县租田的20%～30%，其他各县的比例较低。分租标准多视实际产量按成分收，有"多收多分，少收少分，不收不分"的说法。其分配比例，根据业佃双方所投入的成本多少而定，也就是说，如果佃户负担大部分生产成本，那么佃户所得成数就多；如果地主负担大部分生产成本，那么地主所得成数就多。一般而言，分租的比例以"平分"最为普遍，"四六分"次之，"三七分"较少。青浦县的分租，又称分种，由地主出肥料、种子，佃户出劳力、耕牛、农具，根据实际产量（连稻草在内）四六分成或三七分成，即主四佃六或主三佃七。奉贤县的分租，由地主出土地、耕牛、农具，佃户仅出劳力，租额普遍是主佃各半或主六佃四。嘉定县的分租，种子、肥料业佃双方各出一半，收获也是对半分，若佃户单出劳力，则主六佃四分成。松江县的分租也称分种，地主出土地、肥料、种子、耕牛，但佃户仅出劳力，实际产量按业七佃三分收；若地主出土地、肥料、种子，佃户出劳力、耕牛，实际产量按业六佃四分收。[94]

这里的分租，与其他地方的不同之处在于，契约的经济色彩更浓，业佃双方依照契约而处于对等的地位。因为这一现象大多出现在两种人身上：其一是拥有田底与田面不分离的土地，自己经营的小地主；其二是部分农民因缺少劳力，或田块离村太远，而将自耕田或佃入田与其他农户分种（合种）。双方把土地、肥料、种子、耕牛、劳力等生产要素，按比例确定收成的分配，具有较高的商业化程度。

如果从地租征收对象而言，本地区除了传统的实物地租，还有数量相当可观的货币地租，或者是"折租"——将实物折成货币。据1924年的调查，上海县30%是实物地租，70%是折租；金山县10%是实物地租，10%是货币地租，80%是折租。到了1934年，上海县的实物地租减少到10%，折租增加到90%，金山县则不变，明显地反映了上海县市场经济所带来的变化。据陈翰笙的研究，货币地租或折租的盛行，是因为较多的地主"均经商沪上或湘鄂一带，货币之需要愈形迫切"，"农作物体积粗大，转运不便，分益时又多种种流弊，故纳谷之租制，在上海实属仅有。据1933年调查，货币地租占调查佃租农户95%"。[95]

值得注意的是，据1930年代初的调查，货币地租的租率比较低。松江县每亩耕地的年收入33.40元，地租10.85元，地租率32.49%；奉贤县每亩耕地年收入28.00元，地租额6.50元，地租率23.21%。此外，无锡县的货币地租率34.44%，武进县的货币地租率33.12%，昆山县与常熟县的货币地租率均为33.33%。[96]据1930年代末的调查，嘉定县常年亩产量，秋熟棉花100斤，折合12.0元，夏熟小麦一石，折合8.0元，全年每亩收入20.0元。

上地每亩地租8.0元，中地每亩地租7.0元，下地每亩地租6.0元，货币地租率分别为：上地40%，中地35%，下地30%。[97]

这种情况与以往流行的权威论断——地租率高达六成、七成乃至八成是大相径庭的。问题出在哪里？土地改革时为了宣传"地主阶级剥削的残酷性"，在计算地租率时，故意将产量估计过低，人为地提高地租率。例如《土地改革前苏南农村的地租情况》的调查报告，所统计的苏南农村地租率普遍高于实际状况，例如无锡县一般地租率为60%，较高地租率为80%。[98]高则高矣，但并不真实。问题出在哪里？就是作为"分母"的"正产物产量"估计偏低：只计算秋熟作物产量，而没有把夏熟作物产量一并计算在内，以至于作为"分子"的地租就显得过大。

众所周知，长江三角洲地区从北宋末南宋初逐渐普及稻麦二熟制，然而仍维持着传统的按秋熟产量收取地租的惯例。[99]这种惯例一直延续到清末民国时代。晚清松江人姜皋说："春熟无论三麦、菜籽，例不还租。"[100]光绪《松江府续志》说："农家谓秋成曰大熟，稻及木棉是也。若蚕豆、菜（油菜）、麦之类，例不还租，故农家咸资小熟以种大熟。"[101]民国时代这一传统仍未改变，却被人们计算地租率时有意无意地忽视了。[102]

郑志章较早地发现对地租率估计过高的错误的根源：一是忽视了只对秋熟作物征收地租，夏熟作物全归佃农的事实；二是忽视了定额地租通常是"定租活缴"，没有除去虚额。根据他的估算，明清时期长江三角洲实物地租率：松江府37%、40%、32%，苏州府48%，湖州府40%，嘉兴府40%。[103]民国时代上海周边农村的地租率，普遍低于50%，在40%上下浮动，有的甚至在30%左右。这与人们先入为主的地租率概念，有很大的出入。这是不必讳言的事实，完全可以给出合理的解释。

从历史的视角看来，本地区的地租率呈现一种不甚明显的下降趋势；从地域的视角看来，本地区的地租率比其他地区尤其是北方地区的地租率低。其中原因也许很多，至关重要的是，本地区地权日趋分散化，田面与田底加速分离，大多数佃农都拥有田面权，田底价不断下跌，地租率也随之下降。这种趋势是和工商业日渐发达、乡村日渐城市化的进程同步的。在这一进程中，江南市镇起到了重要的作用，是无可争议的。

注释

［1］ 大隅晶子：《十六、十七世纪的中日葡贸易》，《东京国立博物馆纪要》第23期（1998年）。

［2］ 黄启臣、邓开颂：《明清时期澳门对外贸易的兴衰》，《中国史研究》1984年第3期。

［3］ 严中平：《丝绸流向菲律宾白银流向中国》，《近代史研究》1981年第1期。

［4］ 弗兰克：《白银资本——重视经济全球化中的东方》（中译本），中央编译出版社，2000年，第27页、166～167页、169页。

［5］ 梁方仲：《明代国际贸易与银的输出入》，《中国社会经济史集刊》第6卷第2期（1939年）。

［6］ 全汉昇：《明清间美洲白银的输入中国》，见氏著《中国经济史论丛》第一册，香港新亚研究所，1972年，第435～450页。

［7］ 同上。

［8］ 布罗代尔：《15至18世纪的物质文明、经济和资本主义》第二卷（中译本），生活·读书·新知三联书店，1993年，第167～197页、432～435页、647页。

［9］ 全汉昇：《略论新航路发现后的海上丝绸之路》，《近代中国史研究通讯》第2期（1986年）。

［10］ 李侍尧：《奏请将本年洋商已买丝货准其出口折》，《史料旬刊》第五期。

［11］ 全汉昇：《自明季至清中叶西属美洲的中国丝货贸易》，见氏著《中国经济史论

丛》第一册，第459页。

［12］同上书，第454页。

［13］汪敬虞：《中国近代生丝的对外贸易和缫丝业中资本主义企业的产生》，《汪敬虞集》，中国社会科学出版社，2001年，第341～342页。

［14］民国《南浔志》卷二十一《人物》。

［15］秦惟人：《清末湖州的蚕丝业和生丝的输出》，《中岛敏先生古稀纪念论集》下卷，东京汲古书院，1981年。

［16］刘大钧：《吴兴农村经济》，上海文瑞印书馆，1939年，第121页。

［17］周德华主编：《吴江丝绸志》，江苏古籍出版社，1992年，第37～38页。

［18］严中平：《中国棉纺织史稿（1289—1937）：从棉纺织工业史看中国资本主义的发生与发展过程》，科学出版社，1955年，第32～33页。

［19］全汉昇：《鸦片战争前江苏的棉纺织业》，见氏著《中国经济史论丛》第二册，香港新亚研究所，1972年，第638～639页。

［20］同上书，第639页、640～641页、642页。

［21］李伯重：《江南的早期工业化（1550—1850年）》，社会科学文献出版社，2000年，第16页。

［22］同上书，第1页。

［23］同上书，第6～7页。

［24］王晋新：《深刻而全面的经济变革——论16—18世纪中叶英国社会经济》，侯建新主编：《经济—社会史——历史研究的新方向》，商务印书馆，2002年，第237～259页。

［25］李伯重：《江南的早期工业化（1550—1850年）》，第16页。

［26］彭慕兰：《大分流：欧洲、中国及现代世界经济的发展》（中译本），江苏人民出版社，2003年，第10页、22～23页。

［27］同上书，中文版序言，第2页。

［28］同上书，第5～8页。

［29］同上书，第87页。

［30］同上书，第19页。

［31］彭慕兰的《大分流》一书用大量篇幅批评黄宗智的"内卷"理论，即中国江南农村的家庭手工业是一种"内卷化"经济，是"边际报酬递减"的"没有发展的增长"。由此引起了黄宗智的反驳。他们不仅在美国交锋，而且把争论引到了中国。黄宗智在《历史研究》2002年第4期上发表了长达27页的论文《发展还是内卷？十八世纪英国与中国——评彭慕兰〈大分岔：欧洲，中国及现代世界经济的发展〉》，彭慕兰随即在《历史研究》2003年第4期上发表了长

达45页的论文《世界经济史中的近世江南：比较与综合观察——回应黄宗智先生》，给予回应。

［32］吴承明：《从传统经济到现代经济的转变》，《中国经济史研究》2003年第1期。

［33］乾隆《湖州府志》卷四〇一《物产》。

［34］民国《濮院志》卷十四《农工商·农桑》。

［35］河冰：《盛泽之纺绸业》，《国际贸易导报》第四卷第五期（1932年10月），转引自《吴江蚕丝业档案资料汇编》，河海出版社，1989年，第187页。

［36］赵如珩：《江苏省鉴》，新中国建设学会，1935年，第1365页。

［37］1946年盛泽镇商会：《丁趾祥等为联名请求筹设盛泽丝织业工业协会致吴江县政府呈》，吴江县档案，案卷号8·1·105。

［38］严中平：《丝绸流向菲律宾白银流向中国》。

［39］汪敬虞：《中国近代生丝的对外贸易和缫丝业中资本主义企业的产生》，《汪敬虞集》，第341～342页。

［40］吴伟业：《梅村家藏稿》卷十《木棉吟序》。

［41］万历《上海县志》卷一《风俗》。

［42］黄宗智：《长江三角洲小农家庭与乡村发展》（中译本），中华书局，1992年，第4页。

［43］正德《松江府志》卷四《风俗》。

［44］褚华：《木棉谱》（上海掌故丛书）。

［45］咸丰《紫堤村志》卷二《风俗》："乡民多恃布为生。往时各省布商先发银于（布）庄，而徐收其布，故布价贵。贫民竭一日之力，赡八口而有余。"

［46］彭慕兰：《大分流：欧洲、中国及现代世界经济的发展》，第87页。

［47］乾隆《吴江县志》卷三十八《风俗·生业》："绫绸之业，宋元以前惟郡人为之。至明熙、宣间，邑民始渐事机丝，犹往往雇郡人织挽。成、弘以后，土人亦有精其业者，相沿成俗。于是盛泽、黄溪四五十里间，居民乃尽逐绫绸之利，有力者雇人织挽，贫者皆自织，而令其童稚挽花。"

［48］乾隆《盛湖志》卷下《风俗》。

［49］沈云：《盛湖杂录》（不分卷）。

［50］道光《黄溪志》卷一《疆土·风俗》。

［51］嘉庆《濮院琐志》卷一《机杼》。

［52］嘉庆《濮川所闻记》卷二《地宇·坊巷》。

［53］嘉庆《濮院琐志》卷一《机杼》。

［54］光绪《枫泾小志》卷十《拾遗志·拾遗》引吴遇坤《天咫录》。

［55］嘉庆《濮院琐志》卷一《机杼》。

［56］嘉庆《珠里小志》卷二《户口》。参看森正夫：《朱家角镇略史》，森正夫编：《江南デルタ市鎮研究——歷史學と地理學からの接近》，名古屋大学出版会，1992年，第80页。

［57］满铁上海事务所调查室：《上海特别市嘉定区农村实态调查报告书》，上海芦泽印刷所，1940年，第6页。

［58］康熙《乌青文献》卷一《疆域》；乾隆《乌青镇志》卷二《形势》。

［59］Gilbert Rozman, *Urban Networks in Ch'ing China and Tokugawa Japan*, Princeton: Princeton University Press, 1973. 赵冈：《中国城市发展史论集》，台北联经出版事业公司，1995年，第140～142页。

［60］康熙《淞南志》卷一《风俗》。该志编者引用清初当地人余起霞的话："吾乡习尚日异月新，余幼时见亲朋宴集，所用不过宋碗，其品或四或六，其味亦只鱼虾鸡豕，婚娶盛筵果单，实以枣栗数枚而已。自后……穷极水陆，一席所费，可作贫家终岁需矣。往时及见里中素封之家，所服不过褐苎而已，今则绸不足而纱之，缎不足而绫之锦之，甚且袭以银鼠，褐以紫貂。……如是者谓之时人（引者按：即时髦之人），否则，群以村汉目之。"

［61］光绪《枫泾小志》卷十《拾遗志·拾遗》。

［62］嘉庆《朱泾志》卷一《因革·风俗》。

［63］陆楫：《兼葭堂稿》卷六《杂著》。

［64］顾公燮：《消夏闲记摘抄》卷上《苏俗奢靡》。

［65］维尔纳·桑巴特：《奢侈与资本主义》（中译本），上海人民出版社，2000年，第150页。

［66］同上书，第247～248页。

［67］《明史》卷二五一《钱士升传》。

［68］王守稼：《两朝元辅 一品乡官》，见氏著《封建末世的积淀和萌芽》，上海人民出版社，1990年，第161页。

［69］叶梦珠：《阅世编》卷五《门祚一》。

［70］钱泳：《履园丛话》卷四《水学》。

［71］洪焕椿编：《明清苏州农村经济资料》，江苏古籍出版社，1988年，第90～172页。

［72］曹幸穗：《论旧中国苏南土地占有关系的演变及其推动力》，《中国社会经济史研究》1990年第4期。

［73］满铁上海事务所调查室：《上海特别市嘉定区农村实态调查报告书》，第39页。

［74］《土地改革前苏南土地关系中若干特殊情况》，中共苏南区委土地改革委员会：《苏南土地改革文献》（内部发行），南京，1952年，第499页。

［75］《苏南二十个县一千七百二十二个乡土地改革前各阶层占有土地比较表（四）》，中共苏南区委土地改革委员会：《苏南土地改革文献》，第769页。

［76］光绪《周庄镇志》卷四《风俗》。

［77］《民商事习惯调查报告录》第一册，司法行政部编印，1930年，第317页。

［78］俞觐：《常熟农村现状调查》，冯和法编：《中国农村经济资料》（续编），上海黎明书局，1935年。又华东军政委员会土地改革委员会《江苏省农村调查》（内部发行，上海，1952年）所收《常熟县农村经济情况》关于大义区葛成乡的调查，抗战前田面每亩价格为大米五石，田底每亩也为大米五石；抗战后田面价格涨至每亩大米六石，田底价格跌至每亩大米一石。

［79］参看何梦雷：《苏州无锡常熟三县租佃制度调查》第二章第一节"田底面制"，冯和法编：《中国农村经济资料》（续编）。

［80］《民商事习惯调查报告录》第一册，第462～463页。

［81］李程儒辑：《江苏山阳收租全案》附录《江南征租原案》。

［82］中国第一历史档案馆、中国社会科学院历史研究所：《清代地租剥削形态》下册，中华书局，1982年，第509～511页。

［83］法政学社：《中国民事习惯大全》第二编第五类，上海广益书局，1924年，第7页。

［84］光绪《松江府续志》卷五《疆域志·风俗》。

［85］姜皋：《浦泖农咨》。

［86］满铁上海事务所调查室：《江苏省松江县农村实态调查报告书》，上海芦泽印刷所，1939年，第45页。

［87］同上书，第60～61页。

［88］华东军政委员会土地改革委员会：《江苏省农村调查》，第144～145页。

［89］中共苏南区委土地改革委员会：《苏南土地改革文献》，第497～498页、500页。

［90］《江苏金石志》卷十四《吴县续置学田记》。

［91］叶梦珠：《阅世编》卷一《田产一》。

［92］中共苏南区委土地改革委员会：《苏南土地改革文献》，第517～518页；华东军政委员会土地改革委员会：《江苏省农村调查》，第7～8页、77页、14～15页、444页、145～146页、207页。

［93］中共苏南区委土地改革委员会：《苏南土地改革文献》，第517～518页；华东军政委员会土地改革委员会：《江苏省农村调查》，第7～8页、77页、14～15页。

［94］中共苏南区委土地改革委员会：《苏南土地改革文献》，第509～510页；华东

軍政委員会土地改革委員会:《江苏省农村调查》,第14～15页、77页、82页、145～146。日本学者草野靖对于"分种制"有精深研究,专门写了一本著作《中國の地主經濟——分種制》,由东京汲古书院1985年出版。根据他的研究,全国的分种制五花八门,名称各异,诸如:代种、代地、雇佃、佣佃、分种、半分、平种、半种等,都显得比较落后,与江南的分租(分种)截然不同。见该书第35～60页。

[95]《中国经济年鉴》续编,上海,1935年,第七章(G),第51页、48～49页。

[96] 翟克:《中国农村问题之研究》,广州国立中山大学出版部,1933年,第191～195页。

[97] 满铁上海事务所调查室:《上海特别市嘉定区农村实态调查报告书》,第56页。

[98] 中共苏南区委土地改革委员会:《苏南土地改革文献》,第508～509页。

[99] 庄绰《鸡肋编》:"佃户输租,只有秋课,而种麦之利独归客户(佃户)。"黄震《慈溪黄氏日抄分类》:"惟是种麦不用还租,种得一石是一石,种得十石是十石。"

[100] 姜皋:《浦泖农咨》。

[101] 光绪《松江府续志》卷五《疆域志·风俗》。

[102] 参看拙作《上海农村土地关系述评》,《上海研究论丛》第八辑,上海社会科学院出版社,1993年,第108～134页。

[103] 郑志章:《明清时期江南的地租率和地息率》,《中国社会经济史研究》1986年第3期。

第一章

丝绸业与江南市镇的成长

一 农家的蚕桑丝织经营及其市场化趋势

1. 太湖流域的农家蚕桑经营

丝织业由城市向乡村推广

太湖流域素以栽桑养蚕闻名于世。据《新唐书·地理志》和《元和郡县志》记载，太湖流域各州的贡品，以丝绸居多。苏州有丝葛、丝绵、八蚕丝、绯绫；常州有绸、绢、红紫帛巾、紧纱；杭州有白编绫、绯绫；湖州有乌眼绫、绵绸。到了宋代，有进一步的发展，官营的杭州织锦院云集了两浙路各地的能工巧匠，雇用工匠达数千人之多，有织机数百张。私营作坊更多，能织造白编绫、棉席绫、素罗、花罗、缬罗、熟罗、锦缎、克丝、纱绢等。吴兴的樗蒲绫，武康、安吉的绢，安吉的纱，武康的鹅脂绵，均属上品。嘉兴魏塘宓家所织画绢，远近闻名。

值得注意的是，蚕桑已经在农家经营中占据愈来愈重要的地位。陈旉《农书》记载湖州农家"唯借蚕办生事"，也就是说，农家生计主要依靠蚕桑收入。他如此写道："十口之家，养蚕十箔，每箔得茧一十二斤。每一斤取丝一两三分，每五两丝织小绢一匹，每一匹绢易米一石四斗，绢与米价相侔也。以此岁计衣食之给，极有准的也。以一月之劳，贤于终岁勤动，且无旱干水溢之苦，岂不优裕哉。"[1]

按照陈旉的记载，十口之家养蚕十箔，可以获得蚕茧一百二十斤，可以收丝一百五十六两，可以织小绢三十一匹，以一匹绢易米一石四斗的比价折算，三十一匹绢相当于四十三石四斗米，按当时最高每亩产量三石米计算，需十四亩四分七厘优质水田一熟的产量，才可以与之相抵。可见养蚕缫丝织绢的收益，明显高于农田粮食种植的收益，无怪乎陈旉如此重视蚕桑经营，要说"唯借蚕办生事"了。

进入明代，蚕桑业、丝织业不仅产量、品种有所增加，而且产地和从业人员也日趋扩大，农家经营中出现了蚕桑压倒稻作的趋势。也就是说，在蚕桑区的生产格局中，蚕桑所占比重已经超过了传统的稻作，这包括两个方面：一是蚕桑用地超过了稻作用地；二是蚕桑收入超过了稻作收入。因此，在这些地区，蚕丝收成的好坏，即蚕丝之丰歉，成为农村"有岁"或"无岁"（即丰收或歉收）的决定性因素。

这与明代洪熙、宣德、成化、弘治以来，丝织业由城市向乡村推广有很大关系。苏州府吴江县的情况可以作为一个典型："绫绸之业，宋元以前惟郡人（引者按：此处的"郡"指苏州府城）为之，至明（洪）熙、宣（德）间，邑民（引者按：此处"邑"指吴江县城）始渐事机丝，犹往往雇郡人织挽。成（化）、弘（治）以后，土人（引者按：指吴江县农民）亦有精其业者，相沿成俗。于是，震泽镇及近镇各村居民，乃尽逐绫绸之利，有力者雇人织挽，贫者皆自织。"[2]这里所反映的情况是有代表性的，农家除了栽桑养蚕以外，还兼营丝织，富裕人家雇用机工，贫穷人家大抵自己缫丝自己织造绫绢。这对于丝织业是一个很大的促进，对于农家经营的多元化也是很大的促进。因此，以湖州为中心的蚕桑地区的丝织业有了长足的发展："隆（庆）、万（历）以来，机杼之家相沿此业，巧变百出，有绫有罗，有花纱、绉纱、斗绸之缎，有花有素，有重至十五六两，有轻至二三两，有连为数丈，有开为十方……各直省客商云集贸贩，里人贾鬻他方，四时往来不绝。"[3]

导致蚕丝业向乡村推广的重要因素是市场的影响，无论是桑叶、蚕丝，还是绫绸，都可以作为商品在市场上出售，由于市场需求量大，桑、丝、绸的经济效益比一般农产品要大得多。谢肇淛《西吴枝乘》说，蚕桑之事"湖人（引者按：指湖州人）尤以为先务，其生计所资，视田几过之"。徐献忠《吴兴掌故集》说："蚕桑之利莫甚于湖（引者按：指湖州），大约良地一亩可得（桑）叶八十个，每二十斤为一个。计其垦锄壅培之费，大约不过二两，而其利倍之"。因此农家普遍认为"多种田不如多治地"[4]，即多种稻不如多栽桑。

农家"蚕桑利厚"

明末清初湖州琏市沈氏所撰《沈氏农书》，以及清初嘉兴府桐乡县人张履祥所撰《补农书》，反映了明末清初这一地区农业生产的实态。[5] 张履祥在《补农书》中说："田地相匹（引者按：指稻田与桑地比较），蚕桑利厚"，"余里蚕桑之利，厚于稼穑（引者按：稼穑指稻作），公私赖焉。蚕不稔则公私俱困，为苦百倍"。《沈氏农书》中关于蚕桑的论述所占篇幅最多，其原因也在于"蚕桑利厚"，因此极为重视桑园的管理。

例如种桑，"种法以稀为贵，纵横各七尺，每亩约二百株，株株茂盛，叶便满百，不须多也"。

又如垦地，"桑之细根，断亦无害，只要棱层空敞。若倒地，则春天雨水正多，地面又要犁平，使不滞水。背后脚迹尽数揉平"。

再如春天壅地，"清明边再浇人粪，谓之撮桑，浇一钱多二钱之叶。剪桑毕，再浇人粪，谓之谢桑，浇一钱多一钱之叶，毫不亏本，落得桑好"。[6]

琏市沈氏与桐乡张氏都是雇工生产的经营地主，沈氏"有地不得不种，田不得不唤长年（引者按：长年即长工）"；张氏"岁耕田十余亩，地数亩"，"雇人代作"。[7]他们的经营方式大体反映了一般农家的经营方式，即以蚕桑为主，稻作为辅，多种经营的商业性农业。蚕桑、稻作以外的多种经营大致有这样一些：

种梅豆——"惟桐乡得擅其利，六七月陈豆做腐，腐少，若得搀入梅豆，腐便如故。每遇豆熟，商贾来至，官私赖焉。"

种麻——"东路田皆种麻，无桑者亦种之，盖取其成之速，而于晚稻、晚豆仍不碍也。其工力较菜子相去不远，其收利则倍。"

种萝卜——"以供家用，固为便易，即卖亦得厚利（本地萝卜价常贵于太湖）。"

种芋艿——"旱芋种，出广德，清明时彼处排卖于湖。"

种甘菊——"若种之成亩，其利视种豆自倍。吾里不种棉花，亦有以此为业者。"

养牛——"里亦有以畜牛为利者，买瘠牛，使童子牵之，朝食露草，日饲棉花饼，养一二月，则牛肥而价倍，一牛尝得数金之息。"

养鱼——"湖州畜鱼必取草，籴螺蛳于嘉兴，鱼大而卖，则价钱贱于嘉兴。盖吾地鱼俱自湖州来，及鱼至市，已离池数日，少亦一二日矣，故鱼瘠而价不能不贵。"[8]

养猪羊——"养猪羊尤为简便……计羊一岁所食，取足于羊毛、小羊而足，所费不过垫草，宴然多得肥壅。养猪旧规亏折猪本，若兼养母猪，即以所赚者抵之，原自无亏。若羊必须雇人斫草，则冬春工闲，诚靡廪糈。若猪必须买饼，容有贵贱不时。今羊专吃枯叶枯草，猪专吃糟麦，则烧酒又获赢息，有盈无亏，白落肥壅，又省载取人工，何不为也。"[9]

这种以蚕桑为主，稻作为辅的多种经营，不但经济效益明显，而且保持了生态平衡，有益于生产优质蚕丝。正如陈学文所说："在嘉兴农业经营中有一个重要现象很值得我们注意，在讲求经济效益的前提下，自然形成了农业经营的多样化，使生态保持了平衡。嘉兴地区素以发展蚕桑经济为主体，同时亦发展了淡水鱼与湖羊的养殖。种桑一亩，可饲蚕十筐，冬天枯桑叶收120～200斤，可供一只湖羊过冬饲料。十筐蚕的蚕沙可供一头羊一年的精饲料。一头湖羊粪肥年产20～25担，正好供一亩桑田的肥料。蚕沙也可以用于饲鱼，鱼肥又可以肥桑田。"[10]

张履祥在《补农书》中，为有田十亩、池塘一方、屋数间的邬氏母子策划经营之道时，提供了这样一个方案："瘠田十亩，自耕尽可足一家之食，若雇人代耕，则与石田无异；若佃于人，则计其租入，仅足供赋役而已。"因此，它的经营对策是：不种水稻，而栽培桑三亩、豆三亩、果树各二亩，兼养鱼、饲羊。这个方案，体现了嘉兴、湖州地区农家经营的普遍状况，带有商业性农业的多种经营特色。

这种经营方式与市场关系十分密切，不仅产品大量投入市场，而且经营过程中始终与市场有密切来往，连肥料都从邻近城镇购买："要觅壅，则平望一路是其出产。磨路猪灰，最宜田壅。在四月、十月农忙之时，粪多价贱，当并工多买。其人粪必往杭州，切不可在坝上买满载，当在五道前买半载，次早押到门外过坝，也有五六成粪耳。新粪更肥。至于谢桑，于小满边蚕事忙迫之日，只在近镇买坐坑粪，上午去买，下午即浇更好。"[11]

《沈氏农书》所载农家向外购买的情况大致如下：

铁扒、锄头、稻铗、桑锯、桑剪——向石门镇购买；

粪——向苏州、杭州、近镇购买；

牛壅——向平望镇购买；

豆饼、豆泥——向甪直镇购买；

大麦——向长兴、澉浦购买；

枯叶——向桐乡、海宁购买；

桑叶、茧黄——向南浔镇购买；

盐、茶叶、猪油——向嘉兴购买；

酒——向苏州购买。

此外，购买的还有篙竿、稻杠、筛匾、蓑衣、笠帽、猪灰、羊草、蚕蚁、蒜苗、小鸭、螺蛳、麻苎布、柴炭等。

《沈氏农书》和《补农书》所反映的明清之际嘉兴、湖州一带农家经营，所占比重最大的是蚕桑，其次是稻作以及其他作物，再次是禽畜饲养。《沈氏农书》说："壅地果能一年四壅，罱泥两番，深垦刈净，不荒不蟆，每亩采叶八九十个，断然必有。比中地一亩采四五十个者，岂非一亩兼二亩之息？"一亩之地用于栽桑，亩收桑叶八十个（一千六百斤），以每个价银0.09两计，八十个计银7.2两；一亩之地用于种稻，亩收米三石，以每石米价银1.2两计，三石米计银3.6两。两相比较，栽桑的经济收益比种稻高达一倍。[12]

嘉靖万历时归安县人茅坤对此早已有所关注，他说：地一亩用于栽桑，高产时可采叶二千斤，卖价银五两至六两；中产可收叶一千斤，卖价银二三两；低产所收也不下银一二两。而圩田一亩种稻，高产亩收米二石，次者一石五斗。[13] 当时米价大抵每石银三钱至五钱。[14] 二石米仅银六钱至一两左右，与二千斤桑叶的卖价（银五两至六两）相比，相差六倍至八倍；与一千斤桑叶的卖价（银二两至三两）相比，相差二倍至五倍；与桑叶最低产（银一两至二两）相比，也相差一倍至二倍。即使以万历十六年（1588年）大灾荒之时的米价每石一两六钱来计算[15]，二石米值银三两二钱，也仅及二千斤桑叶价银（五两至六两）的一半左右。

茅坤所说嘉靖时期的情况，与张履祥所说明末清初的情况比较接近。张氏在《补农书》中对种稻与栽桑作了一个比较：

第一，就种田与治地（即种稻与栽桑）所用工力多少、繁简而言，治地栽桑工力省："田工俱忙，地工俱闲。田赴时急，地赴时缓。田忧水旱，地不忧水旱。俗云'千日田头，一日地头'是已。"

第二，就种稻与栽桑的经济效益多少而言，栽桑收益大大超过种稻："田极熟，米每亩三石，春花一石有半，然间有之，大约共三石为常耳。地得叶盛者一亩可养蚕十数筐，少亦四五筐，最下二三筐（若二三筐，即有豆二熟）。"这就意味着，"米贱丝贵时则蚕一筐即可当一亩之息"，即栽桑养蚕的收益可达种稻的收益的数倍。以平常年景而论，栽桑一亩用以养蚕，其经济收益比种稻要高二倍至三倍。[16]

以上茅坤与张履祥所说，应该是当时真实情况的写照，也是这一地区蚕桑业持续繁荣的坚实经济基础。如果蚕桑利薄，或者其收益不如种稻，那么农家势必放弃蚕桑而改种水稻以及其他作物，事实上这种情况在明清两代并未发生。原因就在于蚕桑利厚是每一户农家亲眼所见的事实。如果将《沈氏农书》《补农书》和其他文献资料综合分析，大体可以获得如下信息：良地一亩可产桑叶八十个，每个二十斤，共计一千六百斤。一般情况，蚕出火一斤，食叶百斤，作茧十斤，缫丝一斤。桑叶千斤，作茧百斤，谓之"本分蚕"。亩产桑叶一千六百斤，可作茧一百六十斤，缫丝十六斤。

对于上述数据可按不同时期的丝价、米价加以比较。

丝价：嘉靖中，丝每两价银0.02两；康熙中，丝每两价银0.03～0.04两；乾隆中，丝每两价银0.06～0.08两。[17]

米价：嘉靖中，米每石价银0.3两；康熙中，米每石价银0.9两；乾隆中，米价极端高价每石价银3.8两。[18]

十六斤丝与三石米的比较结果如下：

嘉靖中，前者为银5.12两，后者为银0.9两，两者相差五六倍；

康熙中，前者为银7.6两，后者为银2.7两，两者相差三四倍；

乾隆中，前者为银15.3两，后者为银11.4两，这也表明，即使在米贵丝贱时，蚕丝收益仍然高于粮食。

农家妇女如果缫丝后织绢，经济收益更为可观，常常超过从事田间劳作的收益。《沈氏农书》记载，农家妇女二人，全年可以织绢120匹，每匹平价为银1两，共计得银120两；扣除经丝（700两）的成本价银50两，纬丝（500两）的成本价银27两，以及丝线、家伙、线蜡等成本价银5两，口粮价银10两，总共消耗工本银90两，净盈利银30两。这是一般自耕农的状况。

虽然经营的情况稍有不同，但蚕丝收益依然占有相当大的比例。在琏市沈氏的经营模式中，蚕桑丝织占有很大比例，请看下表。[19]

明末清初《沈氏农书》反映的农业经营

经营项目	数　量	产　量	收益（银）
稻及其他作物	30亩	90石	90.0两
桑	10亩	800个（16 000斤）	
		600个用于养蚕	
		可织绢120匹	120.0两
		200个用于贩卖	18.0两
禽　畜	猪羊鹅鸭鸡58头		55.1两

共计收益银283.1两，应扣除长工三人工食银39两[20]，织绢工本银90两，禽畜工本银31.3两，积余122.8两（还未扣除种

子、肥料工本银）。由于30亩用于种植粮食的田地所需种子、肥料等工本银，较难计算，故未扣除。如果扣除这些工本银，那么稻及其他作物的净收益所占比例，将会大大下降。即便如此，仍然可以从毛收益的比较中看到：十亩土地蚕桑经营的毛收益，已经明显高于三十亩土地稻作经营的毛收益，同等面积土地的蚕桑经营收益高于稻作经营，显然是不争的事实。

近镇人家的蚕桑专业化经营

农业经济的这种结构性变化，促成了太湖东南蚕桑地带"近镇人家多业机杼"的倾向。前述沈廷瑞《东畲杂记》关于濮院镇四乡农家经营方式的描述，是有典型意义的，可见濮院镇四乡农家经营的重心，已由纯农业转移到蚕桑与丝织，而农田耕作却视为副业，因无暇顾及，常常雇用石门、桐乡等地农民来"种跨脚田"。采用这种经营方式的农家，已经迥然不同于一般农家。

这种情况在盛泽镇附近也存在，已如前述，于是盛泽镇四乡农家经营发生了如同濮院镇一样的变化："盛泽农村，土著乡民多事机织，大部分农田归客籍人耕种。客民中务耕者，多来自温州、台州、处州及绍兴等地，尤以绍兴为多。"[21]

这些地区蚕桑经营发展到如此专业化的程度，使得其他地区无法与之匹敌，因而有"湖丝遍天下"或"吴丝遍天下"的说法。这与宋代以前的情况不可同日而语。宋以前，中国的丝业中心不在江南，而在华北及四川，无论原料及成品之生产，皆以上述地区为主。民间传说，晚唐时河南人褚载得机杼之巧于广陵，传授于杭州，杭人才渐解机丝。此后，褚载被奉为当地丝织业开山祖师，成为杭城机神庙供奉的偶像，其地位相当于松江棉纺织业中的黄道婆。宋室南渡后，经济中心南移最终完成，江南丝织业大盛。但南宋至元代江南丝织业还维持城乡分工的结构：丝业分散于乡村，织业集中于苏州、杭州、南京三大城市。明中叶以后，丝织业由城市向乡村扩散，工艺精益求精，产量大幅度增长，于是才有可能出现"湖丝遍天下"的盛况。

2. 蚕桑丝织工艺的精益求精

苏南浙北的蚕桑优势

其他地区的人，对于"湖丝遍天下"或"吴丝遍天下"的现象充满了羡慕之情，但又百思不得其解：其他地区何以不能取而代之？清代同治年间，一个叫做文柱的人，在为何石安、魏默深《蚕桑合编》写的序言中，就提出过这样的问题。文柱《蚕桑合编序》写道：

> 吴丝衣被天下，每岁丝市聚于湖州之双林。近则吴越闽番，远及西洋番舶，贸迁百万。是以田赋虽重而民不至匮。太仓之嘉（定）、宝（山）地宜木棉，则漕收折色，亦较各邑漕困为少甦，岂非稼穑之外自有余利哉！顾木棉必沙地，而桑则无壤不宜，何以其种南不逾浙，北不逾淞，西不逾湖（州），仅行于方千里之间，而隔壤即无桑种？

文柱在这里提出了一个问题：桑树各地都可以种植，为什么不能推广？为什么局限于苏南浙北？于是他对各种原因都作了分析：

> 谓土不宜耶？无论苏之吴江、震泽，桑半于稼，织半于耕；即常州之宜兴、荆溪，镇江之溧阳，皆有丝市，至丹徒地不濒太湖，而近日设局种桑育蚕，亦有成效；

> 谓吴中地无遗利耶？则村落塍圩、墙隅道畔，隙地甚

多，初无妨于蔬稸；

　　谓人力不遑耶？则吴中贫妇往往操锄耦耕，何如蚕妇女工自修内职，而不行于野。且一岁中仅竭三旬之劳，无农四时之苦，无水旱之虞，而坐收倍耕之利；

　　谓其事之不习耶？则邻壤相望，止须佣一蚕妇、一种树工，教幼丁童女为之，初无南北风土之隔，是桑利可佐田赋之穷明矣。[22]

文柱认为，事在人为，只要肯下工夫，其他地区照样可以从事蚕桑丝织业。这也是何石安与魏默深编撰这本《蚕桑合编》的初衷，正如编者何石安在该书原序中所说："念大江以南，土沃民稠，无处不可种桑，亦无家不可养蚕。一亩之田，可植桑百余株，八年以后可获（桑）叶大约二十石（担），且养蚕之时不妨农务，养蚕之人即系内助，洵所谓取自然之利，而与世无争；竭匹妇之劳，而人各足者也。"[23]

然而，实际情况并没有他们所想象的那么简单。栽桑、养蚕、缫丝对于气候、水质要求甚高，丝织工艺有它的长期传承，不是想推广就可以推广的。江南独特的自然与人文环境，是别的地方难以移植、复制的。因此，从明代一直到清末民初，江南出产的生丝及丝织品，依然在国内外市场独领风骚，出口的生丝依然是湖州的辑里丝的一统天下。事实表明，文柱所说，别的地方只要雇用一个蚕妇、一个种树工，教幼童学习，便可以如法炮制，是不切实际的纸上谈兵。

栽桑养蚕之讲究
首先，栽桑就不那么简单。清人卫杰《蚕桑萃编》说："蚕分十八种"，而以湖州一带的"湖桑"为最佳——"湖桑叶圆而大，津多而甘，其性柔，其条脆，其干不高挺，其树鲜老株，采折最便。惟移置他省甚难培养，若培养不得其法，多未成活。此湖桑为桑之冠，而难于移种也。"[24]请看，湖桑虽然号称"桑之冠"，移栽于别的地方，却难于成活。

清人黄世本《蚕桑简明辑说》也指出："桑种固以湖州所产为佳。即湖州而论，亦有红皮、青皮、紫皮三种。青皮叶疏而薄，黄皮较胜，唯紫皮最良，又名红皮，叶密而厚，浙人谓之红皮大种。湖桑之中，又以此种为第一。"他还对栽桑的技术细节作了详尽的叙述，例如，"种桑之法，先辨土宜。桑地宜高平，而不宜低湿，低湿之地积潦伤根，难期滋长"；又如，"湖（州）属栽桑甚密，桑下不种他物，恐其分肥。其地每年必锄翻一次，使土松易长。杭、嘉、苏三属及锡金等邑，桑树较疏，麦蔬皆种。每种一次，锄翻一次，既取土松，且沾余利"；再如，"桑之生于二三月间者，谓之初桑；立夏剪条后，旋复抽条放叶，谓之二桑。初条不剪，来春叶薄。虽桑食不尽，亦必去之。二桑之条即明春放叶之条，若养二蚕，只可剪叶，不可剪条。盛夏时，阴翳不可太密"；"湖桑柔嫩而香，最易引虫。五月后，间有蜘蛛、青虫、野蚕等等，形类甚多，皆能损芽伤叶，须随时察看去之"。[25]由此可见，仅仅栽桑，就有许多讲究，习惯粗放耕作的北方是难以模仿的。

至于养蚕，就更为复杂了。陈梓（古铭）所写的《养蚕词》大体反映了杭嘉湖地区的一般状况：

> 田家养蚕极苦辛，蚕大费力小费心。
>
> 腊月十二蚕生朝，炒盐洗灶家家劳。

清明夫妇莫走动，隔夜采花浴蚕种。

蚕种不一分炎凉，热看冷看须忖量。

屈指来朝谷雨近，出城买纸糊蚕筐。

转绿变蓝蚕子出，鹅毛掸落房中藏。

先以嫩叶为乳哺，头眠三日鱼鳞铺。

二眠两日连桠枝，眠眠插替劳何辞。（自注：每眠三日换出老叶，谓之替蚕。）

今年二姑把蚕稳，不比大姑昏昏小姑狠。

出火一钱三百倍，大眠一斤五斤外。

如此收成定十分，割肉先献蚕将军。

掘笋勿叫笋，叫笋蚕要损。

吃姜勿唤姜，唤姜蚕要僵。

……

三日齐封门，五日始采茧。

一斤采十斤，合家开笑脸。

前村后村丝车鸣，咿咿哑哑声相闻。

或叹白肚娘，上山一半僵。

或恨出火早，蚕了叶又了。

四邻各比拼，只有我家好。[26]

从中可以清楚地感觉到，蚕农在养蚕时那种小心翼翼、全力以赴的辛苦样子。

事实确实如此，蚕农养蚕极为讲究。《蚕桑合编》指出："初饲蚕，叶桑宜旋摘，利刃细切。切叶一次，洗手一次。一日夜可饲叶五六次，候叶尽再饲。叶不宜过厚，要细匀得宜。饲后将（蚕）蚁置之帐内，以避风寒；用小蚕架将蚕區架好，以沾暖气。切不可盖遏受湿，致生病患。"到了上簇结茧时，依然讲究："簇用糯晚稻草，梳去草壳，中间紧扎，长一尺六寸，两头用刀截齐。做簇之地，宜干燥透风，用竹木架芦帘，帘上载草山，列置于上，将老茧盛于广漆盘内，盥手布于簇上，要细密得宜。"[27]

《蚕桑萃编》在"蚕性类"下提出注意事项有：忌秽气，忌喧哗，忌湿下，忌香腥，忌酸辣苦辛，忌硝臭烟熏，忌蝇鼠，忌凶秽，分阴阳气，判南北风，寒热异候，冷暖得宜，明暗得法。

在蚕室类下提出的注意事项有：宜向南，宜高广，宜疏爽，宜明亮，宜干燥；在蚕饲类下提出的注意事项有：勿食雨叶，勿食露叶，勿食雾叶，勿食黄沙叶，勿食臭叶（浇粪后立即摘叶，为臭叶），戒食热叶（当烈日中摘桑，为热叶），戒食枯叶，戒食气水叶（桑叶堆积过久，一经热蒸，便生气水，为气水叶），戒食奄桑叶（小桑未满三年为奄桑，小蚕不可食）等。

在采叶类下提出的注意事项有：采桑勿过早（如：大桑秧，今年栽，次年接，六年可采；小桑秧，今年栽，次年接，三年再移，七年可采）；初桑采净（二三月之间，桑萌芽，为初桑叶，不净则鸠脚必多。须于芒种后采完，不剩一叶）；二桑少采（夏至前后已采之桑，又抽条长叶，为二桑。以二桑叶喂夏蚕，须斟酌去留，勿多采）；采须辨时（采叶时晴明，遇雨、遇雾、遇黄沙勿采。昼所食叶，宜辰刻采之。夜间及次日清晨所食叶，宜申酉刻采之）。必须在雨前采叶，如连续数天下雨，不得不于雨中采叶，应该用布夹之使干。如果蚕多而桑叶不足，必须事先估计所少之数，预先买定。不得买金桑叶、毛桑叶、鸡脚桑叶、大麦

73

地内桑叶。不得买远道桑叶，如不得已买自远处，行二十余里，须放风一次。[28]

缫丝纺丝之讲究

养蚕已经如此讲究，缫丝的讲究则更胜一筹。《蚕桑合编》有缫丝法十二条，主要有四条。一是先于半月前，用旧缸蓄河水待清。所云：山水不如河水，止水不如流水。如不及贮，临时欲取清者，投螺升许，切忌用矾。二是泥灶时兼泥盆底，以至四周，盆口均厚四指许，将至唇口渐薄。待干时，添水八九分满，温暖匀适。三是傍灶基安顿车床，床与盆齐，宜置灶右，最便一切。四是水温下茧，一手少拨，令茧滚荡，惹起绪头，急以左手捻住粗绪头，于水面上轻轻提撷数度，旋提起粗绪头，其下即是清丝。[29]

缫茧简示

卫杰《蚕桑萃编》对此讲得更为详细，提到缫茧，就包括清水、新灶、好车、转轴等有关事项：

清水——缫茧以清水为主，泉源清者最上，河流清者次之，井水清者亦可。如山涧中水，须择溪中极清者，或流自石罅间；如江边水黄，宜早数日储旧缸内澄清。

新灶——灶置车床之前，锅之后半，上对牌坊。

用锅一口，铜锅为上，铁锅次之。锅宜小，下茧宜少，旋下旋缫，丝条泽亮。

好车——缫丝车床，安灶基后。江浙、蜀中，用脚踏车、手理丝，一人兼二人事，极为灵便。

转轴——摘粗丝头后，先以清丝穿入牌坊板上丝眼，又由丝眼引上牌坊响绪，交互一转，再由响绪送入丝秤上之丝钩，复由丝钩搭上车轴，系于贯脚横梁，用手摇车，或用脚踏板，轴自旋转，丝便环绕于轴之上。[30]

此处提到的许多词语，今日读者似乎难以理解，好在卫杰有所介绍：

丝灶——灶宜上宽下窄，或用缸灶，或以砖砌灶，内外涂上石灰和泥。锅口四周亦以泥护密，不使漏烟。灶上必须有烟筒，使烟引出屋外，无损丝色。

牌坊——牌坊上下横梁各一，下横梁左右两头，均裁成方榫。下横梁长一尺三寸八分，右边榫头嵌入右边长柱之下截横孔内，左边榫头嵌入车床前左柱之前面横梁短柱榫口内。下横梁中间直开一孔，上横梁中间，及左右两头亦各开一孔，右边长柱上下两头均各裁成方榫。有双眼丝牌坊、三眼丝牌坊，还有锅上牌坊。

丝秤——用双丝眼牌坊者，丝秤上送丝钩二枝；用三丝眼牌坊者，丝秤上送丝钩三枝。丝秤俗名抽枪，制丝时，横斜上轴不致混成一片。

车轴——用坚木制成，轴右边尽头处裁为圆榫，嵌入车床后右柱榫口内；左边尽头处留一短筒，轴身之左、短筒之右裁成圆榫，嵌入车床后左柱榫口内。有木柄，不善于缫丝者，手执木柄转车；善于缫丝者，用脚踏车。

贯脚——贯脚四具，安于轴身四面，以衬丝缕。每一贯脚，用横梁一根，直柱二根。贯脚横梁之上，用布蒙其四周，谓之车衣。所缫丝缕由送丝钩搭上车衣，轴自旋转，丝自环绕车衣上。

车床——车床呈方形，四角各安一柱，四面各安横档二层，档之两头各有方榫嵌入柱内。[31]

至于对丝进行加工的"纺器"，也是多种多样的，有络丝架、络丝床、络丝车、样车、摇籅车、拉丝架、挂丝竿、扛车、纬车、脚踏纺车、水纺摇经车等。

络丝架——络丝有二法：一用绳扯，一用手抛。如织罗绢家以女工络丝，宜用扯法；如织绸缎家以男工络丝，宜用抛法。络丝架以丝束大小为度，极为省便，先置顶架座，用五六寸见方之砖石，中钻方孔，置二寸大之竹筒高一尺八寸；另用方木二条，均长五尺六寸，宽厚均一寸五分，做成十字架逗，立管木四条，长九寸，宽厚均一寸五分；架中置天针木一条，下插座筒内；立管木作活笋一条，架头作穿眼三个，上一小门，以便紧丝、卸丝之用。

样车——样车摇籅子一个，车座呈长方形，有将军柱一块、横枒子二个、小铁管钉一根，以籅筒搁枒上。用皮弦一条套籅筒，以围绕车轮，用右手摇车，左手牵丝。

摇籅车——摇籅车即倒纺车，摇籅子五个，将丝压入水盆，分为三次：一次倒络子丝，二三次倒幔架丝。车座呈长方形，四脚四撑。用皮弦一条，套篛子五个，围绕车轮，以右手摇车，左手牵丝。

扛车——摇经车既纺而后涷，既涷而后染，颇为费力。如用扛车，则不用纺，只须扛以成绞，即便于染。因此扛车专为生纬而用。车架四腿八撑，有车架、交辘铲、撩眼竹、小滑车。手摇拐把，令撩眼来回摆动，以扛纬成绞，可扛纬十三束，即倒络子丝十三个。

纬车——织必用纬，其法用细竹筒状如筋子，长三寸，贯在纬车铁锭之上，用丝𦇡二个，以水润湿，将二头提起，穿过竿上铁环，以右手搅轮，左手捻摇丝头，缠在纬筒上。纬筒已就，然后贯在铁梭内，穿经往来，自成锦绣。[32]

《蚕桑萃编》还记录了水纺摇经车，可纺篛子五十个，有花幔、筒幔之分。头纺、二纺用花幔，三纺用筒幔。头纺只纺一根丝，二纺以两根丝合纺，三纺则再催紧练。其形制构造颇为复杂，构件有：马腿木、横撑木、大盘摇、小盘摇、荡板、管丝钉、水轱辘、摇柱、龙竿竹、交棍竹、交板竹、木纱帽、花幔、筒幔、车柁、车架耳、顶横撑、顶撑桩、车轴、拨头、木拐把、车标、车轮、耳盘竹、鸦雀口、交辘铲、油辘铲、马耳朵、交绳、油绳、引头络、车绊、线筒子、纺丝钉、分交针[33]。

织造工艺之讲究

上面的简略一瞥，栽桑养蚕、由茧到丝的工艺流程之精细，已令人望而生畏。进而织造，其工艺更为精细。例如机具类有一种"花素机"，顾名思义，它既可以织造花色绸缎，也可以织造素色绸缎，被誉为"审度合宜"。虽然是没有机械动力的手工织机，结构也相当复杂，仅就其零部件之多，亦足以使人叹为观止。它的零部件有：排櫼、枪脚、枪脚盘、敲花、羊角、打角方、老缩绳、机身、机腿、狗脑、锯头、公母笋、花门、坐板、楼柱（花楼）、横櫼、盖头、燕翅、横櫼（以上系机身、楼柱、机具）；花楼住、夹木、椿橙盖、花鸡、魁挑橙、花绷、撇嵌竹、千斤筒、龙骨、提花线、脚子线、起撒竹、架花竹（以上系提花线各物）；立人、海底、立人盘、抵盘石、撞竿、虾须绳、框、牛眼珠、吊框绳、锯齿、三架梁、高栳、矮栳、豆腐箱、弓棚篾、宁绸栈、赶著力、鸽子笼、穿心干、鹦哥、菱角钩、钩篾、宁绸范子（以上系三架梁各物）；横眼竹、厢板、脚竿竹、扒挡竹、天平架、钓鱼竿、将军柱、搭马、打经板、拽放绳、纬棚、量天尺、搅尺、扶边绳、猪脚盘、海棒。[34]

梭织工艺十分精巧，"若织提花绫缎，将综线缚于范架之上，用十付，下用脚竿棍十根，又将渠线从花样中穿过，挂于花楼之上。花之式样，随人所便。江南织工以丝线盘结而成者，其价：上好花样三两有余，其余小花不过一两有余。织时，一人坐在花楼之上，手提渠线，一人坐在卷幅之后，以脚次第蹴竿，旋提旋织，自然成花"。关于花机，"通身度长一丈六尺，隆起花楼，中托衢盘，下垂衢脚。对花楼下，掘坑二尺许，以藏衢脚。提花小厮坐立花楼架木上。机末以的杠卷丝，中用叠助木两杖，直穿二木，约四尺长，其尖插于篗两头叠助。织纱罗者，视织罗绢者减轻十余斤"。关于结花的方法，"凡工匠结花本者，心计最精巧。画师先画何等花色于纸上，结本者以丝线随画量度，算计分寸秒忽而结成之。张悬花楼之上，即织者不知成何花色。穿综带经，随其尺寸度数提起衢脚，梭过之后，居然花现。盖绫绢以浮经而见花，纱罗以纠纬而见花"。此外，还有一种简便的"腰机"。关于腰机，杭嘉湖一带，凡织造罗绢、素绸、银条纱等，"不必用花机，只用小机。织匠以熟皮一方，置坐下，其力全在腰尻之上，故名曰腰机"。[35]

在机器出现之前的手工丝织业，江南地区已臻完美，其产品不仅行销于大江南北，而且远涉重洋畅销于外国。这种精美的生丝与丝织品，大部分出于农家之手，是令人叹为观止的。

3. 农家蚕桑丝织经营的市场化趋势

明中叶以降，江南市场经济日趋发达，农家经营也卷入市场之中。

从栽桑开始，农家与市场的关系就十分密切。有的养蚕农家，或因自家所栽桑叶不足，或因自家并不栽桑，必须向市场购买桑叶。而有些栽桑农家，尤其是家有成片桑园的农家，则将桑叶当作商品抛入市场。因而一到采桑季节，市镇上便有称为"叶市"的桑叶交易。大致在立夏后三日，农家无论老少都忙于采桑贸叶，聚集市镇，形成热闹的叶市。桑叶是时鲜物品，季节性价格相差很大，即使在一日之中，早市与晚市也因桑叶新鲜度的变化，而价格悬殊。无怪乎晚明湖州南浔人朱国祯说："其叶价倏贵倏贱，谚至谓'仙人难断'。"[36]

蚕农从叶市上买进桑叶，称为稍叶（一作梢叶）。稍叶有现稍，也有赊稍。预先立约，议定价格，待养蚕完毕，蚕丝出售后，偿付叶款，称为赊稍。事先支付叶款，待桑叶长成后买进，或临时以现金买进，称为现稍。大体养蚕一斤，用叶八个（二十斤为一个），共计一百六十斤。现稍者先期付银约四钱左右，赊稍者约付银五钱左右，外加杂费五分。[37]赊稍价高于现稍价，是符合一般市场规律的。

由于叶价贵贱难料，而对养蚕关系密切，农家自己无法掌握，往往乞灵于神祇，事先占卜，乞问桑叶贵贱。[38]农家都以为自己栽桑最为稳当，自己不栽桑而稍叶者，被称为"看空头"，往往因稍叶过多或过少，造成亏折，民间谓之"竭产供茧，毫无获茧者"。[39]究其原因，是农家经营受到商业资本与高利贷资本的掌控。农家养蚕，事先需要投资，用来购买蚕种、桑叶以及其他生产资料，因而与商人、高利贷者发生关系。如果经营不当，扣除工本，归还借贷，所剩无几，因此说"竭产供茧，毫无获茧者"。虽然这并非通例，而是特例，但至少意味着农家受市场的控制愈来愈紧密了。

首先是控制叶市。市镇上专有一批商人经纪桑叶贸易（买进卖出），这就是所谓"青桑叶行"的牙侩，他们依靠压低进价抬高出价，来获取利润。当时人如此描述他们："无牙帖牙税，市价早晚迥别，至贵，每一个钱至四五缗；至贱，或不值一饱。"[40]嘉兴府石门县、桐乡县乡村生产桑叶，农家多贩运至乌青镇出售。卖叶农家从各地摇船前往，称为"开叶船"。商人乘机大批购进，然后哄抬物价，称为"作叶"或"顿叶"。乌青镇上叶市因此而兴旺，青桑叶行"每岁立夏设柜，见采叶船，三朝开秤。开秤前发叶，每担只发七十斤或八十斤、九十斤。开市有头市、中市、末市，每市三日。叶价有早市、晚市、夜市之分"；"叶行上市，通宵达旦，采叶船封满河港。叶行营业顺利，骤可利市三倍。俗语云：'四月黄金随地滚'"[41]。濮院镇上青桑叶行开在四栅近处，以利船只进出。其叶市情况与乌青镇相似："立夏三日开市，有头市、中市、末市，每一市凡三日。每日市价凡三变，曰早市、午市、晚市。价贱而望其涨者，谓之'做大眠'；价贵而望其短者，谓之'做小眠'；其无叶而交易者，谓之'空头叶'……至卖叶与蚕户，待其坐丝而收钱者，曰'敲丝车钱'。"[42]蚕桑农家的桑叶买卖，完全受制于商人。

其次是控制丝市。农家生产之蚕丝，大部分作为商品投入市场，故当时人说："湖丝虽遍天下，而湖民身无一缕。"[43]民间谚语说"小满见新丝"，意思是小满后新丝陆续上市。于是，丝绸业市镇繁忙的丝市就此开市。著名的湖丝集散地南浔镇的新丝市繁华无比，丝行集中的街道——丝行埭，一片繁忙景象。当地人如此描绘道："列肆购丝，谓之丝行，商贾骈毗，贸丝者群趋焉，谓之新丝市。"[44]董蠡舟《卖丝诗》写道：

> 闾阎填噎驵侩忙，一榜大书丝经行。
> 就中分列京广庄，毕集南粤金陵商。
> 商多窃揣丝当贵，亟向丝行埭上卖。
> 一车值不盈三千，牙郎吹毛恣狡猾。[45]

丝行牙侩在新丝上市时压低市价，收进新丝后，再抬价出售，称为"顿丝"。董恂《卖丝》云："吾镇丝市最盛，向之顿叶者至此则转而顿丝焉。"[46]从属于丝行的秤手，肆意欺弄乡民——"秤手口蜜腹剑，狡猾百出，遇诚实乡民，丝每以重报轻，价每以昂报低。俟其不售，出门时又倍其价以伪许之，以杜其他处成交。"[47]

再次是控制蚕农生计。商人不仅操纵市价，抑勒蚕农，而且以借贷的手段插手其经营，较普遍的形式就是发放"加一钱"和"转斗米"。所谓"加一钱"，大抵是农民养蚕时缺乏资金，向富室借贷，答应蚕毕时贸丝偿还，利息一成（即10%）。所谓"转斗米"，大抵是农民青黄不接时向富室借米，秋收后偿还，借一还二（利息100%）。当时人这样说："近于蚕时，贫者贷钱于富户，至蚕毕，每千钱偿息百钱，谓之加一钱。于耕时贷米，至冬亦偿以米，其息甚昂，有一石偿二石者，谓之转斗米。"[48]时人有诗云：

> 子母偿清丝卖矣，归来依旧囊如洗。
> 青黄不接可奈何，待吃豪家转斗米。

又有诗云：

> 米凭转斗接青黄，加一钱多幸已偿。
> 二月新丝五月米，为谁辛苦为谁忙？[49]

以上所谓"富户"，大多是商人，普遍介入借贷行列，甚至外地客商也莫不如此——"有他方商客投牙放米，谓之牙账。"[50]因此当地流行"蚕毕收账"的习俗。所谓"蚕毕收账"，农家"公私仰给惟蚕息是赖"，"凡借贷契券，必期蚕毕时相偿"。[51]虽然是一种高利贷行为，但是对于农家经营却又是不可或缺的一个环节，放在市场经济的背景下来考量，是利弊参半的。

市镇上的当铺大多与此有关。地方文献说，蚕桑农家"大率以米从当铺中质银，俟蚕毕加息取赎"；"然当铺中持衡搭色，轻重其间，庾围狼藉，一出一入，子钱外不止耗去加一矣"。此外，还有银子成色上的花样——"典户出银大半，小民取给完粮，当时以成色作足丝，还时以白丝作成色，销赔屈折，苦莫可言。"[52]

这些都是农家经营商业化、市场化所带来的必然现象，或者说是商业与市场所带来的衍生物，有它存在的合理性。不必过分纠缠于感情色彩，而予以否定。何况善于经营的农家在商业化、市场化的浪潮中，经济收益有明显增长，是不争的事实。看不到这一点，就难以解释江南农村与市镇，为什么比别的地方富裕的原因。

二　丝绸业市镇的分布及其特色

太湖流域是传统的蚕桑区、丝织区，号称"湖丝遍天下"。所谓"湖丝遍天下"，不仅是指生丝行销天下，而且是指各色丝织品行销天下，这是一层意思；另一层隐含着的意思是，这一地区的生丝、丝织品不仅行销全国，而且行销全世界。此"天下"可谓大矣。因此湖丝名冠一时，声名远扬各大洲。

在生丝与丝织品的流通过程中，太湖周边的市镇网络的集散功能与市场机制，起着特殊的作用，为世人所瞩目。

大批丝绸业市镇分布于太湖东南面不大的扇形地带，星罗棋布，使原先的乡村迅速趋于城市化，这在全国其他经济区域中是罕见的。从其分布密度就可以看到，这些市镇有着非同一般的经济活力。最近的，盛泽镇与王江泾镇相距仅六里，南浔镇与震泽镇相距仅九里。较远的，也不过二三十里。例如，濮院镇与王店镇，王店镇与硖石镇，相距二十里；盛泽镇与震泽镇相距三十里，濮院镇与乌青镇相距三十二里，长安镇与临平镇相距三十五里，南浔镇与双林镇，双林镇与菱湖镇，乌青镇与双林镇，南浔镇与乌青镇，相距三十六里；濮院镇与石门镇相距三十九里。它们互相之间联系密切，人流、物流从不间断，构成充满活力的丝绸业市镇网络，向各地市场辐射，形成"湖丝遍天下"的局面。

太湖周边的丝绸业市镇，就其经营性质而言，可以区分为丝业市镇与绸业市镇两大类。

1. 丝业市镇

丝业市镇有：苏州府吴江县的震泽镇，湖州府乌程县的南浔镇、乌青镇（与嘉兴府桐乡县合辖，具体说，乌镇属于乌程县，青镇属于桐乡县），湖州府归安县的菱湖镇，嘉兴府崇德县的石门镇，杭州府仁和县的塘栖镇（与湖州府德清县合辖）、临平镇等。以下一一加以介绍。

震泽镇——地濒太湖，位于吴江县治西南九十里。宋代称震泽市[53]，元代仍是一个小市，居民仅数十家[54]。到明代成化年间，居民增至三四百家，市廛繁荣，由市成镇。弘治年间的震泽镇，"有巡司、寺观，居民亦千百家，自成市井"[55]。正德、嘉靖年间发展到"地方三里，居民千家"[56]的规模。清初以降，进一步发展，"货物并聚，居民且二三千家"[57]。震泽镇四乡，"居民以蚕桑为业"[58]，农家"颇善治桑"，"视蚕事綦重，故植桑尤多，乡村间殆无旷土"[59]。养蚕农家又精于缫丝，所缫之丝，较他处更光白，细者可为纱缎经，俗名经丝；稍粗者多用以织绫，俗名绸丝。[60]因此养蚕缫丝成为农家收入的主要来源：

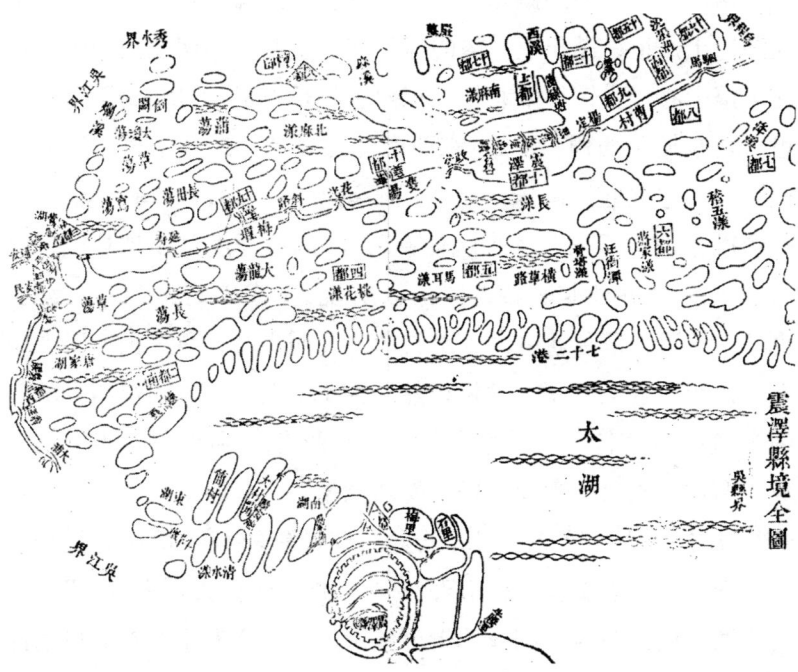

乾隆《震泽县志》震泽县境全图，可以看到地濒太湖的优越交通位置和多
水系的桑蚕种养殖条件

"凡折色地丁之课，及夏秋日用皆惟蚕丝是赖。"[61]四乡农家所生产的经丝、绸丝汇集于镇上丝行，由丝行转销给各地前来的客商，震泽镇因而成为蚕丝的集散中心，其繁荣状况可以与邻近的南浔镇相媲美。

南浔镇——西距湖州府治（乌程县治附郭）六十一里，北距太湖口十八里，湖州至平望的运河穿越全镇，与南北向的市河相交于镇中心。全镇呈南北长、东西短的长方形，自北栅至南栅七里，自东栅至西栅三里，"东西南北之通衢，周约十里，郁为巨镇"。[62]它兴起于南宋，至明代嘉靖万历年间，日趋兴盛，"阛阓鳞次，烟火万家"，"舟航辐辏"，其繁华程度已超越县城、府城。正如万历时本地名人朱国祯所说："（南）浔虽镇，一都会也。"[63]清人范颖通也说：南浔镇"前明中叶，科第极盛"，"当蚕丝入市，客商云集"，"彬彬然一大都会矣"。[64]南浔四乡所产的湖丝极负盛名，吸引各地客商前来采买，因此，"每当新丝告成，商贾辐辏"，"列肆喧阗，衢路拥塞"。[65]镇南的丝行埭，是丝行集中之地，丝行"列肆购丝"，"商贾骈集，贸丝者群趋"，一方面是"乡农卖丝争赴市"，另一方面"客商大贾来行商"。[66]明清两代南浔镇成为湖丝（辑里丝）的主要集散中心。五口通商以后，洋商麇集上海，湖丝经由上海洋行（洋庄）出口，南浔镇开风气之先，贸易量十分巨大，号称"一日贸易数万金"。[67]

乌青镇——乌镇与青镇，分别隶属于湖州府乌程县与嘉兴府桐乡县，然而，仅仅相隔一河，隔河相望，近在咫尺，当地人习惯合称乌青镇。南宋时已是颇为著名的商业市镇，南宋末年由盛转衰，元代兴盛后，至元末又由盛转衰，明代成化、弘治年间趋于繁荣，镇上店铺、民屋"鳞次栉比，延接于四栅"。[68]到嘉靖年间出现了"商贾四集，财赋所出甲于一邑"的盛况，"居民殆万家"，"宛然府城气象"[69]：乌镇纵七里、横四里；青镇纵七里、横四里，四周均有坊门设置。[70]乌青镇出产的大宗商品是蚕丝。四乡所出，以西乡为上，号称"辑里丝"（七里丝）；北乡则次之。小满新丝上市时，镇上丝行十分繁忙，"各处大郡商客投行收买"。平时则有震泽、盛泽、双林等镇"各处机户零买经纬自织"，又有贩子"贸丝诣各镇，卖于机户"。[71]至清末，"各乡所产细丝（一名运丝），均由震泽经行向本镇丝行抄取，发车户成经，转售上海洋庄，名为辑里经"。[72]

菱湖镇——位于湖州府治（归安县附郭）南四十里的菱湖镇，南宋时"兴市廛"，元末毁于兵火，明初复兴，设税务司，由市升格为镇。嘉靖、万历年间，迅速趋于繁荣，"第宅连云，阛阓列螺，舟航集鳞"，号称"归安雄镇"。[73]菱湖四乡盛产蚕丝，万历《湖州府志》说，湖丝"属县俱有，惟出菱湖洛舍者第一"[74]。小满后新丝市最盛，列肆喧阗，衢路拥塞。菱湖前后左右三十里内所产蚕丝，由农家摇丝船运载至镇，牙行临河收丝，"四五月间，乡人货丝船排比而泊"，"投主交易而退"。[75]《苕纪》说"菱湖多出蚕丝，贸易者倍他处"，小行收进后转售大行，大行则转售外来客商，因此"镇人大半衣食于此"。[76]

新市镇——位于德清县治东北四十五里的新市镇，兴于宋而盛于明，居民近万户，"街衢市巷之盛，人物屋居之繁，琳宫梵宇之壮，蚕丝粟米货物之盛"，为全县之冠。镇西乡、北乡生产桑叶，农家采桑而"聚于市衢以卖"形成叶市。新丝上市时，又形成丝市，各地客商前来购买，生意兴隆。当时人赞誉新市蚕丝品质优异，说：湖州府境内所出之丝，以新市镇"所得者独正"[77]。

石门镇——位于崇德县治北二十里的石门镇，俗称石门湾，康熙二年，崇德县改名为石门县，石门镇遂改名为玉溪镇。[78]石门一带"上下地必植桑"，"蚕月无不蚕之家"。明代人王穉登《客越志》说："地饶桑田，蚕丝成市，四方大贾岁以五月来贸丝，积金如丘山。"明清之际，"农桑视昔更盛"，丝市兴旺，"公私取偿丝市"，"丝市之利胥仰给贾客腰缠，乃大驵小侩递润其腹，而后得抵乡民之手"。与丝行相呼应的桑叶行、绸行生意也因之繁忙，"岁盛时坐贾持衡，行商麇至，资以贸迁"，"民间纺绸、花绸、绫、罗、纱、帛，织者输困，贸者辐辏，机杼可谓勤矣"。[79]

塘栖镇——一名唐栖，位于杭州府治北五十里，与湖州府德清县合辖。宋代时由杭州北上的运河取道于临平镇，称为上塘运河，塘栖镇僻处下塘，不过一个荒村而已。元末在此修建新开河，连通杭州；明代正统年间又在新开河两岸修筑塘岸官道，塘栖镇逐渐成为交通要道。京杭大运河由杭州北上，不再经由临平，而经由塘栖。塘栖镇从此日趋兴旺，"商货鳞集，临河两岸市肆萃焉"[80]。嘉靖年间，"市区氓橡鳞次栉比，北乡左右越墟，出贩者晨驰夕骛，肩摩迹累"[81]。塘栖四乡稻田少而桑地多，"遍地宜桑，春夏间一片绿云，几无隙地，剪声梯影，无村不然，出丝之多甲于一邑，为生殖大宗"[82]。

临平镇——位于杭州府治东五十七里的临平镇，南宋时渐趋兴旺，"户口蕃盛，商贾买卖者十倍于昔"；元末明初，塘栖镇兴起以后，临平镇的重要地位有所下降。[83]但明末时仍是一个中型市镇，"地不满十里，户不满万人"[84]。四乡农家经济主要仰赖于蚕丝，临平镇因而成为附近的蚕丝市场，"海宁、仁和上塘

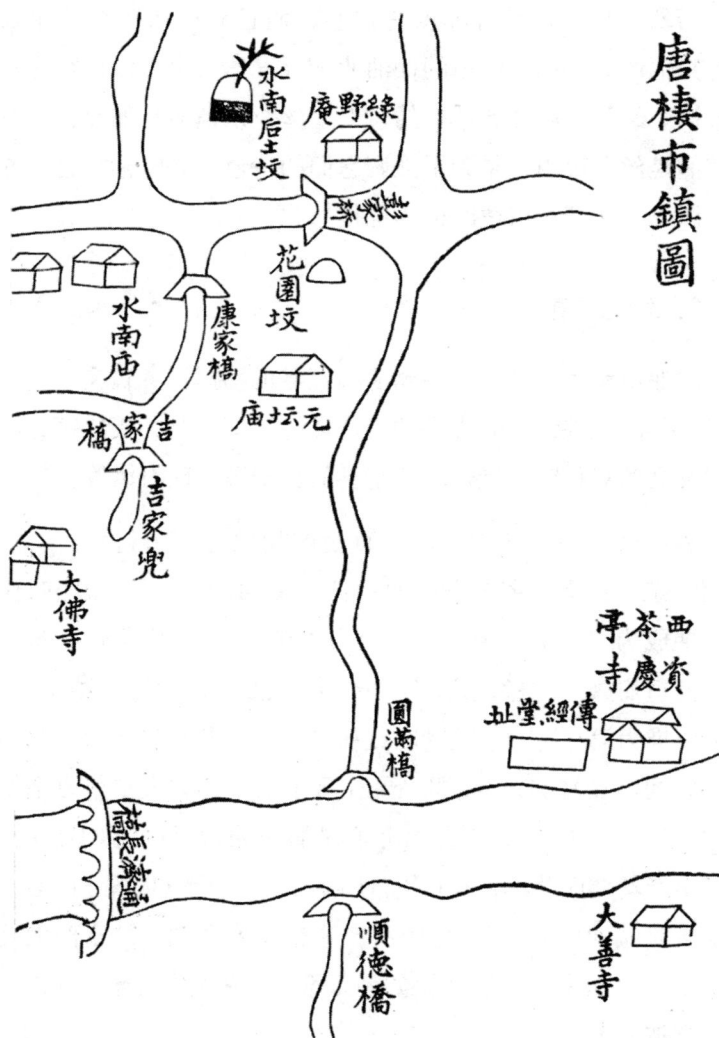

光绪《唐栖志》中通济长桥所跨即为京杭大运河，濒临运河的优越地理位置一步步成就了塘栖镇的繁盛

蚕丝，于临平贸易居多"[85]。

当然，丝业市镇并非就是这些，而且有些市镇在丝业以外还有其他产业，如石门镇的榨油业十分发达，也可以称它为榨油业市镇。经济发展并非单一的，上述丝业市镇多是如此，之所以说它们是丝业市镇，是为了强调它们的特色，并非标举它们的单一。以下关于绸业市镇的记述也是如此。

2. 绸业市镇

绸业市镇著名的有：苏州府吴江县的盛泽镇、黄溪市，嘉兴府桐乡县的濮院镇、秀水县的王江泾镇、嘉兴县的王店镇，湖州府归安县的双林镇，杭州府海宁县的长安镇、硖石镇等。

盛泽镇——原名青草滩，直至明初仍是一个村落，居民仅五六十家，只有"寅亥市"即六日一集的村市。[86]康熙时代逐渐发展成为"以绫绸为业"的万户大镇，"每日中为市，舟楫塞港，街道肩摩"，"丝绸之利日扩，南北商贾咸萃"，"蕃阜气象，诸镇中推为第一"。[87]乾隆时代盛泽镇的繁华程度，可以与苏州商业区阊门相媲美，"绫绸之聚亦且十倍，四方大贾辇万金至者无虚日"[88]，成为吴江县无可争议的绫绸贸易中心。吴江县一向以出产丝绸而著称，"蚕桑盛于两浙"，震泽镇是丝业中心，盛泽镇则是绸业中心，"凡邑中所产皆聚于盛泽镇"，"富商大贾数千里辇万金而来，摩肩联袂如一都会"，绫罗纱绸运销各地，号称"衣被遍天下"。[89]

黄溪市——位于吴江县治东南六十里，又称黄家溪。明代是一个居民数百家的村落，清代康熙年间发展成"市"，居民二千余家，这就是"货物贸易颇盛"[90]的黄溪市。在它周边四五十里方圆之内，自明中叶以来就精于丝织业，居民尽逐"机丝线纬之利"，"业此者渐致饶富，于是相沿成俗"。入清以后，丝绸业发展，"机户益多，或雇人织挽，或自织，而令其童稚挽花。其贫者立长春、泰安二桥，以待人雇织，名曰'走桥'，又曰'找做'"。机户所织绫绸，以西机、真西、徐绫、惠绫、四串最为著名，"经纬必皆精选，故厚而且重"。所产绫绸由"绸领头"收购，运至盛泽镇或王江泾镇，转售于牙行，牙行对花样、轻重都有特定要求，"必合北客意，否则上庄辄退"。[91]

濮院镇——位于桐乡县、秀水县之间的濮院镇，西南距桐乡县治十七里，东北距秀水县治三十六里，旧名永乐市，"收积机产，远方商贾旋至旋行"。[92]明初时，"居者渐繁，人可万余家"，"民务织丝纻"，"商旅辐辏"。[93]万历年间，"改土机为纱绸，制作绝工，濮绸之名遂著远近，自后织作尤盛"，镇上街巷"接屋连檐，机声盈耳"。[94]胡琢在

清光绪年间的《濮院市街图》，可见其毗连桐乡、嘉兴（秀水）的地理位置

《濮镇纪闻》中说："吾里机业十室而九，终岁生计于五月新丝时尤亟。富者居积，仰京省镳至，陆续发卖。而收买机产，相传设市翔云（观），今则俱集大街，所谓永乐市也。日中为市，接领踵门。至于轻重诸货，名目繁多，总名曰绸。而两京、山东、山西、湖广、陕西、江西、福建等省各以时至，至于琉球、日本。濮绸之名几遍天下。"[95] 濮院镇及其四乡的机户从事丝织业，讲究工艺，分工极细，有络丝、摇纬、牵经、运经、刷边、织手、曳花等，需要多人配合。绸织成后，出售于镇上绸行，必须由"接手"（即别处的"绸领头"）居间介绍，收取用钱若干。绸行的营业规模巨大，招接来自各地的客商，有的来自附近城镇，更多的来自闽广、两湖及北京等地。镇上也有丝行，大多兼做绸行生意；绸行也兼做丝行生意，收来新丝，交机户加工，称为"拆丝"。[96]

王江泾镇——位于秀水县治北三十里永乐乡，南尽秀水县界，北接吴江县界。宋代称为闻川市，元代称为王江泾镇，皆以姓氏得名。"旧有王氏、江氏所居，因以名镇"。明代万历年间已经十分鼎盛，"多织绸，收丝缟之利，居者可七千余家"[97]。清初发展成"烟户万家"的大镇，"其民多织缯为业，日出千匹，衣被数州郡"。到了嘉庆、道光间，丝织业日趋兴旺，由"日出千匹"一跃而为"日出万绸"。[98] 然而经过咸丰年间太平天国战争的破坏，全镇商店民居"尽付一炬"，化为一片废墟，后来虽然有所恢复，但今非昔比，正如清末唐映孙在《闻川志稿》中所说："同治初，故老殚力招徕，迄今五十余年，才三百家，不及盛时二十分之一。"[99]

王店镇——位于嘉兴县治东南三十六里的王店镇，有市河梅溪自西而东沿围三里,故又称梅里。它兴盛于明中叶,清代乾隆时,"居民稠密,夹岸无隙地"[100]。极盛之时,号称"万宅烟火"[101]。丝绸业是王店镇仅次于棉布业的第二大产业,当地人自诩"蚕丝之利不下吴兴,户勤纺织,人多巧制"[102]。所产褚绸、画绢远近闻名,民间有这样的口碑:"王店褚绸为最,画绢亦甲于天下。"薛机绸、诗笺绸堪称佳品,直至清末,王店所产五色丝线、绿丝、花绉、绵绸仍颇负盛名。[103]

双林镇——位于湖州府治东南五十四里的双林镇,兴起于明初,其时"户不过数百,口不过千余";明末清初增至三千余户,嘉庆、道光间增至近万户,"尤称富庶"。[104]双林镇的代表性产品包头纱(绢),深受各地妇女喜爱,有所谓"通行于天下"[105]的夸张说法。明代成化年间,双林镇四乡农家都精于织造纱绢,四方商贾纷纷前来采购。[106]以后有迅速的发展,乾隆《湖州府志》说,隆庆、万历以来,"机杼之家相沿此业,巧变百出","各直省客商云集贸贩,里人贾鬻他方,四时往来不绝"。[107]民国《双林镇志》说:"明正(德)嘉(靖)以前仅有高溪纱帕,隆(庆)万(历)以后机户巧变百出,名目繁多,有花有素,有重至十六七两者,有轻至二三两者……客商云集,贩往他方者不绝。又有官绢、灯绢、裱绢。"乡人所产之纱绢,出售给镇上牙行,"黎明入市,曰上庄;辰刻散市,曰收庄"。镇上还有加工纱绢的皂坊、黑坊、胶坊。蚕丝是仅次于纱绢的重要产业,不仅有客商来此"坐庄抄丝",而且由丝行直接经营湖丝出口业务。[108]

此外,如长安镇,以米市而远近闻名,也出产绢绸,绵绸、绢、丝带都很有名。[109]硖石镇也是著名的米市,其地所产紫微绸颇有名气。[110]嘉兴人李日华说:"硖石人来言,用雪水澡茧作绵,有天然碧色，织以为绸，谓之松阴色，甚雅观，但不易多得也。"[111]

这些市镇都各具特色，各自拥有特色产品，但并不闭塞，而是互相沟通，形成一个丝织业生产与交易的网络，与全国市场乃至海外市场连成一体，在多层次的丝绸市场上始终居于领先地位。苏州、杭州、湖州这些号称"丝绸之府"的大城市，如果没有它们周边星罗棋布的丝绸业市镇作为腹地，那么它们势必沦为无本之木、无源之水。

三　丝绸业市镇的经济结构与经营方式

市镇作为手工业与商业中心，具有商品生产与流通的功能，具有和乡村联系密切的市场功能，丝绸业市镇的活力正体现在这方面。它首先是一个生丝、丝织品以及其他相关商品的生产者、交易者的交流中心。因而这些市镇的经济结构与经营方式，必然带有强烈的商品色彩、市场色彩，迥然有别于传统的经济结构与经营方式，使得它截然不同于乡村，也不同于作为行政中心的府城、县城，更具有时代的特色与生机，体现出经济发展趋势的变化。在它们身上，承载着传统与变革的两个方面，或者说，传统的一面正在悄无声息地发生着变革。这或许就是它的活力和魅力吧！

以下透过牙行、客商、机坊这三大经济支柱，对此稍加分析。

1. 牙行："聚四方商旅"

市镇上经济实力最为雄厚的首推各类牙行，它们是市场的主体，作为商品生产者与商品收购者的中介，是乡人与客商之间的沟通者。一方面招揽生产丝、绸的乡人，另一方面接待四面八方前来收购丝、绸的客商，左右着市面繁荣与生意兴旺，成为市镇商业运作与市场流通的主体。开设牙行的牙侩，以往学者对他们多加非议，以为是"中间盘剥"，一无是处。殊不知，如果缺失了牙行这个环节，商品将无法有序地流通，市场将无法有序地运作。因此它们是市场经济发展的必然产物，自有它存在的合理性。即使经济不甚发达的地区，稍具规模的乡村集市，都有牙行的设置，使买卖得以有序进行，更何况经济发达的江南市镇，如果没有了牙行将如何运作！诚然，牙行的"中间盘剥"确实存在不少陋规、陋习，上下其手，使乡人利益受损。但是，退一步论，即使现代的市场经济中的中介公司，都存在这种陋规、陋习，那么我们何必苛求于当时的牙行。

牙行其实是市镇经济繁荣的标志，一旦牙行消失，那么市镇的衰落将不可避免。在市镇的鼎盛时期，牙行不仅生意兴隆，而且门类广，数量多。

濮院镇可以作为一个典型。镇上牙行门类繁多，有绸行、丝行、桑叶行、烟叶行、六陈行、麻皮行等。《濮院琐志》说："各行之外，其杂卖鸡、鹅、豆、麦等物者，谓之小行。粜籴糠秕，必有主人经手，谓之糟食行。招揽柴船，及每早率乡人向各家以油易肥者，谓之酾油卖柴。主人总曰白赖，谓其不当官也。"[112]

绸行又称绸庄，是从事绸缎等丝织品贸易的中介机构，专门收购四乡农家以及镇上机户、机坊所生产的绸缎，然后成批量地转售给客商。生意繁忙季节，绸行并不一味"坐庄"收货，而是"出庄"收购，或由"接手"（绸领头）居间介绍。《濮川所闻记》说:"绸行日向午赴市收绸,谓之出庄;其善看绸者,谓之看庄;归行再按,谓之复庄";"绸既成,有接手诣绸行售之,每一绸分值若干,谓之用钱"。[113]绸行所收之绸,是生绸,必须练熟、平整,才能作为成品流通于市场。因此,绸行收绸后,全部交付练坊加工,然后再转销给各地来镇的客商。由于绸行招接各地客商有所分工,各地对品种规格有不同要求,绸行"各以其地所宜之货售于客",因而绸行也分别有京行、建行、济宁行、湖广行、周村行的区分。其中,京行财力最为雄厚,销售面最广,"京行之货有琉球、蒙古、关东各路之异"。[114]清末,濮院镇绸行(绸庄)为了扩大营销范围,纷纷前往苏州、上海设立分行(分庄),"以便京帮客商之接洽者"。[115]

丝行专门收购农家生产的蚕丝,然后转售给机户、机坊以及外来客商。每当新丝上市,"乡人抱丝诣行,交错道路。丝行中着人四路招揽,谓之接丝日,至晚始散"[116]。丝行收购之丝,除销售本地机户、机坊之外,大量转销苏州、上海、杭州、绍兴、南京、镇江、盛泽等地各帮丝商。值得注意的是,丝行大多兼业绸行生意,绸行也兼收新丝,但绸行并不转销新丝,而是交机户加工成绸,因此绸行收购新丝只是作为原料而已,绸行的这种做法叫做"拆丝"。[117]

桑叶行从事新鲜桑叶买进卖出的转手贸易,由于这种商品的特殊性,为了保鲜,也为了保持价格优势,买进与卖出之间衔接紧密。因此桑叶行大多设立于市镇四栅河边码头,以利船只进出。立夏后三日,新桑叶上市,各桑叶行纷纷开市,沈涛《幽湖百咏》诗曰:"青叶行开四市梢,客船衔尾恣喧闹。"叶市有头市、中市、末市,每一市三日,三市共九日;每日又分早市、午市、晚市，市价一天三变。蚕户买桑叶大多不付现钱，而是赊购，待蚕毕新丝上市后，才付清叶钱，称为"敲丝车钱"。[118]

绸行、丝行、桑叶行构成丝绸业市镇的基本特色，也是这类市镇的三大经济支柱。其余牙行则处于补充的地位，提供其他农副产品的销售渠道。濮院镇西南乡盛产烟叶（俗称桐濮烟），"乡人种此者利较桑麻尤厚"，乾隆以后成为大宗出产，镇上西南市大量烟叶行应运而生，收购烟叶，由江淮客商运销至江北各路。每当烟叶上市，各烟叶行在四栅外揽收，桥头、路口随地交易，喧哗如市，称为出庄。[119]濮院镇东乡出产麻皮，东市就有一批麻皮行，收购麻皮。由于濮院镇专业蚕桑丝绸，粮食无法自给，必须仰赖外地客货，于是有所谓六陈行——经营米、麦、豆、杂粮的牙行，兼业米铺，它不同于其他牙行（以外销为主），而专注于引进客货、满足内销之需。[120]

在生产蚕丝的市镇，丝行的经济实力尤为引人注目。

双林镇上，招接各地丝商的牙行（丝行），称为广行与客行，遍布于镇四栅，生意十分兴隆。民国《双林镇志》说："丝业牙行聚四方商旅，饶富立致"；"在本镇经纪者，以丝、绵、绸、绢为盛。有资设店获利固易，而精其业者，即空手入市，亦可日有所获"；"客商赍银来者动以千万计，供应奢华，同行争胜，投客所好，以为迎合，无所不至"。[121]每年小满后，新丝上市之际，闽广一带的富商大贾纷纷前来收购新丝，头蚕、二蚕是大市，往往"日出万金"；中秋节后客商大多满载而归，为其服务的丝行"伙友"（伙计）多数散去，此时镇上的丝市称为"冷丝市"——维持零星发卖，以期与明年新丝市相衔接，所以当地人说"买不尽湖丝"。每逢客商多而丝货少时，"行家雇船下乡收买，谓之出乡"；又有代行家收买的"抄庄"，有既买进后转卖与各行的"掇庄"（或曰贩子），还有代掇庄充作乡货上行出卖的"撑旱船"，有平时零卖于机户的"拆丝庄"。[122]

菱湖镇上的丝行，有大行、小行之分，不仅资本规模有大小之别，而且经营方式也有所不同。所谓大行，是指财力雄厚的牙行，它们收购新丝之后，为各地客商提供巨额货源；所谓小行，又称"钞庄"（抄庄），它所收购的新丝主要是转售给大行，小部分出售给购买量不大的买丝客人。与"小行"那种部分从属于"大行"的状况有所不同，"小领头"是完全从属于"大行"的中介人。所谓"小领头"，俗称"白拉主人"，"招乡丝代为之售，稍抽微利"，即专门为乡人寻找买家、为大行组织货源，从中获取佣金。[123]有了上述三种层次的牙行系统，新丝的交易渠道十分顺畅。每当新丝上市，农家生产的新丝由丝船运载至镇，出售给丝行，叫做"投主交易"。丝行则临河收丝，一派繁忙景象："四五月间，乡人丝船排比而泊。"[124]

南浔镇的情况大体类似，也有大行、小行、小领头之分。小行又称"划庄"——"买之以饷大行"；"小领头"（俗称"白拉主人"）——"招乡丝代为之售，稍抽微利"。由于南浔镇是湖丝最大的集散中心，因此作为丝行主体的大行，因其销售对象与经营方式的不同，而有京庄（京行）、广庄（广行）、经庄（经行）、乡庄（乡行）的分别。时人有诗曰："闾阎填噎驵侩忙，一榜大书丝经行。就中分列京广庄，毕集南粤金陵商。"[125]所谓"京广庄"，就是南浔镇实力最为雄厚的丝行——京庄、广庄。京庄也称京行，专门供应苏杭两地织造局所需上等细丝，织成绸绢后解送京师，供皇宫消费。广庄也称广行，专门招接广东客商，又称客行，湖丝出口海外，多经广东客商之手（上海开埠后，相当一部分经由上海出口）。经庄也称经行，专门收经造经的丝行，经营织造绸缎之经丝（区别于纬丝），又细分为转售苏州机户的"苏经"，以及转售广东客商之"广经"。[126] 丝行是南浔镇无可匹敌的经济支柱，从"镇人大半衣食于此"[127] 的描述来推论，南浔镇依赖丝行谋生者当占全镇人口的一半以上，由此可见丝行在南浔镇经济结构中的重要地位。

乌青镇上，丝行的生意也十分兴旺——"蚕毕时，各处大郡商客投行收买。"[128] 丝行多于小满时开秤，向客帮商人发售，收取千分之十八（1.8%）的佣金，由于营业额巨大，丝行的收入相当可观。咸丰、同治年间的张同盛、徐添源，光绪初年的沈永昌等，都是"囤丝巨万"的大丝行。后因杭州巨商胡雪岩与洋商竞争丝业失败，丝价大跌，沈永昌随之倾折。以后青镇南面有丁同和、胡同顺、荣盛、姚德泰、仁记等丝行，青镇东面有周恒源、杨义丰、钱天元、德泰、兴记等丝行，乌镇西面有丘恒茂丝行，乌镇北面有徐关通丝行。进入民国以后，全镇有衡兴、震记、恒和、寿记、联记、浚昌、永记、恒丰、芝记、兴记等丝行。[129] 小满以后的旺季过后，丝行向邻近市镇的机户零星出售蚕丝，或者通过"贩子"之手向邻近市镇机户贩卖。[130] 这种"贩子"可以看作丝行的延伸或补充。尤为特殊的是"官丝行"，即承包嘉兴、湖州两府所办"贡丝"（向朝廷进贡的蚕丝）的丝行，"每年新丝上市，由官丝行向县（衙）领价购丝，解缴嘉郡（嘉兴府）收丝局，委员验收转解"[131]。

盛泽镇作为绫绸集散中心，牙行中的龙头老大非绸行莫属，镇上财大气粗的绸行比比皆是。据明末苏州人冯梦龙描述："市上两岸绸丝牙行约有千百余家，远近村坊织成绸匹，俱到此上市，四方商贾来收买的，蜂攒蚁集，挨挤不开。"[132]这虽然是小说家言，却并非虚构，盛泽镇上绸丝牙行有数百家，是不争的事实。据新编《吴江县志》记载，在绫绸业鼎盛时期，盛泽镇上的绸行多达百余家，丝行有近百家，领投（或曰领头）有近两百家，绸、丝、领三行构成盛泽镇绸市的支柱。[133]盛泽镇的绸行，不仅要收购四乡所产绫绸，而且吴江县各地所产绫绸均以盛泽镇为出口中心，由此集中向外输出。正如《吴江县志》所说，"吴绫见称往昔"，"今郡属（按：即苏州府所属）惟吴江有之，邑西南境多业此"，"凡邑中所产，皆聚于盛泽镇，天下衣被多赖之"。[134]既然是"天下衣被多赖之"，就意味着盛泽镇的绫绸势必成为各地客商争购的紧俏商品，没有数量众多的绸行，是难以想象的。因此盛泽镇的经济状况取决于"商客之盛衰"，换句话说，即取决于绸行生意之盛衰。原因是显而易见的——"盖机户仰食于绸行，绸行仰食于商客，而开张店肆者即胥仰食于此。"[135]

而地处盛泽镇与王江泾镇之间的黄溪市，它的丝绸市场完全依附于盛泽镇、王江泾镇而存在，其丝绸牙行规模较小，大多是"丝领头""绸领头"的性质。据《黄溪志》说，丝领头是专门经营蚕丝买卖的牙行商人，"其开设牙行代客售丝者，谓之大主人；牵机户来买者，谓之小主人"；绸领头是专门经营绫绸买卖的牙行商人，机户所产绫绸由绸领头收购后，运至盛泽镇、王江泾镇，转售于绸行，是较低层次的转售贸易。[136]

由于牙行在市镇上的举足轻重的地位，所以寄生于牙行与市场的职业人群应运而生，例如棉布业市镇普遍存在的脚夫、脚行，在丝绸业市镇上同样存在。濮院镇即为一例："脚夫，分六坊，有夫头主之，凡用肩舆舁举，及搬运货物，俱若辈为之，此疆彼界，尺寸不可乱也。"[137] 于是乎脚夫也就有了自己的牙行——脚行，把持地段，哄抬运价，勒索商人之类的事情也就不可避免。这是一般牙行的共性——欺行霸市，除了操纵物价之外，还在决定物价的度量衡与货币上做手脚。正如《石门县志》所说："民间育蚕如炼丹，力最劳瘁，成败亦在转盼间。而丝行牙侩愚弄乡民，造大秤至二十余两为一斤，银必九七八色折，折净又搭高低色银（按：此句意为丝行付给乡民的银子并非足色银）"；"官府屡行严禁，终不能止"。[138]

但是，牙行在市场经济的运作中，毕竟是利大于弊的。[139]

2. 客商："坐贾持衡，行商麇至"

丝绸业市镇的丝、绸，行销全国乃至海外市场，在这个流通过程中，各地客商以及由他们所结成的商帮，功不可没。当然，商人熙熙攘攘都是为了逐利，在他们眼里，精美绝伦的蚕丝以及丝织品可以为他们带来巨额利润，因而把丝绸业市镇视为财利之渊薮，前仆后继，纷至沓来，致使丝绸业市镇上富商大贾云集。那副俗不可耐的对联："生意兴隆通四海，财源茂盛达三江"，用在这里，倒是很贴切的。

以产濮绸闻名的濮院镇，"万家烟火，民多织作绸绢为生，为都省商贾往来之会"[140]；"一镇之内，坐贾持衡，行商麇至，终岁贸易不下数十万金"[141]。一年的贸易额高达白银数十万两，无疑是惊人的，但这种估计极为保守。从史料可知，康熙时绸价为每两值银一钱。[142] 一匹绸轻重不等，重的十六七两，轻的二三两，姑以每匹十六两计，一匹售价为银一两六钱，十万两银可买六万二千五百匹绸，五十万两银可买三十一万二千五百匹绸。清初人说，濮院镇"日出万绸"，一天的交易额就是一万匹，贸易额达银一万六千两，全年贸易额必定超过白银一百万两无疑。何况乾隆时人沈廷瑞《东畲杂记》中就曾指出，"日出万绸"的估计过低——"所谓日出万绸，盖不止也。"[143]由此可以推论，濮院镇全年的绸匹贸易额当在白银数百万两左右。客商的购买力之大，于此可见一斑。

到南浔镇来购买湖丝的客商，购买力更是惊人。温丰《南浔丝市行》说"一日贸易数万金"[144]，如果以乾隆时丝每两值银八分计[145]，一万两银可以买丝十二万五千两，十万两银可以买丝一百二十五万两，南浔镇一天出售的丝当在数十万两至百万两之间。湖丝贸易的旺季是从小满到中秋，约四个半月，以每天贸易额数万两白银计，整个旺季的贸易额约为五百万两白银。这一估算可以从另一资料得到证实。徐友珂说："（南浔镇）湖丝极盛时，出洋十万包。"[146]以每包丝重一千三百二十两计，十万包丝共有一亿三千二百万两，如果按一万两银可买丝十二万五千两计，十万包丝的售价当为白银一千零五十六万两。就是说，湖丝极盛时，南浔镇的出口额（输出额）达白银一千万两以上。由此可见，"一日贸易数万金"，并非夸张之词。

从上述两个典型事例，已经可以看到各地客商在江南丝绸业市镇的购买力，是令人叹为观止的。

这类拥有巨额资金的富商巨贾的经营方式，当然不会停留在一般行商的水平上，他们凭借经济实力与长年累月的经营基础，都在各市镇上建立了营业据点，不少人由行商转化为坐贾。例如塘栖镇，"财货聚集，徽杭大贾视为利之渊薮，开典顿米、贸丝开车者，骈臻辐辏"[147]。徽杭商人在塘栖镇上经营典当业、粮食业、蚕丝业者比比皆是。其他各镇的情况大多如此。

这些客商在镇上经营工商各业，为了维护自身利益，陆续设立了长期性商务公共机构——会馆、公所。这里所说的会馆，主要是指商人会馆，不包括官绅会馆、移民会馆，它是一种地缘性质的组织，即在某一地区经商的同乡商人的公共空间，在同乡会职能之外，兼具商业协调的功能。与这种同乡会馆的地缘性组织有所不同，公所是一种业缘性质的组织，即依照行业划分的同业公所，与以后出现的同业公会有着渊源关系。[148]

因此，会馆、公所的建立与发展，成为某一地区工商业发达、市场经济繁荣的一个显著标志。在江南市镇，这种情况尤为明显。以下略举数例予以说明。

盛泽镇是吴江县绫绸集散中心，"富商大贾数千里辇万金来买者，摩肩联袂，如一都会"[149]。带着数以万计银两的富商大贾主要是徽州商人、宁国商人、宁波商人、济宁商人、山西商人等，他们为了与盛泽镇市场保持长期稳定的关系，大多在此设立会馆。例如康熙十六年（1677年），山东济宁商人集资在镇上建立"济宁会馆"；道光十二年（1832年），徽州府、宁国府商人在镇上建立"徽宁会馆"，并立碑纪事："吴江县治南六十里曰盛泽镇，凡江浙两省之以蚕织为业者，俱萃于是，商贾辐辏，虽弹丸之地，而繁华过他郡。皖省徽州、宁国二郡之人，服贾于外者，所在多有，而盛（泽）镇尤汇集之处也。"[150]此外，还有山西会馆、宁绍会馆、济东会馆等。

会馆之外还有公所。最具实力的是绸业公所，是盛泽镇上所有绸庄（绸行）的同业组织，包揽绸货贸易，协调在庄面（交易市场）上的绸庄公平竞争。其次是丝业公所、领业（领头业）公所、钱业（钱庄业）公所、米业公所，分别是蚕丝业、领头业（领投业）、钱庄业、粮食业的同业组织。绸、丝、领、钱、米五大行业，构成盛泽镇的经济支柱。[151] 绸业公所建于嘉庆二十四年（1819年），各绸行选择同仁堂为绸业公所的议事场所；光绪二十三年（1897年），在北大街登椿桥塆择地再建新所，更名为"培元公所"。丝业公所建于道光二十年（1840年），由各丝行公建于先蚕祠（祭祀蚕神的祠庙）。米业公所建于光绪四年（1878年），由各米行公建于升明桥北。领业公所建于晚清，又名汇锦公所，地点在潇湘弄；民国六年（1917年）迁移至姚家坝计家厅。钱业公所建于晚清，地点在斜桥塆。另外，还有药业公所（升明桥南）、茶业公所（东白漾西岸）、剃发公所（姚家坝南）、鲜肉公所（延玉桥塆）、饭业公所（程德昌弄）。[152]

南浔镇的会馆、公所，见诸记载的有：

宁绍会馆——在北栅外下坝，嘉庆中建立，咸丰时被毁，同治五年（1866年）重建，光绪十六年（1890年）复建；

新安会馆——在南栅寓园旁，道光十一年（1831年）建立，咸丰时被毁，同治四年（1865年）重建；

金陵会馆——在南栅广胜桥东北，光绪十一年（1885年）建立；

闽公所——即福建会馆，在南栅陈家墩，建立年代不详，估计在晚清；

丝业公所——同治四年（1865年）丝商庄祖绶、李桂馨、

南浔镇丝业会馆旧址

吴铁江、华铭轩等，禀请藩司批准设立，以收解捐税，维护丝商为职志。在南栅广惠宫隙地建屋三楹，为办公场所，其经费由丝商按出洋丝包数量提取。[153]

双林镇的情况很有特色，有公馆、会馆、公所三种：

旧公馆——在积善桥北，本名泾县会馆，康熙年间宁国府泾县绢商朱、胡、洪、郑、汪五姓，联合旌德县绢商刘姓公建，为接待泾县、旌德两县绢商的地缘性兼业缘性组织；

新公馆——在新绢巷，雍正四年（1726年）由所有绢行商人公建，头门上为歌台（戏台），中堂是"崇义楼"，供奉关帝神像，每天午前，各绢行在此收购乡人生产的绫绢，显然它已经没有旧公馆带有的地缘性质，而成为纯粹的业缘性组织；

泾县会馆——在沈家桥北，为泾县同乡商人公建于嘉庆、道光年间，由于泾县人在本镇开设皂坊（染坊），专门加工绫绢，营业极盛，为了联络乡谊、促进生意，集资建造泾县会馆，以后皂坊加工的绫绢不合销路，泾县、旌德商人营业衰落，会馆被废弃，旧址出租为民宅；

金陵会馆——在葛家桥东偏，为江宁、镇江同乡商人公建；

宁绍会馆——原先依附于东岳庙，后来移建于万魁桥北。

清末民初失去存在的土壤，以上两处会馆与泾县会馆一样，逐渐趋于衰落。与此相对应的是公所作用日渐显现，在双林镇则有：

米业公所——在坝桥西侧；

药业公所——在斗姥阁东，与药王庙相连；

丝绢公所——在新绢巷原新公馆旧址，咸丰年间新公馆被毁，光绪二十八年（1902年）绢业董事沈肖岩（善同）会集同业，筹备兴建，因资金短缺，扩大范围，联合粗丝业、拆丝业共同建立，成为丝绸商人的同业组织。[154]

需要指出的是，在会馆淡出历史之后，公所也逐渐淡出历史，由商会取而代之。光绪三十三年（1907年），商务部要求各城镇建立商会，本镇士绅蔡松感慨于本镇"商情涣散"，且"商界知识浅薄"，希望建立商会，"交换知识，联络感情，维持公益"，便与丝业董事蔡见因、绢业董事沈肖岩、米业董事张申甫、绵绸业董事蔡佑群、典业执事朱梅清等，在丝绢公所开会，决定成立商会，公推蔡松为商会总董，因蔡松在萧山学署任职，不能在本镇主持工作，改推张申甫为总董，沈肖岩等人为议董。初建时，会址尚无定所，民国四年（1915年）将灵寿禅院改建为商会。[155]从以前的会馆、公所，逐步演变为商会，与当时整个社会商业的动向是同步的，会馆、公所的淡出，商会的登场，反映了由双林镇为代表的江南市镇由传统向近代转型的大趋势。

3. 机坊："雇人织挽"

由于各地对太湖周边地区生产的精美绝伦之丝绸的需求与日俱增，小规模的农家的个体劳动显然难以在数量与质量上有所突破，于是在市镇上涌现了大批以雇佣劳动为特征的手工作坊——机坊。乾隆《吴江县志》在谈到绫绸之业的发展时指出，明代成化、弘治以后，"土人（引者按：指本地人即吴江人）亦有精其业者，相沿成俗，于是盛泽、黄溪四五十里间，居民乃尽逐绫绸之利，有力者雇人织挽，贫者皆自织"[156]。盛泽镇、黄溪市一带，富裕机户"雇人织挽"，拥有若干张织机，形成规模不等的机坊。乾隆时代，盛泽镇上受机坊雇用，为人"佣织"的雇佣劳动者——机工、曳花儿等，人数多达几千。乾隆《盛湖志》称："中元夜，四乡佣织多人，及俗称曳花者约数千计，汇聚东庙并升明桥，赌唱山歌，编成新调，喧阗达旦。"[157]请看，盛泽镇上受雇于机坊的佣织、曳花达数千人之多，可见机坊数量之多、规模之大。与机坊相配套的加工丝绸的练坊（一作炼坊）、染坊、踹坊、轴坊，也有大批雇佣劳动者，清末时镇上"凡练绸之坊十余，染坊三十余，踹、轴等坊亦如之，业此者近千人"[158]。为机坊的绸匹加工的炼、染、踹、轴作坊的工人达近千人，由此也反衬出机坊工人达数千人，并非夸张之词。盛泽镇鼎盛时期有万户人家，与丝绸业相关的工人达数千人，几乎一半人家以此为生；再加上丝绸牙行的从业人员，以及零星机户，几乎每家每户都与丝绸业息息相关。这种情况到清末民初有了进一步的发展。据民国初年《江苏省实业视察报告》记载，当时盛泽地区（按：包括盛泽镇四乡）"以丝织为业者，殆不下万户，男女工作人数，殆在五万以上，所织之绸，如绫、罗、绉、纱、纺等类，岁可出数十万匹"。据1930年代中期《农行月刊》（第3卷第1期）的调查，盛泽地区（镇区及四乡）共有木织机2.02万台。[159]在两万余台织机中，如果有一半属于机坊，那么机坊的数量与规模就相当可观了。

黄溪市机坊"雇人织挽"也蔚然成风，不仅形成"机户出资，机工出力"的雇佣关系，而且形成了固定的劳动力市场。有一技之长的机工，每天清晨"立长春、泰安二桥，以待雇织，名曰'走桥'，又曰'找做'"。劳动力市场与机坊生意的走势有着密切的关系，生意繁忙时，机户为了招徕机工，往往百般迁就：

"每逢节候，肴馔必更丰焉"；佣工"或食无兼味，辄去而他适"。到了生意萧条时，机坊渐少雇工，劳动力过剩，那些"无人雇织"者，往往衣食无着，"沿途求乞以为常"。[160] 由此可见，这些"佣织"，虽然有一技之长，却是一无所有的无产者。这些人，可以看作近代城市无产者的先辈，他们的出现，标志着江南市镇由传统向近代的转型。

这种情况是有典型意义的。吴江县的"走桥""找做"，在长洲县称为"唤找"。康熙《长洲县志》如此写道：

> 工匠各有专能，匠有常主，计日受值。有他故则唤无主之匠代之，曰"唤找"。无主者，黎明立桥以待，缎工立花桥，纱工立广化寺桥，以车纺丝者曰车匠，立濂溪坊。什百为群，延颈而望……若机房（即机坊）工作减，此辈衣食无所矣。[161]

把这条史料与上述盛泽镇、黄溪市的情况加以比较，就可以看出其中的内在联系，有力地表明在丝绸行业中，已经普遍使用雇佣劳动，为此而产生颇具规范的劳动力市场，这种前所未有的社会经济现象，透露出丝绸业市镇的勃勃生机。

濮院镇的情况也大体如此。拥有较多织机与雄厚资本的机坊，在生产旺季，临时雇用工匠，都可以从镇上的劳动力市场得到解决。镇上的劳动力市场位于镇北部的太平巷，太平巷并非主要街道，却与北大有街、北廊棚相连接，它东通寺弄、西至北汇，而寺弄、北汇也是小街，寺弄——东至香海寺前，西至太平巷；北汇——在太平巷、定泉桥之间。[162] 方便的交通条件使它成为有一技之长的劳动力的待雇集结地点，即劳动力市场。《濮川所闻记》写道："太平巷，本福善寺，西出正道。阖镇织工、拽工（即曳工），每晨集此以待雇。"[163]《濮院琐志》有两段文字写得更为具体：

> 机杼为阖镇恒产，男妇借此养育者累累皆是。计其名，有络丝，有织工，有挽工（拽工），有牵经，有刷边，有运经，有扎扣，有接头；又有接收，有收绸，有看庄。或人兼数事，或专习一业。生平足不出巷，目不见外事，衣于是，食于是，尽其力而终身焉。

> 织工、拽工或遇无主，每早各向通衢分立，织工立于左，拽工立于右，来雇者一见了然，谓之"巷上"。[164]

濮院镇的雇佣劳动者，还有很多，例如炼坊雇用的"练手"——"每坊佣者数十人，名曰'练手'。"[165]其他各行各业的佣工有："典当司柜，多徽州人；成衣、木局，多宁波人；镊工，半句容人；银匠，多绍兴人；漆工，多江西人。"[166]

机坊还仰赖经过加工的成品丝的供应，大多把丝交给家庭妇女加工，称为"络丝"。关于络丝，《濮院琐志》说："妇女多工络丝，每一两给钱三文，近则倍之，一日所获，可以自给。"显然，这是另一种形式的雇佣劳动——按照络丝数量的多少支付工钱（由一两三文增至一两六文），妇女络丝一天所得工钱可以养活自己。

络丝的工具比较简单，主要凭借手艺。《濮院琐志》记载了这种手艺："络丝之法，用木两根，约三尺许，一木中衔小木，一木穿方孔，将所衔木插入，以便展合。用竹八根，长可四尺，分立两木上，借以绷丝，谓之'络肚'。壁间起细竹，绳系其腰，坠以砖，使竹轩昂空中。竹之颠设半钩引线，谓之'挑头'。削木六片，厚三四分，广一寸，作米形，分两头，用细竹六根长不盈尺，嵌其木之端，以受丝，谓之'籰子'。籰通其中，插以木柄，长二尺许，左手拈丝，右手持柄，旋转指间，使其丝缠绕而上，所谓络丝是也。"

与络丝相衔接的是牵经、刷边、运经，都需雇工操作。

牵经——"用木四枝，横二，各丈余；直二，高五六尺。两直木各有齿层累而上，谓之经竿。扒头横竹一根，挂空中，竹上列钩，谓之撩眼。编竹成棂……谓之经窗。以所络经籰布竹下，引丝钩中入，自经窗复分其绪，两人牵绕木齿，横经其架，谓之牵经。"

刷边——"以丝横经空处，一人持木器——名边梳，丝用小粉浆往来刷，使匀，谓之刷边。"

运经——"设木架两处，安机轴，相去二丈余，名运床。以所牵之经布其上。有竹器名箆，视边梳较长，以粉浆梳之。良久，旋转轴，以次收卷，谓之运经。"

分工如此细密，如此专业，无怪乎"濮绸"名重四方，"各直省客商熙熙攘攘，按期采买，而可以衣被海内矣"。机坊不仅对于丝的整理极其讲究，而且考究绸缎花样。在织机花楼上的拽工（曳花儿）的操作，都有板有眼，按照传统工艺进行："机上有木架，谓之花楼，拽工坐其上。花样另有样本，业是者以世相传，需用时，向其家赁之。拽者随其样，两手扯拽，令开其丝，梭跳越而过，则丝浮而亮，凑合成花，无不毕肖。"[167]在这方面，机坊与佣工功不可没。

四 丝绸的出口贸易与丝绸业市镇的盛衰

乾隆《吴江县志》在"生业"一栏中,有一则引自《黄溪志》的资料,记载了贵重的丝绸贸易价格的变动:

> 明嘉靖中,绫绸价每两银八九分,丝每两(银)二分。我朝康熙中,绫绸价每两(银)一钱,丝尚止(银)三四分。今(引者按:乾隆中)绸价视康熙间增三之一,而丝价乃倍之,此业织绸者之所以生计日微也。[168]

由此可见,从明代嘉靖年间到清代乾隆年间,丝价由每两值银二分增加到六分至八分,增长三倍至四倍;而绸价由每两值银八九分增加到一钱三分,增长仅六成至七成(即60%至70%)。这种情况,与国内及国际市场对丝的需求量日益增大有密切关系。

1. 全球化贸易与"丝—银"对流

1557年葡萄牙人占据澳门以后,那里成为沟通东西方经济的重要商埠,成为晚明中国对外贸易的重要渠道。1580年代澳门进入了黄金时代,它成为葡萄牙—印度—中国—日本贸易航线的重要枢纽。葡萄牙人以澳门为中心来安排在远东的贸易活动,已如前述。在澳门—长崎贸易中有生丝、丝织品、棉布等,其中生丝所占的比重最大。日本对于中国生丝的需求量是很大的,17世纪初,日本的生丝总需求量约为三四十万斤,几乎完全仰赖葡萄牙人从中国运来。据统计,崇祯时期每年由澳门运往长崎的中国商品总价值都在白银100万两以上,其中崇祯十年(1637

年）为214 463.50两，有时甚至超过300万两，生丝在其中占最大的比重，如崇祯八年（1635年）运往长崎的生丝达2 460担，以每担售价白银600～1 000两计，总价值白银147万～246万两。[169]

西班牙人从美洲来到菲律宾群岛之后，联系美洲与亚洲的贸易成为其关注的焦点。他们占领了吕宋岛，在海湾尽头的巴石河畔建立城基，这就是后来的马尼拉。[170]1580年以后，西班牙的马尼拉当局为以生丝、丝织品、瓷器为主的中国商品找到了一条通向墨西哥的航路。此后二百多年中，"马尼拉大帆船"声名远扬，这种横渡太平洋，沟通菲律宾的马尼拉与墨西哥的阿卡普尔科的大帆船贸易，把以生丝与丝织品为主的中国商品源源不断地运往美洲，因而称为"太平洋丝绸之路"。[171]可能在1530年以前西班牙美洲殖民地有了丝织业，而自从"马尼拉大帆船"运来了质量精美价格低廉的中国生丝与丝织品，情况发生了变化，1600年，西班牙当局对当地养蚕户加以限制，断绝了本地蚕丝的供应，由源源不断输入的中国生丝为墨西哥工厂提供原料。[172]通过西班牙商人运到美洲的中国生丝，有的人估计每年3 000～5 000担，有的人估计每年5 000～10 000担。1637年墨西哥一处以中国生丝为原料的丝织厂的工人达14 000人，由此可见当时运抵墨西哥的中国生丝数量是巨大的。[173]

中国生丝、丝织品更多的销往欧洲各国。前述汪敬虞的研究已明确指出这一点，所以他才得出结论说，在鸦片战争前，中国生丝在国际市场上，曾经居于领先地位，这是举世公认的。[174]

值得注意的是，在这种"丝—银"对流中，西方国家不得不支付大量的白银货币，长期处于结构性贸易逆差之中。

美洲的白银流入中国是一个引人注目的问题。小约翰·威尔斯（John E. Wills）《1688年的全球史》写道："对于17世纪的欧洲人来说，来自美洲的这些稀有金属之于商业和政治生活的价值可谓大矣：各个不同国家的商人和统治者要支付军队费用，支出传教士开支，贿赂其他国家的君主和官员，都是一日不可或缺的"；"在这种背景下，当波托西（位于今玻利维亚境内）发现'银山'的消息传来后，欧洲人被弄得神魂颠倒，也就不难理解了。作为'新世界'财宝向欧洲流入的主要来源，那里出产的白银使西班牙国王变得极为富有。在17、18世纪，仅波托西一地产出的银，便要比墨西哥的两大产银区加在一起还要多。当时，美洲造币厂出品的银质比索，流通于欧洲各地，以及亚洲的很多港口和沿海地区"。[175]

全汉昇的论文《明清间美洲白银的输入中国》，援引马尼拉检察长向西班牙国王的报告："自从菲律宾群岛被征服（1565年）以来，运到这里的银子已经超过2亿西元（比索）。"他由此推定，1565—1765年间，从美洲运到菲律宾的白银共计2亿比索。又根据另一西班牙官员德科民（De Comyn）的计算，1571—1821年间，从美洲运往马尼拉的白银共计4亿西元（比索），其中四分之一至二分之一流入中国。全汉昇认为，德科民所说的四分之一，显然估计太低，二分之一或更多一点，可能比较接近事实。[176]

如此巨额白银源源不断流入中国，势必对中国沿海地区经济发展产生重大影响。出口的生丝、丝织品，主要来自太湖流域，大量产品的外销带动了这一地区，尤其是丝绸业市镇经济的发展。全汉昇说得好："中国的丝绸工业具有长期发展的历史，技术比较进步，成本比较低廉，产量比较丰富，所以中国产品能够远渡太平洋，在西属美洲市场上大量廉价出售，连原来独霸该地市场的西班牙丝织品也大受威胁。由此可知，在近代西方工业化成功以前，中国工业的发展使中国产品在国际市场上的强大竞争力来说，显然曾经有过一页光荣的历史。中国蚕丝生产普遍于各地，而以江苏和浙江之间的太湖区域最为重要……海外市场对中国丝绸需求量非常大，因而刺激这个地区蚕丝生产事业的发展，使人民就业机会与货币所得大量增加，当然是一个重要因素。"[177]

2. 湖丝的外销与湖丝的全盛时期

生丝、丝织品成为出口的主要商品，其出口数量一直在不断增加，以至于一些对外洋事务一向颟顸的官僚也已经敏感到它的影响。乾隆二十四年（1759年），两广总督李侍尧在一个奏折中说：

> 外洋各国夷船到粤，贩运出口货物，均以丝货为重，每年贩卖湖丝并绸缎等货，自二十余万斤至三十二三万斤不等，统计所买丝货，一岁之中，价值七八十万两，或百余万两。至少之年，亦买价至三十余万两之多。其货物均系江浙等省商民贩运来粤，转售外夷，载运回国。[178]

这条史料所透露出来的信息是丰富的：第一，外国商船到清朝官方指定的贸易港口广州，所买货物都以丝货为重点；第二，由广州出口的丝货是以太湖流域的"湖丝"以及绸缎为主的；第三，这些丝货是由江苏、浙江等省商民贩运到广州的；第四，每年的交易额在白银数十万两至百余万两上下。

由于出口有利可图，太湖周边丝绸业市镇出产的"湖丝"以及绸缎，经由商人之手，大批量由广州出口，致使国内市场丝价日趋昂贵。正如一名官员所说："近年以来，南北丝货腾贵，价值较往岁增至数倍"；"民间商贩希图重利出卖，洋艘转运，多至盈千累万，以致丝价日昂"。[179]对外贸形势和外向型经济一无所知的朝廷衮衮诸公，鉴于国内市场丝价日益上涨，不是去发展生产增加货源，而是主张限制出口数量，于是乎以乾隆皇帝谕旨的形式宣布："前因出洋丝斤过多，内地市价翔踊，是以申明限制，俾裕官民织纴。"其思路非常奇特，企图以限制出口来平抑丝价，以满足民间丝织业的需求。而限制措施是："每船准其配买土丝五千斤，二蚕湖丝三千斤。"[180]限制出口的规定匪夷所思，企图限制优质湖丝出口，只准外商购买质地较差的"土丝"与"二蚕湖丝"，头蚕湖丝不准出口。然而市场经济追求利润，岂能以一纸空文予以改变。两年以后，朝廷不得不宣布废除这种不合市场规律的、不切实际的规定。一方面，上述规定损害了太湖周边湖丝产地的外向型经济的利益，在商民的呼吁下，地方长官不得不向朝廷敦请"弛禁"；另一方面，全球贸易对湖丝需求量节节攀升的经济趋势，不可能以帝王意旨为转移，限制出口不但不合时宜，而且是徒劳的。此后，湖丝的输出量与输出价格都在不断上升，就是一个明证。

日本学者中山美绪（即岸本美绪）的论文《清代前期江南的物价动向》，在研究江南的丝价的走势时，援引英国学者马士（H.B.Morse）关于英国东印度公司的研究成果，整理出康熙至乾隆时期湖丝出口价格的上涨趋势：从1699年每担价白银137两，到1792年增加到每担价白银312两，在不到一百年中涨幅达2.27倍。请看下表。[181]

1699—1792年湖丝出口价格

年　份	每担价银（两）	年　份	每担价银（两）
1699	137.0	1763	240.0～250.0
1700	137.2	1764	260.0～290.0
1701	195.0	1765	269.0
1702	140.0	1766	265.0
1722	150.0	1767	260.0
1723	145.0	1768	265.0～294.0
1724	155.0	1771	272.5
1730	159.6	1773	272.5
1731	155.0	1774	272.5～277.5
1750	175.0	1777	270.0
1753	175.0	1780	265.0
1754	155.0～220.0	1783	275.0
1755	190.0	1784	310.0
1756	192.5	1785	290.0～320.0
1757	187.0	1787	280.0
1759	198.0	1792	312.0

　　五口通商以后，湖丝不再辗转至广州出口，而是就近在上海出口，情况发生了很大的变化，出口数量也在迅猛增长。南浔镇丝商到上海经营湖丝出口贸易者甚多，如庞云缯、陈煦元、蒋堂（维城）等成为近代上海丝业巨头。其中陈煦元，"侨沪数

十年，为丝业领袖，能通译西语，而出以笃诚，中西丝商倚为长城"[182]。原先，湖丝必须经由水路与陆路，跋涉千里，艰难运抵广州，才能出口。上海开埠后，出口港近在咫尺，通过内河航运，一日即可抵达上海。上海贸易较之广州贸易，在体制上渐趋完备，官方干预逐渐淡出，因此上海出口的湖丝数量大体上呈现逐步增长的态势。日本学者河鳍源治研究太平天国时期南浔镇的湖丝出口贸易，提供从上海出口的湖丝数据。请看下表。[183]

太平天国时期南浔镇湖丝出口统计

年　份	出口数量（包）	年　份	出口数量（包）
1845	6 433	1853	58 319
1846	15 192	1854	54 211
1847	21 176	1855	56 211
1848	18 134	1856	79 196
1849	15 239	1857	59 986
1850	17 243	1858	85 970
1851	20 631	1859	67 874
1852	41 293		

上海出口的湖丝，1845年是6 433包，到1859年猛增为67 874包，增加了10倍；即使以1846年的数字15 192包，与1859年的数字相比，增长也达到5倍之多。河鳍源治根据另一位学者——亲历太平天国的英国人伶俐的记载，所得到的数据虽然有所出入，但大趋势是一致的。请看下表。[184]

太平天国时期上海出口湖丝统计

年　代	出口数量（包）	年　代	出口数量（包）
1845—1846	18 600	1855—1856	50 487
1846—1847	19 000	1856—1857	74 215
1847—1848	27 377	1857—1858	60 736
1848—1849	17 228	1858—1859	81 136
1849—1850	16 134	1859—1860	69 137
1850—1851	22 143	1860—1861	88 754
1851—1852	23 040	1861—1862	73 322
1852—1853	25 571	1862—1863	83 264
1853—1854	61 984	1863—1864	46 863
1854—1855	51 486	1864—1865	41 123

　　由上表可知，在1845年到1865年的二十年间，由上海出口的湖丝数量，于1860—1861年间达到高峰，1862—1863年间次之，此后逐步减少。把上述两表联系起来考察，则可看出，由上海出口的湖丝数量超过了以往任何时候；1864年以后，出口量明显减少，直到1875年，上海出口的湖丝数量才有所上升。日本学者秦惟人所提供的数据[185]，见下表。

1860—1879年上海出口湖丝统计

年　代	出口数量（捆）	年　代	出口数量（捆）
1860—1861	80 336	1864—1865	14 368
1861—1862	72 492	1865—1866	41 792
1862—1863	64 133	1866—1867	44 563
1863—1864	37 259	1867—1868	49 368

年　代	出口数量（捆）	年　代	出口数量（捆）
1868—1869	59 567	1874—1875	65 141
1869—1870	41 816	1875—1876	68 748
1870—1871	31 618	1876—1877	71 462
1871—1872	46 753	1877—1878	53 639
1872—1873	51 157	1878—1879	61 487
1873—1874	52 345		

此表所用单位"捆"，与上表所用单位"包"，基本相似。一捆湖丝的重量为八十斤，而一包湖丝的重量为一千三百二十两，约合八十二斤半[186]，因此，"捆"与"包"可以看作同类计量单位，两者的统计数字还是可比较的。

众多资料表明，进入1870年代以后，出现了湖丝的全盛时期，1890年以后的几年中，达到了湖丝出口的高峰，年输出量达十万担上下，其后稍有下降，1905年为六万担左右，1910年为四万担左右，1920年为三万担左右。[187]这与经济学家刘大钧对湖州蚕丝业的全盛时期的估计是相吻合的，刘大钧在谈到湖州农村蚕桑繁荣之由来时，如此写道：

> 五口通商，洋庄丝运销上海之八年，而后有洪杨之乱
> （按：指太平军）。逊清道光三十年（1850年）太平天国起
> 兵，至同治二年（1863年）左宗棠定浙江，为时历十三年。
> 中国板荡，兵戈扰乱，生产贸易，全数停顿。湖州地当江浙
> 要冲，所受兵燹，尤为惨烈；人民迁避流离，桑地委弃，地
> 方元气衰耗，以此时为最甚。惟湖州后日之繁盛，其转变之

机，即伏于此时。此点甚为重要，吾人不可不知。

缘在洪杨用兵之时，出产辑里丝之湖州人士，稍有资产者，相率避居上海。因此得与外人接触机会，渐通外国语言。彼时外商需求辑里丝既殷，乃经营运销——肇后日贩丝致富之基。

洪杨乱后（1864年），湖州人口大减，土地荒芜，虽经招民垦殖，但来者多为湘人，不善育蚕，蚕桑事业惟本地人为能。是时中国与列强陆续缔结商约（1858年），中外贸易日渐推广，辑里丝既为西人所欢迎，外销较洪杨乱前愈盛。故大约自1870年左右而后，至1920年前后止，为时计五十

上海十六铺码头（约摄于1902年），曾是远东最大的码头，上海的水上门户，上海开埠之后由于优越的地理位置，成为当时中国南北洋航运贸易的联结点

年，丝业贸易兴畅，蚕桑区农民繁荣，乃造成湖州蚕桑事业之全盛时期。[188]

刘大钧的结论：1870—1920年的半个世纪，是湖丝的全盛时期，这当然是由出口的持续兴旺所带动的。

刘大钧的观察无疑是精准的。这一点，可以从湖丝出口价格的持续上涨得到印证。前引马士（H. B. Morse）关于1699—1792年出口丝价的统计数字，最高价每担320两（白银）。到了1870—1880年出现了丝价明显上升的势头：1877年三等辑里丝的上海价格为每担410～610两（白银），1879年四等辑里丝的上海价格为每担360～475两（白银）。1880年代以来，丝价略有下跌，但仍较高于1699—1792年间的价格。1885年上海四等辑里丝每担价格为390～425两（白银）之间，1889年上海四等辑里丝每担价格为380～430两（白银）之间。[189]

3. 世界经济危机与湖丝业的衰退：刘大钧、周德华的调查与分析

刘大钧撰写的《吴兴农村经济》，以实地调查的方法，对湖州地区蚕丝业的兴衰提供了深入细致的研究个案，极具参考价值。该书作为"中国经济统计研究所丛书"之一，于民国二十八年（1939年）三月初版，发行者是中国经济统计研究所（上海河南路金隆街），印刷者是文瑞印书馆（上海福州路271号）。关于此书的缘起，刘大钧在"序"及附录四"调查经过"中指出，太平洋国际学会计划调查中国烟草区、蔗糖区及蚕桑区农村生活状况，蚕桑区部分交由中国经济统计研究所担任，选择吴兴（即

湖州）地区，于民国二十四年（1935年）三月至五月展开调查，获得调查表924张。书稿写成后，由于战事关系，迟迟未能出版，一直拖到民国二十八年才得以付梓。由于调查时间在1935年，人们对于1920年代依然存在的全盛情况记忆犹新；然而经过20年代末30年代初的世界经济危机，国际市场不景气，湖丝出口价格狂跌，出口数量锐减，湖州地区蚕丝业受到致命打击。该书在追述昔日辉煌的同时，深刻揭示了蚕丝业衰退的种种表现与影响。

刘大钧在该书第五章"社会概况"之第一节"蚕桑农村繁荣之由来"，强调指出以下几点：

第一，"辑里丝在海通以前，销路限于国内，仅供织绸之用，即今日所谓之'用户丝'，其销行范围既小，营业不盛。迨东印度公司来华通商，始有邑人冒险航海至广州，经公行之手与英商交易[190]，一时无不积资甚巨。逊清道光二十二年中英江宁和约既成，上海辟为商埠，辑里丝乃运沪直接销于洋行，实开正式与外商交易之端"。

第二，"洪杨用兵（引者按：即太平天国战争）之时，出产辑里丝之湖州人士，稍有资产者，相率避居上海。因此得与外人接触机会，渐通外国语言。彼时外商需求辑里丝既殷，乃即经营运销——肇后日贩丝致富之基。洪杨乱后……是时中国与列强陆续缔结商约（1858年），中外贸易日渐推广，辑里丝既为西人所欢迎，外销较洪杨乱前愈盛。故大约自1870年左右而后，至1920年前后止，为时计五十年，丝业贸易兴畅，蚕桑区农民繁荣，乃造成湖州蚕桑事业之全盛时期"。

第三，"湖丝销售洋庄，南浔镇实开风气之先。当时湖州六属丝行，几皆为南浔人所包办；由湖州出口，亦以南浔为中心。南浔镇上略有资产者，皆由是起家。家财垒聚，自数万至数百十万者，指不胜屈……人文蔚起，炳然与巨邑相埒。故时人有'湖州整个城，不及南浔半个镇'之谣"。

第四，"南浔以丝商起家者，其家财之大小，一随资本之多寡及经手人关系之亲疏为断。所谓'四象、八牛、七十二只狗'者，皆资本较雄厚，或自己为通事，或有近亲为丝通事者也。财产达百万以上者称之曰'象'，五十万以上不过百万者称之曰'牛'，其在三十万以上不过五十万者则譬之曰'狗'"。[191]

然而，这种情况在20世纪20年代末30年代初，发生了转折。转折的关键是世界经济危机的爆发，沉重打击了湖丝的出口，引来丝价的狂跌，带给湖州蚕丝业致命的影响。由于蚕桑经营无利可图，农家纷纷放弃蚕桑，重新回归到粮食种植的老路上来。于是这一地区农村经济内部结构发生了巨大变化：蚕桑与稻作的比例，由先前的7：3，退而为3：7。刘大钧写道：

> 在民国十年前后，蚕桑产销最盛时代，吴兴农户，蚕桑与种稻比较，蚕桑收入占七成，种稻收入占三成。今据调查所得而收支报告完全者916户计算，（民国）二十三年之种稻收入为74 254.56元，蚕桑收入（蚕茧丝合计）只为31 957.54元。其比例恰为十年前之倒置，计种稻收入占七成，蚕桑收入反占三成矣。[192]

这一变化是令人震惊的，十年之间来了一个大倒退。

刘大钧的这种估计，与1935年《中国经济志》的估计是一致的，其根本原因在于："（民国）二十年以后丝绸业相继衰退，价格惨跌，养蚕户、养蚕数大减，二十年仅及十九年之半。农民掘去桑树，改种其他作物。"[193]

这一观点，也为周德华《吴江丝绸志》所证实。周德华在《吴江丝绸志》第二章"缫丝业"中指出：20世纪二三十年代丝业呈现衰退趋势。民国元年至十年，一斤茧的比价相当于四十五斤大米；民国十九年前，一亩桑地的收入还可抵二亩半稻田的收入。此后，世界经济危机波及中国，丝价暴跌，吴江丝业深受影响。[194]其转折点就是20年代末30年代初。该书提供了这一转折点前后的对比资料，可以与刘大钧《吴兴农村经济》比照研究。

《吴江丝绸志》指出，吴江蚕户大致一户一车（一部丝车），饲蚕多的农户也有二三部车的，大多自缫，间有在缫丝高峰时雇人帮忙的。丝车有手摇缫车与脚踏缫车两种，手摇缫车须由两人操作：一人投茧索绪添绪，另一人手摇丝䊸；脚踏缫车则由一人操作，一人手足并用即可完成索绪、添绪和回转丝䊸的操作。清末、民国时代吴江地区的木制脚踏缫车，能同时绕三绞丝。

明中叶以来，辑里丝畅销于海内外，国内广东、潞安、南京、杭州、苏州等地著名丝织业中心生产的高档绸都以辑里丝为原料。辑里丝又成为海外贸易的主要牟利商品，康熙以降，辑里丝成为广州出口生丝的大宗。上海开埠后，上海成为主要的辑里丝出口市场，而辑里丝主要来自湖州的南浔镇与吴江的震泽镇。此后进入了辑里丝出口的兴盛期。而以光绪六年（1880年）前后最盛，此年震泽一地出口5 400余担，占了全国生丝出口总量82 201担的十五分之一。震泽丝经行资本雄厚，自设门庄收丝，但震泽本地年产仅六七百担，不敷使用，故常派员至江浙交界的南浔、乌镇、双林、菱湖、新市、硖石等地收购土丝，每年可达一万担左右，全部交给邻近农村加工成经丝。南浔虽与震泽同为丝经业两雄，但南浔郊区农家素无摇经习惯，所有土丝再缫，都送往震泽。长期兴盛的辑里丝加工基地集中在吴江县西南部一个三百平方公里的狭长地带，据1920年3月15日《农商工报》载，民国初年，这一地带的摇经户约有一万数千户，男女人工十万左右。民国初年，正常年产量为：干经5 000～10 000担，苏经800～1 000担，广经200～600担，价值四五百元之巨。丝经出口的鼎盛期在清末至1920年代中期，以后呈现下降趋势，据震泽丝业公会记录，民国十七年（1928年）以后急剧下降：

民国十六年为12 000包，民国十七年降为8 000包，民国十八年5 400包，民国十九年2 800包，民国二十年2 600包。

周德华指出，丝经出口受国际贸易环境影响，价格忽上忽落。第一次世界大战期间，日、意、法等国蚕丝产量锐减，辑里干经供不应求，丝价飞涨，由每百两45元涨至100元左右；而黄金大跌，每百两丝经可以换到黄金5两。20年代受世界经济危机和贸易壁垒影响，以及日丝的排挤，外销锐减。《申报》1934年3月11日报道："去岁六月一日至今二月底止，辑里丝经共只输出2 373包，上年同时期内尚共输出4 741包，减少十分之五。海外生丝市场……市价平疲。"每百两丝仅值30余元，相当于黄金3钱。据当时人调查，从民国二十五年至三十五年的十一年间，当地干经产量平均每年不足2 300担，只及全盛时期的一个零头。震泽丝经行出现前所未有的衰败景象，丝经行纷纷关闭[195]。

这种经济形势，宣告了丝业市镇的黄金时代正在消失。

五　从档案资料看丝绸业市镇的市场机制
——盛泽镇的个案分析

相对于丝业市镇而言，绸业市镇受国际市场的影响较小，因此，20世纪30年代至40年代，绸业市镇依然保持兴旺发达的态势，盛泽镇就是一个明显的例子。吴江县档案馆保存的民国时代盛泽镇的档案资料十分完备，为人们提供了个案分析的基础。

1. 机户、绸行、绸领投与市场经济

1937年的《江南副业报告》指出："盛泽市镇之繁华，人民之富庶，皆盛泽绸造成之。昔年兴隆鼎盛时，远近商人皆挟资赴盛泽坐镇办货，惟其行旅之繁，酒家、宾馆、舞榭、歌楼均乘时而兴，各处人士慕盛泽之繁华，亦邀宿其间。镇人又年举盛（会），人人庆祝号召，所以往来繁盛一如都市……总之，盛泽人民之衣食，吴江四乡之富力，直接间接由盛泽绸造成，关系特殊，为江南实业史上重要之一页。"[196]

个中缘由，耐人寻味。众所周知，丝是农家养蚕缫制的产品，殊不知，花色繁多、质地精良的绸绢，大多出于农家手工织机。这种从事织绸的专业农户，也称机户，但他们与开设机坊的机户有所不同，是个体家庭手工业。这种传统由来已久。正如同治年间编撰的《盛泽镇志》所说："近镇四五十里间，居民尽逐绸绫之利，有力者雇人织挽，贫者皆自织。"[197]

1880年，江海关帮办罗契（E. Rocher）关于江南丝绸生产的调查报告所反映的情况，与上述记载大体一致："盛泽丝绸的

组织结构形式完全同于苏州。这里有许多规模巨大的商行，从四乡农民手中收购绸缎，农民卖掉绸匹后买回生丝再生产绸缎。（农民）织机总数接近 8 000 台，集中在以镇为中心半径 12.5 公里的周围地区。"[198] 罗契的话无疑是见闻实录，不过他的估计数字似乎偏小了一点。其实盛泽镇四五十里间农民多从事机织，他却说"半径为 12.5 公里"，此其一。其二，他估计有织机 8 000 台，也有问题。这可以从两方面来看，一方面由于散处四乡的农民织机难于统计，当地人说得好："盛泽织绸……皆系零星机户，散处乡间，工人即系本地之乡人，纯为家庭工业。全镇究有织机若干，并无稽考，虽业中人亦不能道其详，盖乡人之居室即为织造之工场。凡机户家庭中人口多者，便有织机三四具，人口少者，只有一二机。"[199] 盛泽镇在康熙时已是一个居民万户的大镇（包括四乡），其后人口不断增加，按每户有织机三四台至一二台估计，近镇四五十里间的织机肯定超过一万台以上。另一方面，罗契的考察面过于狭窄，这可以从以后的调查中得到佐证。1934 年吴江县立蚕桑场主任孙守廉指出："盛泽为本县绸业中心，昔年多用木机织造，近镇机户在一万以上，每机三人管理，以织绸为生者达三万人。"[200] 由此可见，盛泽镇四乡农家织机在一万台以上是不成问题的，鼎盛时代或许接近二万台。

这种农村副业与传统的所谓"男耕女织"截然不同，它凸显了在市场经济席卷下农村出现的新变化。农村机户的生产目的不是为了自己消费，而是为了向市场提供适销对路的商品，其生产所需原料——生丝，也从市场采购，卖绸买丝，日复一日，年复一年，形成了依附于市场的专业机户群体。从表面上看，他们的主业是农耕，副业是机织，实际上他们的主业与副业早已易位，机织副业已经成为主业，即经济收入的主要来源。

四乡农家生产的绸匹是一种商品，必然要向市镇集中，然后销往全国乃至国外市场，联系各级市场的就是镇上的绸行与绸领头。

四乡机户生产的绸匹，必须由牙行收购，而不能直接与客商交易。这种牙行就是绸行（或称绸庄），由来已久。明末清初，盛泽镇的绸匹交易集中在市河两岸，尤其是市河中段善嘉桥一带，绸庄最为密集，称为"庄面"。乾隆十七年三月十三日桥南新街口失火，殃及市河两岸庄面。此后，绸业人士集资在西肠圩南端建立新的庄面，把原来的庄面改称旧庄或老庄面。[201]

1946年8月吴江县自治税捐征收处的《吴江盛泽牙行一览表》，其中在册绸行有75家，它们是：华兴、一新、立新、伟源、生大、志康、仁丰、同大祥、鸿嘉公、周永盛、福兴泰、裕丰成、协昌祥、源记祥、祥记永、永亨隆、丁人和、源昌祥、九新、维昌、恒大、宝大、裕康、一大、信大、鼎盛、伟大、合鑫、立成、大福、万丰、大生、大同、同裕、复兴恒、永亨敬、春记、庆生、天一、义大、鑫昌、大源、同记、鸿记、永远、宏益、生昌、厚记、源记、朱鹤记、鸿记、志城恒、戴信记、戴荣记、钮荣记、童幼记、恒丰、咸昌、郑英记、严景记、温云记、勒生、久来、庆昌、同吉、富农、公成、鼎大、吴才记、永源、德来、何应记、余纶、伟有记、英记。[202]此外，还有绸领行（即绸领头业的牙行）26家，丝行65家。[203]以上是吴江县自治税捐征收处盛泽分处的统计。按照1946年7月4日盛泽镇绸业商业同业公会的调查，当时有绸行89家之多。[204]由此可见，即使到了1940年代中期，盛泽镇的绸业依然盛况不减当年。

"镇之丰歉固视乎田之荒熟，尤视乎商客之盛衰。盖机户仰食于绸行，绸行仰食于商客，而开张店肆者胥仰食于此焉。倘或商客减少，机户利薄，则怨咨者多矣。"[205]——乾隆《盛湖志》所反映的这种市场走势，一直到晚清、民国时代，几乎没有什么变化，或者可以说，市场经济的色彩较前更加强烈。1991年出版的新编《盛泽镇志》中，可以看到当时的市场状况：庄面每天早晨8时左右开市，四乡傲船人及机户蜂拥而入，绸行领户各自挂牌收绸，称"出庄"，又名"上庄"。绸行收货时，持秤估值称"看庄"，绸行派出经验丰富的高级职员任看庄先生，看庄先生高踞柜台上验货称重量，合格者收进，不合格则退货。绸行收绸后偿付货款称"发庄"。午后傲船人及机户陆续散走，绸行领户相率收市归去，下午2时至3时，全庄关闭，称"收庄"或"落庄"。盛泽绸市有极大的凝聚力，除吴江县外，还吸收吴兴、桐乡、嘉兴、嘉善等地出产的绸匹，其范围北及吴江南境，西南至双林，南达濮院，东南延至嘉善。清末民初盛泽绸市之鼎盛期，与我国传统绸市苏州、杭州、湖州并驾齐驱，雄踞于太湖平原之上。[206]盛泽绸市久盛不衰，卓有成效运作的绸行、绸领投功不可没。

绸领投也叫绸领头，俗称领业或"白拉"，是机户与绸行的中介人。它是丝绸业市镇上的一种常见现象。新编《盛泽镇志》说："领业是盛泽镇特有的历史现象，故有'第三百六十一行'之称。"[207]这种说法是有问题的，显然是"不识庐山真面目，只缘身在此山中"，只知其一不知其二。盛泽镇近旁的黄溪市就有这种行当，称为"丝领头""绸领头"，或者叫做"小主人"。正如道光《黄溪志》所说："其开设牙行代客售丝者，谓之大主人；牵机户来买者，谓之小主人。"[208]此处所谓"大主人"指的是丝行，"小主人"指的是丝领头。当然也存在着绸行与绸领头的关系。与盛泽镇同样著名的绸业中心濮院镇，把绸领头叫做"接手"。四乡机户生产的绸匹，由"接手"居间介绍，绸行出庄收购。《濮川所闻记》说："（机户）绸既成，有接手持诣绸行售之，每一绸分值若干，谓之'用钱'。"[209]接手的运作模式，与盛泽镇的绸领头（绸领投）几乎一模一样。菱湖镇的丝行有大行、小行之分，此外还有"小领头"（俗称"白拉主人"），他们专门"招乡丝代为之售，稍抽微利"。[210]南浔镇也有"招乡丝代为之售，稍抽微利"的"小领头"（俗称"白拉主人"）。[211]可见领头业（或领投业）是一种普遍现象，并非"盛泽镇特有的历史现象"。

绸行与领投既有合作的一面，又有争利的一面，因此绸、领二业经常发生矛盾。绸行与领投的争执几乎时常见到，如《吴江》报1923年8月21日、1924年3月30日，《新盛泽》报1923年12月31日、1924年3月11日，都有这方面的报道。[212]从表象上看，似乎领投只是把机户的产品介绍给绸行而已，一转手之间却要获取一笔佣金，是不甚合理的中间盘剥。其实情况并非如此简单。领投业之所以能存在百年以上，而不被淘汰，必有其存在的合理性。

第一，机户散处四乡，对市场需求了解甚少，其生产带有相当的盲目性。而各地客商对绸行提供的绸货，在花色品种上有特定的要求。绸行鞭长莫及，只能仰赖领投在绸行与机户之间进行沟通、协调，这种协调在平衡生产与销售上有着举足轻重的作用。1932年盛泽镇绸领同业公会主席王麟书说："盛泽的绸业发生很早，在逊清乾嘉年间，营业已经很盛。起初各省的客商，到盛泽来办货，因情形不明，常托当地绸庄代办。但因机户多散处四乡，所织的绸又有重绸、轻绸、花色、素色等分别，绸庄需要那种货，一时上往往不易征集。因之便产生了一种所谓绸领头的营业。绸的花素轻重，都有各种绸领头专司其责。以后绸庄绸行如要选办什么货，要求之于绸领头即可。"[213]《中国实业志》在介绍盛泽镇领头业时，对上述说法表示认同，并补充说："领头者，实机户与绸庄间之介绍机关也"；"盛泽现在有一百三四十家绸领头，分花、素二帮"。[214]

第二，机户是个体农户，卖绸买丝，均需与市场发生关系，一旦资金短缺，生产便难以为继，领头（领投）适时起到了保障作用。1937年的《江南副业报告》对这种作用给予了肯定："机户就是农人，农人何来多金？买丝时难于筹款，可由领投向丝行担保，无条件取丝。俟绸匹织成，一时无主购买，如何周转？可由领投垫款收买，机户卖绸后，既还丝款，复得丝货，愉快有之，困难毫无。如此循环，商场经济赖以周转，市面活跃，各方均蒙其利，所以制度相沿，能相安于无事悠久。"[215]

毫无疑问，领投业在协调机户生产与绸行销售方面，以及保障机户持续生产方面，是有明显功能的。

民国时期吴江县实力最雄厚的工商业家、新生绸厂的创办人王鸣泉，就是由绸领投起家的。其父王老金，原为王江泾镇小商贩，后定居盛泽镇，从事领投业，创办王金记领投行。王鸣泉继承父业，由开设提花织机店，进而开设绸行、绸厂。王氏父子由小商贩—领投—绸行—绸厂的发展轨迹，反映了绸领投在盛泽市场中不可小觑的信誉、实力和地位，也反映了盛泽绸商的发家过程。

机户、领投、绸行之间的协调运作，充分显示了盛泽镇市场机制的日趋成熟，保证了它的绸业经济得以持续发展。

2. 丝绸供销与金融业

盛泽市场中，仅次于绸行、绸领行的角色是丝行。盛泽四乡不产丝，源源不断生产绸缎所需的原料丝，必须有一个渠道予以保障，这一功能的承担者就是丝行。

《盛湖杂录》说：盛泽丝行的营业，"在清咸（丰）、同（治）间局面极阔大，外县丝皆直接收买，用护照运销外地，而以由上海出口为大宗，名曰洋庄。岁销额值银千余万（两），故当时有'用二出八'之谚，盖机户所用仅十分之二也。同治间有三数家因洋庄折阅而倒闭，后遂无继起者，至今洋庄唯有南浔、震泽两处而已"。由此可见，盛泽镇的丝行，从原先经营经由上海出口的业务为主（占十分之八），供应本地机户仅占十分之二。后来由于在与南浔丝商、震泽丝商的竞争中失败，改变方针，以供应本地机户织绸用丝作为主要业务。

因此，盛泽镇丝行的营业范围仅限于本镇四乡织造用丝的购销。丝的来源可分三路：

南路丝——以嘉兴、海宁为代表，其丝绞又称"团瓜丝"；

西路丝——以震泽及吴兴、德清为代表，其丝绞又称"尖瓜丝"；

北路丝——以吴县、无锡为代表。[216]

这种状况是可以得到印证的。1924年7月11日《新盛泽》报刊登君宜"盛泽罪言"，称："绸为吾镇一大商业，因之丝市亦联带起色。顾吾镇为用丝区域，故伊等每向王店、濮院……处贩售。每至新丝上市则四出竞买。大的行家，每至趸货几万元，诚哉为一大商业……遇乡民之确系机户者，强贷以丝，然而价已较为昂贵多多，乡民因赊贷之便，亦乐用之。"[217] 以后的情况依然如此。1934年的《吴江县政》指出："(盛泽）向以织绸为唯一生产事业，故有'日出万绸'之称。丝之来源，为浙之嘉兴、王店、硖石、濮院、新市等处。"[218] 又有档案指出，盛泽织绸所用之丝，"都来自嘉善、石门、桐乡、木渎、溧阳等处，所以江浙所产之丝，亦视盛泽为大市场也"[219]。

江浙各地的土丝源源不断地向盛泽汇集，由丝行零售或赊购给机户。赊购的一种通常方式是由绸领头出面向丝行担保，机户赊购到丝，织成绸匹出售后，再补缴丝款。对于丝行而言，以低价吸纳丝货，有时趸货达数万元之巨；而一般小本经营的丝行，没有大量资金现钞，必须仰赖金融机构——钱庄以及后起的银行的信贷。

丝货的集散与绸货的集散相比，毕竟小巫见大巫。《江苏省鉴》说："盛泽纺绸，昔蜚声于世，在前清乾隆、嘉庆间，畅销国内各地，南洋各属及欧洲各处，实为吾国特产之一。"[220] 据1923年的统计，盛泽镇绸行营业额约有一千余万元之谱，分别销售全国各地以及海外市场，比例大体如下[221]：广东达60%，朝鲜为10%，长江沿岸20%，上海苏杭7%。1934年吴江县县长徐幼川视察盛泽绸业报告指出，盛泽绸的年销售量达百万匹以上，三五年前价值近一千万元之谱，具体销路为：长江一带的汉口、长沙、四川，及福建、广东、平、津、沪、杭，远及南洋群岛。[222]

如此大进大出的巨额交易，没有金融机构的介入，是难以想象的。《吴江丝绸志》写道："盛泽丝绸业与金融业之间关系至为密切，以丝绸为依托的金融业的形成也比较早，《盛川稗乘》（引者按：撰写者为鹤樵居子）曾记述太平天国军队进驻期间即设有'公估钱庄'，其后苏州、嘉兴钱庄均来分设。早期金融业务限于钱兑活动。往昔盛泽绸市建立在农村家庭织造手工业基础上，每天上市落市都需大量现钱，在丝行、绸行、领投、机户之间流通。"[223]

情况确实如此。按当地交易惯例，"当机户送绸时，即须给付绸价，至绸脱售后，（绸行）再行结账，故领投须先垫本，且机户当年初开机时，须向领投预借本钱。而绸行与领投交易，必逢（每）月之三日、十八日始行付款，且只付交货价银之二分之一"[224]。绸领投多是小本经营，如果不依赖钱庄，势必寸步难行。1930年代盛泽镇上有130至140家绸领投，资本少者约百余元，多者也不过万余元，显然难以应付营业所需，"流动资本大概从钱庄借来"。[225]

因此，盛泽镇的金融业与丝绸业是荣辱与共的。1920年代中期《新盛泽》报称："'钱业'历年以来日见发达……去年（即1923年）营业统计约有五六十万，总共盈余六七万元。"[226] 该报1924年7月11日刊登"盛泽金融界概况"，提供了以下几点信息：

——盛泽镇是丝绸荟萃之地，全年营业额有数千万元之盛。而能够做到货币流通，转输便利，全靠金融业的调剂。

——盛泽镇上有钱庄8家，承担丝绸交易的垫款业务，另有嘉兴中国农民银行分设办事处，承担推销钞票、贴现、抵押放款等业务。

——钱庄每逢阴历初三、十八两天，照例预备巨大款项，以应绸商之需（因为绸商与绸领投约定每月初三、十八两天结账付款）。上午发出的款项，到下午即有回笼（各绸领商收得绸款后，除付给机户外，余款仍存于银行，故曰回笼）。[227]

盛泽丝绸业持续兴旺，每天的交易额达到令人咋舌的数字，如1946年外地客商到盛泽镇采办绸货，每天的交易额约在五六千万至一亿元，所需款项均由各地商帮先交京沪苏杭等地的盛泽绸行的分行或联号，由分行或联号将款项汇抵盛泽。[228]这就意味着，每天要从盛泽镇运出价值五六千万至一亿元的绸货；绸行必须不间断地收购绸货，而这又以大量流动资金为保障。这一年六月份，江苏省农民银行吴江分行在盛泽镇发放的储押贷款仅七千余万元（绸行以绸匹、生丝为储押物）。[229]一个月的贷款仅七千余万元，与每一天的交易额五六千万至一亿元相比，只是杯水车薪。于是银根普遍吃紧，盛泽镇上高利贷腾涌。融资渠道有：银行、钱庄、地下钱庄、暗息等，利息一个比一个高。以月息计，银行18%～9%；钱庄21%～12%；地下钱庄27%～15%；一般暗息30%～24%。在这种情况下，出现了专门从事拆息的"掮客"，以高于银行的存款利息，把民间零星资金集中起来，以高利贷形式借给急需用钱单位，从中获利。[230]

在这种背景下，盛泽镇的钱庄业从清末光绪年间以来，一直持续兴旺发达。据统计，该镇共有钱庄29家，其中最早的是建立于光绪二十二年（1896年）的天成钱兑号，以及建立于光绪二十五年（1899年）的天成章钱庄，此后陆续建立的有：天成锠、盛康、晋丰永、正大等钱庄。民国元年（1912年）至十五年（1926年）先后建立的有：升大、晋大、酥康、元祥、乾大、道生晋裕、益昌、裕盛、恒永、同大等钱庄，沦陷时期建立的有：兴盛、裕康、益丰、同裕等钱庄。最值得注意的是，民国三十五年（1946年）一下子建立了五家钱庄：利生、顾大、大盛、勤丰、慎丰[231]。由此可见，即使到了1946年，盛泽镇的经济状况依然不见衰退迹象，每一天营业额近一亿元，钱庄的不断开办，便是明证。

典当业也乘虚而入，小本经营者以丝货为抵押品向当铺借贷资金；一旦抵押者不能按期赎回抵押品，当铺便将抵押的丝货没收，在市场上出售。

1926年3月21日《新盛泽》报揭载了这一动态，一篇题为《丝业整顿》的文章谈及丝业一落千丈时指出："白拉私贩充斥于市，典业又将没丝零售机户。"一篇题为《丝典两业发生交涉》的报道说："日前丝业公会调查员，在途查见某某等机户所携之丝，共值百元左右，并无官印票头，显系私贩。询其来历，始悉系昌盛、兴盛两典（铺）售出，当即扣住。邀请全体同业，在蚕皇殿开会，讨论办法。典业亦派丁、姚二代表到会，承认此系二典售出，并声明本年满期之丝甚多，不愿贱价划出，故零售机户，以保血本。"《新盛泽》报为此发表时评，表明舆论界的态度：典业罚没的丝货，直接零售机户，理由欠充足。[232]这一事件看似偶发，其实有其必然，只要金融业无法满足市场对于资金的需求，那么典当业将罚没丝货零售于机户的现象恐怕很难抑止。

在这种背景之下，一些实力雄厚的绸行商人插手金融业，便成为清末民初的新动向。晚清时期，李晋记绸行的老板李璞山，用五万元收购面临挤兑困境的正大钱庄，更名为晋大钱庄；民国初年，升记绸行老板胡季良开设升大钱庄，都是兼营绸、钱二业的典型事例。此后，不少绸业和钱业的业主，周旋于此间，成为两栖人物。[233] 小小的盛泽镇上出现了商业资本与金融资本的互相转化、渗透的趋势，着实令人刮目相看。

3. 工商各业与会馆、公所、公会

吴江县丝、绸两业的持续繁荣，带动了市镇各行各业的景气，各市镇都有数以百计的商店，密集于方圆不过数里的街区之内，熙攘往来摩肩接踵的人流、物流，交织成一片繁华景象。

据1935年的统计，吴江县城松陵镇的工商各业有：南货茶食纸烛业44家，估衣业15家，国药业21家，鲜鱼业24家，面粉业17家，旅馆业13家，菜馆业25家，鲜肉业53家，共计212家。同里镇有：酒酱业58家，烟纸业121家，钱业7家，腌腊业16家，绸布业17家，茶叶业21家，共计240家。盛泽镇有：丝业69家，烟纸蜡烛业44家，绸领业50家，糖北货茶食业22家，钱业7家，洋广杂货业44家，线业23家，米业17家，鲜肉业22家，煤炭业20家，绸业69家，蜡线业7家，绸布业11家，国药业9家，银楼业7家，面饭业15家，成衣业20家，挂面业19家，共计475家。震泽镇有：丝经业21家，肉业10家，肥料业7家，米业9家，烟纸业21家，绸布业9家，油酒酱业18家，洋广货业8家，茶叶业8家，花絮业9家，国药业8家，衣业7家，面粉业10家，南货业19家，丝吐业21家，腌腊业9家，苏经业8家，茶馆业11家，共计213家。[234]

与其他档案资料相比较便可发现，上述统计数字并不完备。即便如此，各市镇工商各业的盛况之一斑，已经显然可见。

1946年《江苏省吴江县各种人民团体概况表》所提供的数

字就比较完整，盛泽镇工商各业发达的程度遥遥领先于其他各镇，包括县城松陵镇。据该表统计，盛泽镇工商各业有：棉布业25家，糖北货茶食业21家，丝经业62家，新药业12家，酒酱业34家，米粮业44家，绸布新衣业10家，百货业15家，鲜肉业20家，腌腊业18家，面饭菜馆业38家，国药业13家，旅馆业15家，茶叶业7家，桐油瓷席业16家，纸烛业51家，绸业81家，绸领业68家，肥料业21家，电机丝织业59家，机器切面业16家，豆腐业16家，共计662家。[235]

然而此表仍有遗漏，虽然属于牙行的绸业、绸领业、米业已经列入上表，但是另有树柴行19家、鱼蟹行8家、猪行2家、砖瓦行3家、粮食行2家、糠麸行1家、水果行3家，没有列入上表。[236] 如果一并计算，那么盛泽镇工商各业字号已经突破700家大关，实在非同小可[237]，远非一般县城乃至府城所可比拟，其中固然不乏规模较小的"夫妻老婆店"，但也有不少规模宏大资金雄厚的大型字号。

按注册资本多寡排列，盛泽镇商业资本在四百万元以上的大商号可以列为下表。必须指出，表中并没有把资金最雄厚的绸业、丝业、钱业统计在内，仅仅是零售商业字号的统计。

1946年吴江县盛泽镇商业一览

营业种类	营业字号	所在地	资本额（万元）
腌 腊	同 和	烟场上	800
腌 腊	义成恒	南新街	800
米	源 泰	南 市	800

营业种类	营业字号	所在地	资本额（万元）
棉　布	裕　丰	花园街	640
棉　布	如　记	北大街	600
估　衣	万　泰	花园街	570
棉　布	天　祥	北新街	550
棉　布	赵友记	花园街	530
棉　布	合兴祥	花园街	530
棉　布	嘉　旭	花园街	530
腌　腊	万源盛	花园街	500
银　楼	史源盛	北新街	500
酱　园	增　茂	北大街	500
酱　园	同　润	西荡口	500
棉　布	协大祥	北新街	440
估　衣	协　泰	花园街	440
竹　头	泰　昌	西荡口	420
竹　头	隆　泰	南大街	400
棉　布	大　昌	花园街	400
丝　线	胡永大	北大街	400
丝　线	鲁永记	北大街	400
腌　腊	胡合和	花园街	400
腌　腊	张旭泰	北大街	400
腌　腊	裕丰公	北大街	400
南　货	同协祥	北大街	400
南　货	福泰和	十字弄	400
南　货	蔡福协	毛家弄口	400

资料来源　《吴江盛泽商业一览表》（1946 年 8 月），见吴江县档案馆：《吴江县小城镇档案资料汇编·盛泽镇专辑（二）》，第 369 ～ 382 页。

　　以上这些资本在 400 万元至 800 万元之间的商业字号，都非等闲之辈，巨额资本反映了盛泽镇市场容量之大，以及市场蓬勃

民国初年盛泽地图，可见各会馆、公所以及先蚕祠

141

1990年代的济东会馆

宁绍会馆界碑

的活力。如果把资本雄厚的绸行、钱庄一并统计在内，那么资本额领先的绝不会是腌腊业、米业、棉布业巨头，几乎是可以肯定的。

明清时代，在各个经济中心地都有地缘性的会馆与业缘性的公所出现。盛泽镇作为一个万商云集之地当然也不例外，从清初以降，先后建立了金陵会馆、济宁会馆、徽宁会馆、济东会馆、华阳会馆、宁绍会馆、山西会馆、绍兴会馆等；其后又兴建了绸业公所、丝业公所、领业公所、钱业公所、米业公所，主宰着全镇的经济命脉——绸、丝、钱、米等行业的经济活动。

从行会性质的会馆、公所过渡到工商业同业公会，是一个经济近代化的过程。这种过程在清末的上海早已初见端倪，陆续把先前的会馆、公所改建为工商业同业公会，诸如洋货商业公会、豆米同业公会、棉业公会、银楼同业公会之类。1929年《工商同业公会法》、1930年《工商同业公会法施行细则》先后公布，把这种近代化进程以法律形式肯定下来[238]。

吴江县各市镇的工商业同业公会，就是这以后建立的。1931年建立了丝业、绸业、绸领业、钱业、米业、烟纸蜡烛业、糖北货茶食业、洋广杂货业、钱业、鲜肉业、煤炭业、绸布业、国药业、银楼业、面饭业、蜡线业等同业公会，以后又增加了成衣业、挂面业等同业公会。1946年的调查显示，盛泽镇有22个同业公会，见下表。

1946年吴江县盛泽镇同业公会一览

同业公会名称	会员数	会　　址
棉布商业	25	北新街三益昌布号
南北货商业	21	路头堂
丝商业	62	南十字弄
新药商业	12	北新街
酒酱商业	34	东庙书厅
米粮商业	44	东漾
绸布新衣商业	10	花园街66号
百货商业	15	十字弄
鲜肉商业	20	东庙书厅上
腌腊商业	18	东庙桥
面饭菜馆商业	38	荔枝街
国药商业	13	花园街养和堂
旅馆商业	15	惠民路冯屋
茶叶商业	7	北大街吴隆泰内
桐油磁席商业	16	南大街民教馆内
烟纸烛商业	51	善家桥恒丰泰烟纸号内
绸商业	89	北大街中市
绸领业	68	姚家坝
肥料商业	21	花园街69号
电机丝织工业	59	毛家弄
机切面工业	16	染坊弄
豆腐工业	16	荔枝街宁绍公所

资料来源　《江苏省吴江县各人民团体概况表》（1946年6月8日），吴江县档案，案卷号12·2·0204。

　　同业公会的宗旨是"维持增进同业之公共利益及矫正弊害"[239]。从这些同业公会的月报表可知，同业公会有经常性活动，以体现其宗旨。如1947年8月15日南北货商业同业公会会议的议题是："近查会员出售南北货市价时闻发生参差，应如何整顿案"；1947年8月15日绸商业同业公会会议的议题是："绸厂货品近来直接运销外埠，逃避地方自治费一案"；1947年9月绸商业同业公会月报表中，提及计划要点为："制止同业抬高货价竞收"，实施进度为："通函各会员遵守"，重要议案为："炼坊、轴坊为原料工食暴涨，要求加价一倍，应如何应付案"，并决议："为体恤坊司起见，精炼酌加九成半，余再商定照加"。[240]

工商业同业公会的这种功能，协调了市场的正常运作，保障了市场的持续繁荣。与此同时，同业公会在维护本行业利益方面，也能起到个别行号无法起到的作用。例如绸领业，早在绸领业公所时期，就多次"整顿佣金"，"查禁同业及非同业在船埠、茶肆内争收机户绸匹"，屡禁不止，公会决定派员调查"白拉私贩""典业没丝零售机户"等违规事项，有所作为。[241] 1947年9月21日，盛泽镇绸领业同业公会由于织绸运销合作社成立，机户相率加入合作社，另辟销售渠道，致使绸领业经营状况一落千丈，不得不致函吴江县政府进行申诉："敝业与机户往来已久，情感素深，苟机户有福利可图，敝业虽损失甚巨，亦为之色喜。而熟知事实有大不然者，合作社对于机户实有种种扣息、包佣情事……查合作社出立期票，实违背票据法之规定，而扣息、包佣尤属违章牟利。"[242]绸领业毕竟历史悠久，在机户与绸行之间的中介运作成效卓著，一旦运销合作社插手其间，势必搅乱正常商品流通渠道。从绸领业与绸行相依为命，一直苟延残喘到1955年同时倒闭，人们不难察知绸领业较之合作社究竟孰优孰劣了。

比公所、公会资格更老的会馆，兼具同乡会与行会的双重功能。盛泽镇自明末清初以来，就以绫绸而闻名海内外，四方客商纷至沓来，在绸业公所还未建立以前，已有各地商帮的会馆出现。此后，由于绸业公所的建立，先前各地商帮建立会馆协调经营贸贩的功能日渐消失，会馆也随之萧条。1923年6月1日《新黎里》报颇为深切地道出了此中缘由："盛泽以出绸著名，曩昔之时，四方商贾之辇金至者无虚日，故会馆遍全镇，如山西、济东、绍兴、徽州、华阳、金陵等，类皆规模宏大，建筑华美。以此，伎船画舫丛集山圹，政歌选舞亦盛极一时。数十年来，绸行风起云涌，相继创立者六七十家，于是购绸者金向绸行函询，无亲自者。所建会馆遂鲜人居，为日既久，摧败零落，非复旧观。回首当年，如谈天宝故事矣。"[243] 这是会馆萧条的一个原因。另一个原因则是，不少外来客商在盛泽镇站稳脚跟，由行商转化为坐贾，自己开设绸行，经营贩卖业务，根本不必仰赖昔日的会馆了。最明显的例子便是盛泽镇晚清至民国时代炙手可热的商界巨头汪访庐、汪鞠如父子。汪访庐，徽州人，祖父汪雍斋嘉庆年间贩卖丝绸，往来于王江泾镇与盛泽镇之间。后以经营得法而积累资金，改为坐贾，在王江泾镇创建福昌绸庄（行）。1860年，王江泾镇遭遇战火，汪氏把绸庄迁至盛泽镇。父叔去世后，由汪访庐兄弟继承，改牌号为王永亨绸行。因经营得法，王氏兄弟不仅在上海建立分庄（分号），而且另外设立信记、成记、正记等下县庄（下县分号）。至此，王永亨绸行已执盛泽绸业之牛耳。其子汪鞠如，推行技术革新，使办绸行及分号业务突飞猛进，号称拥资60万两白银，汪鞠如本人因此而两度出任盛泽商会会长。[244]

在这种情况下，会馆的"摧败零落，非复旧观"，便不难理解。

与盛泽绸业密切相关的一个行业——练坊（一作炼坊）、染坊、轴坊（即踹坊），即加工绫绸的作坊，尽管不在上述同业公会及其所属行号之列，却不可小觑。

机户所织之绸，质地生硬，俗称生绸，必须进行加工整理，方可销售给客商。第一道工序是由练坊练成"熟货"（即把生绸练成熟绸）。按照当地惯例，每天午后练坊派人到各绸行接运待练之绸缎，完工后再送回。第二道工序是由染坊染色。第三道工序是由轴坊（踹坊）滚压平整。于是盛泽绸才成为完品，可以上市销往各地。

从事这一行业的大多是浙江绍兴人，"团结力极形坚固，而又极守行规"。1934年盛泽镇有练坊14家、染坊9家、轴坊30余家。[245]到了1940年代，练坊工业同业公会共有练坊23家，资金额5 900万元，拥有工匠二三百名。[246]估计染坊、轴坊也有相应的增长。

外来的绍兴人除经营练、染、轴业以外，还经营快班船、信局等行业。由于盛泽镇四乡土著乡民多从事丝织业，无暇顾及农耕，大部分农田雇佣客籍人耕种。此种客籍人有温州、台州、处州人，但以绍兴人居多。因而盛泽这个五方杂处之地，绍兴人成为外来移民中仅次于徽州人的一个重要组成部分。[247]

4. 茶馆业、航船业的市场角色

吴江县档案中有一份关于1946年全县各市镇茶馆营业状况调查表，并不起眼，却包含着丰富的市场信息。该调查表显示全县茶馆的分布数量：县城松陵镇有23家，八斥镇有35家，同里镇有24家，盛泽镇有45家[248]，黎里镇有31家，震泽镇有30家，芦墟镇有25家，莘塔镇有10家，北厍镇有10家[249]，严墓镇有3家，横扇镇有16家，梅堰镇有14家，平望镇有17家，庙港镇有8家，吴溇镇有2家。[250]

这个调查表有两点值得注意：第一，茶馆的分布密度极大，如按吴江县1947年的总户数110 854平均，则每365.85户就有一家茶馆；如按1949年城镇户数平均，则每69.65户就有一家茶馆。[251]第二，看似巧合的是，各市镇茶馆数目的多少，大体反映了该市镇经济发展水平的高低。盛泽镇的经济发展水平在全县独占鳌头，其茶馆数也遥遥领先于其他各镇。

看来这并非吴江县的特例，长江三角洲的市镇大多如此。笔者在《明清江南市镇探微》中，曾就此作出分析："在市镇的运转过程中，茶馆尤其值得注意，因为它不仅是一个饮茶聊天的处所，而兼具信息、娱乐、赌博的多种功能，是市镇社会的一个小小的缩影。因为这个缘故，市镇上茶馆之多是其他行业无法比拟的。太仓的璜泾镇，'自嘉庆以来酒肆有四五十家，茶肆倍之'。璜泾并非大镇，东西二里、南北一里，镇民数千家，茶馆倒有近百家，是令人吃惊的。不过这并非特殊情况，嘉兴的新塍镇有茶馆八十家，王店镇有茶馆六十五家，新篁镇有茶馆四十家。于此可知市镇虽小茶馆不少，此其一；其二，更重要的是，如果茶馆仅仅是茶馆，它不能满足市镇生活各方面的需要，那么就不可能大量并存于一个市镇的弹丸之地。"[252]

盛泽镇的经济在吴江县各镇中首屈一指，其茶馆数也遥遥领先。盛泽镇茶馆状况如下表。

牌　名	地　址	茶桌数	牌　名	地　址	茶桌数
聚仙楼	南大街	24	品　芳	致远街	16
快活林	西新街	15	龙凤园	荷园街	13
一乐园	西新街	33	荷　园	荷园街	37
如意园	西新街	3	乐　园	荷园街	7
双月楼	南大街	20	天月园	荷园街	12
第一春	南大街	15	同兴楼	荷园街	20
意兴园	中和桥	4	第一园	胡桃街	8
鹤　鸣	酱园街	4	义丰园	东　港	9
迎　宾	北大街	39	双凤园	后　街	9
望月楼	北大街	21	太平楼	北大街	8
兴　园	计木桥	4	松　园	山塘街	5
龙　园	胡桃街	12	熙春楼	乌新桥	13
三珊园	南新街	15	明福楼	里安桥	1
金凤园	北大街	7	步瀛轩	烟场上	12
万春阁	北大街	13	兴凤阁	十字弄	12
富贵楼	北大街	7	万祥园	红木桥	9
一乐天	北大街	18	孔聚兴	南新桥	11
平　园	西荡口	5	万泉楼	南新街	13
西景园	西荡口	5	茂　和	木桶湾	4
凤　园	北大街	6	万云台	南大街	30
登椿园	北大街	15	万云台（东号）	南大街	9
同羽春	东　庙	39	得意楼	鲍家弄	80
登椿楼	卜家弄	4			

资料来源　《吴江县第三区盛泽镇茶馆营业状况调查表》（1946年4月），吴江县档案，案卷号8·1·145。

　　对于这一档案资料，可作如下历史诠释。

　　首先，盛泽镇茶馆的分布密度非常之大，一向有"五步一楼，十步一阁"[253]之说。这些茶馆大小不一，最大的得意楼有80桌，最小的明福楼只有1桌，全镇共有茶桌666。江南的茶馆所用茶桌，通常是正方木桌，俗称"八仙桌"，每桌可坐8人。如果按每天早茶、晚茶（午茶）两市计算，客满时每市可以同时接待茶客5 000余人次。假如生意不景气，势必只有关门倒闭。然而盛泽镇的茶馆非但没有倒闭，而且到1950年代初期，由45家增加为48家，足见茶馆的功能在这个商业中心是得到充分体现的。[254]

其次，盛泽镇茶馆业如此兴隆，必有深厚的经济背景。最突出的一点，茶馆是一个信息中心，也是一个探听行情、洽谈交易的场所。刘大钧在调查1930年代湖州经济时，对茶馆作了这样的描述："乡间男子除在农忙及养蚕时期外，每日生活大约须耗其半日光阴于此（引者按：指茶馆）。晨起后，俟航班开行，即附船上镇。除在船上须耗去几许时间外，到镇后即步入茶馆，集相识者于一隅，高谈阔论，议论风生。本地新闻，茧丝价格以及年成好坏等等，均为主要谈话材料。在茧丝新米上市之时，乡人即以此地为探听市价之所，因而经营茧、丝、米或其他产品之掮客，亦往往出没于其间，从事撮合，赚取佣金。"[255]刘大钧的描述带有普遍性，盛泽镇也是如此。它是一个绸、丝的集散地，每天都有巨大的人流、物流，需要有一个兼具歇脚、洽谈、交易功能的场所，茶馆就是这些功能理想的体现者。1926年3月11日《新盛泽》报在关于绸领业公所整顿佣金的新闻报道中，透露了这样的信息："同业及非同业在船埠、茶肆内争收机户绸匹。"[256]从中可以窥见，绸领投与机户洽谈生意、收购绸匹，是在茶馆中进行的。新编《盛泽镇志》在专论与丝绸有关的其他行业时，指出："盛泽镇之茧商、丝商在茶楼上设座洽谈生意，收购近处村坊（梅堰秋泽村、坛丘南塘村）的丝经。"[257]可见生丝交易也在茶馆中进行。因此，只要盛泽镇上绸丝交易保持景气，数量众多的茶馆决不会没有生意。从这个意义上讲，各色人等赶到熙熙攘攘的茶馆去吃早茶、午茶，并不是一种单纯的消费行为，而是生产性的经济行为——目的在于探听行情，做成一笔生意。

再次，茶馆既然具有这样的功能，吸引市镇上的三教九流，这个信息中心在特定社区中具有某种权威性，因而又成为一个调解纠纷的仲裁中心。在这个远离县城的地方，如遇商务或民事纠纷，一般不向官府诉讼，而是以茶馆为断定是非曲直之地。于是便有了"吃讲茶"的习俗："俗遇不平事，则往茶肆争论曲直，以凭旁人听断，理屈者则令出茶钱以为罚，谓之吃讲茶。"[258]盛泽镇的情况也是如此，新编《盛泽镇志》写道："茶馆又是交流商情、洽谈生意、绸农上街落脚之处，有的乡镇居民为调解纠纷而上茶馆，俗称'吃讲茶'。"[259]

与茶馆业相映生辉的是航船业。

盛泽镇是绸的集散地，绸的生产者是散处四乡乃至邻近地区的机户，他们把织成的绸匹运到镇上，又从镇上运回生丝；而盛泽并不产丝，须从邻近地区运来。因而盛泽镇与周边四乡八邻的交通网络就显得十分重要。这一功能的承担者便是航船业。

吴江县档案馆保存的1945年吴江县航船申请登记表，展示了航船业当时的运营状况。兹略举数例于下。

严墓至嘉兴快班：

航线——严墓途经新塍、九里湾至嘉兴；

载量——装货一吨半，乘客二十名；

船费——货每担一千元，客票每人三百元；

班次——每日早晨八时开，隔日班。

严墓至乌镇当日回转班：

航线——严墓途经朱家渡至乌镇；

载量——装货一吨，乘客十名；

船费——货每担二百元，客票每人二百元；

班次——每日早晨八时开，当日转回。

严墓至盛泽转回班：

航线——严墓途经坛丘至盛泽；

载量——装货十五担，乘客二十名；

船费——货每担二百元，客票每人六百元；

班次——每日早晨八时开，当日转回。

公记快班：

航线——震泽途经坛丘至盛泽；

载量——装货二十担，乘客十八人；

船费——货每担三百元，乘客每人五百元；

班次——每日一班，十时由盛泽抵达震泽，十一时由震泽返回盛泽。

沈家船福记：

航线——盛泽途经平望、八斥、吴江至苏州；

载量——装货二吨，乘客六人；

船费——货价依据重量质量而定，客票每人一千六百元；

班次——每日早晨七时开，三日来回一次。

此外，还有严墓至震泽航班、严墓至黎里航班、震泽至严墓航班、震泽至嘉兴航班、震泽至乌镇航班、吴江至同里航班、平望至盛泽航班、吴江至震泽航班、吴江至黎里航班等。[260]

从中不难看出，各市镇及四乡之间已经构成一个四通八达的交通网络，把源源不断的人流、物流与市场连成一体。刘大钧关于1930年代湖州航船业功能的论述，可以帮助我们举一反三："吴兴（引者按：即湖州）各大镇市如南浔、旧馆、织里、菱湖、袁家汇、双林、乌镇以及其他较大乡村，各有定班航船，直通附近各村。船系木制，一二人搬橹，可坐十余人……每日开行一二班不等，视航途远近而定。大约每晨由各乡村开船来镇，中午由镇返乡；每日均有定时，来往尚称便利……又当新丝新米上市之时，乡人卖出若干，船家例须按数量要索佣金。甚且多方要挟引诱，代为指定行家（引者按：指牙行），借以取得特别回扣。"[261]

显然，航船不仅为乡民销售产品提供了交通，而且还卷入了市场营销——代行家招徕生意，从中获得回扣。费孝通1930年代在吴江县震泽镇近旁的开弦弓村（即所谓江村）的实地调查也证实了这一点。费氏指出，航船的一个重要特点是作为生产者的代理人，"销售货物需要更多的技巧和有关市场知识，农民不一定具备，因此他们出售产品时需要依赖航船主。后者经常与城镇里的收购商品的行家保持联系。他了解各个行家的情况。……航船主还帮助生产者按照购买者的要求来包装蚕丝，以便使同样数量、质量的丝能卖到较高的价钱。生产者与航船主一起到收购人那里去，但收购人只认识航船主，他的账上有航船主的户头"[262]。

由于这种关系，盛泽镇的绸领投在船埠"争收机户绸匹"[263]，便不足为奇了。

以上对盛泽镇市场机制的分析，充分表明清末民初的江南市镇，市场经济的色彩愈来愈浓烈，由传统向近代的变革也愈来愈明显了。

注释

[1] 陈旉：《农书》卷下《种桑之法》。

[2] 乾隆《震泽县志》卷二十五《风俗·生业》。

[3] 乾隆《湖州府志》卷四十一《物产》引《双林志》。

[4] 徐献忠：《吴兴掌故集》卷十三《物资类·农桑》。

[5] 见张履祥辑补：《沈氏农书》；张履祥：《杨园先生全集》卷五十《补农书下》。

[6] 张履祥辑补：《沈氏农书》。

[7] 见张履祥辑补：《沈氏农书》；张履祥：《杨园先生全集·张履祥年谱》。

[8] 均见张履祥：《杨园先生全集》卷五十《补农书后》。

[9] 张履祥辑补：《沈氏农书》。

[10] 陈学文：《明清时期杭嘉湖市镇史研究》，群言出版社，1993年，第57～58页。

[11] 张履祥辑补：《沈氏农书·运地之法》。

[12] 陈恒力：《补农书校释》，农业出版社，1983年，第105页。

[13] 茅坤：《茅鹿门先生文集》卷六《与甥顾徽韦侍御书》；亦载乾隆《乌青镇志》卷十一《艺文》。茅坤原文曰："大略地之所出，每亩上者桑叶二千斤，岁所入五六金，次者千斤，最下者岁所入亦不下一二金。故上地之值每亩十金，而上中者七金，最下者犹三四金。圩田上者岁所入米二石以上，中者岁所入米一石五斗，下者仅数斗，被水之年则无粒矣。"

[14] 乾隆《吴江县志》卷四十《灾祥》。

[15] 乾隆《乌青镇志》卷十二《旧闻》："吾乡万历十六年荒甚……米愈不出，价日益高，到一两六钱才住。"

[16] 张履祥：《杨园先生全集》卷五十《补农书后》。

[17] 乾隆《吴江县志》卷三十八《风俗·生业》；乾隆《震泽县志》卷二十五《风

154

俗·生业》。

［18］乾隆《吴江县志》卷四十《灾祥》；道光《震泽镇志》卷二《物产》。

［19］参看足立启二：《明末清初的农业经营——〈沈氏农书〉的再评价》，《史林》
第66卷第1期（1978年）。表中数据有所改动，与足立启二不尽相同。

［20］关于长工工食银，根据《沈氏农书》："长年每一名工银五两，吃米五石五斗，
平价（银）五两五钱，盘费一两，农具三钱，柴酒一两二钱，通计十三两。"

［21］新编《盛泽镇志》，江苏古籍出版社，1991年，第451页。

［22］何石安、魏默深：《蚕桑合编》卷首，文柱《蚕桑合编序》，清同治十年富文楼
刻本。

［23］何石安、魏默深：《蚕桑合编》卷首，何石安自序。

［24］卫杰：《蚕桑萃编》卷二《种类》，清光绪二十六年浙江书局刻本。

［25］黄世本：《蚕桑简明辑说》（不分卷）"种桑说""治桑田四条"，清光绪十四年
重刊本。

［26］嘉庆《濮院琐志》卷八《文咏》。

［27］何石安、魏默深：《蚕桑合编》（不分卷）"饲蚕法""上簇法"。

［28］以上均见卫杰：《蚕桑萃编》卷三《蚕政·蚕室类》《蚕政·蚕饲类》《蚕
政·采叶类》。

［29］何石安、魏默深：《蚕桑合编》（不分卷）"缫丝法十二条"。

［30］卫杰：《蚕桑萃编》卷四《缫政·缫茧类》。

［31］同上书卷四《缫政·缫具类》。

［32］同上书卷五《纺政·纺络类、纺器类》。

［33］同上书卷五《纺政·水纺类》。

［34］同上书卷七《织政·机具类》。

［35］同上书卷七《织政·工艺类》。

［36］朱国祯：《涌幢小品》卷二《农蚕》。

［37］乾隆《湖州府志》卷三十七《蚕桑》；乾隆《乌青镇志》卷二《农桑》。

［38］万历《嘉兴府志》卷一《风俗》；民国《濮院志》卷六《风俗》。民国《濮院
志》还谈到，当地每逢三月初三这一天，乡民举行划船会，船上用松毛作棚，
有一人鸣锣鼓，椎髻簪花，扮作蚕妇妆，先翻叶仙诗，占卜叶价之高低；又
模仿养蚕缫丝等事，占卜蚕丝之丰歉。

［39］乾隆《湖州府志》卷四十《物产》引《东林山志》。

［40］同治《湖州府志》卷三《舆地略·蚕桑》引《西吴蚕略》。

［41］民国《乌青镇志》卷二十一《工商·桑叶业》。

［42］民国《濮院志》卷十四《农工商》。

［43］天启《吴兴备志》卷二十六《方物征》。董斯张《静啸斋存草》卷末附录《遐周先生言行略》写道：董斯张著有《广博物志》《吹景集》《吴兴艺文补》，辑《吴兴备志》未竟，崇祯元年（1628年）八月二十四日卒。

［44］咸丰《南浔镇志》卷二十一《农桑二》。

［45］同上。

［46］同上。

［47］光绪《长兴县志》卷八《蚕桑》。

［48］道光《震泽镇志》卷二《风俗》。

［49］咸丰《南浔镇志》卷二十一《农桑二》。

［50］康熙《乌青文献》卷三《农桑》。

［51］乾隆《乌青镇志》卷十二《旧闻》。

［52］康熙《石门县志》卷十二《外纪·丛谭》。

［53］洪武《苏州府志》卷十《商税》。

［54］正德《姑苏志》卷十八《乡都》。

［55］弘治《吴江县志》卷二《市镇》。

［56］嘉靖《吴江县志》卷一《疆域》。

［57］乾隆《震泽县志》卷四《疆土·镇市村》。

［58］道光《震泽镇志》卷二《风俗》。

［59］乾隆《震泽县志》卷四《疆土·物产》，卷二十五《风俗·生业》。

［60］同上书卷四《疆土·物产》；道光《震泽镇志》卷二《物产》。

［61］乾隆《震泽县志》卷二十五《风俗·生业》。

［62］道光《南浔镇志》卷首，凡例。

［63］咸丰《南浔镇志》卷六《古迹》引朱国祯《修东塘记》。

［64］同上书卷六《古迹》引范颖通《研北居琐录》。

［65］同上书卷二十四《物产》。

［66］民国《南浔镇志》卷三十一《农桑》；咸丰《南浔镇志》卷二十一《农桑》。

［67］民国《南浔镇志》卷三十一《农桑》。

［68］康熙《乌青文献》卷首，陈观《校正乌青志序》。

［69］同上书卷一《建置》。

［70］同上书卷二《门坊》，卷一《疆域》。按：四周的坊门，即南昌门（青镇之南门，通杭州）、澄江门（乌镇之北门，通苏州）、朝宗门（青镇之东门，通嘉兴）、通雪门（乌镇之西门，通湖州）。

［71］康熙《乌青文献》卷三《土产》。

［72］民国《乌青镇志》卷二十一《工商·丝业》。

［73］ 光绪《菱湖镇志》卷一《舆地略·疆域》引庞太元《菱湖志》。

［74］ 万历《湖州府志》卷三《物产》。

［75］ 天启《吴兴备志》卷二十九《琐征》。

［76］ 光绪《菱湖镇志》卷一《舆地略·物产》。

［77］ 正德《新市镇志》卷一《物产》；康熙《德清县志》卷二《市镇》。

［78］ 道光《石门县志》卷二《市镇》："玉溪镇，即古石门镇……俗亦称石门湾。"

［79］ 康熙《石门县志》卷一《纪疆·市镇》，卷七《纪文》引贺灿然《石门镇彰宪亭碑记》。

［80］ 光绪《唐栖志》卷一《图说》。

［81］ 同上书卷一《图说》，卷三《桥梁》引嘉靖十四年《塘栖镇通济桥碑记》。

［82］ 同上书卷十八《物产》。

［83］ 万历《杭州府志》卷三十四《市镇》；康熙《杭州府志》卷二《市镇》。

［84］ 顺治《临平记》卷一《事纪第一》："临平一镇也，僻在杭郡之东，地不满十里，户不满万人。"按：此书编者为沈谦，编撰于顺治元年（1644年）。

［85］ 光绪《临平记补遗》卷三《附记》。按：此书编者为张大昌，编撰于光绪初年，卷首有俞樾于光绪十年（1884年）所写序言。

［86］ 乾隆《盛湖志》卷下《古迹》；光绪《盛湖志》卷一《沿革》。按：这种关于"寅亥市"的记载，在经济发达的苏州府吴江县，是十分罕见的现象，在它的周边地区也几乎没有类似的记载，因此可以推定"寅亥市"可能是宋元时代的残存遗留。

［87］ 光绪《盛湖志》卷一《沿革》；康熙《吴江县志》卷一《市镇》。

［88］ 乾隆《吴江县志》卷四《镇市村》。

［89］ 康熙《吴江县志》卷十六《风俗》，卷十七《物产》；乾隆《吴江县志》卷五《物产》。

［90］ 乾隆《吴江县志》卷四《镇市村》。道光《黄溪志》卷一《疆土·沿革》："庆历中，尚书黄由筑别业于此，后子孙繁衍，以穆和溪之尾，遂名黄家溪。明以前村名，居民止数百家。国朝康熙中至二千余家，货物贸易颇盛，遂称为市云。"

［91］ 道光《黄溪志》卷一《疆土·风俗、土产》。所谓"绸领头"其实是一种捐客，是机户与牙行之间的中介，收购机户生产的绫绸，转手卖给牙行。黄溪市还有"丝领头"——"买丝者曰丝领头，亦有大小之称，其开设牙行待客售丝者，谓之大主人；牵机户来买者，谓之小主人。"

［92］ 嘉庆《濮川所闻记》卷一《总叙》。

［93］ 万历《秀水县志》卷一《舆地·市镇》。

［94］嘉庆《濮川所闻记》卷三《织作》。

［95］乾隆《濮镇纪闻》（不分卷）《总叙·风俗》。

［96］民国《濮院志》卷十四《农工商》。

［97］宣统《闻川志稿》卷首，自序（宣统辛亥）；万历《秀水县志》卷一《舆地志·市镇》。

［98］宣统《闻川志稿》卷五《食货志·农桑》。

［99］同上书卷一《地理志·沿革》。

［100］光绪《梅里志》卷一《山水》。

［101］同上书卷十六《碑刻》。

［102］同上书卷七《物产》。

［103］民国《梅里备志》卷二《物产》。

［104］民国《双林镇志》卷十八《户口》；同治《湖州府志》卷二十二《舆地略·村镇》。

［105］民国《双林镇志》卷十六《物产》："包头绢，妇女用为首饰，故名。惟本镇及近村乡人为之，通行于天下，闽之男子亦裹首。"

［106］同上书卷十二《碑碣》引张廉《重建化成桥碑铭》："……溪左右延袤数十里，俗皆织绢，于是四方之商贾咸集以贸易焉……明成化十一年正月张廉撰。"

［107］乾隆《湖州府志》卷四十一《物产》引《双林志》。

［108］民国《双林镇志》卷十六《物产》，卷十五《风俗》，卷十七《商业》。

［109］同治《修川小志》卷下《物产》。

［110］嘉庆《砑川续志》卷五《物产》，卷十九《丛谭》。该志说，紫微绸，"以丹井水缫茧，色微碧"，"名松阴色，享上价"。

［111］李日华：《味水轩日记》卷四，万历四十年五月二十四日条。

［112］嘉庆《濮院琐志》卷七《杂流》。按：杨树本《濮院琐志》有乾隆三十九年（1774年）序，刊刻于嘉庆十三年（1808年）。

［113］嘉庆《濮川所闻记》卷三《织作》。

［114］同上书卷三《织作》引沈廷瑞《东畲杂记》。

［115］民国《濮院志》卷十四《农工商》。按：民国以后，绸行生意衰退，不再在苏州、上海设立分行。

［116］嘉庆《濮院琐志》卷六《岁时》。杨树本在这段话后面写道："于是泉布盈肩，乡之人有烂醉街头矣。"

［117］民国《濮院志》卷十四《农工商》："镇上业丝者无不兼业绸，而业绸者虽不业丝，亦必购买新丝，以贷于机户，而收其绸，谓之拆丝。"

［118］同上。沈涛《幽湖百咏》："叶仙诗句今年好，毕竟丝车容易敲。"意为只要蚕

丝收成好，不愁桑叶欠款收不到。

［119］同上书卷十五《物产》，卷十四《农工商》。

［120］同上书卷十五《物产》："本地所出之米，恒不足供本地之食，故必赖客米接济。"

［121］民国《双林镇志》卷十五《风俗》。

［122］同上书卷十六《物产》。

［123］光绪《菱湖镇志》卷十一《舆地略·物产》。

［124］天启《吴兴备志》卷二十九《琐征》。

［125］咸丰《南浔镇志》卷二十一《农桑》引董蠡舟《卖丝诗》。又董恂《卖丝诗》有类似的诗句："初过小满梅正黄，市头丝肆咸开张。临衢高揭纸一幅，大书京广丝经行。区区浔地虽偏小，客船大贾来行商。乡人卖丝别粗细，广庄不合还京庄。"

［126］同上书卷二十四《物产》引潘尔夔《浔溪文献》；民国《南浔志》卷三十二《物产》。

［127］咸丰《南浔镇志》卷二十一《农桑》；民国《南浔志》卷三十一《农桑》。

［128］康熙《乌青文献》卷三《土产》。

［129］民国《乌青镇志》卷二十一《工商》。

［130］康熙《乌青文献》卷三《土产》："平时则有震泽、盛泽、双林等镇各处机户零买经纬自织。又有贸丝诣各镇卖于机户，谓之贩子。"

［131］民国《乌青镇志》卷二十二《土产》。

［132］冯梦龙：《醒世恒言》卷十八《施润泽滩阙遇友》。

［133］新编《吴江县志》，江苏科学技术出版社，1994年，第80～81页。

［134］乾隆《吴江县志》卷五《物产》。康熙《吴江县志》卷十七《物产》也有类似记载，但该志的编者误将盛泽镇写作震泽镇。按：震泽镇是吴江县的蚕丝集散中心，与绫绸集散中心盛泽镇遥相呼应，两者不可混为一谈。

［135］乾隆《盛湖志》卷下《风俗》。

［136］道光《黄溪志》卷一《疆土·风俗》。

［137］嘉庆《濮院琐志》卷七《杂流》。

［138］康熙《石门县志》卷十二《外纪·丛谭》。

［139］关于明清时期的牙行，可以参看山根幸夫：《明清华北定期市的研究》（东京汲古书院，1995年）第三章"明清时代华北市集的牙行"，见该书第55～76页。

［140］康熙《桐乡县志》卷一《市镇》。

［141］雍正《浙江通志》卷一百二《物产》。

［142］乾隆《吴江县志》卷三十八《风俗·生业》："明嘉靖中，绫绸价每两银八九分，丝每两（银）二分。我朝康熙中，绫绸价每两（银）一钱，丝价尚止三四分。"

［143］嘉庆《濮川所闻记》卷三《织作》。

［144］民国《南浔志》卷三十一《农桑》。

［145］乾隆《吴江县志》卷三十八《风俗·生业》："我朝康熙中，绫绸价每两（银）一钱，丝价尚止三四分。今绸价视康熙间增三之一，而丝价乃倍之。"由此可知，乾隆时丝价为银八分左右。

［146］民国《南浔志》卷四《河渠》引徐友珂《重浚三十六溇港议》。

［147］光绪《唐栖志》卷十八《风俗》。按：所谓"开典"，意为开设当铺；顿米，为经营米业；开车，为开丝车，经营作坊。

［148］关于会馆与公所，可以参看何炳棣：《中国会馆史论》，台湾学生书局，1966年；王日根：《乡土之链：明清会馆与社会变迁》，天津人民出版社，1996年。

［149］乾隆《吴江县志》卷五《物产》。

［150］同治《盛湖志》卷四《会馆》。并见《明清苏州工商业碑刻资料集》，江苏人民出版社，1981年，第356页。

［151］周德华：《盛泽的会馆和公所》，《吴江文史资料》第五辑。

［152］新编《盛泽镇志》，第284～285页。

［153］民国《南浔志》卷二《公署》。

［154］民国《双林镇志新补》（不分卷）《公所》；民国《双林镇志》卷八《公所》。

［155］同上。

［156］乾隆《吴江县志》卷三十八《风俗·生业》。

［157］乾隆《盛湖志》卷下《风俗》。按：手工织机有素机、花机两类，均用手"投梭"，称"射梭机"，又名"手射机"，是盛泽地区的第一代织机。素机即腰机，因织造时腰臀部用力而得名，用以织造平素织物。花机即花楼机，亦即明代之提花机、清代之攀花机。操作时由一小厮（即曳花儿）坐于花楼上，专司提花；另一名成年织工（即佣织）在地面操作织机，进行开口、投梭、打纬、卷取等工序，上下配合默契。参看新编《盛泽镇志》，第153页。

［158］沈云：《盛湖杂录》。

［159］新编《盛泽镇志》，第152页。

［160］道光《黄溪志》卷一《疆土·风俗》。

［161］康熙《长洲县志》卷三《风俗》。

［162］民国《濮院志》卷二《衢巷》：镇之北部"自大德桥北堍向西，蜡烛街口，又西经厘局前，又西向北为北大有街；经太平巷西口，至财神阁前，为北汇；

又北经定泉桥东埭，为北廊棚"。

[163] 嘉庆《濮川所闻记》卷二《地宇·坊巷》。

[164] 嘉庆《濮院琐志》卷一《机杼》，卷七《杂流》。

[165] 嘉庆《濮川所闻记》卷三《人物·织作》。

[166] 嘉庆《濮院琐志》卷七《杂流》。

[167] 以上均见上书卷一《机杼》。

[168] 乾隆《吴江县志》卷三十八《风俗·生业》；乾隆《震泽县志》卷二十五《生业》。

[169] 博克瑟（C. R. Boxer）：《16—17世纪澳门的宗教和贸易中转港之作用》，《中外关系史译丛》第五辑，上海译文出版社，1991年，第81～103页；大隅晶子：《十六、十七世纪的中日葡贸易》。

[170] 裴化行（Henri Pernard）：《明代闭关政策与西班牙天主教传教士》，《中外关系史译丛》第四辑，上海译文出版社，1988年，第260页。该文由沈毓元译自裴化行《中国群岛中之菲律宾群岛——对远东第一次精神征服的尝试，1571—1641年》。

[171] 参看李毓中：《"太平洋丝绸之路"研究的回顾与展望》，台湾《新史学》第十卷第二期（1999年）。

[172] 艾·巴·托马斯：《拉丁美洲史》（中译本），商务印书馆，1973年，第131～132页、191～199页、222页。

[173] 汪敬虞：《中国近代生丝的对外贸易和缫丝业中资本主义企业的产生》，《汪敬虞集》，第340～341页。

[174] 汪敬虞：《中国近代生丝的对外贸易和缫丝业中资本主义企业的产生》，《汪敬虞集》，第341～342页。

[175] 小约翰·威尔斯：《1688年的全球史》（中译本），海南出版社，2004年，第36～37页。

[176] 全汉昇：《明清间美洲白银的输入中国》，见氏著《中国经济史论丛》第一册，第435～446页。

[177] 全汉昇：《略论新航路发现后的海上丝绸之路》。

[178] 李侍尧：《奏请将本年洋商已买丝货准其出口折》。

[179] 李兆鹏折（乾隆二十四年），《史料旬刊》第十五期。

[180] 《大清会典事例》卷二百三十九，乾隆二十七年谕旨。

[181] 引自中山美绪：《清代前期江南的物价动向》，《东洋史研究》第37卷第4号。

[182] 民国《南浔志》卷二十一《人物》。

[183] 引自河鰭源治：《太平天国占领下南浔镇的湖丝贸易》，《东方学》第22辑。

［184］同上。

［185］引自秦惟人：《清末湖州的蚕丝业和生丝的输出》。

［186］民国《南浔志》卷三十一《农桑》。

［187］秦惟人：《清末湖州的蚕丝业和生丝的输出》。

［188］刘大钧：《吴兴农村经济》，第121页。

［189］秦惟人：《清末湖州的蚕丝业和生丝的输出》。

［190］其实，以辑里丝为品牌的湖丝的出口海外，并非开始于英国东印度公司，晚明时期葡萄牙人、西班牙人、荷兰人均已外销湖丝。本章前面已有论述。

［191］刘大钧：《吴兴农村经济》，第120～124页。

［192］同上书，第28～29页。

［193］建设委员会经济调查所统计课编：《中国经济志》"浙江省 吴兴 长兴"分册，杭州正则印书馆，1935年，第34～35页。

［194］周德华主编：《吴江丝绸志》，江苏古籍出版社，1992年，第29页。

［195］同上书，第33～48页。

［196］吴江县档案，案卷号8·1·1839。

［197］同治《盛湖志》卷三《风俗》。

［198］新编《盛泽镇志》附录二《诗文辑录·E.罗契的盛泽之行》，第575～576页。

［199］《经济半月刊》第二卷第八期《调查：盛泽之绸业》，见《吴江蚕丝业档案资料汇编》，第190页。

［200］《吴江县政》第一卷第一期（1934年7月），吴江县档案，案卷号8·1·2947。

［201］新编《盛泽镇志》，第185～186页。

［202］吴江县档案馆：《吴江县小城镇档案资料汇编·盛泽镇专辑（二）》，第384～388页。

［203］《吴江盛泽牙行一览表》，见吴江县档案馆：《吴江县小城镇档案资料汇编·盛泽镇专辑（二）》，第387页；《吴江盛泽商业一览表》，同上书，第371～373页。

［204］《盛泽镇绸业商业同业公会调查表》，吴江县档案，案卷号1·3·75。

［205］乾隆《盛湖志》卷下《风俗》。

［206］新编《盛泽镇志》，第186～187页。

［207］同上书，第191页。又，周德华主编《吴江丝绸志》也有类似观点（见该书第349页）。

［208］道光《黄溪志》卷一《疆土·风俗》。

［209］嘉庆《濮川所闻记》卷三《织作》。

［210］光绪《菱湖镇志》卷十一《舆地·物产》。

［211］咸丰《南浔镇志》卷二十一《农桑》。

［212］《吴江蚕丝业档案资料汇编》，第50～53页。

［213］同上书，第278页。

［214］民国实业部国际贸易局编：《中国实业志》江苏省第八编，上海，1933年，第210～211页。

［215］国民经济建设运动委员会江苏分会吴江支会训令中的附件：顾仲华《江南副业报告》，1937年5月10日，吴江县档案，案卷号8·1·1839。

［216］新编《盛泽镇志》，第190页。《新盛泽》报1923年7月16日"商业近况"称：南路丝每两0.65～0.70元，西路丝每两0.58～0.64元。见吴江县档案，案卷号8·10·5079。

［217］吴江县档案，案卷号8·10·5079。

［218］《吴江县政》第一卷第一期（1934年7月），吴江县档案，案卷号8·1·2947。

［219］吴江县档案，案卷号8·1·1839。

［220］赵如珩：《江苏省鉴》第六章"实业·工业"，第1365页。

［221］《新盛泽》报1923年7月16日，吴江县档案，案卷号8·1·2947。

［222］《吴江县政》第一卷第一期。

［223］周德华主编：《吴江丝绸志》，第411页。

［224］《吴江县政》第一卷第一期。

［225］民国实业部国际贸易局编：《中国实业志》江苏省第八编，第210～211页。

［226］《新盛泽》报1924年2月21日，见吴江县档案馆：《吴江县小城镇档案资料汇编·盛泽镇专辑（五）》，第1324页。

［227］吴江县档案，案卷号8·10·5079·75。

［228］新编《盛泽镇志》，第325页。该书指出：清末民初丝绸业向外拓展，绸行纷纷在上海、苏州设立分行，钱庄也在这些城市设立办事机构，或与当地同行建立"联行"关系，办理汇划业务。钱业利用时间差获利，因上海收到闽广商帮的货款，再汇至盛泽，通常需要二三天。

［229］张廷良：《江苏省农民银行吴江分行业务报告书》，吴江县档案，案卷号8·1·1802—43。

［230］新编《盛泽镇志》，第325页。

［231］同上书，第323～324页。

［232］吴江县档案，案卷号8·10·5079。

［233］周德华主编：《吴江丝绸志》，第412页。

［234］《吴江县政》第二、三期合刊（1935年7月），见《吴江丝绸业档案资料汇编》，第311～314页。

［235］吴江县档案，案卷号12·2·0204。

［236］《吴江盛泽牙行业一览表》（1946年8月），见吴江县档案馆：《吴江县小城镇档案资料汇编·盛泽镇专辑（二）》，第383～389页。

［237］据1953年4月统计，盛泽镇共有商店637家，包括99种行业，其中"夫妻老婆店"387家，其余250家共雇佣工694人。1952年陆续关闭263家，新开业103家。另有固定摊贩398家，流动摊贩600家。见新编《盛泽镇志》，第265页。

［238］徐鼎新：《旧上海工商会馆、公所同业公会的历史考察》，《上海研究论丛》第五辑，上海社会科学院出版社，1990年，第79～113页。

［239］《吴江县盛泽镇丝商业同业公会章程草案》（1946年5月26日），吴江县档案，案卷号1·3·69。

［240］《江苏省吴江县人民团体工作月报表》（1947年8月9日），吴江县档案，案卷号12·2·0204。

［241］吴江县档案，案卷号8·1·5079。

［242］吴江县档案，案卷号8·1·661。

［243］吴江县档案，案卷号8·10·5088。

［244］新编《盛泽镇志》第十五卷第一章"人物传"，第474～476页。

［245］《吴江县政》第一卷第一期（1934年7月），吴江县档案，案卷号8·1·2947。

［246］吴江县档案，案卷号1·3·69、8·1·1894。

［247］《新黎里》报1923年6月1日，吴江县档案，案卷号8·10·5088；新编《盛泽镇志》第十四卷第五章"姓氏宗族"，第450～451页。

［248］调查表原作46家，经过仔细核对，其中"三珊园"重复登录，故实为45家。

［249］北厍镇之"厍"，并非"库"，读作舍，是江南地区地名常用字。

［250］吴江县档案，案卷号8·1·145。

［251］户口数据，参看新编《吴江县志》第四卷"人口"，第150～151页。

［252］樊树志：《明清江南市镇探微》，复旦大学出版社，1990年，第279页。文中引用资料来自：道光《璜泾志》卷一《流习》；民国《嘉兴新志》上编，上海利国印刷所，1929年，第58～75页。

［253］新编《吴江县志》，第409页。此书关于服务业写道："民国三十五年（1946年）3月，全县有茶馆283家，茶桌3 860只，仅盛泽一地就有茶馆45家，其中9家始于清代，故该镇有'五步一楼，十步一阁'之说，最大的得意楼茶馆，茶桌80只，每天清晨，茶客满座高谈阔论，或讲新闻，或论行情，间有小曲卖唱。"

［254］朱云云整理：《盛泽丝绸的历史和现状》，《吴江文史资料》第五辑，第

104 ～ 114页。

[255] 刘大钧：《吴兴农村经济》，第133页。

[256] 吴江县档案，案卷号8·1·5079。

[257] 新编《盛泽镇志》，第180页。

[258] 光绪《罗店镇志》卷一《风俗》。

[259] 新编《盛泽镇志》，第363页。费孝通：《江村经济——中国农民的生活》（中译本，江苏人民出版社，1986年，第91页）也指出："茶馆在镇里。它聚集了从各村来的人。在茶馆里谈生意，商议婚姻大事，调解纠纷等等。"所谓调解纠纷云云，即吃讲茶。

[260]《吴江县航船申请登记事项表》（1946年4月），吴江县档案，案卷号17·M·商业。

[261] 刘大钧：《吴兴农村经济》，第132 ～ 133页。

[262] 费孝通：《江村经济——中国农民的生活》，第180 ～ 181页。

[263]《新盛泽》报1926年3月11日，吴江县档案，案卷号8·1·5079。

第二章

棉布业与江南市镇的成长

一 引言：棉花的引进与推广
——兼论黄道婆与乌泥泾镇

现在学术界一般认为，棉花最早种植于印度，以后由陆路与海路传入中国，然而长期停留于西北、西南少数民族地区，对中原地区并无影响。真正传入中原地区尤其是江南地区，并且对江南经济发生重大影响，则是在宋代以后。

最能说明问题的是《资治通鉴》胡注的两条史料。宋末元初浙江天台人胡三省在《通鉴》梁纪高祖武皇帝大同十一年（545年）条所作的注中写道："木绵江南多有之，以春二三月之晦下子种之，既生，须一月三薅其四旁……至秋，生黄花结实，及熟时其皮四裂，其中绽出如绵。土人以铁铤碾去其核，取如绵者，以竹为小弓，长尺四五寸许，牵弦以弹绵，令其匀细，卷为小筒，就车纺之，自然抽绪如缫丝状。不劳纫缉，织以为布。自闽广来者，尤为丽密。"[1]另一条是同书后晋高祖天福七年（942年）条的胡三省注："木绵，今南方多有焉。于春中作畦种之，至夏秋之交结实，至秋半，其实之外皮四裂，中涌出，白如绵。土人取而纺之，织以为布，细密厚暖，宜以御冬。"[2]这两条史料明白无误地指出，当时江南地区已经普遍种棉，并从事棉纺织业。

元代以降，这方面的记载日渐增多，反映了棉花种植的推广，成效十分明显。元朝司农司编纂的《农桑辑要》说："木棉亦西域所产，近岁以来，苎麻艺于河南，木棉种于陕右，滋茂繁盛，与本土无异。二方之民深荷其利，遂即已试之效，令所在种之。"[3]其后王祯《农书》也记载此事："（木棉）其种本南海诸国所产，后福建诸县皆有，近江东、陕右亦多种"；"夫木棉者产自南海，诸种艺制作之法，骎骎北来，江淮、川蜀既获其利，至南北混一之后，商贩于此，服被渐广，名曰吉贝，又曰棉布"。[4]可见从元初以来的几十年间，棉花在迅速推广，江东、江淮、陕右、川蜀均已大量种植，棉布作为商品的流传也渐次扩大。元世祖至元二十六年（1289年）设置了浙东、江东、江西、湖广、福建等木棉提举司，"责民岁输木棉十万匹，以都提举司总之"。[5]这表明当时不仅棉花种植已经普及，而且棉布已经作为赋税征收的对象。

问题似乎已经比较清楚了。然而专家们的深入研究，又引出了一些问题。1996年11月28日，美国威斯康星大学教授赵冈在复旦大学历史系所作学术报告《棉花传入中国的历史》中重新梳理了这些问题。赵冈回顾西方学者的研究，指出：旧世界棉即非洲草棉、亚洲木棉，集中于印度；分南、北两路传入中国：非洲棉——新疆、河西走廊；亚洲棉——缅甸、云南。但是都进不了中原地区，徘徊达一千年。引种的强大自然阻力是什么？棉花问题权威 J. B. 哈金森研究棉花在全世界的传播，唯独对中国不清楚。李约瑟的助手对此也不甚了了。南路棉更复杂，文献混淆，当地原有的纤维植物，与棉花不是一类（kapok），当地人称为"木棉""桐花树""攀枝花"。攀枝花高达四五丈，花艳丽，红色、金黄色，早春开花，其纤维不与籽连，且不卷曲、不吸水。国外用攀枝花纤维制作救生设备。这种纤维如果纺织，不坚固，不能上纺机，不能剪裁成衣服。此种"木棉"显然与我们认识的棉花截然不同。

赵冈继续指出，木本亚洲棉，早在公元220年传入云南哀牢地区，280年到达交趾，400年到达广西桂林，1000年还在广西徘徊，1100年到达海南岛，13世纪才传到江南。至于北路棉，13世纪才到达河西走廊，也是徘徊一千年。木本亚洲棉到达江南后，逐渐退化，由多年生改变为一年生，棉铃大，棉籽与棉花连接不紧，脱籽容易，而且容易选种，使之优化。于是，可以和丝抗争，并取代麻布。江南的优种又回到闽广，淘汰了劣种。现在新疆、陕西的棉花是从美国引进的改良棉，当年的非洲棉已淘汰殆尽，1940年代在陕甘一带还发现一些残余，当地人称为柴棉，只能做棉絮。明末有人在福建见到木本亚洲棉，也已成为野生植物。[6]

赵冈的一番宏论，让我们茅塞顿开，原来棉花的引进与推广是一个如此复杂的问题。这也难怪，棉花本身就很复杂。《辞海》关于"棉"的解释："植物名。学名 *Gossypium* spp.。亦称'棉花'。锦葵科。一年生亚灌木或多年生灌木。栽培棉有亚洲棉、草棉、陆地棉、海岛棉等种，常作一年生草本栽培，其中以陆地棉在中国栽培最广。"[7]那么传入中国江南的究竟是哪种棉花呢？赵冈认为是木本亚洲棉，以后由多年生退化为一年生。根据上海农学院的专家研究，江南引种的是"一年生亚洲棉"。他们认为，华南所种均系"多年生亚洲棉"，不适宜江南种植。宋末元初从东南亚经闽广传入"一年生亚洲棉"。上海纺织科学研究院的专家认为，根据王祯《农书》记载，江南有一年生灌木型木棉，乌泥泾镇一带引种的就是这种一年生木本草棉。这位专家指出，海南地区的木棉，与江南木棉不同。1979年冬，他到海南通什州实地考察，在五指山下的番茅乡黎族居地，看到了屋后或山坡种植的棉株。据说种下后要过三年才结棉桃，第五六七年时旺盛，此时结桃多，产量高，每年两次开花，两次结果，两次收花。丛生的每株年可收花四五斤至五六斤不等。因地处亚热带，无霜期，可留住宿根次年再开花结果，约10～12年更植换新株。在松江府乌泥泾种植的棉花与海南岛的黑核木棉有某种亲缘关系，至于它是否就是黄道婆自崖州带回的黑核型棉种，尚待考证。[8]

谈到棉花在江南的引进与推广，不能不提到乌泥泾镇与黄道婆。

历史的沧桑变幻，常给人们一连串遗憾，曾经风云一时的乌泥泾镇，后来居然消失得无影无踪，在今天最详细的上海地图上也无从寻觅。只有翻阅明代编纂的《上海县志》和《松江府志》，才会看到乌泥泾镇。

乌泥泾，元明时代上海县的一个古老的市镇，位于上海县城西南二十六里，属二十六保地界，其遗址在今华泾镇北、长桥镇南，龙华乡东湾村一带。乌泥泾镇得名于一条流向黄浦的河流——乌泥泾[9]，蜿蜒的黄浦，把上海县分隔成浦东与浦西，与黄浦相连的众多河道之一，就是乌泥泾。乌泥泾畔很早就形成一个聚落。从一个聚落发展成一个市镇，是漫长的过程。据清末秦荣光记述："宣和初，复设乌泥泾监官。"[10]所谓"监官"，即监镇官。北宋初年规定，在各镇设置监官。建隆三年（962年）

松郡雜記卷三　　　　　　　　　　　　板藏

嘉慶己卯春鐫

董宣陽松郡雜記

黃道婆祠

黃道婆上海龍華里人，從海南被虜，其制度頗精。土人感而祠之。近年復立黃道婆祠一所……

少士中武者不多耳

為勝科舉纜

明董宣阳《松郡杂记》中记载的黄道婆祠，已无"乌泥泾"的痕迹

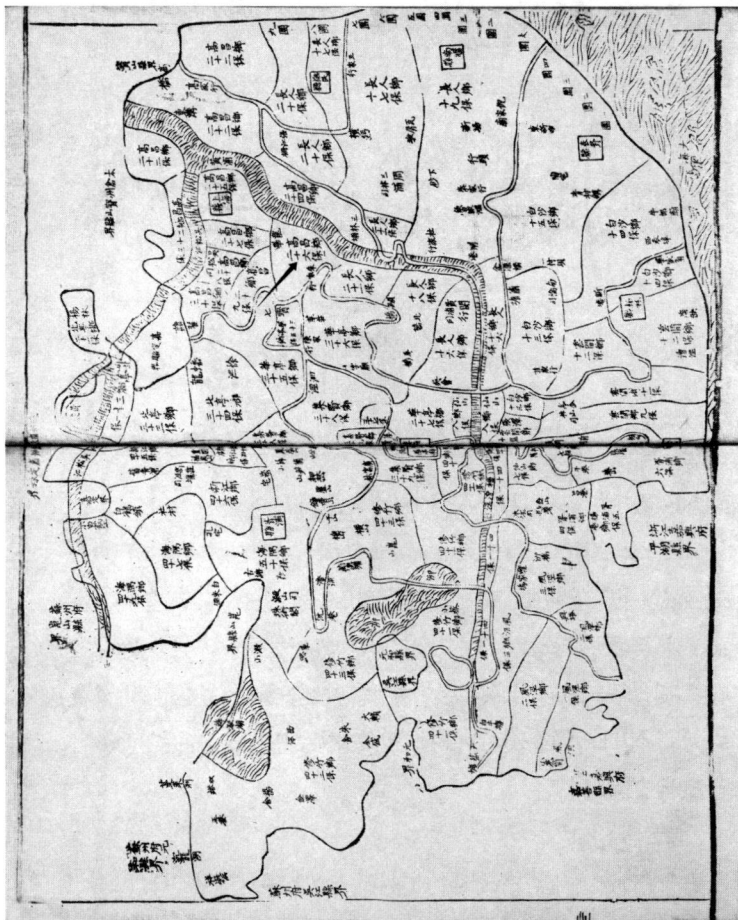

清嘉庆《松江府志》"乡保市镇图"中所绘的龙华高昌乡二十六保(箭头所示)

十二月癸巳的诏书，确认镇市是县市与草市之间的市场建置，并在镇市设置监镇官："诸监镇官，掌警逻盗及烟火之禁，兼征榷酤。"[11] 如果秦荣光确有所据，那么乌泥泾作为一个市镇的建置当不迟于宣和初年（1119年）。

南宋初，有个叫做张百五的人居住于此，在镇上建造豪华的庭院别墅，据说绍兴年间曾有皇帝御笔题词。有一首竹枝词咏叹这一轶事：

> 百五园林总辟畦，
> 听莺桥古跨乌泥。
> 绍兴年代于今远，
> 御笔还留永泰题。[12]

这个"富埒侯伯"的张百五建造了清和桥（俗称长桥），此桥经历八百年，直到1977年开凿淀浦河时才被拆除。张百五还出资开凿长渠，引黄浦水灌溉宁国寺西八千亩土地。相传此地曾发现一块古碑，碑文称这里为"宾贤里"。[13] 此说并非虚构，民国二十五年（1936年）上海通志馆人员在华泾访古，在西湾村附近发现镌刻有"宾贤桥"字样的石块以及桥石。据考证，宾贤桥位于今龙华乡东湾村西首中心河上。[14]

乌泥泾镇的兴旺发达，在于其地理及经济地位的重要性。元朝在上海县设立巡司，有杜浦、青龙、乌泥泾、邹城、新泾，乌泥泾居其中；在上海县所设太平仓，在乌泥泾镇上；另外还在此设立税课局。明初仍在此设税课局，负责征税事宜，据说当年税课局遗址在今龙华乡关港村东的黄浦边上。元明时代乌泥泾镇的规模是很大的，旧志称其"人民溢于他镇"，其四至大体在二十六保的二十八图、二十九图（宁国寺左右），以及二十一图、三十一图（华泾镇）一带。[15]据秦荣光说，此地有一条十里长街，与三林镇相接：

乌泥泾镇亘东西，
十里街长旧迹迷。
中被潮冲坍入浦，
但留一庙浦东堤。

对此，他作这样的解释："（乌泥）泾本宋时巨镇，街接三林，被浦冲断，镇遂残废。今三林（镇）西北，尚存乌泥泾一庙可证。"[16]此说是有案可查的，原先三林镇并不在浦东，而在浦西，由于黄浦改道，才变成今天这个样子。民国《上海县志》称："乌泥泾庙，在三林乡，本在乌泥泾镇，明万历毁于倭，迁浦滨，清康熙，又厄于潮，地甲孙明海遂迁庙于此。"[17]两说虽有一些出入，却可以互相印证。

然而大自然对乌泥泾镇并不特别慷慨，那里土地贫瘠，要养活日渐增多的人口不容易。于是乡民另谋生路，根据土质特点，从闽广一带引进棉花种子，广为栽培，因而乌泥泾畔便成了松江府境内最早栽种棉花的地区。陶宗仪《南村辍耕录》说："闽广多种木绵，纺绩为布，名曰吉贝。松江府东去五十里许，曰乌泥泾，其地土硗瘠，民食不给，因谋树艺，以资生业，遂觅种于彼。"[18]褚华《木棉谱》也说："（上海）邑产棉花自海峤来，初于邑之乌泥泾种之，今遍地皆是。"[19]正德《松江府志》所说大体相同："木棉，宋时乡人始传其种于乌泥泾，今沿海高乡多植之。"[20]如果把松江府看作"衣被天下"的棉纺织业中心，那么乌泥泾镇就是这个中心的策源地。乌泥泾镇在松江棉纺织业的重要地位于此可见一斑。

这一切又是和黄道婆的名字紧密相连的。

棉花的引种虽然早于黄道婆之前，但任何一种作物的引种，必须产生明显的经济效益，才具有生命力。黄道婆之前的乌泥泾人的纺纱织布技术相当原始。黄道婆从海南岛的崖州回归故里，带回了当地黎族先进的纺纱织布技术，教农家妇女"做造捍、弹、纺、织之具，至于错纱、配色、综线、挈花，各有其法"[21]。这具体的成果，便如黄逢所称道：黄道婆"躬纺木棉花，织崖州被以自给。教他姓妇，不少倦。未几，被更乌泾，名天下，仰食者千余家"[22]。所谓"崖州被"，就是海南岛崖州生产的一种特色花布，黄道婆教乌泥泾乡民织造这种特色花布。一时间，乌泥泾镇生产的被褥带帨以其品质精良、花色艳丽而成为远近闻名的畅销品。这个先前贫困之乡很快走上了家给人足之途。

乌泥泾镇引种棉花、从事棉纺织业所取得的意想不到的成功，很快影响到附近地区。后人追忆这一推广过程，留下了片断的记载，例如郑光祖说，黄道婆"以广中治木棉之法，教当地轧弹纺织，久之，三百里内外悉司其事"[23]，明白无误地指出棉花种植与棉纺织业由乌泥泾镇向三百里内外的传播幅度。吴伟业则进一步指出棉花种植与棉纺织业由松江府向嘉定县、太仓州的传播，这位明末清初的太仓人在为《木棉吟》所写的序言中说："（棉花）自上海练川以延及吾州（引者按：指太仓），冈身高仰，合于土宜。"[24]从中大体可以窥知棉花由乌泥泾镇推广至上海县、松江府全境，再传入嘉定、太仓、苏州一带的轨迹。从《苏州府志》中依稀可以窥见一二。其一称："（棉花）元至正间（1341—1367年）始传此种"；其二称："吾邑（引者按：指常熟县）海乡之种木棉，实始于元，其种由松江传来"。[25]这就明白指出，苏州府各县种植棉花开始于元代，其种子是由松江府传来的。这些零星的记载，与乾嘉考据学大师赵翼的研究结论不谋而合，赵翼说："合诸说观之，盖其（棉花）种本来自外番，先传于粤，继及于闽，元初始至江南，而江南又始于松江耳。"[26]赵翼的考证结论无疑是正确的，不过需要补充一句："而松江府又始于乌泥泾耳。"

乌泥泾镇生产的棉布，除了崖州被，见诸文献的还有番布。《松江府志》在"番布"条下注明："出乌泥泾。"可以推定，这是黄道婆把海南黎族棉纺织技术传到本地后，对新市棉布的一种称呼。《松江府志》还指出："其后，三纱布滋为象眼、绫纹、云朵、膝襕、胸背等样，盖出于此。"[27]它的意思是说，此后松江布众多棉布品种，都是由"番布"演化出来的。松江人钦善在《松问》中谈及松江的一些名牌棉布，诸如蒲汇塘的紫花布、泖湾的飞花布、龙华的药斑布、七宝和金山的九寸兼丝布等，此外还有一种名为"乌泥象眼布"，即产自乌泥泾的象眼布。[28]大抵也显示从乌泥泾番布演化为三纱布，又从三纱布演化为象眼布的过程。

从乌泥泾镇起步的棉花种植与棉纺织业，导致松江府及其周边地区农业经济与农家经营发生了革命性的变化。一方面，棉花种植超过了传统的稻米种植，即学者们所说的棉作压倒稻作。据吴伟业《木棉吟序》的记述："上海、嘉定、太仓境，俱三分宜稻，七分宜木棉。"[29]这种"棉七稻三"的格局，就是棉作压倒稻作的明证。嘉定一带甚至达到了"棉九稻一"，乃至专种棉花不种水稻。[30]这毫无疑问是本地区农业发展史上值得大书特书的革命性变化。另一方面，棉花的种植以及对棉花的深加工——

纺纱、织布，为农家带来了巨大的经济效益，其经济收入日益超过粮食作物，成为农家的主要经济来源。当地人所说"田家输官偿息外"，"其衣食全赖此"[31]，也就是农家的支出及维持生计，完全依赖棉花种植与棉纺织业。这种"以织助耕"，不同于传统小农经济的"男耕女织"，它已被商品经济所渗透，与市场发生密切关系，而且成为农家的主业。无怪乎美国加利福尼亚大学教授黄宗智要把这种变革称为"棉花革命"[32]。

二　农家棉作经营及其商品化趋势

1. 棉纺织技术的革新与农村棉纺织业的兴旺

根据陶宗仪的记载，松江地区原先没有踏车、椎弓等为棉花脱去棉籽、弹松纤维的工具，是黄道婆教乡民仿造海南崖州的捍、弹、纺、织等工具，才生产出精美无比的棉布。所谓捍、弹、纺、织之具，究竟是什么样子？从王祯《农书》大体可以知道。以下就是该书的描述：

捍的工具即搅车，用来轧花去籽。王祯写道："木棉初采，曝之；阴或焙干，用此以治出其核。昔用碾轴，今用搅车尤便。夫搅车，用四木作框，上立二小柱，高约尺五，上以方木管之。立柱各通一轴，轴端俱作掉拐，轴末柱窍不透。两人掉轴，一人喂上棉英，两轴相轧，则子落于内，棉出于外。"

弹的工具即椎弓（即弹弓），用来弹松纤维。王祯写道："以竹为之，长可四尺许，上一截颇长而弯，下一截稍短而劲。控以绳弦，用弹棉英，如弹毡毛法。务使结者开，实者虚，假其功用，非弓不可。"

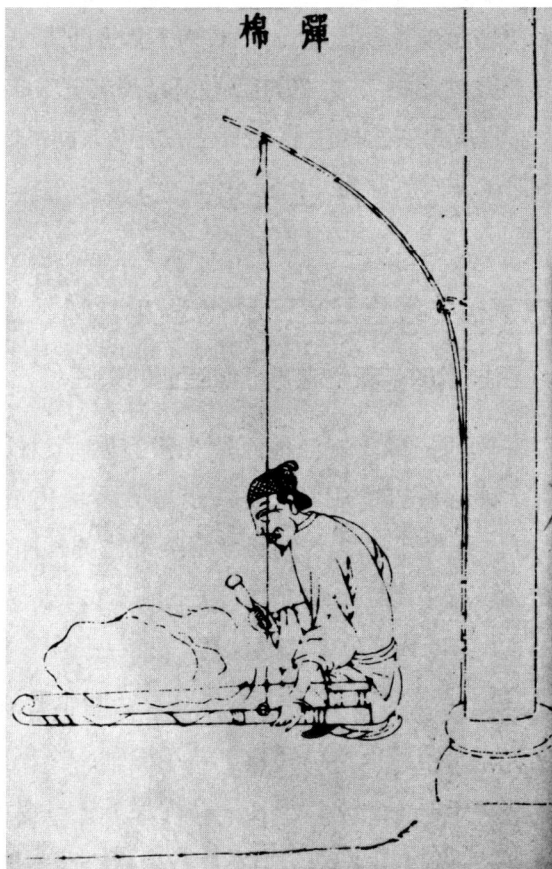

古法弹棉

纺的工具即纺车，用来将棉条纺成棉纱。王祯写道："其制比麻苎纺车颇小，先轮动弦转，筸繀随之，纺人左手握其棉筒，不过二三，续于筸繀，牵引渐长，右手均搃，俱成紧缕，就绕繀上，欲作线织，置车于左，再将两繀线合纺，可为棉线。"

织的工具即织机，用来将棉纱织成棉布。沿用织麻布的投梭布机，由杠（经线轴）、杼、卷布轴等部件构成。大体有平纹织机与提花织机两种。

除此之外，还有一些辅助设施。例如，卷筳——先将棉毛条置于几上，卷在用竹做成的筳上，成为棉筒。纺纱时，随手抽筳，每筒牵纺，易为匀细。拨车——其形制颇似麻苎幡车，但用竹制成，方圆不等，极为轻便。先将纺讫棉繀，放入糨糊盆内上浆，稍干，然后将棉繀头缕拨于车上，便成为棉纴。纴床——其形制如座椅，但下控一纴四股，纴轴之末置一掉枝，上椅竖列八繀，下引棉丝，转动掉枝，分络纴上。有诗曰："八繀棉丝络一纴，巧凭座椅作纴床。"线架——木制方座，长阔一尺有余，卧列四繀，座上凿置独柱，用竹篾均列四弯，内引下座四繀，纺于车上，即成棉线。[33]

随着棉纺织业的兴旺，加工棉、纱的器械也在不断改进，例如搅车，王祯《农书》中是三人使用的；到了明末的徐光启《农政全书》中，已改为一人使用。当时的松江搅车号称以一人当三人，而句容地区的搅车号称以一人当四人，太仓地区的搅车号称以二人当八人。[34]据纺织专家赵文榜研究，王祯《农书》中的搅车，按现代人理解，就是手工轧棉机，是一台四木框、落地式手摇搅车，需两人分别在左右用手摇动滚轴，另一人喂入籽棉。徐光启《农政全书》中的搅车，已改进为四足式，有脚踏机构和

縷紡

古法纺缕

手摇机构，是手摇脚踏式，故可以一人操作。赵文榜认为，徐光启《农政全书》中的搅车就是黄道婆创制的搅车（踏车）。至于纺车，黄道婆创制的纺车是一种脚踏式三锭纺车，轻巧省力，功效倍增。[35]

棉纺织技术的不断完善，促进了棉纺织业的发展，进而带动了棉花种植的推广。明代前期，松江府冈身以东地带已普遍种植棉花，并从事棉纺织业。洪武三年（1370年）明太祖朱元璋在批复户部关于"请浙西四府秋粮内收布三十万匹"的奏疏时，指出："松江乃产布之地，止令一府输纳。"[36]连皇帝都知道松江是有名的产布之地，可见松江府当时棉纺织业的发达已非同一般。随着棉纺织业的兴旺，棉花种植愈加普及——"沿海高乡多植之"[37]。棉花种植在这里的迅猛发展，与地理条件关系至为密切。一方面由于近海易淹，远海难于灌溉，种植水稻比较困难；另一方面冈身以东沙壤土粗而松，且地势略微高仰，适宜种棉。嘉靖时松江府华亭县人徐献忠说，松江沙冈、竹冈一带，"其土瘠薄，多白沙，闻诸长老言，往时耕犁少及，地生菰荸，望之荒田野草"[38]。这种土地不宜种稻，却宜种棉。上海县人徐夔（号苍梧）作《棉花词》，其中有云：

白棉生高冈，皎皎白如霜。

小株二尺短，大株五尺长。[39]

从松江府各县至苏州府属嘉定、太仓、常熟等地，都是"三分宜稻，七分宜木棉"[40]。明初上海县人顾彧《竹枝词》写道：

平川多种木棉花，

织布人家罢绩麻。

昨日官租科正急，

　　街头多卖木棉沙。[41]

这便反映了上海周边地区农家植棉纺纱的盛况。

　　明中叶以降，棉花种植逐渐由冈身以东向冈身以西推移，由松江府向西、向南推移，种植棉花、从事棉纺织业的地区不断扩大：

　　昆山一带，"多种木棉，土人专业纺织"，最为奇特的是男子从事纺织——"至于麻缕机织之事，则男子素习焉，妇人或不如也"，布类产品有：棉布、苎布、麻布、黄草布、药斑布。[42]

　　嘉定一带，"棉花通邑栽之，以资纺织"，"邑之民业，首借棉布，纺织之勤，比户相属，家之租庸、服食、器用、交际、养生、送死之费，胥从此出"，生产的紫花（紫色棉花）以及斜纹布、药斑布、棋花布、诸暨布等都很有名。[43]

　　海盐县一带，"地产木棉花甚少，而纺之为纱，织之为布者，家户习为恒业"[44]。

　　平湖县一带，"枲多于桑，布浮于帛"，县北三十里新带地区"饶鱼米花布之属"，县东北二十七里灵溪地区"产细布，人争市之"。[45]

2. 农家经营的商品化、市场化

　　棉花种植以及与此相关的纺纱、织布的经济收入愈来愈占据主要地位。所谓"田家收获，输官偿息外"，"其衣食全赖此"[46]，就是指纺纱、织布。嘉靖时期松江人徐献忠在《布赋序》中说："邑人以布缕为业，农氓之困借以稍济……乡村纺织尤尚精敏，农暇之时，所出布匹以万计，以织助耕。"[47]关键在于农家的种棉、纺纱、织布是与市场紧密接轨的。

首先，农家所种棉花并非用于自己消费，而是作为商品抛入市场，因而棉花集市遍布于各个市镇。每当秋季棉花上市之际，牙行商人收购棉农出售的棉花转销给外来客商，棉花集市十分兴隆。嘉定县新泾镇就是一个棉花交易中心，号称"棉花管履所集"[48]。《嘉定县志》对此有详细的记载，它指出："嘉土沙瘠，宜木棉，不宜禾（引者按：指水稻），而禾与木棉必相间种植，一年种稻，方可三年种棉。"[49]又指出："棉花通邑栽之，以资纺织。有金底者，每斤收衣（引者按："衣"即"花衣"，当地称皮棉为"花衣"）六七两。亦有紫棉者，名紫花，四月下种，八月成熟，茎弱如蔓，高者四五尺，叶有尖如枫叶，花如葵而小，间作红紫色。"这就是远近闻名的紫色棉花，用来织布，不必染色，即成为有名的"紫花布"。附近农家"春作悉以栽（棉）花为本业"，"（棉）花才入筐，即为远贾所贩"，"民之公私皆赖焉"。[50]也就是说，这一带农家以棉作为本业（主业），经济开支完全仰赖于棉花。

太仓鹤王市也是一个声名远扬的棉花交易中心。鹤王市的地方志《增修鹤市志略》写道："每岁木棉有秋，市廛阗溢"，远商挟带巨额资金来此采购，因而"市之沃饶甲于境内"。[51]此地农家多以栽种棉花为业，所产棉花色泽、纤维均佳——"闽广人贩归其乡，必题'鹤王市棉花'"，声誉卓著，商贩络绎不绝，"每年航海来市，无虑数十万金"。[52]一季的成交额即达白银几十万两，可见当地棉花的商品量是十分巨大的。

介于华亭、青浦两县之间的七宝镇，也是棉花的集散地，四乡农家所种棉花，"以供纺织，且资远贩，公私赖之"[53]。

很明显，这些地区的农家经营已经卷入商品经济的漩涡之中。棉花这种农产品，农家或者作为自产商品出售，或者从市镇购入作为纺纱的原料，都与市场发生紧密的关系，更不必说商贾的大批贩运了。棉花作为商品进入市场，其价格随各种因素的作用而波动，起伏幅度相当大。《阅世编》记载的松江府上海县的棉花价格资料，就具体表明了这点，请看：

> 吾邑地产木棉，行于浙西诸郡。纺绩成布，衣被天下。而民间赋税，公私之费，亦赖以济。故种植之广，与粳稻等。秋收之后，予幼闻木棉百斤一担，值银一两六七钱。崇祯初，渐至四五两。甲申（引者按：崇祯十七年，即1644年）以后，因南北间阻，布商不行，棉花百斤一担不过值钱二千文，准银五六钱而已。顺治三、四年（1646、1647年）后，布渐行，（棉）花亦渐长。六年己丑，（棉）花价每百斤值银三两四五钱。七年九月，（棉）花价五两百斤。八年三月，九两一担。是时，三四年间递有升降，相去亦不甚悬绝。至十四年丁酉，每担价止二两五钱。十六年闰三月，长至四两五钱。十八年辛丑冬，价至二两。康熙元年（1662年）正月，增至三两。七月以后，犹二两百斤也。九月秋，价止一两七八钱，长至二两五钱。十月，（棉）花价三两有奇。十月终，每担价银四两。十年辛亥十一月，（棉）花价每担值钱三千三百，准银亦不下三两。十三年，上上（棉）

花每担不过一两九钱。十六年丁巳夏，长至二两六七钱，上者直至三两，积年陈花为之一空，富商之获利者甚众。十八年己未秋成，棉花百斤价银止一两五六钱。次年夏，长至三两。二十年辛酉夏，价银三两五六钱。二十一年夏五月，上白者每百斤价银四两一钱。二十三年秋成，上白好花每百斤价银一两三四钱。[54]

上述棉花价格的变动趋势可以由下表比较清晰地显示出来：

1621—1684年松江府上海县棉花价格统计

年　　份	棉花每担价银（两）	年　　份	棉花每担价银（两）
1621—1627年	1.6～1.7	1662年10月	1.7～2.5
1628年	4.0～5.0	1662年11月	3.0～4.0
1644—1645年	0.5～0.6	1670年	3.0～4.0
1649年	3.5～3.6	1671年	3.0
1650年	5.0	1674年	1.9
1651年	9.0	1677年	2.6～3.0
1657年	2.5	1679年	1.5～1.6
1659年	4.5	1680年	3.0
1661年	2.0	1681年	3.5～3.6
1662年2月	3.0	1682年	4.1
1662年8月	2.0	1684年	1.3～1.4

资料来源　叶梦珠：《阅世编》卷七《食货四》。

在明末清初社会激烈变动的五六十年中，由于政局变动、战争动乱以及年成的好坏等因素的影响，棉花价格波动幅度很大，极端最高价每担价银九两，极端最低价每担价银五钱至六钱，通常价每担三四两，较低价每担一二两。棉农经济收益受到市场的影响之大，由此可见一斑。

其次，农家纺纱、织布的商品化、市场化，常见的一种经营方式是，农家"纺木棉为纱者，市钱，不自织"[55]。金山卫一带如此，嘉善县以及松江府其他一些地区也是如此。农家不但把自己生产的棉花纺成纱出售，而且还从市镇上买回棉花加工成棉纱出售。当时人这样描写这种已经商品化的家庭手工业："纺织不止村落，虽城中亦然。里妪晨抱纱入市，易木棉以归，明旦复抱纱以出，无顷刻闲。织者率日成一匹。有通宵不寐者。田家收获，输官偿息外，未卒岁，室庐已空，其衣食全赖此。"[56]出产棉花甚少的海盐县也是如此，《海盐县图经》这样描述这种经营方式：

> 地产木棉花甚少，而纺之为纱，织之为布者，家户习为恒业，不止乡落，虽城中亦然。往往商贾从旁郡贩棉花列肆吾土，小民以纺织所成，或纱或布，侵晨入市，易绵花以归，仍治而纺织之。明旦复持以易，无顷刻闲。纺者日可得纱四五两，织者日成布一匹。燃脂夜作，男妇或通宵不寐。[57]

再次，许多农家不仅纺纱，而且织布，是一种常见的经营方式，农家男妇通宵达旦，每日可以织布一匹。崇祯《松江府志》在写到当地的棉纺织业时，有这样的句子："机杼轧轧，有通宵不寐者。"并且引用张世美的《织布词》加以映衬：

> 寸纱尺缕自纺绩，
> 车经架刷趁风日。
> 朝来喜得上机轴，

家人不厌当窗织。

当窗织，急生计，

口食相关殆非细。

泖上有田岁不熟，

日资一匹聊接济。[58]

这就是松江人徐献忠所说"邑人以布缕为业，农氓之困借以稍济"。

松江的棉纺织业在这种背景下兴旺发达，正德《松江府志》有一段极为经典的话语，颇为脍炙人口，成为学者们引用率极高的文献。请看："俗务纺织，他技不多。而精线绫、三梭布、漆纱方巾、剪绒毯，皆为天下第一。……前志云：百工众技与苏杭等。要之，吾乡所出，皆出于实用，如绫布二物，衣被天下，虽苏杭不及也。"[59]值得注意的是，诸如精线绫、三梭布、尤墩布、飞花布、稀布、标布等，大多是农家织机上生产出来的，也就是说，农家的商品化手工业为全国市场提供了名噪一时的棉布精品，连苏州、杭州都无法与之比肩。

宣德年间（1426—1435年）巡抚侍郎周忱向朝廷奏请，江南农村以布折税，一匹布准二石米。此种布两端织红纱为标记，称为"红纱官布"。以后折数锐减（即一匹布折米的数额减少），民间自然马虎，布的质地日益纸薄。其后有"三纱布"，又称"三梭布"，幅宽三尺余，质地紧密。成化年间松江人把它送给京城达官贵人，流闻禁廷。朝廷下令有关机构仿造，织造赭黄、大红、真紫等色，龙凤、斗牛、麒麟等纹。由于官手工业机构衙门作风，并缘为奸，中饱私囊，一匹布的成本高达白银一百两，高于市场价数十倍，不得不于弘治初年（1488年）宣告停罢。又有云布，成化年间（1465—1487年）湘阴人宋端担任华亭知县，向他的老师华容黎付郎赠送松江云布一匹作为上等礼品，可见云布身价不菲。所谓云布，据松江文献说，是以蚕丝为经、棉纱为纬织成，故又称"丝布"，云布是它的俗称。其精品美如花绒，花纹如织锦，素者极为淡雅。以后粗制滥造，改为"抹绒布"。

此外还有：捺布——促线为之，犹如苏州机坊的捺绸。紫花布——以紫色棉花纺织而成，不加染工。大红布——以花子红作为染料，鲜明倍于绫罗。丁娘子布——又称飞花布，纱极细而精轻，光洁如银，幅阔二尺。民间相传，丁娘子是明代松江有名的织布能手，家住华亭县东门外。她不仅善于织布，而且擅长弹棉，她弹棉技术熟练，花皆飞起，用来织布，极为轻软。故而丁娘子布又称飞花布。明代松江贡布，以丁娘子布为首选，大多供宫廷制作衬衣，轻软保暖。其后，各地妇女竞相仿制，嘉定外冈镇、钱门塘市都以丁娘子布（飞花布）而闻名。[60]药斑布——如同今日所谓蓝印花布，当时俗称浇花布，制作方法颇为独特："其法以皮纸积背如板，以布幅广狭为度，镂花样于其上，将染，以板覆布，用豆面等调和如糊，刷之候干，入靛缸染成，色暴去，药斑纹烂然。"[61]以规格大小而言，又有小布（幅密而狭，又称扣布），稀布（幅阔纱粗，质地疏松），以及放阔布、新改布、标寸布之类。[62]

关于松江农家生产的棉布，商品化程度非常之高，既可以折纳赋税，又可以上市销售。顾清说："吾乡（松江）折税布，曰阔白三梭者，准米二石，纳价银七钱，俗谓之细布；阔白棉布者，准米一石，纳价银三钱以上至四钱，俗谓之粗布。"[63]叶梦珠说："标布，出于三林塘者为最精，周浦次之，邑城最下，俱走秦、晋、京、边诸路，每匹约值银一钱五六分"；"其较标布稍狭而长者，曰中机，走湖广、江西、两广诸路，价与标布等"；入清后，"（标布）俱改为中机，故松人谓之新改布"；"更有最狭短者，曰小布，阔不过尺余，长不过十六尺，单行于江西之饶州等处，每匹在前值银止六七分"。[64]《华亭县乡土志》如此写道："棉花制布，本境如车墩之飞花布，叶榭之箆布，卫城之稀布，皆昔时著名者也。箆布，广九寸，长二丈；稀布，广一尺二寸，长二丈二尺。本境所制二种居多……棉布销售向以辽沈为大宗，南至浙闽，北至苏常等府，由上海销售者十之八，内地运销者十之二。"[65]

3. 棉业经营与棉业市场一瞥

乾隆时代上海县诸生褚华（字秋萼，号文洲），"生平留意经济、名物、海隅轶事"[66]，对于松江上海一带农家棉业经营有仔细的观察与详尽的记载，从中可以看到此种经营的全过程。

植棉——"邑产棉花自海峤来，初于邑之乌泥泾种之，今遍地皆是。农家赖其利，与稻麦等……今棉花有白有紫，自濒海所种，转贩至邑中者曰沙花，邑产曰杜花"；"凡高昂田可棉可稻者，种棉二年，翻稻一年，即草根溃烂，土气肥厚，虫螟不生"。

卖花——秋收后，棉花牙行收购棉花，一派热闹景象："晨挂一秤于门，俟买卖者交集于户外，乃为之别其美恶而贸易焉。少者以篮盛之，多者以蒲包，一包如盘，两包如合。"上海县城的小东门外（引者按：即今十六铺码头一带）形成一个跨地域的棉花市场，吸引福建、广东商人前来贩卖。"闽粤人于二三月载糖霜（引者按：即白砂糖）来卖，秋则不买布而止买花衣（引者按：上海农村称皮棉为花衣）以归。楼船千百，皆装布曩累累。盖彼中自能纺织也。每晨至午，小东门外为市，乡农负担求售者，肩相摩袂相接焉。至被褥衣裤所用棉絮，皆取黄晦不中经纬者，土人捣羊肠如弦弹之，价不甚贵。"

轧花——"搅车今谓之轧车，以木为之，形如三足几，坐则高与胸齐……有柄在车之左，以右手运其机……有轮在车之右，以左足运其机。向内皆用木楔笼紧，中留尺许地取花，塞两轴之隙，而手足胥用，则子自落，无子之花自外出。"

纺纱——常见的多为手摇纺车："以一手摇轮，一手拽棉条而成一缕，小儿女用以消夜伴织而已。"农家有的纺成经纬用于织布，也有的只纺纱出卖，"夜以继日，得斤许即可糊口"。

浆纱——棉纱必须上浆后才可以上机织布，故有浆纱的工序。浆必细白好面调制，所浆之纱最贵，称为"刷纱"。如果棉纱整绞入浆水而不刷，称为"浆纱"，质地稍差。还有一种上浆棉纱，"卷之成饼，列肆卖之，名布经团"。上海一带的棉纱大量远销外地，"吾邑以百里所产，常供数省之用"。

织布——"凡布密而狭者为小布，松江谓之扣布；疏而阔长者为稀布，产邑中；极细者为飞花布，即丁娘子布，产邑之三林塘；纹侧理者为斜纹（布），纹方胜者为整纹（布），纹棱起者为高丽（布），皆邑产，他处亦间有之。"

染布——"染工有蓝坊，染天青、淡青、月下白；红坊，染大红、露桃红；漂坊，染黄糙为白；杂色坊，染黄、绿、黑、紫、古铜、水墨、血牙、驼绒、虾青、佛面金等。其以灰粉渗胶矾，涂作花样，随意染何色，而后刮去灰粉，则白章烘然，名刮印花。或以木版刻作花卉、人物、禽兽，以布蒙版而矸处，华采如绘，名刷印花。"

踹布——"有踹布坊，下置磨光石板，为承取五色布，卷木轴上下，压大石为凹字形者，重可千斤，一人踏其两端，往来施运之，则布质紧薄而有光。"

卖布——乡人卖布于牙行，牙行转售于布商。褚华的六世祖开设牙行，招徕布商。他说："明季，从六世祖赠长史公，精于陶猗之术，秦晋布商皆住于家，门下客常数十人，为之设肆收买，俟其将成行李时，始估银与布，捆载而去。其利甚厚，以故富甲一邑。至国初（引者按：指清初）犹然。近商人乃自募会计之徒，出银米采择，而邑之所利者，惟房屋租息而已。然郡人或有自搜罗至他处觅售者，谓之水客。或有零星购得而转售于他人者，谓之袱头小经纪。"[67]

道光年间上海人张春华的记载，反映了晚清时期的棉业经济与市场状况。他指出，农家种棉花，"一亩之入有百斤为满担，倍者为双担；双担是年之极丰者，不恒有"。农家又纺纱织布，"机声朗逐漏声过"。关于织布，他写道："机式大象与绸缎机同，而布机较省便，布幅亦较狭。织布者女工，日可得布一匹，亦有极一日半夜之力而得两匹者，然亦仅见。织之时，以紫色拈经纱之边为捏目，谓织数有眼目也。交竹梗处为页，每六页为匹。"布行不仅坐庄收购，而且还出庄收购——"布肆列城市，售取每不便，于郭外静处觅屋半间，天未明遣人于此收售，为出庄"；布的品种很多，"有小布、稀布，小布以十九尺为率，稀布亦不过廿三尺。布之精者为尖，有龙华尖、七宝尖名目，龙华、七宝皆吾邑镇名……其行远者为标布，关陕及山左诸省设局于邑广收之，为坐庄"。[68]

出版于光绪元年（1875年）的《瀛壖杂志》，记载了王韬耳闻目睹晚清上海社会各个方面的实情，被誉为缩本上海地方志。其中提及棉纺织业，他写道："沪人生计在木棉，贩输远及数省，今则且至泰西各国矣。在沪业农者，罕见种稻。自散种以及成布，男播女织，其辛勤倍于禾稼，而利亦赢。"[69]

苏州府的嘉定、常熟、太仓、昆山一带情况大体相似，农家生产的药斑布、棋花布、斜纹布、兼丝布等，"商贾贩鬻，近自杭、歙、清、济，远至蓟、辽、山、陕"[70]，所以有"苏布名重四方"之誉。嘉定县钱门塘一带乡村，所产丁娘子布，"纱细工良，明时有徽商僦居里中，收买出贩。自是，外冈各镇多仿之，遂俱称钱门塘布"。外冈镇也因此而兴盛，万历时"四方巨贾富驵，贸花布者，皆集于此，遂称雄镇"[71]。嘉定县诸翟一带，"乡民多恃布为生，往时各省布商，先发银于庄（引者按：指布庄，即布行），而徐收其布，故布价贵。贫民竭一日之力，赡八口而有余"[72]。

苏松地区发达的棉纺织业与各地市场发生密切联系，市镇上牙侩所开设的花行、布行，成为乡农与客商的中介，"四乡木棉布悉来贸易于此"，"商贾辏集，贸易花布"。[73]农家经营就这样卷入了市场经济之中，这种商品化程度较高的经营方式，对于农民而言，究竟是好事还是坏事呢？答案当然是肯定的，农家的经济收益有了明显的增加，成为经济收入的主要来源，地方志中反复提到："（农家）衣食全赖此"，"邑之民业，首借棉布"，"躬耕之家，织布以易银，易银以输赋"[74]，已经反映了这一点。

棉作的收益高于稻作似乎是毫无疑义的，王韬就对种植棉花与水稻作过对比，结论是："辛勤倍于禾稼，而利亦赢。"[75]那意思是说，种棉花比种水稻辛苦，但获利超过水稻。这可以进一步得到论证。松江地区，一般而言，每亩耕地可收棉花一担（一百斤），用于种稻一般可以收米二石（三百斤）。[76]根据叶梦珠《阅世编》卷七《食货五》所提供的价格资料，可将两者的收益加以比较：以康熙中期物价平稳的年份为准，米每石价银八钱，棉花每担价银三两，二石米的价银是一两六钱。由此可知，种棉花的收益是种水稻的将近一倍。这就是当地棉花种植迅速推广的深层经济原因。何况水稻除了作为口粮就是出售，而棉花还可以纺纱、织布，从深加工中获取更多的收益。

农村妇女如果专门从事纺纱，扣除原料、成本，所获得的差价，即劳动报酬，可以养活自己。褚华在谈到纺纱时说："夜以继日，得斤许即可糊口。"[77]正德《松江府志》说："里妪晨抱纱入市，易木棉以归，明旦复抱纱以出，无顷刻闲。"[78]可以由此获得索解。农家如果自己织布，收益就更可观了。顾清《旁秋亭杂记》说，以布纳税，细布一匹准米二石（相当于银七钱），粗布一匹准米一石（相当于银三钱至四钱）。按照这种比价，一匹细布相当于一亩水稻田的收获，一匹粗布相当于半亩水稻田的收获，即使扣除原料、成本，其收益依然相当可观。

这可以用另一种计算方法加以证实。康熙中期，一匹标布的价银二钱，农家妇女每日可以织布一匹，以"棉三斤织布一匹"，扣除原料成本银九分（以一百斤棉价银三两计），净余银一钱一分。当然这必须以自家女童纺纱、浆纱为支撑。这就意味着，如果一名妇女和她的女童以半个月时间织成十五匹布，其收益可以相当于一亩水稻田一熟的收益（二石米即一两六钱银子）。以每天织布一匹收入一钱一分银子的标准，也明显高于当时农村短工每天的工资收入。清初一般农村短工，"日给工食银五分"[79]。即使以农家织布妇女及其女童两人计，其收益一钱一分银子，依然高于两个短工的工食银。

这无疑是农家经营商品化、市场化所带来的新现象，也是这一地区棉作压倒稻作，家庭手工业收入超过农业收入的根本原因。

因为这个缘故，湖州府、嘉兴府一带蚕桑区，虽然不产棉花，或者很少生产棉花，但是农家多热衷于棉纺织业。通常的经营方式是，农家从市镇上买回棉花加工成棉纱、棉布出售，赚取加工劳动的报酬。万历时代湖州人朱国祯《涌幢小品》对湖州、嘉兴一带农家从牙行商人处买回棉花，纺纱织布后再卖给牙行商人的情况有所描述。湖州南浔镇四乡的情况最为典型。当地农家以养蚕缲丝为业，空闲时也兼营棉纺织业："椎车、蹋弓、纺线、织机，率家有之。村民至市买棉归诸妇，妇女日业于此。妇女篝灯相从，夜亦作。一月得四十五日工。计日成匹，旋以易棉，蚩蚩续来不已。"[80]市镇上的行商收购苏松等地的棉花，囤积在店中，四乡农家织成布匹后，前来与行商交易，行商"较其中幅，以时（价）估之"，"棉与布交易而退"。行商再把这些棉布转售给南浔镇以西百余里的山地村民。[81]嘉兴府海盐县也有类似情况："地产木棉花甚少，而纺之为纱，织之为布者，家户习为恒业……往往商贾从旁郡贩棉花列肆吾土，小民以纺织所成，或纱或布，侵晨入市，易棉花以归，仍治而纺织之。明旦复持以易，无顷刻闲。"[82]

196

常州府无锡县的情况与上述地区颇为类似，乾隆时代无锡人黄印（字尧咨）说："常郡五邑，惟吾邑不种草棉，而棉之利独盛于吾邑，为他邑莫及。"[83]也就是说，无锡县虽然不种植棉花，却大量生产棉布，号称"布码头"，即棉布的集散地。黄印详细描述了无锡农家的这种商品化程度很高的经营方式：

> 乡民食于田者，惟冬三月。及还租已毕，则以所余米舂白，而置于困，归典库以易质衣。春月则阖户纺织，以布易米而食，家无余粒也。及五月，田事迫，则又取冬衣易所质米归，俗谓"种田饭米"。及秋，稍有雨泽，则机杼声又遍村落，抱布贸米以食矣。故吾邑虽遇凶年，苟他处棉花成熟，则乡民大致不困。[84]

农家所织棉布又分三种，以三丈为一匹者，称为"长头"；以二丈为一匹者，称为"短头"；以二丈四尺为一匹者，称为"放长"。前两种（即长头、短头）农家"皆以换花"——向商人换回棉花，继续纺织；后一种（即放长）农家"以易米及钱"——卖给商人，换回米、钱。这些布匹由市镇上的布行收购后，再出售给各地来的客商，由客商"捆载而贸于淮、扬、高、宝等处"。由于"机杼声遍村落"，棉布产量极大，市镇上"一岁所交易不下数十百万"，无怪乎徽州商人要说："汉口为船马头，镇江为银马头，无锡为布马头。"黄印评论道："言虽鄙俗，当不妄也。"无锡县所辖怀仁乡、宅仁乡、胶山乡、上福乡等地，农家"不分男女，舍织布纺花，别无他务，故此数乡出布最夥，亦最佳"。市镇上牙侩开设的花布行，收布换花，"不数年即可致富"。原因何在？无锡棉布在总体上无法与松江棉布相抗衡，没有松江棉布那么精细，就在经久耐用上下功夫。黄印说："盖邑布轻细不如松江，而坚致耐久则过之，故通行最广"；"成于邑人之手而行于四方者，棉布最广，次则席，次则砖瓦"。[85]

长江三角洲的棉布业市镇，正是在这种经济基础上蓬勃发展起来的。

三 棉布业市镇的分布状况及其特色

棉布业市镇在长江三角洲市镇网络中，具有举足轻重的地位，与丝绸业市镇遥相呼应，构成本地区经济腾飞的双翼。它们是沟通棉纺织个体生产者、手工业作坊、棉花棉纱棉布牙行、外来客商，以及各地市场的联系渠道与商品交易中心。这些市镇主要集中于松江府、苏州府及其周边地区。

从明代中叶起，它们就以引人注目的姿态，和各地市场联成一体，源源不断地把本地区的优质产品输送到全国各地乃至海外，无愧于"衣被天下"的称号。正德《松江府志》说："俗务纺织，他技不多，二精线绫、三梭布、漆纱方巾、剪绒毯，皆天下第一……要之，吾乡所出，皆切于实用，如绫布二物，衣被天下，虽苏杭不及也。"[86]"绫布二物，衣被天下"——这八个字极为简练生动地概括了松江棉布业市镇及其所提供的棉布，在全国市场上所具有的特殊地位。正德《姑苏志》说："木棉布，诸县皆有之，而嘉定、常熟为盛。"[87]嘉定县所产棉布在苏州府首屈一指，吸引各地商人前来，号称"商贾贩鬻，近自杭、歙、清、济，远至蓟、辽、山、陕"[88]。

能够形成"衣被天下"的局面，除了本地区棉布品质特别优良之外，还仰赖于市场完善、交通便捷的市镇网络。据学者们估计，明代后期至清代中期，江南棉布年产量达几千万匹[89]，其中大部分输出到各地市场，如果没有棉布业市镇网络的成熟运行，那简直是不可想象的。

这些市镇主要集中于苏松一带。

松江府有：朱泾镇（原属华亭县，后划归金山县），枫泾镇（原属华亭县，后划归娄县，与嘉兴府嘉善县合辖），乌泥泾镇（上海县），莘庄镇（华亭县），七宝镇（原属华亭县，后划归娄县，与青浦县合辖），龙华镇（上海县），法华镇（上海县），三林塘镇（上海县），塘桥镇（上海县），诸翟镇（上海县），朱家角镇（青浦县），金泽镇（青浦县），盘龙镇、黄渡镇（青浦县与嘉定县合辖），庄家行镇（奉贤县），金家行镇（南汇县），周浦镇（南汇县）。

苏州府有：南翔镇（嘉定县），娄塘镇（嘉定县），新泾镇（嘉定县），罗店镇（原属嘉定县，后划归宝山县），月浦镇（原属嘉定县，后划归宝山县），外冈镇（嘉定县），真如镇（嘉定县），江湾镇（原属嘉定县，后划归宝山县），安亭镇（嘉定县与昆山县合辖），纪王庙镇（嘉定县），葛隆镇（嘉定县），马陆镇（嘉定县），大场镇（原属嘉定县，后划归宝山县），章练塘镇（原属吴江县，后划归青浦县），周庄镇（原属长洲县，后划归昆山县），璜泾镇（原属常熟县，后划归太仓州），鹤王市（原属昆山县，后划归太仓州）。

这些市镇可以统称为棉布业市镇，但由于地理、经济条件的差异，它们又有所区别、分工，大致上可分为以棉花交易为特色的市镇，以棉布交易为特色的市镇，棉布业兼营棉布加工业的市镇。

1. 棉花业市镇

以经营棉花交易为特色的市镇，首推新泾镇、鹤王市。

新泾镇——在嘉定县治东三里，因新泾这条河流而得名，又名澄桥镇，东西一里。虽然不大，却是附近有名的棉花集散中心，"为棉花管履所集，顷年更盛"[90]。每当棉花上市的季节，镇上牙行纷纷忙于收购四乡农家出售的棉花，呈现一派繁忙景象：

> 市中交易，未晓而集。每岁棉花入市，牙行多聚。少年以羽为翼，携灯栏接，乡民莫知所适。抢攘之间，甚至亡失货物。[91]

鹤王市——鹤王市与半泾市均为义官王俊所创，在太仓州治东北二十四里。原属昆山县，弘治十年（1497年）划归太仓州。民国《鹤市续志》说："鹤王市居全县中心，东滨大江，西达邑城，南控浏河，北抵沙溪，以形势言，实为水陆缩毂之要冲。……乾嘉之际，人文蔚起，科第相望，循吏名儒辈出。"[92]此地属于沙质土壤，适于棉花生长，所产棉花品质优良，当时人说："鹤市棉花，比之他乡柔韧而加白，每朵有朱砂斑一点，离市十数里即无。"[93]《增修鹤市志略》的编者按写道："棉自元世至近邑，崖州黄婆教弹捍弹纺织之法，而种以繁。邑高阜全恃植此。昔人所种出西番，衣被天下者也。"[94]因此鹤王市棉花成为优质棉花的代名词，各地商人都闻名前来采购，《增修鹤市志

200

略》说：

> 志称，杨林塘岸土沙埴得宜，闽广人贩归其乡，必题曰"鹤王市棉花"。每秋航海来市，无虑数十万金。（卷下《物产》）

> 近市土厚田肥，为阖邑冠，故其民殷富，其俗淳厚。每岁木棉有秋，市廛阗溢，远商挟重资，自杨林湖径达，而市之沃饶甲于境内矣。（卷上《原始》）

乾隆《镇洋县志》也说："闽广人贩归其乡者，市题必曰'太仓鹤王市棉花'。每秋航海来贾于市，无虑数十万金，为邑首产。"鹤王市经营棉花生意的牙行称为"净花行"，开设净花行的牙侩因生意兴隆而发财起家者不可胜数。[95]

等而下之，七宝镇、月浦镇、真如镇、外冈镇等也是重要的棉花交易中心。

七宝镇——原属华亭县，万历元年（1573年）析置青浦县后，其北划归青浦县，其南仍归华亭县，顺治十三年（1656年）析置娄县后，划归娄。据《蒲溪小志》记载，七宝镇四乡的耕地大半种植棉花，是一个棉花产区："东南田土瘠薄，列在荒区，又为旱地。大熟所种，花居大半，豆次之，种稻者十不得一。"所谓"花居大半"，就是棉花种植占据大半，其次是豆类，水稻仅占不到十分之一，这种格局注定了七宝镇的主要物产非棉花莫属："棉花，吾乡种此者十居六七。种有早、晚，色有紫、白，吾乡所种皆白色。以供纺织，且资远贩，公私赖之。"[96]所谓"以供纺织，且资远贩"云云，是说当地所产棉花，除了供本地人纺纱织布以外，还大批远销外地，七宝镇就成为一个棉花集散地。

月浦镇——在嘉定县治东三十六里，后划归宝山县，镇区东西一里，南北半里，其四乡东西十六里，南北十二里，东至海滨五里。沿海沙质土壤，适宜种植棉花。所以《月浦志》记载其物产："棉花，有紫、白二种，月浦以此为大宗。"也就是说，棉花是月浦镇的大宗外销物产，其中"紫花"尤为著名，列为物产中的首位，其次才是棉布。张朝桂《木棉花谣》写道："我乡沙土不宜稻，稻宜下湿花宜高。……竭力挑花上街卖，心头挖肉供老饕。春来下种秋来熟，夏耘烈日背为焦。"[97]是对当地盛产棉花的写照。陈钧《月溪棹歌》则反映了当地棉花外销的兴旺景象：

> 千家村里人喧闹，
> 八月棉花满客航。
> 傍岸人家半是楼，
> 机声轧轧五更头。
> 年来布价高于帛，
> 肯令金梭休更休。[98]

真如镇——在嘉定县治东南五十里，以真如寺而得名，后划归宝山县，位于宝山县治西南四十二里。真如镇四乡是棉作区，所产棉花量多质优，"色有紫白，种有早晚，以供纺织，且资远贩，公私赖之"；而水稻等粮食作物，则由于"土燥工繁，里鲜播种"。[99]四乡农家勤于纺织，清初就以"出棉布"而著称。[100]当地生产的棉花一部分供本地纺织，其余部分则外销，即所谓"且资远贩"。

外冈镇——在嘉定县治西十二里，地处冈身[101]，地势高亢，盛产棉花。自明中叶至清中叶，外冈四乡农家以棉作经营为主体。清中叶以后，由于米价日趋昂贵，农家"始多种稻"，于是由先前专种棉花改变为"花稻参半"。[102] 即使这样，外冈镇仍有大量棉花外销，棉花交易十分兴旺，每当棉花上市时，"牙侩持灯而往，悬于荒郊要路，乘晦交易"[103]。

这些地区的棉花交易已经成为一项重要产业。嘉庆、道光间上海人杨光辅《淞南乐府》描述棉花交易的情况："天未明，棉花上市，花行各以竹竿挑灯招之，曰'收花灯'。"他有诗曰：

> 淞南好，耕织不辞劳。
> 刷布经车沿街走，
> 收花灯竹插檐高，
> 辛苦利如毛。[104]

乾隆时人褚华《木棉谱》谈到上海的棉花交易时指出：

> （棉花）邑产者，另有行户，晨挂一秤于门，俟买卖者交集户外，乃为之别其美恶而交易焉。少者以篮盛之，多者以蒲包。

这里所说的花行、行户，就是经营棉花交易的牙行，农家必须将棉花卖给牙行，然后由牙行转售给外来客商。其贸易额是非常巨大的，"闽粤人于二三月载糖霜来卖，秋则不买布，而止买花衣（引者按：当地人称皮棉为花衣）以归。楼船千百，皆装布囊累累"。[105] 从"楼船千百，皆装布囊累累"可知，闽粤商人运走的棉花数量是相当可观的。巨额的棉花交易，是苏松地区棉花产地经济繁荣的一个重要因素。正如明末清初太仓人吴伟业所说：

"隆、万中，闽商大至，（太仓）州赖以饶。"[106]这种状况一直持续到清中叶。

2. 棉布业市镇

苏松一带经济繁荣、规模宏大、商贾云集的市镇，大多以经营各式棉布为专业，其中最引人注目的有：朱泾镇、枫泾镇、七宝镇、朱家角镇、法华镇、真如镇、月浦镇、盘龙镇、南翔镇、罗店镇、安亭镇、外冈镇、钱门塘市、周庄镇等。

朱泾镇——原属华亭县，顺治十三年（1656年）析置娄县后，划归娄县，雍正二年（1724年）析置金山县后，划归金山县，乾隆二十五年（1760年）成为金山县县治。朱泾镇四乡盛产棉花，又精于纺织，所产标布质地精细，优于远近闻名的尤墩布。清人赵慎徽有诗描绘朱泾镇棉布业的兴旺：

> 万家烟火似都城，
> 元室曾经置大盈。
> 估客往来多满载，
> 至今人号小临清。

诗中的朱泾镇一派万家灯火的城市繁华景象，原因就在于它的商业繁荣，有如运河沿线的商业城市临清，商业繁荣的支柱就是棉布交易。赵慎徽自己为诗所作的注释如此写道："明季多标行，有小临清之目。"[107]所谓标行，即从事标布贸易的牙行；所谓估客，即各地前来购买标布的客商。这些估客并非等闲之辈，个个携带巨额资金，来此购买棉布。正如叶梦珠记载的那样："前朝标布盛行，富商巨贾操重资而来市者，白银动以数万计，多或数十万两，少亦以万计，以故牙行奉布商如王侯。"[108] 由于生意兴隆，朱泾镇号称"小临清"。这种比喻并不算夸张，它是有事实根据的，请看顾公燮《消夏闲记摘抄》对它的描绘："前明数百家布号，皆在松江枫泾、朱泾乐业，而染坊、商贾悉从之。"[109] 所谓布号，即经营棉布贸易的布行，朱泾、枫泾两镇有布行数百家之多，镇上的棉布交易之规模巨大，由此可见一斑，而且这些布行财大气粗，还兼营染坊、踹坊，加工棉布，营业额与盈利都相当可观。朱泾镇因而成为一个富庶的工商业中心，"商舶鳞集，群倡杂处其间"[110]。

枫泾镇——介于松江、嘉兴两府之间，北半部属于华亭县（后划归娄县），南半部属于嘉善县。四乡农家多植棉且精于纺织。正如顾公燮《消夏闲记摘抄》所说，镇上从事棉布交易的布号鳞次栉比，数以百计，还有众多的染坊、踹坊，俨然一个棉布贸易、加工中心。《枫泾小志》说："康熙初，里中多布局，局中多雇染匠、砑匠，皆江宁人，往来成群。"[111] 可见当时棉布加工业的盛况。此地出产的棉布有大布、小布两种，"用一尺箱者为小布，用二尺箱者为大布；小布以二丈二尺为匹，大布则以四丈为匹"[112]。四乡农家收获棉花后，先碾核（去籽），以车纺纱，或出售给镇上纱庄，或自织棉布，借以为业。[113] 因此镇上纱庄、布号生意兴隆，沈蓉城《枫泾竹枝词》写道：

> 贸易隆盛百货全，
> 包家桥口集人烟。
> 男携白布来中市，
> 女挈黄花向务前。[114]

这种盛况从明代后期一直持续到晚清，康熙时人称，枫泾镇"物阜民殷，巨贾辐辏，称邑都会"[115]。光绪时人称，枫泾镇"市廛辐辏，烟户繁盛，农工商各安其业……虽区宇只此一隅，而灵秀钟聚，不逊通都大邑，又地为水陆所凑，商贾骈集，田野沃饶，民务勤俭，户号殷富，数百年来未之变也"[116]。

七宝镇——既是一个棉花业市镇，也是一个棉布业市镇，《蒲溪小志》说："俗务纺织，清晨抱布入市，易花米以归，来旦复抱布出。织者率日成一匹，其精敏者日可二匹。田家收获输官偿租外，未卒岁而室已空，其衣食全赖此以出。"又说："布之属，有标、扣、稀三种。比户织作，昼夜不辍，乡镇皆为之。暮成布匹，晨易钱米，以资日用。"[117]七宝镇四乡农家生产标布、扣布、稀布三种，扣布又名小布，密而狭，稀布疏而阔，七宝稀布阔一尺二寸，长二丈三尺，当时人说："龙华稀、七宝稀最驰名"，"布之精者为尖，有龙华尖、七宝尖名目"。[118]

朱家角镇——在青浦县治西十二里。明代万历年间已号称"商贾辏聚，贸易花布，为今巨镇"[119]，是松江府中与朱泾镇、枫泾镇并驾齐驱的标布贸易中心。崇祯《松江府志》说："朱家角镇，商贾辐辏，贸易花布，京省标客往来不绝，今为巨镇。"[120]所谓标客，就是从全国各地前来购买标布的客商，朱家角镇上从京都以及各省前来的标客往来不绝，说明它的棉布交易十分繁荣。《珠里小志》说："东市明记场，茶场酒肆，为京洛标客居停之所。"[121]朱家角镇的物产，除了农产品（如稻米）之外，首推棉布，"布有刷经、拍浆二种。刷浆缜密，拍浆细软，市价相若。又有大号、小号，小号门面阔八寸三分，长十八尺；大号门面阔九寸五分，长十九尺。本色布，南翔、苏州两处庄客收买；青蓝布，估客贩至崇明、南北二沙。又有杜织希（稀布），门面阔一尺三四寸不等，每匹长至二十二尺，乡人多自服。朱检讨彝尊（按：检讨为朱彝尊职衔）所谓'裁作轻衫春更宜'是也"[122]。其商业繁华的程度，超过了朱泾与枫泾，因此当时人说"两泾不及珠街阁"[123]。

南翔镇——在嘉定县治南二十四里。四乡农家精于纺纱织布，所产棉布有浆纱、刷线二种。南翔镇专产刷线布，又名扣布，"光洁而厚，制衣被耐久，远方珍之。布商各字号俱在镇，鉴择尤精，故里中所织甲于一邑"[124]。镇上的布商字号，大多由徽州商人经营，他们收购各色棉布，贩运于江淮、临清间。[125]棉布交易的营业额在嘉定一县中遥遥领先，故当时人说："布商莫甚于南翔，娄塘、纪王镇次之"；"布商南翔镇较娄塘、纪王镇为盛"。[126]其经济实力仅次于罗店镇，有"金罗店""银南翔"之称。

罗店镇——在嘉定县治东十八里，雍正三年（1725年）析嘉定县东境为宝山县，罗店镇划归宝山县，在县治西三十里。罗店四乡盛产优质棉花，"有金底者，每斤收花衣六七两"；另产紫棉，俗称紫花，结实大如桃，中有白棉。[127]棉花是农家主要作物，也是主要经济来源，当地人说："罗店四乡，土产稻三棉七，农民生计惟赖木棉。"[128]农家妇女勤于纺织，"种田之暇惟以纱为布"，"妇女昼夜纺织，公私诸费皆赖之"。[129]所产之布有套布、泗泾布、紫花布、斜纹布、棋花布等[130]。镇上经营棉花、棉布的花行与布行林立，成为经济支柱。罗店镇的繁荣一直持续到清末，光绪《宝山县志》说："（罗店镇）出棉花纱布，徽商丛集，贸易甚盛。"[131]民国《宝山县续志》说："罗店市镇最巨，为全邑冠。……其地东贯练祁，输运灵便，百货骈集，故虽处腹里，而贸易繁盛，综计大小店铺六七百家。……市街凡东西三里，南北二里，以亭前街、塘西街最为热闹，次则塘东街、横街等。乡民上市，每日三次。物产以棉花、棉布为大宗。"[132]

安亭镇——在嘉定县治西南二十四里，半属嘉定县，半属昆山县，因此南北有二市，俗以北市为"大安亭"，南市为"小安亭"。当地"土田高仰，物产瘠薄，不宜五谷，多种木棉"[133]。四乡以盛产药斑布、棋花布而著名。所谓药斑布，即以药（涂料）涂布染青，干即拂去，青色与白色相间成纹，有楼台、花鸟、山水、人物等图案。所谓棋花布，即以青色纱与白色纱缕间相织，花样如棋枰。此外还生产浆布、黄布、线毯、被囊、高丽布等。[134]

外冈镇——既是棉花业市镇，也是棉布业市镇。万历以来，外冈布闻名遐迩，成为徽商争购的佳品。崇祯《外冈志》说："神宗初年，民渐稠密，俗称繁庶。四方之巨贾富驵，贸易花布者，皆集于此，遂称雄镇焉。"又说："惟外冈布因徽商侨居钱鸣塘（引者按：应为钱门塘）收买，遂名钱鸣塘布。"[135]其中紫花布尤佳，比其他布价贵一倍。入清以后，外冈布名声更有过之，浆纱布、飞花布堪称绝品，"纱必匀细，工必精良，价逾常布"。布商众口一词："外冈之布，名曰冈尖，以染浅色，鲜妍可爱，他处不及……故苏郡布商在镇开庄收买。"[136]

娄塘镇——在嘉定县治北十二里。四乡农家"习花布以营生"，"比户缉纺缲之具，连村机轧之声。浆纱（布）行于本境，刷线（布）达于京师"。所产斜纹布特别有名，号称"女红之巧制"，"经直纬错，织成水纹胜子，望之如绒"，"土人筐而饷客，莫不诧异绝伦"。此外，药斑布，"青白文稠，花鸟人物，错采纠缪，虽非佳品，辄得贵酬"。[137] 因此，娄塘镇虽然僻处一隅，商业特别是棉布贸易却十分发达。康熙二十四年（1685年）立于镇上的一块碑记如此写道："窃本邑娄塘一镇，虽系弹丸，而所产木棉布匹，倍于他镇。所以客商鳞集，号为花布码头。往来贸易，岁必万余；装载船只，动以百计。"[138]

钱门塘市——在嘉定县治西南二十里。以水道钱门塘得名。宋代钱门塘水深港阔，"居民鳞比，商贾辏集"，故成为镇；元明时代水道淤浅，商贾渐稀，遂由镇变为市，至清代中叶，钱门塘市仅为先前钱门塘镇西北之一隅之地。[139] 钱门塘市的主要经济部门是棉布业，所产棉布号称"丁娘子布"，是淞南特产。嘉庆、道光间人杨光辅说："丁娘子布，光洁细软，朱竹垞（彝尊）所谓'晒却浑如飞瀑悬，看来只讶神云活'者也。造法秘不示人，女嫁他族，流传始广。"[140] 钱门塘四乡的丁娘子布，"纱细工良，明时有徽商僦居里中，收买出贩。自是，外冈各镇多仿之，遂称钱门塘布"[141]。可见钱门塘布在明清两代是颇有影响的名牌产品，钱门塘也因此成为棉布业市镇。

诸翟镇——在上海县治西南五十里。四乡是棉作区，"木棉遍地种之，种有早、晚之分（早者隔年白田，晚者春熟田），色有紫、白之分，然惟白者尚，紫者间或种之"[142]。此外还种植染料作物靛青，"村民好种靛青，向年种者犹少，故其利厚，今则种渐广而利度薄。然土靛向惟丝绸坊用之，近则布坊亦用，故利薄而无大衄"。因此棉纺织业颇为发达，"乡民多恃布为生。往时各省布商先发银于庄，而徐收其布，故布价贵。贫民竭一日之力，赡八口而有余。今布有余积，而商无现银，价因日落，民之生计日蹙矣"。[143] 此处所说"往日"的盛况是农家一天织布的收入，可以养活一家八口。这个"往日"，大抵是指清初，康熙《紫堤村小志》说："买卖市集，晓刻辐辏，东西亭桥之间，渐同茂镇，自朝至暮，抱布者不绝。"[144] 可见清初时期棉布贸易的兴旺，因为各省布商事先把现银汇到布行（布庄），不断收购棉布，布价高昂，所以卖布者从早到晚络绎不绝。

周庄镇——介于长洲、吴江、青浦三县之间，四乡农家"以棉纱着浆，理作经，卷于机轴，复以棉纱为纬，织成布"。其产品有：稺布——以棉纱为经、白稺为纬织成；棋子布（即棋花布）——白棉纱间以青棉纱，织成小方块棋盘纹；雪里青布——以青、白棉纱逐一间织而成。农家所织布匹运至镇上，售于布庄，由布庄转销外来客商，号称"周庄布"。周庄镇还出售棉纱至外地，"妇女以木棉去其核，弹作絮，卷为棉条而纺之，复束成绞，以易于市，遂捆载至浙江碛石镇出售"。[145]

一些棉布业市镇兼营棉布加工业，例如前面已经提到的朱泾镇与枫泾镇，与数百家布号相联系的染坊、踹坊[146]，经营的就是棉布加工业，规模还颇为宏大。南翔镇乾隆年间为棉布字号服务的踹坊有十家之多，由总长、包头人、踹匠组成，形成一种雇佣关系，踹布工价按照布匹长短、大小而定。[147]

又如朱泾镇和它东南的吕巷市，为棉纺织业配套的铁锭业、纺车业十分发达，《朱泾志》说："铁锭朱泾最良，时有'朱泾锭子吕巷车'之谚。近数尤御亭及骆姓家远近争购。"程超诗曰："鳞比人家纺织勤，木棉花熟白于银，邻家买得尤家锭，缫出丝丝胜绮纹。"[148] 金泽镇所制纺车、锭子的名声不亚于朱泾镇、吕巷市，成为附近百里方圆争购的名牌产品。《金泽镇志》说："锭子以铁为之，（纺）车以绳竹为轮，夹两柱，中枢底横之木，偏左而昂其首，以着锭子，轮旋而纱成焉。到处同式，而金泽工。东松郡，西吴江，南嘉善，北昆山、常熟，咸来购买。故'金泽锭子谢家车'，方百里习成谚语。"[149]黄渡镇作为棉布业市镇，出产刷纱布、套布、顶成布，大多运销福建。[150]同时它还有两大特产，一是植物染料蓝靛，一是织布机。所产布机以徐家布机最负盛名，"坚致而利于用，价亦稍昂，机之横木必书某年月某房造"[151]。

四　棉布业市镇的经济结构与经营方式

棉布业市镇作为商业中心与手工业中心，商品经济占据着明显的支配地位，在流通极其迅速的市场上，一切都日趋商品化。苏松一带棉布业市镇，与杭嘉湖一带的丝绸业市镇一样，其经济结构正在发生变化。这种变化一言以蔽之，就是传统的变革。与传统经济结构最大的区别在于，它不再属于延续已久的自给自足的自然经济范畴，而进入了崭新的以商品生产与市场流通为显著特点的商品经济范畴，而且很快地向市场经济发展。这一历史特点，在农家、布商、牙行的经营方式及其相互关系中，显示得淋漓尽致。

1. 农家："土人专业纺织"

棉布业市镇四乡农家经营农副业，不再是以生产物为直接消费品，而是将生产物以商品形式运入市场，与货币相交换，换取货币以后，再购置生活资料和生产资料。正如明末嘉定人张鸿磐在《请照旧永折疏》中所说，希望朝廷在征收赋税时不必仍收实物（粮食），可以征收折色（货币），他在申述理由时指出，嘉定"地不产米，水不通漕"，"仅种木棉一色，以棉织布，以布易银，以银籴米，以米充兑。舟楫不通，粮艘莫集，百里担负，辗转折阅。籴之，则嘉定一石比旁县之二石；兑之，则嘉定二石不及旁县之一石"。[152] 张氏的本意是谈赋税问题，但从中透露出嘉定县尤其是南翔镇之类棉布业市镇周围乡村的普遍状况——"以棉织布，以布易银，以银籴米"，这和传统经济结构是截然不同的。

棉布业市镇四乡农家所从事的纺纱、织布的家庭手工业，虽然还保留着一家一户为单位的个体生产模式，它已不同于传统的"男耕女织"，即不再是以"耕"提供全家口粮，以"织"提供全家衣着的旧模式，而是一种商品生产的新模式。农家"纺木棉为纱者，市钱不自织"[153]；"抱纱入市，易木棉以归，明旦复抱纱以出，无顷刻闲"，"织者率日成一匹，有通宵不寐者，田家收获，输官偿息外，未卒岁室庐已空，其衣食全赖此"[154]。因此卖纱、卖布对于农家而言是有关全家衣食的事，十分在意。王蔼如《卖布叹》写道：

> 织成布匹夜将半，持易米盐供午饔。
> 抱布前行天未明，空腹挤排背流汗。
> 缕密丝光绝点瑕，才得青蚨逞心算。
> 稍有差池买无主，待哺嗷嗷愁日旰。
> 或时卖得不经意，恶少挪钱远奔窜。
> 小民生理信艰危，卖布犹豫动蒙难。
> 君不见，东家无布成坐愁，有布可卖请勿忧。[155]

这种家庭手工业不再是传统意义上的"以织助耕"的家庭副业，而易位为农家主业，即主要经济来源。地方志中所说：

"多种木棉，土人专业纺织"，"邑之民业，首借棉布"[156]，就是这个意思。诸如此类的记载比比皆是，徐献忠《布赋序》说："邑人以布缕为业，农氓之困借以稍济。然其为生甚疲苦，非若他郡邑蚕缫枲丝之业力少而利倍者，可同语也。"[157]《紫堤村志》说："乡民多恃布为生，为往时各省布商先发银于庄，而徐收其布，故布价贵。贫民竭一日之力，赡八口而有余。今布有余积，而商无现银，价因日落，民生之计日蹙矣。"[158]《真如里志》说："比户织作，昼夜不辍，暮成布匹，晨易钱米，以资日用。"[159]《蒲溪小志》也说："布之属，有标、扣、稀三种。比户织作，昼夜不辍，乡镇皆为之。暮成布匹，晨易钱米，以资日用。"[160]这种经营方式较之传统经营方式是一大进步，长江三角洲农村之所以富庶，它是一个不可忽视的因素。万历时人于慎行说："吴人以织作为业，即士大夫家多以纺绩求利。其俗勤啬好殖，以故富庶。"[161]

农家经营的商品化，是市场经济的产物。在长江三角洲发达的市场经济刺激下，农家耕地大量用于棉花种植，这里有市场需求、价格等经济诱因在起作用。前面已经提到，松江地区，一亩耕地用于种稻，能收获米二石；用于种棉，能收获棉花一担（一百斤）。按照叶梦珠记录的明末清初松江地区价格资料可知，在价格比较平稳的康熙中期，种植棉花较之种植水稻的经济收益高出一倍左右。[162]在这种市场价格因素的诱导之下，农家耕地大量用于种植棉花，形成"棉七稻三"，甚至"棉九稻一"的格局，便不足为奇了。

如果把棉花纺纱、织布，其经济收益更是大大超过单一的种植业。叶梦珠说，松江标布"每匹约值银一钱五六分，最精者不过一钱七八分至二钱而止"[163]。农家大多每天织布一匹，如果每匹卖价为银一钱六分，而成本呢？大约只占卖价的四分之一。根据是陆世仪所说："棉三斤织布一匹，利率三倍。"[164]那意思是说，利润是成本的三倍（因为是为自家劳动，故不必计算劳动成本）。由此可见，农家织布的经济收益是相当可观的，无怪乎《紫堤村志》要说："贫民竭一日之力，赡八口而有余。"按照这种比率推算，一个妇女劳动力从事织布的收入，显然大于一个男劳动力从事田间耕作的收入。假如一个妇女每日织布一匹，三个月可以织布九十匹，以每匹价银一钱六分计，共得银十四两四钱，扣除成本四分之一，还得银十两六钱。以每亩水稻田产米二石，每石米价银一两计，约相当于五六亩水稻田一季的收益。只要棉布有销路，农家必然会继续保持这种经营方式。

2. 客商："操重资而来市"

外地客商（主要是徽州商人、陕西商人、闽粤商人等）挟带巨额资金，前来贸贩棉纺织品，带动市场的活跃，是棉布业市镇日趋繁荣的重要经济动力。对此，叶梦珠有相当详细的描述：

> 棉花布，吾邑所产已有三等，而松城之飞花（布）、尤墩（布）、眉织（布）不与焉。上阔尖细者曰标布，出于三林塘者为最精，周浦次之，邑城为下，俱走秦、晋、京、边诸路……其较标布稍狭而长者曰中机，走湖广、江西、两广诸路，价与标布等。前朝（引者按：指明朝）标布盛行，富商巨贾操重资而来市者，白银动以数万计，多或数十万两，少亦以万计。以故牙行奉布商如王侯，而争布商如对垒……至本朝（引者按：指清朝）而标客巨商罕至，近来多者所挟

> 不过万金，少者或二三千金，利亦微矣。而中机之行转盛，
> 而昔日之作标客者，今俱改为中机，故松人谓之新改布。[165]

这里所说的"标客"是指购买标布的客商，他们充斥于各棉布业市镇，从"明季多标行"的朱泾镇，到"京省标客往来不绝"的朱家角镇[166]，到处都有他们的足迹。他们身带巨额资金，购买大批棉布到各地销售，数量相当惊人。以每匹标布价银二钱计，一万两银子可以买五万匹，十万两银子可以买五十万匹，五十万两银子可以买二百五十万匹。一个客商所带白银"动以数万计，多或数十万两"，其运销量相当于数十万匹至数百万匹之间，并非一般小商小贩所可比拟。由此可见，各棉布业市镇每日集散之棉布数量相当之大，从中也可窥知市镇的商品流通功能以及牙行的贸易组织功能，令人叹为观止。

一般说来，市镇上的交易都由本地牙侩开设的牙行操纵，农家生产的棉花、棉纱、棉布不得越过牙行直接与客商交易。由于这些富商巨贾资本雄厚，依托地方势力，陆续在市镇上设立经营机构——棉布字号，直接插手棉布交易。例如，外冈镇"苏郡布商多在镇开庄收买"[167]，"徽商僦居钱鸣塘（引者按：即钱门塘市）收买"[168]。又如，南翔镇"布商字号俱在镇，鉴择尤精"[169]；月浦镇"有陕西巨商来镇设庄收买布匹"[170]。这种自己设立布庄在市镇收购棉布的布商，在清代日渐增多，乾隆时人褚华说："近商人乃自募会计之徒，出银米采择，而邑之所利惟房屋租息而已。"也有本地"水客""袄头小经纪"，把小批量收购的棉布转售给这些布商。[171]

由于布商开庄收布，需要鉴定布的品质和加工棉布的专门知识，乾隆十六年（1751年）苏松地区出现了一本《布经》，作

者是来自山西的布商范铜。《历史研究》2002年第1期刊登的邱澎生《由放料到工厂：清代前期苏州棉布字号的经济与法律分析》以及范金民《清代江南棉布字号探析》，都引用了这本《布经》[172]，并作了分析，令人耳目一新。现将丘、范二氏论文中的有关内容简要介绍于下。

《布经》大体上是布庄字号收购棉布时，察看与鉴别棉布品质的经验总结，例如看白布总论、看白布总诀、认刷纱病处并木锭铁锭分解、指明浆纱水纱二布分解、青蓝布看法、染坊总诀、染各样杂色每百匹该用颜料数目、看光布总论、看光布歌诀等。范铜在《自叙》中写到这本书的缘起："松（江）之产布，衣被天下，价值低昂悬绝，商贾安不疏其源哉！旧经叙事甚详，而繁文屡出，使初学者不知其所从来，几茫然莫识其指归也。然历年久远，人更物变，其中讹舛，难辨真赝。偶于长交余闲，潜心旧典，访诸里老，乡落产布优劣，地里、桥梁、方向，有革有因，或增或损，皆有据依"。显然，范铜目的在于介绍在松江府棉布业市镇采购棉布的经验，让布商明了"产布不一其地，织布不一其类"，"染布不一其色，踹布不一其弊"。《布经》一方面介绍各种不同棉布的品质，另一方面介绍有关白布、光布、染色等，在与乡民、染坊、踹坊打交道时，如何防止上当受骗、讨价还价的技巧。值得注意的是《布经》具有较强的市场经济意识，告诫布商要慎重选择"贾师"，既能在外以合理价格购入未加工的"白布"，凭借自身的棉布知识，有效采购质好、易销的棉布；又能和各类小生产者、棉布加工作坊、大小买家谈判各种商业契约[173]。

这些显然是布商设庄收布后出现的新现象，反映布商在棉布

布经目录

第一卷

蛇经图

木棉源流

松江府境图

上海县境图

种莳水利图五幅

九峰三泖图

筑圩堤捍图

历代星躔图

草棉三县境图图

种海防图

种棉市镇图

草色行样图

第二卷

《布经》所载主要产棉区及地图

业市镇的地位与作用愈来愈重要了。

3. 牙行："市中贸易，必经牙行"

牙行是市镇经济结构的中枢，操纵市镇经济的运行。地方志中都说："市中贸易，必经牙行，非是，市不得鬻，人不得售"[174]；"贫民持物入市，不许私自交易，横主索值，肆意勒索，名曰佣钱"，举凡"花、布、柴、米、纱、穄，下及粪田之属，皆有牙行，类皆领帖开张"[175]。

在棉布业市镇上，最有财有势的首推布行（经营棉布的牙行），各地布商大多通过布行之手收购布匹。一种方式是"各省布商先发银于庄（引者按：庄，即布庄，布行的别称），徐收其布"[176]；另一种方式是布商挟带资金到各市镇直接向布行购买现货[177]。褚华说，其六世祖在明代就是专门接待陕西、山西商人的布行老板，此公"精于陶猗之术"，很会经商，"门下客常数十人，为之设肆收买。俟其将成行李时，始估银与布，捆载而去。其利甚厚，以故富甲一邑"。[178]

牙行一方面凭借势要之家撑腰[179]，另一方面自恃经济实力雄厚，常常成为地方一霸，俗称"行霸"。花行、布行、柴行、米行、猪行，均有行霸。既然称为行霸，就不按市场规矩行事，简单说，就是欺行霸市，擅自抬高物价或压低物价，或者"擅取用钱，卖者买者各有抑勒，曰内外用"[180]。此类行霸可以说各市镇都有，康熙《嘉定县志》说："市镇之为民害有二。一曰行霸。私立牙行，高低物价，擅取用钱，买者卖者各有除勒，名曰内用、外用；结连光棍，邀人货物，卖布者夺其布，贸花者夺其花，乡人不得自由。此一害也。"[181]《安亭志》说，有的行霸为了把持行市，垄断一方，还在他控制的地段使用特定的度量衡器具，"其所用秤、斗，不与常同，故称名亦异，其秤曰桥秤，斗曰桥斗"[182]。

欺行霸市的行霸在江南市镇带有普遍性，地方志中提及这种现象都深恶痛绝，因此记载也比较具体，使今日研究者依然有一种身临其境的感觉。不妨略举数例如下。

——崇祯《太仓州志》："州为小民害者，旧时棍徒，赤手私立牙店，曰行霸。贫民持物入市，如花、米、布、麦之类，不许私自交易，横主价值，肆意勒索，曰用钱。今则离市镇几里外，令群小逞要诸路，曰白赖。乡人持物，不论货卖与否，辄攫去，曰：'至某店领价。'乡民且奈何，则随往。有候至日暮半价者，有徒呼哭归者，有饥馁嗟怨被殴伤者。如双凤镇孔道为行霸四截，薪米告匮，至粪田之具不达。又如茜泾镇，以蒲鞋著数里内，乡民夫妇穷日夜捆织，惧为白赖攫，欲达蒲鞋场，有伏地蛇行者。"[183]

——雍正《南汇县志》：周浦镇举人高廷亮向上海县知县上书《请行严禁恶俗五条》，其中之一就是"白拉"（引者按：即前面提到的"白赖"，在长江三角洲地区，白拉与白赖同音）。他列举"白拉"这种恶俗的表现："其人并不开张店铺，纠集游民，伺客船至镇，拉其货物，或散居民，或散店口，十分货价偿其二三，公行侵蚀。小商资本不过数十金，告官则费时日，资斧愈亏；争论则拳勇相加，反受荼毒。而此辈洋洋自得。甚至乡民以柴米等物入市，悉遭搬抢，以多为少，以贵为贱，名为代卖，实资中饱。致商民俱惴栗远避，市价腾涌，贫民蒿目。"[184]

——乾隆《宝山县志》："有私立牙行，高低物价，擅取用钱，买卖各有名目，曰内外用。结连光棍，邀人货物，卖布夺布，贸花夺花，乡人不得自由，名曰行霸。"[185]

——嘉庆《南翔镇志》："市井恶少无赖所谓打降、白拉者，是处有之，南翔为甚。打降逞其拳勇，凡抢亲、扛媚、抬神、扎诈诸不法事，多起于若辈。白拉聚集恶党，潜伏道侧，候村氓入市，邀夺货物。或私开牙行，客商经过，百计诱致，不罄其资不止。此等恶习，最为民害。康熙四十九年，里中士民顾天佑等绘情呈县，知县事程公申请各宪严禁，勒石永遵（碑立云翔寺）。雍正中，邑侯闻喜赵公复加严缉，杖毙一二，始敛迹。"[186]

白拉即白赖，打降即打行，在吴方言中，"拉"与"赖"、"降"与"行"同音；在文献中，白拉与白赖、打降与打行，是一个意思。他们都是行霸纵容的流氓无赖，用各种手段帮助行霸欺行霸市、强买强卖。如果没有行霸作为后台，没有行霸的指使、怂恿，他们绝不可能如此嚣张。这种现象兴起于万历年间的苏州地区，蔓延到松江地区，明末清初以降愈演愈烈。[187]它是伴随市场经济的繁荣而出现的新的社会现象，生意的兴旺，财富的增长，刺激一部分人企图利用非经济手段分一杯羹，形成一个市场的寄生集团。行霸豢养了他们，他们助长了行霸。

牙行原本是市场运行不可或缺的一环，出现了行霸，使牙行的劣根性恶性膨胀。因而牙行成为市镇上新兴势力与守旧势力的混合物，愈来愈带有自相矛盾的二重性。一方面推动了市场经济的发展，借以从中获利；另一方面却用自己的手破坏市场经济的正常发展。只要市场繁荣的局面继续存在，这类现象便不会消失。这就是为什么地方官屡次勒石严禁，却屡禁不止的根本原因。[188]正如康熙二十一年（1682年）至二十三年任江宁巡抚的余国柱所说："照得打降之为害地方，惟三吴有其事，遂有其名。询其根由，始于游手无赖各霸一方，城镇乡村无处不有"，"倚靠势力为城社，结连衙蠹为腹心，彼既恃有护身之符，尚何畏乎三尺之法"[189]。

4. 脚行："私分地界，把持勒索"

脚行是市镇上一种特殊的牙行，是从事商品货物搬运的脚夫的行帮组织，上有脚头，下有脚夫。它们的特点是，在市镇的繁华商业区把持地段，垄断本地段商品货物的搬运工作，然后随意抬高"脚价"（搬运费用），向商人肆意勒索。

上海县的法华镇就是一个突出例子，据《法华乡志》记载："镇有脚行，三诚、和里谓中行，东西各有一。其间强而黠者为脚头，凡运商货，脚头争昂其值而朘其余。遇吉凶事，则论地段，把持掯勒，稍弗遂欲，即恃强生事，屡禁不止。嘉庆六年宪颁碑石，任随地雇用，刁风稍戢，碑砌法华寺前井亭。"其碑文写道：

> 松江府上海县为把持恶习等事，蒙本府正堂康宪牌，内开：……民间婚嫁等事需用人夫，自应听便雇觅，岂容匪徒分段把持，肆行勒索！……查上邑（引者按：指上海县）地方，居民稠密，民间凡遇婚丧事宜，需用扛抬、脚夫、乐工、彩轿、炮手，以及船只等项，向来不免有私分地段、把持居奇等弊……自应一体禁革。[190]

请看，脚行的脚头，互相之间划分势力范围，各自把持一块地段，凭借垄断经营的优势，肆意抬高运价。至于民间婚丧嫁娶红白喜事，也按各自地段肆意敲诈勒索。引起民众不满，地方政府也屡次颁布禁令，但是屡禁不止。脚行把持地段，肆意勒索，依然故我。

南翔镇又是一个突出事例。据《南翔镇志》记载："脚夫、乐人聚伙结党，私画地界，搬运索重值，婚丧勒厚犒莫甚于南翔。种种恶习，夫人知之，而积弊已久，莫可如何。康熙二十五年，士民石崧等目击脚夫肆横，激于公愤，环吁当道。此辈投托势要，把持有司，几致反噬。赖邑侯山阴闻公廉明，力请抚军赵公严饬，立碑永禁（碑在云翔寺）。"由此可见，脚夫聚伙结党、私画地界的积弊由来已久，也许可以追溯到明代。康熙二十五年（1686年），在石崧等人呼吁下，巡抚赵士麟在云翔寺立碑永禁。其碑文已不得而知，不过仍然可以从康熙二十六年石崧《公建抚宪赵公长生书院碑记》中，大体窥见一二：

> 我镇南翔，以寺得名，去嘉定邑治二十里而近，四方商贾辐辏，廛市蝉联，村落丛聚，为花、豆、米、麦、百货之所骈集。其间风俗素淳朴，而僻在海陬，远于王化，杂出之奸顽亦复不少。大约士夫矜名节，编氓尚气谊，下而负贩之伦，则财利相固结，党类相声援，好以贱犯贵，以下犯上……所以拳勇之患，脚夫为甚，其人既不足比数，而闾里恒耻与为伍。人无智愚，客无远近，不过资其力，肩挑背负，任彼定价横索，唯恐弗得其欢心，以致货物壅塞河干市口，遂酿成彼等骄横之习，日盛一日。而米客受其笼络，米店受其凌虐，米牙受其挟制，彼等且收其无穷之利，贿赂公行，结纳败类。于是焰日以炽，祸日益烈，至于今，历有年

所，莫能除者。幸赖我赵公恭膺简命，巡抚南国，念积弊莫甚于此，大江南北严行禁革，蕞尔一隅亦得被恩泽。[191]

康熙年间的"严行禁革"，并未一劳永逸，以后此类现象依旧存在。这并非石崧所言"编氓尚气谊"，"好以贱犯贵，以下犯上"可以解释的。它和上述白拉、打行横行，行霸欺行霸市一样，有着共同的生长土壤，是不完备的市场经济难以避免的产物。

这种现象在江南市镇带有普遍性，而尤以棉布业市镇为甚。[192]且举数例于下。

——《南汇县志》："各镇游手强悍之徒，聚党约盟，自占为脚夫名色，分立段界。凡婚丧之家借彩舆、丧楣等具，故高其值，又不容别役他处人夫。市肆货物迁运，毋论远近，必索重价。能自运者，群聚喧哗，强禁不许。必餍其欲而后已，商民为之丧气。"[193]

——《江湾里志》："嘉邑大害，莫甚于脚夫，而脚夫之横，莫甚于南翔、江湾两镇。若辈什百成群，投托势官，结纳豪奴，私自分疆划界，凡商民货物横索脚价，稍不如意，则货抛河下，无人承挑，商贾裹足……有米客投牙发店，被恶棍聚众阻挠，商客各投别镇。"[194]

——《罗店镇志》："罗店四角皆有脚夫，一切货物出入铺户，不得自行挑运。甚至婚嫁丧葬，鼓手、炮手、轿夫、脚夫私分地界，把持勒索，扰害不堪。虽迭奉宪谕禁止，而此风如故。"道光十一年（1832年）宝山知县毛正坦为此发布告示，重申康熙二十年（1681年）"勒碑永远禁革在案"，"迄今日久，棍徒纠党藐法，重复设立轿夫、脚夫、盘头、丐头、柴担各项名色……

不论婚娶丧葬，及铺户挑运一切货物，借以值差为名，百计勒索，稍不遂意，什百成群逞凶肆横，既不许婚丧之家雇人自便，又不肯遵例受雇"。[195]

——《月浦志》："脚夫、土工，私分地界，把持垄断。遇有婚丧之家，勒索雇值，娄作酒食，不餍不休，借称'当官值日'，不许主家另行雇募……各分段界，搬运必索倍值，婚丧定勒厚犒。有自运及别雇者，成群阻闹，其弊更甚于前"；"且以私自所分地段，父子相承，称为世业"。[196]

脚行、脚夫确实有其存在的合理性，在生意兴隆的棉布业市镇，每天有大批量棉布以及其他货物进出，如果没有一定的搬运组织、搬运工人，那么市镇的商品集散功能就无法体现，市镇也就谈不上活力了。由于把持地段，垄断经营，带来了一系列问题。长年累月，形成了以此为生的群体，要想彻底禁绝是根本不可能的。以嘉定县为例，远的且不说，自从康熙二十五年（1686年）江苏巡抚赵士麟严行禁革，刊刻石碑，分别立于县城、南翔镇、黄渡镇等地[197]以后，屡禁不止，官府不断重申禁令，说明以前的禁令不过是一纸空文。请看：

《严禁脚夫打降碑》——康熙二十七年嘉定知县奉巡抚批示，立石于南翔镇；

《禁拦丧阻葬碑》——康熙三十年嘉定知县奉总督、巡抚批示，立石县署；

《严禁脚夫分疆勒价碑》——康熙四十五年署理嘉定知县奉巡抚批示，立石南翔镇；

《严禁吹手、花轿、土工、脚夫分界碑》——乾隆元年（1736年）嘉定知县奉布政使批示，立石南翔镇；

《脚夫定价碑记》——乾隆十九年嘉定知县奉布政使批示，立石南翔镇；

《禁脚夫人等强霸碑》——光绪六年（1880年）嘉定知县示禁，一在石冈门，一在拈花庵。[198]

一直到清末，这种现象依然存在。这从其他地方的记载中也可以窥见一二。康熙二十二年（1683年）立于七宝寺中的《奉宪严禁脚夫横扰民碑》，指出脚夫扰民是松江府"第一横害"。碑文申令："勒石以严禁该地方脚夫索诈再醮孀妇陋规，逼勒新开店铺贺喜抽丰，抢夺乡民米稻采买等弊。其脚夫工钱，本府计程远近，定价例给。货物十里以内，短雇者，每里给钱五文。五十里外长雇扛挑者，准给钱二百文。交卸后空回，每百里另给酒钱十文，不得再勒……其随地雇夫承值，不许脚夫分地霸占。或贫窘无力雇募，有亲丁帮助者，毋许拦阻。"[199]到了光绪六年（1880年），再次重申以前多次颁布过的禁令，例如："民间婚丧等事，需用轿夫、脚夫、吹手、炮手人等，听民自雇……不准私分地界，借口差徭，把持勒索。"[200]

这一方面说明了脚夫陋规根深蒂固，不是一纸空文的禁令能够禁止；另一方面市镇经济的持续繁荣，为它们提供了赖以滋生的土壤。

五 棉布的品牌与商标意识

松江府及其周边地区棉纺织业蓬勃发展，产品远销海内外，声誉鹊起，逐渐形成若干优质棉布的品牌。正德《松江府志》说，精线绫、三梭布、漆纱方巾、剪绒毯，"皆天下第一"。崇祯

《松江府志》在提及"尤尚精敏"的棉纺织品时，列举了更多的品牌：三梭布、云布、标布、官布、飞花布（即丁娘子布）、织花绒布、尤墩布、紫花布等。[201] 由于松江优质棉布声誉卓著，号称"衣被天下"，在市场经济的潮流中，一些不法商人企图用假冒品牌、商标，非法经营，以获取暴利。这在明末清初已经形成一种引人注目的社会现象，可惜文献记载缺漏，只能从碑刻中约略窥探一二。

顺治十六年（1659年）立于松江知府衙门的《苏松两府为禁布牙假冒布号告示碑》，提供了其他文献所没有的宝贵信息。现将碑文揭载如下：

苏松两府遵奉抚院宪禁明文，江南松江府为假号横行等事

本月二十九日，准苏州府关文开：奉钦差巡抚江宁等处都御史张批，据金三阳呈：讦奸牙沈青臣假冒三阳号记，私刊刷印缘由。奉批：苏州府立提，限三日连人解报。奉此。

又奉本院批据苏松两府布商朱嘉义、朱金兰、查弘义等联名《禀为虎牙恣伪乱真等事》，奉批：仰府严究速解报，奉经并行拘提各犯到官研审明候详允，出示严饬，等因备由具招详。奉抚院批开：据详，金三阳字号历年已久，乃沈青臣勾同别商，射利假冒，奸徒伎俩，真难方物矣。念经悔过，处明归还，姑不深究外，该府仍行严饬永禁，不许再行混冒，致起各商衅端。此缴，奉批。又据松江府布商朱嘉义、朱金兰、金三阳等《禀为恳赐移文松府以便并示勒石永禁事》，词称：阳等布店在松，发卖在苏，

226

且牙行亦多居松等情，据此，除经出示勒禁严饬外，合行关会请照宪批事理，希即出示勒禁永遵等因，移关过府。准此，为照商贾贸易布匹，惟凭字号识认，以昭信义，是处皆然，毋容混冒。……为此仰府属布牙知悉，自禁之后，各照本记字号印刷贸易，不许仍前构通混冒，致起衅端，取究未便。又奉苏州府遵宪批事理，据布商朱嘉义等《呈为恳天给示勒石，严禁假冒，永垂德政，以安商业事》前来。据此，为照众商各立号记，上供朝廷之取办，下便关津之稽查，取信远商，历年已久，向有定例，不容混冒。何物奸牙沈青臣，敢于垄断居奇，私翻摹刻，以伪乱真，丑布射利，以致同商骈控。今三阳之字号原归金姓，窃号之青臣业经创惩。但迩来奸徒险猾效尤者，藏奸叵测。为此奉宪给帖众商，永为遵守，勒石通衢，志为定例，今后商牙各守各业。如有奸牙地棍觊觎字号，串同客贾，复行假冒，起衅生端，上误国课，下病商民，许即指名报府，以凭立拿究解抚院，正法施行，决不轻贷！

顺治十六年四月　　日

　　苏松布商

　　席时　席行　程大聚……朱金兰……朱嘉义　金三阳……（下略，共计37人）[202]

从这个碑文可以看到以下几点：第一，当时假冒松江棉布品牌、商标之风，已经泛滥成灾，因此引起布商字号与奸牙之间的法律诉讼，希望官府明断，永禁假冒。第二，当时各地布商前往全国最大的商业中心——苏州购买松江优质棉布，已有明确的品牌、商标意识，即碑文所说："商贾贸易布匹，惟凭字号识认，以昭信义。"第三，经营棉布的字号也都印刷自己的品牌、商标，即碑文所说："各照本记字号印刷贸易"，而奸牙沈青臣假冒"三阳号记"，"私刻刷印"。第四，当时江宁巡抚、苏州知府、松江知府等地方行政当局，态度鲜明地保护优质棉布的品牌、商标，严禁假冒，碑文中再三声明："金三阳字号历年已久，乃沈青臣勾同别商射利假冒，奸徒伎俩……何物奸牙沈青臣，敢于垄断居奇，私翻摹刻，以伪乱真，丑布射利。"奸牙用劣质棉布，印上"私翻摹刻"的松江金三阳品牌商标，假冒优质棉布，牟取暴利，指明是奸徒伎俩，应予严禁。第五，官府重申，以后再有假冒品牌、商标者，必将严惩不贷，原因在于不仅"起衅生端"，而且"上误国课，下病商民"。一旦发现，立即究解巡抚衙门，予以正法。

然而，由于松江优质棉布销路十分旺盛，获利可观，一些奸牙仍然以身试法，置政府的禁令于不顾，一而再、再而三地用劣质棉布假冒优质松江棉布的品牌、商标，非法获利。乾隆元年（1736年）政府再次在松江知府衙门立碑重申禁令。现将《松江府为禁苏郡布商冒立字号招牌告示碑》摘要征引如下：

奉江苏布政司使张宪牌内开：奉总督部堂赵批本司呈详：苏郡布商冒立字号招牌，据长洲县申请勒石碑禁一案，本司查看得苏松等郡布业甚繁，但货有精粗长短之不齐，惟各立字号以分别。故从前盛行之字号，可以租价顶售……招牌即成资本。乃有射利之徒，并不自立字号，觊觎他人字号盛行之时，或以字音相同，或以音同字异，窃冒垄断，以伪乱真，起衅生非，病累商民。是以顺治十六年间，及康熙四十二年，有假冒三阳□元□□先后碑禁。今经三十余载，日久禁弛。今据该府县申请碑禁前来，相应详请勒石永禁等缘由，奉批如详，转饬勒石永禁。……又奉署抚部院顾批开：查苏松布商假冒字号，历经前院批饬碑禁有案，何得因事隔远年，复萌故智，窃号混行，藐抗殊甚！仰即严饬各布商，仍遵碑禁，各立字号，如敢故违，许即鸣官详究，毋庸再行勒石。……当因督宪批饬勒碑，复详请示。兹奉抚部院批开：既经督部堂批饬勒石，仰即遵照转行……仰府查照宪批，即将布商窃冒字号，遵照宪行勒石永禁等因到府。奉此遵，即转行各县遵照去后，随据娄县详称，遵即转饬各布商遵照宪行开出现用图记，并取遵依，勒石申禁。即据布商朱泰元、李洪升、朱永振等呈《为遵宪厘剔布记假冒，吁请据情转详，以广宪泽事》，词称：松郡各邑产布，甲于他府，昔年开张青蓝布号者数十家，通商裕课。后有迁移他郡地方，今仅止数号。向守祖遗店名图记，价平货实，远商心服，从无假冒诸弊。历岁虽久，始终如一。但远商相信，全在布记确切为凭。国朝定鼎以来，历饬督抚各宪批饬，勒石永禁：苏松两府字号布记不许假冒雷同，著有成案。今因法久渐弛，苏郡又有布商窃冒字号招牌，呈请藩宪饬禁，随蒙详奉督抚两部院严批，檄行苏松两府查禁，并饬勒石永遵……该卑职为查布记招牌，原以取信远商，别货之高下，定价之低昂。惟因苏郡布商中有暗窃假冒，致蒙宪饬通行松属一体勒石申禁。……为查松属系产布之区，各省镳商远涉贸易，裕课便民。而所以取信者，全在字号图记，毋许假窃混冒。历奉宪行碑禁在案，因法久渐弛，苏郡奸徒复有假冒之弊……一体勒石严禁。……为此示，仰府属布商及各省镳客人等知悉：嗣后各守字号图记、招牌店名，不得假窃混冒，如敢故违，许即鸣官详究。……

计开各商布记店名：

朱泰元布记　紫阳辅记　朱左宜店　振兴和记　李洪升布记……（下略，共计22家）[203]

这个碑文向我们提供了以下信息：第一，松江府所产优质棉布是全国名牌产品，不仅声誉卓著，而且利润丰厚，明清之际在苏州这个全国最大的棉布交易市场出现假冒产品。顺治十六年（1659年）立碑严禁，但是不到五十年，康熙四十二年（1703年）再次立碑严禁，说明从顺治十六年到康熙四十二年之间，立碑严禁并无成效，或者说"法久渐弛"，故态复萌。而乾隆元年（1736年）的第三次立碑严禁，说明"法久渐弛"的情况较前更为明显，第一次立碑到第二次立碑之间相隔44年，第二次立碑到第三次立碑之间仅仅相隔33年，表明假冒品牌、商标的情况愈演愈烈。正如碑文所说："国朝定鼎以来，历饬督抚各宪批饬，勒石永禁，苏松两府字号布记，不许假冒雷同，著有成案。今因法久渐弛，苏郡又有布商窃冒字号招牌，呈请藩宪饬禁。"第二，松江府布商的品牌、商标意识很强，各有"字号招牌"，或有"字号图记"，即所谓"布记"，作为自己生产优质棉布的标志。招牌即为资本，正如松江布商朱泰元等所说："松郡各邑产布，甲于他府。昔年开张青蓝布号者数十家，通商裕课。后有迁移他郡地方，今仅止数号。向守祖遗店名图记，价平货实，远商心服，从无假冒诸弊，历岁虽久，始终如一。"第三，苏州是松江棉布的加工与集散地，因而客商云集，是一方风水宝地。奸商为了牟取暴利，不惜假冒品牌、商标，以次充好。这就是碑文所说："苏松等郡布业甚繁，但货有精粗长短之不齐，惟各立字号以分别……乃有射利之徒，并不自立字号，觊觎他人字号盛行之时，或以字音相同，或以音同字异，窃冒垄断，以伪乱真。"第四，地方政府还是本着以往打击假冒之风的原则，再次重申：从此以后布商务必各自遵守字号图记、招牌店名，不得假冒，否则严惩不贷。这是因为，松江府是"产布之区，各省镖商远涉贸易，裕课便民"，也就是说，保护松江棉布的品牌、商标，是于国于民都有利的事，所以要再次勒石严禁。至于是否能够真正永远禁革这种假冒之风，看来还很难说，根据以往的规律判断，似乎不容乐观。

品牌商标意识的高涨，以及与此相伴而行的假冒伪劣产品的泛滥，反映了市场经济繁荣所带来的社会弊端——唯利是图，商人们抛弃了讲究诚信的传统道德，不择手段地追逐利润，而置法律于不顾。这就是"利令智昏"！之所以屡禁不止，根本原因就在于此。假冒伪劣产品盛行，成为困扰商民与当地经济的一大祸害。松江布商说，昔年开张青蓝布号数十家，后来大多迁移松江府以外的地方，如今青蓝布号只剩下了几家。细细探究起原因来，假冒松江棉布之风屡禁不止，恐怕难辞其咎。

看来，松江棉布"衣被天下"的道路，并非一帆风顺。令人感慨唏嘘的是，数百年以后的当今，市场经济所遭遇的假冒品牌商标之风，在明清之际的苏州早已出现。我们是要批评当时呢，还是要批评现今？恐怕仁者见仁智者见智了。

六　棉布市场与棉布出口

1. 棉布加工业与棉布市场

提到棉布市场，离不开棉布加工业。布商在棉布业市镇收购到棉布后，必须经过染色、踹光等加工程序，方能运往各地出售。因此较大的棉布业市镇，都有加工棉布的染坊、踹坊从事这一业务。例如松江府的朱泾镇、枫泾镇，"前明数百家布号"，"而染坊、踹坊、商贾悉从之"。[204]这种情况持续到晚清，当时的枫泾镇，"里中多布局，局中多雇染匠、砑匠（引者按：砑匠即踹匠）"[205]。嘉定县的南翔镇，依附于棉布字号的踹坊多达十家，由包头、踹匠为客商加工棉布。[206]上海县的棉布业市镇也有不少加工棉布的踹坊，专门织作"踏光布"。[207]乾隆时上海县人褚华对踹坊有很精彩的描写："有踹布坊，下置磨光石版为承，取五色布卷木轴上，上压大石如凹字形者，重可千斤，一人足踏其两端，往来旋转运之，则布质紧薄而有光。"[208]褚华所说"大石如凹字形者"，民间俗称"元宝石"，是踹坊必备的踹砑工具，至今仍可见到此类遗物。

由于苏州是江南最大的棉布集散地，因此那里的染坊、踹坊不仅数量多，而且规模大。雍正八年（1730年）浙江巡抚李卫的一份奏折中说："苏郡五方杂处，百货聚汇，为商贾通贩要津。其中各省青蓝布匹俱于此地兑买染色以后，必用大石脚踹砑光。即有一种之人名曰包头，置备菱角样式巨石、木滚、家伙、房屋，招集踹匠居住，垫发柴米银钱，向客店领布发碾。每匹工价银一分一厘三毫，皆系各匠所得。按名逐月给包头银三钱六分，以偿房租、家伙之费。习此业者，非精壮而强有力不能，皆江南、江北各县之人，递相传授牵引而来，率多单身乌合不守本分之辈……从前各坊不过七八千人……现在细查苏州阊门外一带充包头者，共有三百四十余人，设立踹坊四百五十余处，每坊容匠各数十人不等。查其踹石已有一万九百余块，人数称是。"[209]

李卫对苏州踹坊的调查可谓仔细，包头如何添置设备，如何领布，并雇佣踹匠踹布，都了解得清清楚楚。尤其值得注意的是，在苏州阊门外共有踹坊四百五十余处，踹石一万九百余块，可知踹匠当在一万以上。他的另一奏疏证实了这点：苏州"以砑布为业者"，从前有踹匠七八千人，日前增加二千多人，踹匠"数盈万余"。[210]

苏州织造胡凤翬对苏州踹坊的了解更具体："查苏州系五方杂处之地，阊门、南濠一带，客商辐辏……又有染坊、踹坊工匠，俱系江宁、太平、宁国人民，在苏俱无家室，总计约有二万余人。"[211]

由此可知，苏州阊门、南濠一带是客商云集的繁华之地，也是棉布的集散地，加工棉布的染坊、踹坊相当集中，染匠和踹匠共有二万余人。[212]

日本学者寺田隆信的论文《苏州踹布业的经营形态》对此有精深的研究。他根据《江苏省明清以来碑刻资料选集》所收的有关碑刻指出，设立踹坊的包头，也称作头、保头、坊户、坊主。包头与保头系同音同义；作头，因踹坊也称踹作，"踹作包头"简称作头；坊户、坊主的称呼，大抵由踹坊之"坊"而来。包头向布商字号或染坊店主领取布匹，在踹坊中雇佣踹匠踹布，由布商支付工价（即加工费），每匹约银一分一厘三毫，归踹匠所得，但踹匠每人每月必须向包头上交银三钱六分，作为包头的房租、家伙之费，以及包头的盈利。由此可见，包头的身份和作用可以表述为这样几点：第一，置备生产资料（巨石、木滚、家伙、房屋等）和踹匠的生活资料；第二，在劳动力市场上招募踹匠，并垫发伙食费；第三，向布商字号或染坊领取布匹，发予踹匠加工；第四，每月向踹匠征收包头银；第五，踹匠应听包头稽查，包头应听商家约束。因此，包头实际上是踹布加工过程的承包者和组织者，向踹匠征收的包头银，其实是从布商支付的工价中分割出来的一部分。资料表明，踹坊的包头是依附于布商字号的，踹匠与包头之间存在形式上的雇佣关系，但深入追究，真正的雇佣关系存在于布商与踹匠之间。[213]

范金民也认为，包头表面上是作坊主，置备菱角样式巨石（俗称元宝石）、木滚家伙、房屋，招集踹匠居住，垫发银米柴钱，约束工匠。实际上，所有踹匠的工资由布商字号支付。包头由于置备了住房、生产设备和垫支了银米柴钱，因而踹匠按名按月付给包头银三钱六分，"以偿房租家伙之费"。包头得到的不是利润，而是垫支资本以及由此而来的好处，利润归布号商人所有。包头也不是所有主，只是包工头、揽踹人。所以真正形成主雇关系的是布商字号与踹布工匠。[214]

经过踹坊加工整理后的布匹，由苏州阊门外经运河发运各地。这样，阊门外上下塘一带，就成了全国闻名的高层次棉布市场。正如乾隆《长洲县志》所说："苏布名重四方，习是业者在阊门外上下塘，谓之字号，漂布、染布、看布、行布，各有其人，一字号数十家赖以举火。"[215]

当然，松江的棉布市场也相当可观。松江府上海县人叶梦珠说，当地的标布"俱走秦、晋、京、边诸路"；中机布"走湖广、江西、两广诸路"。[216]至于各市镇的棉布市场已如前述，此处不再重复。

等而下之，常熟县、无锡县的棉布市场也不可小视："常、昭两邑（引者按：即由原常熟县分割成的常熟、昭文两县），岁产棉布，计值五百万贯，通商贩鬻，北至淮、扬，及于山东，南至浙江，及于福建"[217]；无锡县"布有三等……坐贾收之，捆载而贸于淮、扬、高、宝等处，一岁交易不下数十百万"[218]。

2. 水陆路程与棉布市场

巨大的市场，意味着大批商人前往江南，然后又从江南前往各地，形成了浩浩荡荡的人流、物流。对于各地客商而言，迫切需要一本经商路程导引书。于是经商路程手册便应运而生。日本尊经阁文库所藏《水陆路程》便是其中之一，日本学者川胜守的论文《长江三角洲镇市的发达和水利》有详细介绍。[219]《水陆路程》卷七指明从镇江至杭州的大运河沿线，以及苏州至松江、苏州至湖州、嘉兴至松江等水运路程。其第七部分的小标题是："苏松二府至各处水"，下面有两行小字夹注："路虽多迁，布客不可少也"，意思是说，这条水路是买布客商的必经之路，它可为客商提供指南。

苏州经嘉兴府至上海县（线下为里数，下同）：

本府——₅₀吴江县——₄₀平望驿——₂₀王江泾——₂₀嘉兴府——₁₀东栅口（南六十里至平湖县）——₃七里桥——₂₄嘉善县——₆张泾汇——₁₂枫泾——₁₈泖桥——₉朱泾——₁₃斜塘桥——₁₄松江府跨塘桥——₃₀泗泾——₂₀七保（引者按：即七宝镇）——₂₄龙华寺塔（即黄浦）——₁₂上海县（此为外河）

松江府经南翔至上海县：

松江府——₃₀砖桥（引者按：即颛桥）——₄₀陆家阁（引者按：

即陆家角）——40——南翔——20——江桥（即吴淞江）——30——上海县

松江府经官塘（引者按：运河沿线）至苏州：

松江府——20——凤凰山——18——北昆山——18——唐行（引者按：即青浦县）——40——陶桥——30——昆山县——70——苏州府

松江府经嘉善县三白荡至苏州：

松江府前——20——斜塘桥——13——朱泾——9——泖桥——18——枫泾——12——张泾汇——6——嘉善县西门（跨塘桥雇船）——1——长春桥——45——芦魁——1——三白荡——12——牛蚕泾——12——叶寨湖（引者按：即叶泽湖）——12——铜里镇（引者按：即同里镇）——18——尹山——18——盘门——10——阊门

松江府至吴淞所：

本府北门——18——唐桥（引者按：即塘桥）——50——南翔——20——嘉定县——12——罗店——36——吴淞所

松江府至乌泥泾：

本府出北门——15——新桥——6——陈家行——10——新村桥——3——新庄（引者按：即莘庄）——10——乌泥泾（纺棉纱脚车始自本处一老妇）。

以上这些路程，显然与布商贩运棉布有着十分密切的关系，因此除了每一站的地名、距离之外，还特别注明一些注意事项。例如："嘉兴至松江，无货勿雇小船，东栅口搭小船至嘉善县，又搭棉纱船至松江，无虑"；"大船至上海，由泖湖东去黄浦，为外河，有潮、盗之防"；"松江至苏州，由嘉定、太仓、昆山而去，无风、盗之忧。上海沙船，怕风防潮。南翔地高，河曲水少，船不宜大。过客无风、盗之念，铺家有白日路来强盗之防。地产香芋、黄鸡并佳。至上海，或遇水涸，七宝、南翔并有骡马而去。港多桥小，雨天难行"；"嘉兴由三白荡至苏州，无纤路，亦无贼，且近可行。由泖湖、双塔（引者按：即商榻镇）船至苏州，有风、盗、阻迟之忧。船大人多，雨天甚难。船属宦家，永久难变，甚受其害，干粮宜带。泖桥东去黄浦，西去黄泖，南往嘉兴，北去松江，早晚多盗，宜防"。[220]

所有这一切，都向我们透露这样的信息：当年苏松一带棉布业市镇上布商们频繁往来，络绎不绝；通过行商、坐贾的交易活动，把这一地区的棉布纳入全国市场的流通之中。

3. 棉布出口："土布出洋"一瞥

江南棉布号称"衣被天下"，是名副其实的，因为它不仅运销全国各地，而且还出口海外，被人们称为"土布出洋"。

据汪敬虞研究，中国棉布远销南洋群岛，在16世纪后期有了历史文献的记载，17世纪初，被称为Cangas的中国棉布，由澳门向南洋的望加锡和交趾支那出口。与此同时，从澳门开往日本的商船，也有同样的记录。1600年左右，从澳门开往长崎的葡萄牙商船中，经常载有3 000匹中国手工制造的棉布，这是中国棉布外销日本的最早记录。到了18世纪初，中国对俄国的边境贸易中也已经有了棉布。被称为Kitaika的中国棉布，在整个18世纪的对俄出口中居于首位。18世纪30年代，中国手工棉布首次由英国东印度公司运销英国；50年代以后，西班牙、荷兰、法国、丹麦、瑞典等欧洲国家，也开始运销中国棉布。北美大陆，在美国独立以前，就有中国棉布输入，到了19世纪初叶，美国已成为中国棉布的主要买主。[221]

关于"中国棉布外销日本的最早记录"——1600年从澳门开往长崎的葡萄牙商船运去3 000匹棉布，见于博克瑟的著作 *The Great Ship from Amacon, Annais of Macao and the Old Japan Trade, 1555–1640*。其实，刊印于嘉靖四十一年（1562年）的《筹海图编》已经有棉布出口日本的记载，该书写到运往日本的中国商品，第一位是丝，第二位是丝绵，第三位就是布——"布用为常服，无绵花故也。"[222]

据严中平的研究，1580年代，中国商人运往菲律宾马尼拉的商品有：生丝、绸缎、棉布、夏布、陶器、瓷器、玻璃器、面粉、饼干、咸肉、火腿、黄油、干鲜果品、家畜、家禽、家具等，棉布、夏布居于第三、第四位。1590年代，运往马尼拉的中国商品中，棉布、夏布、棉纱、窗帘、被单等棉纺织品依然位于丝绸之后，居于重要地位。西班牙占领马尼拉以后，中国的土布很快就成为菲律宾群岛土著居民的生活必需品。1591年，菲律宾总督发现，菲律宾群岛土著居民因为服用中国衣料，不再种棉织布，所以下令禁止土著居民服用中国丝绸、棉布。1592年，这个总督报告西班牙国王说，中国商人收购菲律宾棉花，转眼就从中国运来棉布；棉布已成为中国货在菲律宾销路最大的商品。中国棉纺织品还经过马尼拉大帆船运销到西班牙美洲殖民地，早在16世纪末叶，中国棉布便已在墨西哥市场上排挤了西班牙货。有的文献说，因为中国棉布价廉物美，所以印第安人和黑人都用中国货而不用欧洲货。[223]

这些情况表明，早在晚明时期，中国棉布已经畅销海外，由于价廉物美而在世界市场所向披靡。而这种价廉物美的中国棉布主要来自江南。

广东水面的东印度公司商船

从英国东印度公司在广州购买南京棉布以后，其他欧洲国家也在那里购买。美国在1783年独立成功，次年就派船前来广州，每年从广州购买的南京棉布日益增多。英国学者马士根据英国东印度公司档案，研究18、19世纪间欧美商船从广州输出南京棉布的情形。全汉昇根据马士书中的数据，制作成三个表格[224]，转引如下。

1786—1833年各国商船自广州输出南京棉布数量

年　份	输出数量（匹）	见于马士书的卷数及页数
1786	372 020	Vol.2, p.119
1790	509 900	Vol.2, p.180
1792	402 200	Vol.2, p.193

年　份	输出数量（匹）	见于马士书的卷数及页数
1793	426 000	Vol.2, p.205
1794	598 000	Vol,2, p.256
1795	1 005 000	Vol.2, p.266
1796	820 200	Vol.2, p.276
1797	573 000	Vol.2, p.294
1798	2 125 000	Vol.2, p.311
1799	1 160 000	Vol.2, p.322
1800	1 471 300	Vol.2, p.348
1801	1 584 700	Vol.2, p.358
1802	1 050 000	Vol.2, p.389
1803	941 000	Vol.2, p.401
1804	1 720 000	Vol.2, p.416
1805	1 679 500	Vol.3, p.2
1806	860 000	Vol.3, p.27
1807	1 488 000	Vol.3, p.55
1808	775 000	Vol.3, p.77
1809	1 245 000	Vol.3, p.101
1810	1 038 200	Vol.3, p.131
1811	634 400	Vol.3, p.158
1812	418 400	Vol.3, p.175
1813	610 000	Vol.3, p.190
1814	763 500	Vol.3, p.206
1815	678 500	Vol.3, p.228
1816	441 000	Vol.3, p.243
1817	1 229 000	Vol.3, p.308
1818	798 500	Vol.3, p.331
1819	3 359 000	Vol.3, p.347
1820	910 000	Vol.3, p.369

年　份	输出数量（匹）	见于马士书的卷数及页数
1821	1 876 000	Vol.4, p.4
1822	1 629 384	Vol.4, p.53
1823	1 110 000	Vol.4, p.71
1824	1 115 750	Vol.4, p.89
1825	1 217 000	Vol.4, p.103
1826	547 900	Vol.4, p.123
1827	1 380 500	Vol.4, p.145
1828	1 314 000	Vol.4, p.162
1829	1 055 000	Vol.4, p.185
1830	1 051 000	Vol.4, p.223
1831	438 785	Vol.4, p.253
1832	170 500	Vol.4, p.325
1833	30 600	
1817—1833	19 232 919	
1786—1833	44 622 739	

资料来源　全汉昇：《中国经济史论丛》第二册，第640页。

1817—1833年各国商船自广州输出南京棉布价值

年　份	输出价值（银元）	见于马士书的卷数及页数
1817	1 048 940	Vol.3, p.329
1818	716 167	Vol.3, p.345
1819	1 703 486	Vol.3, p.366
1820	602 409	Vol.3, p.384
1821	1 317 626	Vol.4, p.22
1822	1 095 836	Vol.4, p.68
1823	808 010	Vol.4, p.86
1824	793 969	Vol.4, p.100

年　份	输出价值（银元）	见于马士书的卷数及页数
1825	1 010 325	Vol.4, p.319
1826	417 735	Vol.4, p.140
1827	1 016 978	Vol.4, p.159
1828	976 971	Vol.4, p.182
1829	743 638	Vol.4, p.196
1830	617 560	Vol.4, p.249
1831	233 023	Vol.4, p.272
1832	128 825	Vol.4, p.340
1833	22 644	Vol.4, p.370
1817—1833	13 254 142	

资料来源　全汉昇：《中国经济史论丛》第二册，第641页。

全汉昇指出，上述两表中所指的外国，包括英国、法国、荷兰、瑞典、丹麦、西班牙、意大利。从前面一个表可知：第一，1786—1833年的48年中，各国商船从广州输出的南京棉布共计4 400余万匹；第二，各国商船从广州购买南京棉布最多的一年是1819年，达330余万匹，值170余万银元；第三，1817—1833年的17年中，各国商船从广州输出南京棉布共计1 900余万匹，每年平均输出量是110余万匹，价值达78万银元左右。[225]

1804—1829年美国商船自广州输出南京棉布数量

年　代	输出数量（匹）	年　代	输出数量（匹）
1804—1805	2 648 000	1806—1807	1 764 000
1805—1806	2 808 000	1807—1808	2 922 000

年　代	输出数量（匹）	年　代	输出数量（匹）
1808—1809	345 000	1820—1821	685 000
1809—1810	3 769 000	1821—1822	1 776 700
1810—1811	2 048 000	1822—1823	1 139 207
1811—1812	425 500	1823—1824	252 200
1812—1813	201 000	1824—1825	536 000
1813—1815	105 000	1825—1826	721 000
1815—1816	640 000	1826—1827	308 725
1816—1817	1 794 000	1827—1828	619 182
1817—1818	1 469 000	1828—1829	392 500
1818—1819	2 577 000	1804—1829	33 081 714
1819—1820	3 135 700		

资料来源　全汉昇：《中国经济史论丛》第二册，第642页。

由上表可知，1804—1829年的26年中，美国商船从广州输出南京棉布3 300余万匹，平均每年输出120余万匹，这期间广州输出南京棉布猛增，其原因就在于美国商船的大量购运。美国商船从广州输出的南京棉布，大部分运回本国出售，小部分运往欧洲、西印度群岛、南美洲、马尼拉及夏威夷等地。在美国机械化棉纺织工业大规模发展以前，那里的消费者是南京棉布的好主顾。[226] 手工生产的南京棉布，在西方世界曾经风行一时。其盛况我在"导论"部分已经详述，此不赘言。

这是一种多么令人振奋的"南京棉布"辉煌景象！透过这种辉煌，人们看到了明清时期江南棉纺织业、棉布业市镇盛极一时的历史。

七 余论：洋纱洋布盛行与棉布业市镇的衰微

江南棉布业市镇在历史上曾经辉煌一时，到了晚清以后，几乎同时走上了逐渐衰微的道路。原因其实很简单。在欧洲工业革命发生以前，欧洲国家和中国一样，也处在手工业阶段，或者说乡村工业化（或"早期工业化"）阶段。中国江南劳动密集型的手工棉纺织业，以其工艺的精湛、劳动力的廉价，使得欧洲国家同样是乡村手工劳动的棉纺织业相形见绌。欧洲发生工业革命以后，出现了机器与工厂化的棉纺织业，而中国的乡村手工棉纺织业依然停滞不前，正如严中平所说："久已凝固而无进步。"[227]在洋纱、洋布的映衬下，中国乡村手工生产的棉纱、棉布，便被称为土纱、土布，失去了竞争优势，从先前中国"土布出洋"的格局，一变而为洋纱、洋布在中国市场倾销的格局。

据汪敬虞的研究，先前英国棉纺织品在中国市场打不开局面，但是，进入19世纪，当英国棉纺织业中机器生产居于统治地位以后，局面开始发生转变。1827年曼彻斯特棉布第一次在广州获得盈利，五年以后，英国棉纺织品已经成为对华贸易的一个重要组成部分，接着，英国棉纺织品对中国的出口，在价值上开始超过中国棉布对英国的出口。鸦片战争以后，英国棉纺织品对中国的出口持续增长。在1843—1867年的25年中，这一项出口的货值大约由260万两白银上升到1 300万两白银。1867—1894年，中国的棉布进口由1 200万海关两上升到3 100海关两，棉纱进口则由146万两上升到2 140万两。与此相反，中国手工棉布（即所谓土布）的出口，在这一段时间内却急剧减少。鸦片战争以后的相当长时期内，中国棉布的出口几乎绝迹。1850年代初，上海出口的土布，包括杂货在内，一年不过41 000元，只相当于当年上海全部出口的0.4%。以后土布虽然继续维持少量的出口，但已经无法与当年的盛况相比拟了。[228]

在洋纱、洋布盛行的大背景下，江南棉布业市镇的黄金时代已经无可奈何花落去。

以棉花交易名闻遐迩的太仓鹤王市，早在乾嘉以后，由于山东、直隶（即河北）、河南、湖广等地棉花生产日臻发达，远商挟带重资前来购买棉花者日渐稀少，棉花交易越来越不景气，"皆散而之四方"[229]。到清末民初，一向以棉花集散地著称的鹤王市，已无棉花输出，当地的特产，不再是棉花，而是野味、天花粉之类。[230]

另一棉花交易中心嘉定县的新泾镇，道光、咸丰时仅存商店二十余家，"每晨市一次，贸易花布杂粮之类"，由于棉花生意清淡，"附近村民多种黄草，织成凉鞯，俗名凉鞋，行销远近"。同治年间，新泾镇（即澄桥镇）完全衰落，贸易移至北面的徐行镇，而新泾镇蜕变成商店不足十家的乡村集市——"仅晨间略有贸易"。而取代新泾镇的徐行镇，景况也不佳，不过店铺二十余家，"入民国，布市衰落"[231]。

编写于光绪三十三年（1907年）的《上海乡土志》写道："近年来洋布盛行，土布滞销，可见利源外溢也。吾邑棉花一项，售于外洋为数甚巨，乃有奸商挽水，致为所疑，销路渐滞。"[232]清末抄本《华亭乡土志》也有同样的描述："自洋布盛行，（手工）棉布滞销。近十余年来，上海设厂以机器轧花纺织，手工坐废。虽有织者，辄购厂纱，盖棉花虽本境天然之产，必由他境制造成纱，乃购以制造为布云。"又说："棉布销售向以辽沈为大宗，南至浙闽，北至苏常等府，由上海运销者十之八，内地运销者十之二。自洋布行，而利为所夺。稀布向销五十万匹左右，今才及半。箯布销数向与稀布垺，今止十分之一云。"[233]

在洋纱、洋布的冲击下，一些棉布业市镇和棉花业市镇一样，渐趋衰微。

昔日作为棉布集散地的月浦镇，同治以后，棉布业走向衰落，镇上"商铺以酒、米、南货为最，并有兼营小熟豆饼、洋纱者，花行、布行不过一二，率皆客商开设，土人鲜有投资者。近年以来如机器油坊、碾米厂之类，集本经营，日增月盛"；"近自洋纱盛行，土布价值又复衰落，获利渐薄，业此者仍墨守成法，不知改良"。[234]月浦镇的棉布业特色已经消失，虽有一二经营洋纱、棉花、棉布的店铺，不过是少量乡民织造少量土布而已，早已今非昔比，月浦镇沦落为毫无特色的普通集镇。

以往盛产小布、稀布、紫花布的法华镇，咸丰以来，"典商停歇，市面萧条"[235]。

当年粤商聚集的棉布集散地江湾镇，清末民初"木棉贵而布不与之俱贵，民力倍形拮据"，农家不再纺纱织布，"辄种蔬菜，莳花卉，至沪出售"。[236]

原先棉布业发达的真如镇，手工棉纺织业在清末民初趋于衰落，正如民国《真如里志》所说："中外互市以来，洋货充斥，绚彩夺目，喜新厌故者流弃其已有，群相购置，不惜利权之外溢。"[237]民国《真如志》也说："沪地工场林立，手工业杜布

（引者按：即土布）受其打击，产销不旺。"[238]

其实，密切关注苏松棉布业的包世臣，早在道光二十六年（1846年）就已敏锐地察觉到了这种变化，他在与朋友的书信中不无忧虑地指出："松（江）、太（仓）利在棉花梭布，较稻田倍蓰……近日洋布大行，价才当梭布三之一。吾村专以纺织为业，近闻已无纱可纺。松、太布市，消减大半。去年棉花客大都折本，则木棉亦不可恃"；"木棉梭布，东南杼轴之利甲天下，松、太钱漕不误，全仗棉布。今则洋布盛行，价当梭布，而宽则三倍。是以布市消减，蚕棉得丰岁而皆不偿本，商贾不行，生计路绌"。[239]

包世臣在道光年间的忧虑，到清末愈加严重了。当时人柯来泰在《救商十议》中大声疾呼："中土本系产棉之地，除蚕丝绸缎之外，布匹衣被天下。自洋布入口，货美价廉，群相购用，遂被侵灌内地，穷民几不能以自食。光绪七年，西报英国正月内，洋布往上海者，价值六十三万八千八百十一磅（镑）。一月如此，一年可知。况更有别口别国之货乎？夫耕织为天下大利，乃尽为所夺，民生焉得不匮！"[240]

嘉定县的变化可以看作一个典型。光绪《嘉定县志》说："吾邑土产，以棉为大宗，纳赋税，供徭役，仰事俯育，胥取给于此……自洋布盛行，土布日贱，计其所赢，仅得往日之半耳。"[241]民国《嘉定县续志》说，纪王庙镇，昔日布商云集，"布商、靛商向为各业最"，民国初，"靛业（引者按：棉布染料蓝靛业）衰落，布业亦不如昔"；黄渡镇"贸易货物曩以靛青为主"，"自洋靛盛行，此业一落千丈"。[242]

嘉定县棉布业衰落，引起一系列连锁反应，导致经济结构发生明显变化。

　　第一，农民的家庭手工业由原先的纺纱织布，逐渐改为毛巾与黄草编织。毛巾业兴起于光绪末年，显然是"借济棉布之穷"的产物，正如民国《嘉定县续志》所说："邑中女工向以纱布为生计大宗，光绪季年，土布之利被洋布所夺，于是毛巾代兴。"[243]20世纪初，嘉定县已有毛巾织机800余台，并有一些简陋的工场。一般工场设置织机10台至50台不等，女工来自附近乡村，产品直运上海商行。这类工场以城厢内外和东乡为多，约有30家，共有织机500台左右。还有一些个体户，大多拥有一二台织机，属于家庭手工业，产品由本地人曹氏经营的大全仁庄收购，

嘉定徐行草编已成为地方"非遗"的一张名片

这类个体机户，约拥有织机300台。[244]

黄草编织历史悠久，但其蓬勃发展是在光绪年间，原因就是："洋布盛行，黄草事业日见发达。"其潜台词是说，由于洋布盛行，土布衰落，农家副业不得不改为黄草编织。它作为取代土布业的家庭手工业，在上海开埠后，迅速在徐行、澄桥、樊桥一带发展起来。到了清末，澄桥镇附近村民多种黄草，织成凉鞋，行销远近。以后澄桥镇的凉鞋市场移至徐行镇，徐行镇便成为黄草编织中心，产品"每年运往上海，转输宁波、福建、广东及南洋群岛等处，为数甚多"。[245]《嘉定疁东志》也说："布市衰落，附近之黄草工业日见改进……嗣后，北门汪季和氏提倡兼制麦编用品，行销亦广。二者均除销售本国各地外，并推销至南洋、美国等处。"[246]

第二，嘉定县的棉花种植面积急剧减少，形成无法逆转的趋势。满铁1939年的调查报告所提供的资料，已经根本看不到昔日"棉九稻一"或"棉七稻三"的格局了。抽样调查的结果显示：嘉定县棉花种植面积约占51.24%，水稻种植面积约占34.70%，大豆及其他作物约占14.06%。[247]据1950年土地改革时期的农村调查资料，原来生产棉布的外冈镇四乡的棉花种植面积已经不到水稻种植面积的一半了。嘉定县外冈区杨甸乡大熟作物的种植面积：水稻4 611.5亩，棉花2 021.8亩，黄豆1 065.5亩，其他568.9亩。[248]

第三，农家在农业生产以外的其他生产，即所谓副业，由过去的纺纱织布，一变而为多样化。而且此时的副业成为名副其实的副业，与先前纺纱织布的收益超过农业时之"副业"，不可同日而语。这不是与时俱进，而是倒退。农家的副业，除了上述毛巾业、黄草编织业以外，还有竹器加工业。清末时，石冈门乡从事此业者最多，竹匠聚居之地称为"篾竹村"。[249] 民国以降，竹器业逐渐兴旺，成为一些农村的主要副业，以编结竹笼等物为主，或由小贩上门收购，或由自家肩挑贩卖，或直接与上海商人交易。[250] "满铁"对一个村的调查表明，竹细工以压倒优势成为该村农家的主要副业。具体情况如下：

农业兼竹细工	20户
农业兼捕鱼	6户
农业兼织布	4户
农业兼裁缝	3户
农业兼裁缝、竹细工	2户
农业兼肉商	1户
肉商兼竹细工、农业	1户
农业兼棺桶业	1户
竹细工兼捕鱼、农业	1户
漆匠兼农业、织布	1户
布商兼裁缝	1户 [251]

根据1950年的调查，当时嘉定县农村，农业以外的其他生产（副业），家庭小手工业只有编竹、织毛巾等，已经很少见到纺纱织布的踪影了。[252]

第四，在商业贸易中，输出与输入物资类别也发生了很大变化。据1936年的统计，嘉定县年产棉花已下跌至16.5万担，仅10万担经中间商人之手销往上海纱厂。农家手工生产的土布下跌至70万匹，且大多供自家消费，作为商品出售的仅1.3万匹，数目小到微不足道的地步。更具讽刺意味的是，这个昔日棉布源源不断外销之地，现在竟然大量输入洋布（机织布），如白粗布、白细布、白细斜纹布、漂布等，输出物资中除了棉花等农产品，较多的是毛巾、黄草织物、竹器等；输入物资除了米、盐之外，就是洋布（2 120匹）、洋纱（2 300件）。[253]

松江地区也出现了类似的变化。原先耕地是棉七稻三或棉稻参半，民国时代一变而为以稻为主的格局，秋熟作物种植面积的比例为：早籼稻占25%，晚籼稻占56%，糯稻占3%，棉花占11%，其他占5%。[254]

这个先前"衣被天下"的地区，几乎已经难觅家家户户纺纱织布的踪影。据华阳桥镇的抽样调查，农家普遍以农业为主，副业占第一位的是编织草鞋，第二位是贩卖黄豆、蚕豆、蔬菜、水果之类；而传统的土布业已跌落至最末位：在三十四户的村庄中仅有一户一人还在从事手工织布。[255]

1950年对松江县泗泾镇新农乡的抽样调查表明，水稻是主要作物，棉花种植面积稀少，纺纱织布不再是农家生计所赖的主要经济来源。该调查报告指出："除木匠与裁缝稍多外，其他副业生产很少，全乡虽有二百多架布机，但因织布本钱大，销路少，故农民只织了自用。"[256]这种"织了自用"的家庭副业，显然与先前"衣被天下"的棉纺织业无法相提并论。

其他地区的情况也大体如此。昆山县太平乡，秋熟作物几乎全是水稻，约占耕作面积的95%，农家副业几乎与传统的纺织业绝缘，有泥水匠、木匠、竹匠、裁缝、短工、小贩、厨师、屠夫等，唯独没有纺纱织布。[257]

又如民国《乌青镇志》说："吾镇四乡向有纺纱织布工作，

商人设庄收买，行销外埠。布庄有沈永利、沈义和、顾同昌、胡允和四家，营业甚为发达……乃自洋纱输入内地，厂布充斥，乡人所织杜布（引者按：即土布）逐渐淘汰，今布庄已无。"[258]

以上简要一瞥，已经清楚显示，由于洋纱洋布盛行，导致棉布业市镇及其四乡土布业衰落，所带来的巨大变化。

当然，一些经济实力雄厚的棉布业市镇，并没有就此衰落，它们很快调整产业结构，依然维持着繁荣的局面。

著名的棉布业生产、加工、贸易中心枫泾镇，棉布业毫无疑问是原先的支柱产业，清末民初逐渐把粮食业转变为支柱产业。枫泾镇四乡地处鱼米之乡，生产稻米，尤以冬春米著名，粮食业原先是仅次于棉布业的产业。到了棉布业（土布业）日趋衰微的清末民初，粮食业取代棉布业成为支柱产业。据新编《枫泾镇志》记载，清代光绪年间，枫泾镇有禄记、大生、慎记、谊泰等米行。光绪三十四年（1908年）由米商徐志华、程树荣等集资建立枫泾米业公所。进入民国后，又有合丰、张成泰、彭义恒、开泰、泰兴等三十余家米麸行开设。米粮业的崛起，取代了明清两代历经四百年兴盛的棉布业，成为枫泾镇商业市场的大商号，带动各行各业继续发展。[259]

明清之际标布贸易繁荣的朱家角镇，清末以降也转变为粮食业市镇。朱家角镇地处鱼米之乡，盛产优质稻米，号称"青角薄稻"，是大宗外销产品。从鼎盛时期"鱼米庄行闹六时"的描绘来看，鱼米所占的地位很重要。由于当时棉布贸易的兴旺，使得粮食贸易退居次要地位，所以当时文献提及朱家角镇都说"贸易花布"，而不说"贸易粮食"。[260]随着洋纱洋布的盛行，农村手工生产的棉布（土布）市场日趋萎缩，布市逐渐被米市所取代。这个转折出现在清末民初。1930年代经济学家羊冀成《松江米市调查》提供了这方面的信息：朱家角镇的米行，原先多为自行贩运，因多次失败而亏损，米行为稳妥起见，由自行贩运改为代客买卖。朱家角镇的大米大半来自邻近的昆山县，小半来自本镇四乡。当时朱家角镇输出的大米每年40万石，在松江府范围内，仅次于松江城区（东市、西市合计）的60万石。[261] 米市的兴旺带动了其他行业，新编《青浦县志》说："清末，本县资本主义商业开始发展，在朱家角、城厢等地出现了米行、油坊。民国初年，朱（家角）、青（浦）两地有米行30多家，油坊5家，衣庄、绸缎、洋货、京货、山货、药材、木行等商号百余家。朱家角尤为繁荣。至30年代，该镇行业齐全，货源充沛，业务购销范围远达青浦、昆山、吴江、松江、嘉善5县四周百里农村。"[262]

诸如此类的还有南翔镇、罗店镇等，它们直至民国时代，依然是经济繁荣的庞然大物，其原因与枫泾镇、朱家角镇大同小异。

注释

［1］ 司马光《资治通鉴》卷一百五十九《梁纪》大同十一年条胡注。

［2］ 司马光《资治通鉴》卷二百八十三《后晋纪》天福七年条胡注。

［3］《农桑辑要》卷二《论苎麻木棉》。

［4］ 王祯：《农书》卷十九《农器图谱十七》。

［5］《元史》卷十五《世祖本纪》。

［6］ 赵冈：《棉花传入中国的历史》，1996年11月28日在复旦大学历史系的学术报告。

［7］《辞海》，上海辞书出版社，2000年，第3733页。

［8］ 1989年"黄道婆学术研讨会"（上海县）发言，《黄道婆研究》，上海社会科学

院出版社，1994年，第34～36页。

［9］ 乌泥泾是黄浦的支流。按：今天的黄浦江本名黄浦，在长江三角洲地区，"浦"是河流名，如同泾、塘、浜、港均为河流名一样。上海境内的黄浦、青浦、桃树浦（即桃浦）、杨树浦（即杨浦）、彭越浦（即彭浦）都是河流名，以后又演化成地名。

［10］ 秦荣光：《上海县竹枝词·仓关十四》。

［11］ 《宋会要辑稿》职官四十八之九十二，建隆三年十二月癸巳诏。

［12］ 秦荣光：《上海县竹枝词·古迹三十》。

［13］ 嘉庆《上海县志》卷一《疆域·古迹》。

［14］ 新编《上海县志》第一篇"建置·集镇·乌泥泾镇"，上海人民出版社，1993年，第146～147页。

［15］ 嘉庆《上海县志》卷一《疆域·镇市（旧镇市附）》。

［16］ 秦荣光：《上海县竹枝词·黄浦古迹七》。

［17］ 民国《上海县志》卷八《宗教》。

［18］ 陶宗仪：《南村辍耕录》卷二十四《黄道婆》。

［19］ 褚华：《木棉谱》（上海掌故丛书）。

［20］ 正德《松江府志》卷五《土产》。

［21］ 陶宗仪：《南村辍耕录》卷二十四《黄道婆》。

［22］ 王逢：《梧溪集》卷三《黄道婆祠并序》。

［23］ 郑光祖：《一斑录杂述》卷一。

［24］ 吴伟业：《梅村家藏稿》卷十《木棉吟序》。

［25］ 道光《苏州府志》卷十八《物产》；同治《苏州府志》卷二十《物产》引陈三恪《海虞别乘》。

［26］ 赵翼：《陔余丛考》卷三十《木棉布行于宋末元初》。

［27］ 正德《松江府志》卷五《土产·番布》。

［28］ 光绪《松江府志》卷五引；此文另见《皇朝经世文续编》卷二十八。

［29］ 吴伟业：《梅村家藏稿》卷十《木棉吟序》。

［30］ 康熙《嘉定县志》卷一《风俗》。

［31］ 万历《上海县志》卷一《风俗》。

［32］ 黄宗智在《长江三角洲小农家庭与乡村发展》一书中指出：1350年至1850年间长江三角洲在围绕"棉花革命"的过程中，经历了相当程度的商品化。见该书中译本，第4页。

［33］ 以上均见王祯：《农书》卷二十一《农器图谱十九·木棉图谱》。

［34］ 徐光启：《农政全书》卷三十五《木棉》。

［35］ 赵文榜：《黄道婆对手工棉纺织生产的贡献》，《黄道婆研究》，第20～26页。

［36］《明太祖实录》卷五十六，洪武三年九月辛卯。

［37］ 正德《松江府志》卷五《土产》："木棉，宋时乡人始传其种于乌泥泾镇，今沿海高乡多植之……元熊涧谷《木棉歌》：半拟偿私债，半拟输官赋。"

［38］ 徐献忠：《长谷集》卷八《茭门别业记》。

［39］ 吴履震：《五茸志逸》卷六《棉花词》。按：吴履震，字长公，别号退庵道人，明季诸生，世居松江吕巷，死于顺治二年（1645年）。

［40］ 吴伟业：《梅村家藏稿》卷十《木棉吟序》。

［41］ 万历《上海县志》卷一《地理志·风俗》。按：顾或，字礼文，累官至户部侍郎，墓在庆宁寺边。

［42］ 崇祯《松江府志》卷十《田赋》；嘉靖《昆山县志》卷一《风俗》，卷二《土产》。

［43］ 万历《嘉定县志》卷七《田赋考中·物产》。

［44］ 天启《海盐县图经》卷四《方域篇之四·县风土记》。

［45］ 康熙《平湖县志》卷四《风俗志·习俗》；天启《平湖县志》卷一《舆地·都会》。

［46］ 万历《上海县志》卷一《风俗》；嘉靖《常熟县志》卷三《物产志》。

［47］ 康熙《松江府志》卷四《土产》，卷五《风俗》。

［48］ 万历《嘉定县志》卷三《风俗》；康熙《嘉定县志》卷一《疆域·市镇》。

［49］ 康熙《嘉定县志》卷四《风俗》。

［50］ 同上书卷四《物产》："物产首棉花者何？矌地亢卤，不宜植禾，五六月春作，悉以栽花为本业，故首列之，重民务也。往年花才入筐，即为远贾所贩，民之公私皆赖焉。今楚、豫诸方皆知种艺，反以其货连舻捆载而下，市于江南，客花赢而土花诎矣。"

［51］ 道光《增修鹤市志略》卷上《原始》。

［52］ 乾隆《镇洋县志》卷一《物产》；道光《增修鹤市志略》卷下《物产》。

［53］ 道光《蒲溪小志》卷一《物产》："棉花，吾乡种此十居六七。种有早、晚，色有紫、白，吾乡所种皆白色，以供纺织，且资远贩，公私赖之。"

［54］ 叶梦珠：《阅世编》卷七《食货四》。按：叶梦珠为明末清初松江府上海县人，字滨江，号梅亭，所著《阅世编》多为耳闻目睹的第一手资料，其中尤以价格资料最为珍贵。

［55］ 正德《金山卫志》下卷一《风俗》。

［56］ 正德《松江府志》卷四《风俗》；崇祯《松江府志》卷七《风俗》；康熙《松江府志》卷五《风俗》。另外，康熙《青浦县志》卷一《风俗》，与正德《松江府志》此段记载大体相同。

［57］ 天启《海盐县图经》卷四《方域篇之四·县风土记》。

［58］ 崇祯《松江府志》卷七《风俗》。

［59］ 正德《松江府志》卷四《风俗》。

［60］ 以上参看正德《松江府志》卷五《物产》；崇祯《松江府志》卷六《物产》；
万历《嘉定县志》卷七《田赋中·物产》；新编《松江县志》，上海人民出版
社，1991年，第1008页。

［61］ 崇祯《松江府志》卷六《物产》。

［62］ 同上。

［63］ 顾清：《傍秋亭杂记》卷上。

［64］ 叶梦珠：《阅世编》卷七《食货五》。

［65］ 清末手抄本《华亭县乡土志·物产》，《国家图书馆藏乡土志抄本选编》八，线
装书局，2002年。

［66］ 褚华：《沪城备考》卷末《自叙》（上海掌故丛书）。

［67］ 以上均见褚华：《木棉谱》（上海掌故丛书）。

［68］ 张春华：《沪城岁时衢歌》（上海掌故丛书）。

［69］ 王韬：《瀛壖杂志》卷二，上海古籍出版社，1989年，第24页。

［70］ 正德《姑苏志》卷十四《物产》；万历《嘉定县志》卷六《田赋·物产》。

［71］ 崇祯《外冈志》卷二《物产》，卷一《沿革》；民国《钱门塘乡志》卷一
《土产》。

［72］ 咸丰《紫堤村志》卷二《风俗》。

［73］ 万历《青浦县志》卷一《市镇》；乾隆《奉贤县志》卷二《市镇》。

［74］ 正德《松江府志》卷四《风俗》；万历《上海县志》卷一《风俗》；康熙《嘉
定县志》卷四《风俗》。

［75］ 王韬：《瀛壖杂志》卷二，第24页。

［76］ 张春华：《沪城岁时衢歌》："木棉……一亩之入有百斤为满担，倍者为双担。"
何良俊《四友斋丛说》："（松江）西乡……土肥获多，每亩收三石者不论，只
说收二石五斗。……东乡田高岸陡……若年岁丰熟，每亩收一石五斗。"

［77］ 褚华：《木棉谱》（上海掌故丛书）。

［78］ 正德《松江府志》卷四《风俗》。

［79］ 陆世仪：《陆桴亭文集》卷六《青浦魏令君德化记》。

［80］ 咸丰《南浔镇志》卷二十四《物产》引施国祁《吉贝叹唱自序》。

［81］ 同上。

［82］ 天启《海盐县图经》卷四《方域篇·县风土记》。

［83］ 黄印《锡金识小录》卷一《力作之利》。

［84］同上。

［85］同上。

［86］正德《松江府志》卷四《风俗》。

［87］正德《姑苏志》卷十四《土产》。

［88］万历《嘉定县志》卷六《田赋·物产》。

［89］吴承明在《中国资本主义与国内市场》（中国社会科学出版社，1985年）第
　　　259～263页指出：明代后期江南棉布输出量，每年1 500～2 000万匹，清代
　　　中期江南棉布输出量，每年4 000万匹。范金民在《明清江南商业的发展》（南
　　　京大学出版社，1998年）第29～30页指出：明代后期松江府及周边地区棉布
　　　年产量2 500万匹，清代中期江南棉布年产量7 800万匹，其中商品棉布（即
　　　输出量）7 000万匹。

［90］万历《嘉定县志》卷一《疆域·市镇》；康熙《嘉定县志》卷一《疆域·市
　　　镇》；光绪《嘉定县志》卷一《乡都·市镇》。

［91］万历《嘉定县志》卷三《风俗》。

［92］民国《鹤市续志》（不分卷），序。

［93］道光《增修鹤市志略》卷下《物产·木棉》。该志编者按："乾隆二十年以前诚
　　　有如志所云者，今反是。非真今昔异也，市之盛也。支干诸河俱通利，大舠
　　　小舸往来不绝，以故数十里之货群萃于市中。及其衰也，皆散而之四方矣。"

［94］同上。

［95］乾隆《镇洋县志》卷一《物产》《风俗》。

［96］道光《蒲溪小志》卷一《风俗》《物产》。

［97］光绪《月浦志》卷九《风俗志·物产·货之属》。

［98］同上书卷一《舆地志·市镇》。

［99］乾隆《真如里志》卷一《物产》。

［100］康熙《嘉定县志》卷一《疆域·市镇》。

［101］外冈镇地处冈身地带西部，东南为黄泥冈、青冈，南为沙冈，以它独处西北
　　　一隅，故谓之外冈，又名西冈身。正德《练川图记》卷上《冈墩》："冈身，其
　　　地有四：盖在县东二里曰东冈，西十五里曰外冈，西南十八里曰沙冈，又二
　　　里曰浅冈。"

［102］崇祯《外冈志》卷一《风俗》；乾隆《续外冈志》卷一《风俗》。

［103］乾隆《续外冈志》卷一《风俗》。

［104］杨光辅：《淞南乐府》（上海掌故丛书）。

［105］褚华：《木棉谱》（上海掌故丛书）。

［106］吴伟业：《梅村家藏稿》卷十《木棉吟序》。

［107］嘉庆《朱泾志》卷一《疆域志·因革》。

［108］叶梦珠：《阅世编》卷七《食货五》。

［109］顾公燮：《消夏闲记摘抄》卷中《芙蓉塘》。

［110］嘉庆《朱泾志》卷二《建置志·节孝祠》引《龚郡尊嵘祠堂碑记》："(康熙
三十六年，娄县朱泾镇）后枕秀州塘，水大且驶，有桥曰万安，为江浙孔道，
商舶鳞集，群倡杂处其间。"

［111］光绪《枫泾小志》卷十《拾遗志·拾遗》引吴遇坤《天咫录》提及康熙
二十二年染匠、砑匠扰害乡民案件有关碑记（原碑在玉虚观）。

［112］光绪《嘉善县志》卷十三《物产》。

［113］光绪《枫泾小志》卷一《区域志·食货》。

［114］同上书卷十《拾遗志·拾遗》。

［115］康熙《嘉善县志》卷二《乡镇》。

［116］光绪《枫泾小志》卷首，江峰青《枫泾小志序》（光绪十七年）及沈祥龙《重
辑枫泾小志序》（光绪十七年）。

［117］道光《蒲溪小志》卷一《风俗》《物产》。

［118］民国《法华乡志》卷三《土产》。

［119］万历《青浦县志》卷二《镇市》。

［120］崇祯《松江府志》卷三《镇市》。

［121］嘉庆《珠里小志》卷五《里巷》。

［122］同上书卷四《物产》。

［123］同上书卷一《界域》。按：珠街阁是朱家角的雅称，两泾指朱泾镇与枫泾镇。

［124］嘉庆《南翔镇志》卷一《疆里·物产》。

［125］归有光：《震川先生集》卷十八《例授昭勇将军成山指挥使李君墓志铭》。

［126］光绪《嘉定县志》卷八《风土志·风俗》；民国《嘉定县续志》卷五《风土
志·风俗》。

［127］康熙《嘉定县志》卷四《物产》；光绪《罗店镇志》卷一《疆里志·物产》。
按：当地人称棉花为"花"，称皮棉为"花衣"或"衣"。

［128］光绪《罗店镇志》卷一《疆里志·风俗》。

［129］同上；康熙《嘉定县志》卷四《物产》。

［130］康熙《嘉定县志》卷四《物产》；光绪《罗店镇志》卷一《疆里志·物产》。

［131］光绪《宝山县志》卷一《舆地·市镇》。

［132］民国《宝山县续志》卷一《舆地·市镇》。

［133］嘉庆《安亭志》卷三《风俗土产·风俗》。

［134］康熙《嘉定县志》卷一《疆域·市镇》；嘉庆《安亭志》卷三《风俗土产·

土产》。

［135］崇祯《外冈志》卷一《沿革》，卷二《物产》。

［136］乾隆《续外冈志》卷四《物产》。

［137］乾隆《娄塘志》卷八《杂类志》。

［138］《嘉定县为禁光棍串通兵书扰累铺户告示碑》（碑原在嘉定县娄塘镇），《上海市碑刻资料选辑》（上海史资料丛刊），上海人民出版社，1980年，第96页。

［139］光绪《嘉定县志》卷一《建置》。按：康熙十年（1671年），因嘉定县屡遭旱灾，知县赵昕在此设粥厂赈济灾民，因而民间又称此地为钱门塘厂。清末，改为钱门乡。

［140］杨光辅：《淞南乐府》（上海掌故丛书）。

［141］民国《钱门塘乡志》卷一《乡土志·土产》。

［142］咸丰《紫堤村志》卷二《土产》。

［143］同上书卷二《风俗》。

［144］康熙《紫堤村小志》（不分卷）《风俗》。

［145］光绪《周庄镇志》卷一《物产》。

［146］顾公燮：《消夏闲记摘抄》卷中《芙蓉塘》。

［147］《嘉定县为禁南翔镇踹匠恃众告增规定踹匠工价钱串告示碑》（乾隆四十年立于南翔镇），载《上海碑刻资料选辑》，第99～100页。该告示碑写道："为此仰各布商，及踹匠坊总长、包头人等知悉：差踹布工价，虽多寡不一，总按布匹之长短、大小、阔狭定价，较与苏郡工价无亏。所给钱串，遵照详定之例，每银一两实给足钱八百二十文。"

［148］嘉庆《朱泾志》卷一《疆域志·物产》。

［149］道光《金泽小志》卷一《土产》。按：金泽镇地处水乡泽国，宜种水稻，不产棉花，但四乡农家"无论贫富妇女，无不纺织"，"布成持以易花，或即以棉纱易，辗转相乘"。镇上收购棉纱、棉布的牙行称为"花纱布庄"。（道光《金泽小志》卷一《风俗》）

［150］咸丰《黄渡镇志》卷二《疆里·物产》；宣统《黄渡镇续志》卷二《疆里·物产》。另外，宣统《黄渡镇续志》卷五《人物·商业》："道光之季，里中所产土布，衣被七闽者，皆由闽商在上海收买，未尝自行运送。"以后本镇商人孙时杰创议"自收自运"，由海路运往福建，"嗣是土布自运福建之路以通"。

［151］咸丰《黄渡镇志》卷二《疆里·物产》。

［152］嘉庆《南翔镇志》卷十二《杂志·纪事》。

［153］正德《金山卫志》下卷二《风俗》。

［154］正德《松江府志》卷四《风俗》；万历《上海县志》卷一《风俗志·风俗》。

［155］道光《塘湾乡九十一图里志》下编《物俗》。按：塘湾乡九十一图，属上海县
二十一保，占地五十二顷。

［156］崇祯《松江府志》卷六《物产》。

［157］同上。

［158］咸丰《紫堤村志》卷二《风俗》。

［159］乾隆《真如里志》卷一《风俗》。

［160］道光《蒲溪小志》卷一《物产》。

［161］于慎行：《谷山笔麈》卷四《相鉴》。

［162］叶梦珠：《阅世编》卷七《食货一》《食货四》。例如康熙九年（1670年），新
米每石价银八钱至九钱，棉花每担价银三两至四两，二石米价银一两六钱至一
两八钱，仅及一担棉花的一半。又如康熙二十一年，白米每石价银八钱五分，
上白棉花每担价银四两一钱，二石米价银一两七钱，还不到一担棉花的一半。

［163］叶梦珠：《阅世编》卷七《食货五》。

［164］陆世仪：《陆桴亭文集》卷六《青浦魏令君德化记》。

［165］叶梦珠：《阅世编》卷七《食货五》。

［166］嘉庆《朱泾志》卷一《疆域志·因革》；崇祯《松江府志》卷三《镇市》。

［167］乾隆《续外冈志》卷四《物产》。

［168］崇祯《外冈志》卷二《物产》。

［169］嘉庆《南翔镇志》卷一《疆里·物产》。

［170］民国《月浦里志》卷五《实业志·商业》。

［171］褚华：《木棉谱》（上海掌故丛书）。

［172］范铜：《布经》，《四库未收书辑刊》第3辑第30册，北京出版社，1997年。

［173］邱澎生：《由放料到工厂：清代前期苏州棉布字号的经济与法律分析》，《历史
研究》2002年第1期；范金民：《清代江南棉布字号探析》，《历史研究》2002
年第1期。

［174］嘉庆《安亭志》卷三《风俗土产·风俗》。

［175］光绪《月浦志》卷九《风俗志·风俗》。

［176］咸丰《紫堤村志》卷二《风俗》。

［177］叶梦珠：《阅世编》卷七《食货五》："前朝标布盛行，富商巨贾操重资而来市
者，白银动以数万计。"

［178］褚华：《木棉谱》（上海掌故丛书）。

［179］叶梦珠：《阅世编》卷七《食货五》："牙行非借势要之家不能立。"

［180］光绪《罗店镇志》卷一《疆域考·风俗》。

［181］康熙《嘉定县志》卷四《风俗》。它所说的"民害有二"的另一害是"敛头"：

"抬拥小神像，沿门需索，或秋收，或春社，迎神赛会，搭台演戏，坐派金钱，不如意，群殴之，必输助而后已，此又一害也。"

[182] 嘉庆《安亭志》卷三《风俗土产·风俗》。

[183] 崇祯《太仓州志》卷五《风俗》。

[184] 雍正《南汇县志》卷十九《风俗》。

[185] 乾隆《宝山县志》卷一《风俗》。

[186] 嘉庆《南翔镇志》卷十二《杂志·纪事》。

[187] 康熙时苏州府长洲县人褚人获引用《亦巢偶记》说："打行，闻兴于万历间，至崇祯时尤盛"；"鼎革以来，官府不知其说，而吏胥又不晓文义，改作降字。"（《坚瓠九集》卷二）按：打行（打降）兴起于万历年间的说法是有根据的。万历年间松江人范濂说："恶少打行，盛于苏州……此风沿入松（江），以至万历庚辰后尤甚。又名撞六市，分列某处某班，肆行强横。"（《云间据目抄》卷二《风俗》）

[188] 关于行霸、打行，可以参看日本学者上田信：《围绕明末清初都市无赖的社会活动——打行和脚夫》，《史学杂志》第90卷第11期（1981年）；川胜守：《明末清初的打行和访行——旧中国的无赖诸史料》，《史渊》第119期（1982年）。

[189] 康熙《江南通志》卷六十五《艺文》引余国柱《严禁打降移文》。

[190] 民国《法华乡志》卷二《风俗》。按：其中"三诚、和里谓中行，东西各有一"句，意为：镇中心东有三诚脚行，西有和里脚行，人们通称中行。此外镇的东栅、西栅还各有一个脚行。

[191] 嘉庆《南翔镇志》卷十二《杂志·纪事》，卷二《营建·书院》。

[192] 丝绸业市镇也有脚夫问题，例如濮院镇，"脚夫，分六坊，有夫头主之，凡用肩舆异举，及搬运货物，俱若辈任之，此疆彼界，尺寸不可乱也"（《濮院琐志》卷七《杂流》）。

[193] 雍正《南汇县志》卷十五《风俗》。

[194] 民国《江湾里志》卷三《徭役》。

[195] 光绪《罗店镇志》卷一《疆里志·风俗》。

[196] 光绪《月浦志》卷九《风俗志·风俗》；民国《月浦里志》卷四《风俗》。

[197] 《禁脚夫分界碑》，在县城立于城隍祠东辕门，南翔镇立碑于云翔寺，黄渡镇立于罗汉寺。见嘉庆《南翔镇志》卷十二《杂志·纪事》；光绪《嘉定县志》卷二十九《金石》。

[198] 光绪《嘉定县志》卷二十九《金石志》。

[199] 道光《蒲溪小志》卷四《碑记》。

［200］光绪《嘉定县志》卷二十九《金石志》。

［201］正德《松江府志》卷四《风俗》；崇祯《松江府志》卷五《风俗》。

［202］上海博物馆图书资料室编：《上海碑刻资料选辑》，第84～85页。按：引用时标点符号有所改动。

［203］同上书，第85～88页。

［204］顾公燮：《消夏闲记摘抄》卷中《芙蓉塘》。

［205］光绪《枫泾小志》卷十《拾遗志·拾遗》引《天咫录》。

［206］乾隆四十年《嘉定县为禁南翔镇踹匠恃众告增规定踹匠工价钱串告示碑》，见《上海碑刻资料选辑》，第100页。

［207］同治《上海县志》卷八《物产》："染成而以巨石压磨者为踏光布"。

［208］褚华：《木棉谱》（上海掌故丛书）。

［209］《雍正朱批谕旨》第四十二册，雍正八年七月二十五日李卫奏。

［210］同上书，雍正七年十二月初二日李卫奏。

［211］《雍正朱批谕旨》第四十八册，雍正元年四月五日胡凤翚奏。

［212］许涤新、吴承明主编：《中国资本主义发展史》第一卷《中国资本主义的萌芽》（人民出版社，1985年）第404～405页也说：雍正年间官员所作的两次调查（1723年、1730年），都指出苏州城内当时的踹匠、染匠人数合计至少在两万人以上。

［213］寺田隆信：《苏州踹布业的经营形态》，《东北大学文学部研究年报》第18卷（1968年）；亦见其《山西商人研究》（中译本），山西人民出版社，1986年，第314～379页。

［214］范金民：《清代江南棉布字号探析》，《历史研究》2002年第1期。

［215］乾隆《长洲县志》卷十《物产》。

［216］叶梦珠：《阅世编》卷七《食货五》。

［217］郑光祖：《一斑录杂述》卷七。

［218］黄卬：《锡金识小录》卷一《力作之利》。

［219］川胜守：《长江三角洲镇市的发达和水利》，《佐藤博士还历纪念中国水利史论集》，东京图书刊行会，1981年；亦收入氏著《明清江南市镇社会史研究——空间和社会形成的历史学》，第143～192页。

［220］以上均见川胜守：《长江三角洲镇市的发达和水利》，《明清江南市镇社会史研究——空间和社会形成的历史学》，第183～188页。

［221］汪敬虞：《从棉纺织品的贸易看中国资本主义的产生》，《汪敬虞集》，第367～368页。

［222］郑若曾：《筹海图编》卷二下《日本纪略》。该书记载：除了丝、丝绵、布以

外，还有绵绸、锦绣、红线、水银、针、铁锅、瓷器、古文钱、药材等。

［223］严中平：《丝绸流向菲律宾白银流向中国》。

［224］全汉昇：《中国经济史论丛》第二册，第639～642页。

［225］同上书，第639页。

［226］同上。

［227］严中平：《中国棉纺织史稿（1289—1937）：从棉纺织工业史看中国资本主义的发生与发展过程》，第26页。

［228］《汪敬虞集》，第375～376页。

［229］道光《增修鹤市志略》卷下《物产》。

［230］民国《鹤市续志》（不分卷）《物产》。该书物产部分，仅仅七个字："燻制野味，天花粉。"

［231］民国《嘉定嫠东志》卷一《市集》。

［232］李维清：《上海乡土志》第四十二课《物产（花布）》，上海古籍出版社，1989年，第77页。

［233］清末抄本《华亭乡土志·物产》，《国家图书馆藏乡土志抄本选编》八。

［234］民国《月浦里志》卷五《实业志·商业、工业》。

［235］民国《法华乡志》卷一《沿革》。

［236］民国《江湾里志》卷四《礼俗志·风俗》，卷五《实业志·农业》。

［237］民国《真如里志》（不分卷）《财赋志·真如商业概况》。

［238］民国《真如志》卷三《实业志·商业》。

［239］包世臣：《齐民四术》卷二《答族子孟开书》《致前大司马许太常书》。

［240］彭泽益编：《中国近代手工业史资料（1840—1949）》第二卷，生活·读书·新知三联书店，1957年，第195页。

［241］光绪《嘉定县志》卷八《土产》。

［242］民国《嘉定县续志》卷一《市镇》。

［243］同上书卷五《物产》。

［244］同上。

［245］同上。

［246］民国《嘉定嫠东志》卷一《市集》。

［247］满铁上海事务所调查室：《上海特别市嘉定区农村实态调查报告书》，第104～105页。

［248］华东军政委员会土地改革委员会：《江苏省农村调查》，第84～85页。

［249］民国《嘉定县续志》卷五《物产》。

［250］满铁上海事务所调查室：《上海特别市嘉定区农村实态调查报告书》，第

99 ～ 100页。

［251］同上书，第96 ～ 97页。

［252］华东军政委员会土地改革委员会：《江苏省农村调查》，第85页。

［253］满铁上海事务所调查室：《上海特别市嘉定区农村实态调查报告书》，第18 ～ 20页。

［254］满铁上海事务所调查室：《江苏省松江县农村实态调查报告书》，第5页。

［255］同上书，第165 ～ 166页。

［256］华东军政委员会土地改革委员会：《江苏省农村调查》，第150 ～ 151页。

［257］同上书，第156 ～ 157页。

［258］民国《乌青镇志》卷二十一《工商》。

［259］新编《枫泾镇志》，汉语大辞典出版社，1993年，第32 ～ 33页。

［260］嘉庆《珠里小志》卷一《界域》引陈金浩《衢歌》："鱼米庄行闹六时，南桥人避小巡司，两泾不及珠街阁，看尽图经总未知。"万历《青浦县志》卷二《镇市》中称朱家角镇："商贾辐辏，贸易花布，为今巨镇。"

［261］羊冀成编：《松江米市调查》，社会部经济调查所，上海，1936年，第19页。

［262］新编《青浦县志》，上海人民出版社，1990年，第361 ～ 362页。

第三章

江南市镇的早期城市化

——典型市镇的个案分析

关于江南市镇的性质究竟是农村还是城市，学术界存在不同意见。我倾向于认为，以苏、松、杭、嘉、湖为中心的江南市镇，大多属于城市范畴，或者说它们已由农村转化为城市。

费孝通先生把江南市镇定义为小城镇，日本学者则把江南市镇定义为地方都市。[1] 不约而同地看到了江南市镇不同于农村的本质。

本章选择八个典型江南市镇，展示江南的早期城市化模式。读者诸君可以透过以下的个案分析，审视江南市镇的早期城市化进程。

一 盛泽镇

1. 由村到市，由市到镇

盛泽镇作为丝绸业市镇闻名遐迩，但是它的历史并不悠久，兴起得较晚。此地原名青草滩。新编《盛泽镇志》指出，吴江县的松陵镇、黄溪市先前都称为青草滩，可见青草滩并非专称，而是泛称，意在表明人烟稀少的荒凉的意思。[2] 然而在文人笔下，青草滩仍然是盛泽镇的一大胜景，成为诗文怀旧的对象。例如赵基《题芙蓉庄秋霁图后》写道："芙蓉庄，在青草滩之阳，回流断岸，波澜无际，高榆苍括，撑出云表，望之使人意远。"[3]又如巴慰祖《题芙蓉庄秋霁图》写道："青草滩前留别墅，红梨荡北老诗家，为思夹岸芙蓉里，策杖秋晴睇暮霞。"[4]可见在盛泽镇前辈的心目中，青草滩是实有所指的地名。不过在明朝以前这里还很荒凉，是毫无疑问的。

直至明初，这里仍是一个村落，居民仅五六十家。[5]当时只有"寅亥市"——一个每逢寅日、亥日赶集（六日一集）的村市[6]，还没有成为基层商业中心的市镇之"市"。弘治《吴江县志》所载吴江县的市镇，仅平望镇、黎里镇、同里镇、震泽镇四镇及县市、江南市、新杭市三市，并无盛泽市。[7]正德《姑苏志》所载吴江县的市镇，与弘治《吴江县志》相同。[8]足见迟至弘治、正德年间，盛泽还没有成为"市"，还不能与江南市、新杭市相比肩。

光绪《盛湖志》说，盛泽在"嘉靖间渐成市"[9]，是可信的。人们从嘉靖《吴江县志》中已可看到关于"盛泽市"的记载，当时吴江县在原先的县市、江南市、新杭市之外，新增了双杨市、严墓市、坛丘市、梅堰市、八斥市、庵村市及盛泽市，不过规模依然很小，仅"居民百家"而已。[10]

从明初居民仅五六十家，到成化年间"居民附集，商贾渐通"[11]；再到嘉靖年间发展成为一个"市"——"居民百家，以绫绸为业"[12]，其间经历了百来年时间。由于它充分发挥地理与经济的优势，以绫绸为业的盛泽市，日趋繁荣，居民增多，商贾辏集，终于在万历、天启之间由"市"发展为"镇"。新编

《盛泽镇志》说："明末清初，盛泽的地位进一步上升。清顺治四年（1647年）建镇制。"[13]言之凿凿，必有所据，但颇有值得商榷之处。

其一，光绪《盛湖志补》引用当地人徐崧遇"述盛川今昔之异"，赋七绝二首，前一首是：

> 白头老子话当年，
> 日午荒村少爨烟。
> 却倚豆棚花下立，
> 门前杨树系渔村。

后一首是：

> 神宗以后始繁奢，
> 狭乡穰穰闹日斜。
> 不见吾宗修志日，
> 居民只有百余家。

由此可见明神宗万历年间前后，盛泽发生了巨大的变化，从先前的"日午荒村少爨烟"，"居民只有百余家"，发展为"神宗以后始繁奢，狭乡穰穰闹日斜"。[14]

其二，刊印于天启七年（1627年）的《醒世恒言》中，有一篇《施润泽滩阙遇友》，以吴江县盛泽为背景，具体描绘了天启年间盛泽的繁华情况，值得注意的是，当时已经把盛泽称为"镇"了。该文写道："苏州府吴江县离城七十里，有个乡镇，地名盛泽。镇上居民稠广，土俗淳朴，俱以蚕桑为业，男女勤谨，络纬机杼之声，通宵彻夜。"[15]小说中施润泽的故事或为虚构，而对盛泽镇的实态描述则未必为杜撰。冯梦龙作为当时当地人对盛泽镇的耳闻目睹应该是可信的实录。

根据以上分析，大体可以推知，至少在天启年间以前，盛泽已经成"镇"，而且是规模颇大的蚕桑丝绸业市镇。

2."舟楫塞港，街道肩摩"

清初，盛泽镇蓬勃发展："户口日增，每日中为市，舟楫塞港，街道肩摩"[16]；"丝绸之利日扩，南北商贾咸萃"，"商贾辐辏，居民万有余家"，"蕃阜气象诸镇中推为第一"[17]。从嘉靖至康熙的百余年间，居民由百家增至万余家，猛增百倍，成为吴江县首屈一指的大镇，其根本动力就是迅猛发展的蚕桑丝织业。康雍乾盛世，盛泽镇持续繁荣。乾隆《盛湖志》说："今则万家烟火，百倍于昔，其热闹与郡阊门埒。"[18] 当时的盛泽镇不仅是吴江县的第一大镇，而且其热闹程度可以和苏州最繁华的商业区阊门相媲美。乾隆《吴江县志》说："迄今居民百倍于昔，绫绸之聚亦且十倍，四方大贾辇金至者无虚日。每日中为市，舟楫塞港，街道肩摩。盖其繁阜喧盛实为邑中诸镇之第一。"[19] 由于盛泽镇日趋繁荣，地位日趋重要，乾隆五年移驻县丞于此，盛泽"遂称巨镇"[20]。

盛泽镇地处吴江县城东南六十里之西肠圩，充字圩，附近之东肠圩、大适圩、小适圩、饭圩"皆居货致积"，镇上"工贾艺术杂处者，纵横不过一二里"。

镇上沿市河南北两岸有南大街（市河南岸）、北大街（市河北岸），不仅是通衢大道，而且是商业中心，另有新街、花园街、十字街、庄前街、虹桥街、后街、葡萄街、山塘街、酱园街，与南北大街相连，四通八达，店肆林立。[21] 据新编《吴江县志》记载，光绪末年，盛泽镇有十一条街、十三条里、十四条坊、六十五条弄。民国十七年（1928年），仲少梅在镇西建造民房数百间，形成西新街。此后一二年，沈之万在镇南建住宅，形成沈新街。1940年代，镇区范围东至升明桥、带福桥，至石匠湾、西新街，南至田塍口、沈新街，北至荔枝街、酱园街，面积约0.6平方公里。[22]

盛泽镇的四乡"绵亘数十圩，南逾麻溪，至浙江界，北尽绛圩，东邻王江泾，西边烂溪乡"[23]。位于盛泽镇东南的新杭市，地处二十都糟字圩，与嘉兴府秀水县的王江泾镇接壤，在盛泽镇四乡的范围之内，其地久已有发达的丝织业，清人宋景和《新杭市诗》云：

> 锦绫织就费千丝，
> 花样新鲜是折枝。
> 估客不辞千里远，
> 新杭桥外卸帆迟。[24]

新杭早于盛泽成市，"居民千余家，以织丝为业"[25]。盛泽镇凭借四乡发达的蚕桑丝织业，成为丝绸集散中心，并且与邻近的丝绸业市镇、粮食业市镇构成关系密切的市镇网络：

东南至新杭市五里；东至王江泾镇六里；北至平望镇十五里，至八斥市三十八里；西南至新城镇三十里，至濮院镇五十里；西至震泽镇三十里，至南浔镇五十里。

这一市镇网络处于江南蚕桑丝织业经济发达的中心地带，国内外市场对优质生丝与丝织品的需求与日俱增，使得盛泽镇与南洧镇、濮院镇等一起持续兴旺。

3.“富商大贾摩肩连袂如一都会”

盛泽镇作为一个丝绸业中心的兴起虽在晚明,但其四乡的蚕桑丝织经营却由来已久了。乾隆《吴江县志》说:"绫绸之业,宋元以前惟郡人为之。至明熙、宣间,邑民始渐事机丝,犹往往雇郡人织挽。成、弘以后,土人亦有精其业者,相沿成俗。于是,盛泽、黄溪四五十里间,居民乃尽逐绫绸之利。有力者雇人织挽,贫者皆自织,而令童稚挽花,女工不事纺绩,日夕治丝。明俞琬纶《络丝妇诗》有'钩悬搴细细'及'丝绝巧唇添'之句。故儿女自十岁以外皆早暮拮据,以糊其口。而丝之丰歉,绫绸价之低昂,即小民有岁无岁之分也。"[26]早在盛泽还未成市之时,即成化、弘治年间,四乡农家已精于机丝绫绸之业,盛泽周围四五十里内,农家都已经把绫绸作为主业,因此每年蚕丝收成的好坏,绫绸价格的高低,成为当地农家是否丰收的主要依据。盛泽镇就是在这种深厚而广阔的蚕桑丝织业基础上发展起来的。据《醒世恒言》的描述,明末的盛泽镇真是盛况空前:

> 那市上两岸绸丝牙行,约有千百余家,远近村坊织成绸匹,俱到此上市。四方商贾来收买的,蜂攒蚁集,挨挤不开。[27]

镇东南五里的新杭市,是丝绸交易的另一个市场,或者可以说是盛泽镇市场的延伸部分,市面也很兴旺。计楠《新杭市诗》如此描写它的盛况:

估舶列市梢，

人家夹河岸。

秋灯耿不眠，

鸣梭响夜半。[28]

新编《盛泽镇志》第四章"丝绸贸易"第一节，先写新杭与黄溪绸市，作为盛泽绸市的铺垫，是具有全局观的。它引用同治《盛湖志》的记述："新杭市在盛泽镇东南五里，二十都槽字圩。与浙江秀水县王江泾（镇）接壤，江浙限一水为界，有太平桥，水阴皆王江泾镇，水阳为新杭市，浙人呼为河北埭。"新杭市与王江泾镇虽两省分治，经济上历来融为一体，是具有丝绸生产和集散功能的市镇。此处绸市主要吸收盛泽镇东南一带农村的绸货。[29]

黄溪市又称黄家溪，位于盛泽镇东北十二里的运河边上。《黄溪志》记述，明万历年间徽商曾前来贩卖丝绸，当地还有丝领头、绸领头之类的中间商人。到了清初，已经成为"烟火千家两岸回"的丝绸业市镇，所产绸缎大批运销北方中原地带，有"衣被中原到九氏"之誉。由于绸货主要运销北方，因此黄溪绸货"花样轻重必合北客意，否则上庄辄退"[30]。

盛泽镇与新杭市、黄溪市一起构成吴江县的丝绸贸易中心地，毫无疑问，它是以盛泽镇为中心的。明末清初，盛泽绸市集中于市河两岸，以中段善嘉桥一带最为密集，称为庄面（后世称为"旧庄"或"老庄面"）。乾隆十七年（1752年）因火灾焚毁庄面，绸业界集资在西肠圩南端建新的庄面，称为"新庄"。光绪二十三年（1897年）培元公所出资在新庄之南增建南庄，在一个封闭建筑内，有绸行、领户及账桌、钱柜一应设备。清末，绸市兴旺，徽商集资在庄面东南兴建徽州庄，格局与庄面相似。此外，庄面周围的庄面一弄、庄面二弄及庄横头一带，也有类似的市房，为绸行、领户的营业所。丝行、笕店、梭子店、机料店大都群集于庄面外围。因此庄面是盛泽绸市的缩影和焦点，成为盛泽地区经济活动的心脏。庄面每天清晨开市，四乡傲船人及机户蜂拥而至，绸行领户各自挂牌收绸，称为"出庄"或"上庄"。午后傲船人及机户陆续散走，绸行领户相率收市，全庄关闭称为"收庄"或"落庄"。[31]

由于丝织业发达，盛泽镇及其四乡以雇佣劳动为特色的机坊数量众多，鼎盛时代大约有数千佣织的机工、曳花儿。乾隆《盛湖志》记载当地风俗："中元夜，四乡佣织多人及俗称曳花者约数千计，汇聚东庙并升明桥，赌唱山歌，编成新调，喧阗达旦。"[32]七月十五夜晚的赛观音会，参加迎神赛会的佣织、曳花竟有数千人之多，可见受雇于机坊的雇佣劳动者数量之多，一定在数千人以上。雇佣劳动还大量用于加工丝绸的各种作坊中，承担绸行收购丝绸的加工业务的炼坊、染坊、踹坊、轴坊，都有雇工。直至清末，各类作坊规模仍然相当可观："凡练绸之坊十余，染坊三十余，踹、轴等坊亦如之，业此者近千人。"[33]

这样就形成了盛泽镇的经济结构："镇之丰歉固视乎田之荒熟，尤视乎商客之盛衰。盖机户仰食于绸行，绸行仰食于商客，而开张店肆者即胥仰食于此焉。倘或商客稀少，机户利薄，则怨咨者多矣。"[34]

吴江县一向以出产丝、绵、绢、罗、苎丝、绫、绸等名品著称于世[35]，故有"蚕桑盛于两浙"之谚[36]。而丝织品又以盛泽镇为集散中心："凡邑中所产，皆聚于盛泽镇，天下衣被多赖之。

富商大贾数千里辇万金来买者，摩肩连袂，如一都会矣。"[37]带着数以万计银两的富商大贾主要是徽州商人、宁国商人、宁波商人、济宁商人、山西商人等，为了与盛泽镇保持长期稳定的经济关系，他们大多在此设立会馆。例如康熙十六年（1677年），山东济宁州商人集资在镇上建立"济宁会馆"；道光十二年（1832年），徽州府、宁国府商人集资在镇上建立"徽宁会馆"，并立碑纪事："吴江县治南六十里曰盛泽镇，凡江浙两省之以蚕织为业者，俱萃于是，商贾辐辏，虽弹丸之地，而繁华过他郡邑。皖省徽州、宁国二郡之人，服贾于外者，所在多有，而盛（泽）镇尤汇集之处也。"[38]此外，还有山西会馆、宁绍会馆、济东会馆等。盛泽镇因而成为一个商贾荟萃之地。

会馆之外还有公所，最有实力的是绸业公所，是镇上所有绸庄的同业组织，包揽丝绸贸易，下属各绸庄，集中进行交易的市场，就是前面提到的庄面。其次是丝业公所、领业公所、钱业公所、米业公所，分别是蚕丝业、领头业（也作领投业）、钱庄业、粮食业的同业组织。绸、丝、领、钱、米五大行业，构成盛泽镇的经济支柱。上海开埠后，盛泽镇绸商在上海建立分庄，称为申庄，与洋行进行交易。[39]

盛泽镇向全国各地客商提供的绫绸品种很多，有绸、罗、绫、纱、绢，或花或素，或长或短，或轻或重，各有定式：

绫，花色重者曰庄院线绫，次者曰西机脚踏绫，素者曰串绸惠绫、荡北扁织绫；

罗，只有素色而无花色，有秋罗、银罗、锦罗、生罗等；

纱，花者居多，素者亦有，如米统、罗片、官纱等；

绢，有毛绢、长绢、巾带、手帕等。

以上这些绫、罗、纱、绢畅销各地，"京省外国悉来市易"[40]。

此外还有特色产品，例如画绢，织画绢的作坊有四五家，称为画绢局，所织画绢销售苏州府城；又如云布——又名丝纬布，以棉纱为纬，以丝为经，织成后，质轻而肥，是道光以后的新产品；再如线，名称不一，有衣线、头扣、二扣、三扣、机线（绸机用以挽花）、帽纬线等。[41]

随着各地对盛泽绫绸需求量的日益增加，本地所产蚕丝供不应求。镇上向机户供应蚕丝的丝行，纷纷向外地采购蚕丝。此类丝行大小百余家，雇佣伙计四出收购蚕丝："东则嘉善、平湖，西则新市、洲钱、石门、桐乡，南则王店、濮院、新篁、沈荡，北则溧阳、木渎，由丝行觅买，分售机户。"[42]同治、光绪年间，盛泽镇四周二十五里方圆之内的农家，无不从事丝织业，共有织机八千台左右，年产绸货约九十万匹，所需蚕丝五十多万斤，多由镇上丝行向机户供应。[43]

4. 持续繁荣，长盛不衰

盛泽镇丝绸业的繁荣持续很长时间，可谓长盛不衰。据新编《吴江县志》记载，鼎盛时，盛泽镇上的绸行（庄）多达百余家，丝行有近百家（清末民初），领投185家（民国十三年），由绸、丝、领构成盛泽绸市的支柱。[44]绸市的兴旺，带动了各行各业的繁荣。比如米业，清乾隆至道光年间，盛泽的米市不亚于著名米市平望镇，行号有王永和、汪恒升、程复兴等45家。比如食品业，包括鲜肉、鲜鱼、豆腐、腌腊、酒酱等行业。清末，鲜肉业已有同业公所。抗日战争前，全镇有鲜肉店21家、鱼行8家、腌腊店13家、酒酱店32家。再比如服务业，有旅馆、浴室、照相馆。1920年代，有旅馆11家；浴室创设于民国十三年（1924年），照相馆创设于民国初年。再如日用品业，包括棉布、百货、烟杂、估衣、棉线、文具、五金电料、钟表等行业，民国二十五年有147家。其中嘉福永绸缎店开设于光绪年间，天丰永百货店开设于宣统三年。

1930年代，一方面由于世界经济危机的影响，另一方面由于外国人造丝的竞争，中国手工丝织业一落千丈。即使在这种走下坡路的情势下，盛泽镇仍然保持着颇为可观的景况。四乡农家还是以织绸为业，当时的《江苏省鉴》这样描述道："（农家生产的绸货）卖于绸庄，为该地农家经济之主要收入，农田收获反漠视之"；所产纺绸、绉绸、中山葛、绫绸、人丝绉、光机绉、花纺、交织纺、丝巾、秋罗纱、生罗、直罗等，都是有名的产品。盛泽镇还是"丝织业集中地区"，有"吴江县除盛泽外即无所谓丝织业"的夸张说法。[45]

因此，直至1950年代初期，盛泽镇依然是一个工商业发达的市镇。镇上有绸行88家，丝行66家，炼坊9家，染坊18家，网扣店7家，车木作37家，银行7家，钱庄21家，茶馆48家（其中4家设有书场），旅馆10家，剧院2家，饭馆及饮食店37家，切面店26家，糕团店15家，成衣店62家，衣庄7家，丝线作44家。[46]

盛泽镇的规模也在不断扩大，光绪末年，全镇已有11条街、13条里、14条坊、65条弄。民国十七年（1928年），仲少梅在镇西建造民房数百间，形成西新街。此后，沈之万在镇南建住宅，形成沈新街。不久，区公所建造马家弄北口至苏嘉公路便道、五龙路。1940年代，镇区范围东至升明桥、带福桥，西至石匠湾、

西新街，南至田墈口、沈新街，北至荔枝街、酱园街，面积约
0.6平方公里。[47]

二　南翔镇

1.“四方商贾辐辏，廛市蝉联”

南翔镇位于嘉定县治南二十四里，宋元时已成巨镇。境内
有上中下三条称为槎浦的河流，因而古人称此地为槎溪。萧梁天
监四年（505年），在此建造白鹤南翔寺，南翔镇的得名，由此
而来。有人说：“南朝梁武帝天监四年，在此建白鹤南翔寺，因
寺成镇，并以寺得名。距今已近一千五百年，是中国历史上著名
的古镇之一。”[48]似乎有夸张之嫌。南翔作为一个聚落，历史悠
久，但聚落并不一定就是市镇，南翔由一个聚落发展成为一个
市镇，不会早于宋代，说它在一千五百年前已经成镇，是缺乏
根据的。嘉庆《南翔镇志》所说“因寺成镇，遂以寺名”，是泛
泛之谈，并非确指萧梁时已成镇，所以它说“宋元时，惟西南
为镇”。[49]

白鹤南翔寺，后名云翔寺。相传梁天监中，当地人掘地得
到巨石，经常有两只白鹤飞集其上，德齐和尚在此建造寺庙，并
在巨石上题诗：“白鹤南翔去不归，惟留真迹在名基，可怜后代
空王子，不绝薰修享二时”，因名寺为南翔。元明两代迭经重修，
清康熙三十九年（1700年）皇帝御书“云翔寺”匾额，遂改名
为云翔寺。历代对于这座寺庙的重修均十分重视，留下不少记
载，对理解“南翔”有所裨益。如元代的释宏济《南翔寺重兴
记》写道：“直嘉定署南一舍，距江五里许，南翔寺在焉。梁天

监间，比丘德齐法师开山，时二鹤至止，若有所感然。寺成，鹤乃翩跹而南，地以南翔称。"明代的王世贞《重修南翔讲寺记》写道："寺所以称南翔者，当梁天监间，有异僧德齐止锡其地，归为阿兰若，甫决算，二双鹤依之。晨起放鹤，鹤往之方，必有客至，则为檀越，布金其地，委输若神鬼，不日而成上刹，以雄丽冠东南。德公化，鹤亦望南而翔，不复返。"此外，清代的陆陇其《白鹤寺记》、钱大昕《重修敕赐云翔寺大雄宝殿记》都对此有所论及。[50]

明代正德以前，南翔已成为嘉定县所属七个市镇（南翔、罗店、安亭、黄渡、大场、江湾、清浦）中之佼佼者。[51]嘉靖年间"倭寇"多次骚扰，南翔镇及其四乡多遭焚掠，万安寺以南民居屋宇被毁殆尽。隆庆、万历年间逐渐复兴，成为棉布业交易中心。镇上徽商丛集，从事棉布贩卖，从而带动各行各业的繁荣。万历《嘉定县志》说：

> 南翔镇，在县治南二十四里，因寺而名。其地东西五里，南北三里。往多徽商侨寓，百货填集，甲于诸镇。[52]

万历中，徽商受到"无赖蚕食"，"稍稍徙避"，南翔镇的景况一度受到影响，颇不景气。[53]清初，南翔镇再度出现繁荣的市面，"生齿日繁，里舍日扩"。这样，从宋元间到清代，南翔镇有一个逐渐东移的过程，正如《南翔镇志》所说："宋元时，惟西南为镇，万安寺前至王家桥俱列肆。后以吴淞江多盗，西南受侵，居民渐渐东徙。明正（德）、嘉（靖）间，倭寇迭至，乡村多被火，万安寺南居民屋宇多燔。国朝生齿日繁，里舍日扩，镇东新街南、黄花场北、金黄桥外，渐次成市。"[54]据康熙二十六年（1687年）石崧《公建抚宪赵公长生书院碑记》记载，当时的南翔镇"四方商贾辐辏，廛市蝉联，村落丛聚，为花、豆、米、麦、百货之所骈集。其间风俗素醇朴，而僻在海陬，远于王化，杂出之奸顽亦复不少。大约士夫矜名节，编氓尚气谊，下而负贩之伦，则财利相固结，党类相声援，好以贱犯贵，以下犯上"[55]。从这段话来看，康熙时代的南翔镇，由于市场经济的发达，商业化气息日趋浓厚，社会风气正在发生前所未有的变化。

2. 十字港与街巷构筑的城市格局

南翔镇东西五里，南北三里，镇中为十字港，四条河流——横沥、上槎浦、走马塘、封家浜——相交于镇中心，形成十字港。是全镇的商业中心。这四条河流向四面延伸，构成商品集散的主要渠道。

横沥——横贯全镇南北，南受吴淞江之水，会合上槎浦北流，由马陆村经嘉定县城，抵娄塘镇，入刘家河（浏河）；

上槎浦——南通孙基港，北达南横沥；

走马塘——吉利桥下东去，至孟家桥东南流，由江湾镇出黄浦，为南走马塘；从孟家桥直东流，达陈家行，为北走马塘；

封家浜——隆兴桥下西去，由井亭桥折而南，贯月河，入吴淞江。[56]

镇中十字港，有太平、泰康、吉利、隆兴四座桥梁相连。太平桥，跨横沥南口，明弘治十八年（1505年）改为石桥，清乾隆三十二年（1767年）重建，与兴隆桥、吉利桥纵横相连，总名八字桥。泰康桥，跨上槎浦，旧名感梦桥，明洪武二十年（1387年）建，清乾隆间重修，增设石栏。吉利桥，在太平桥东

280

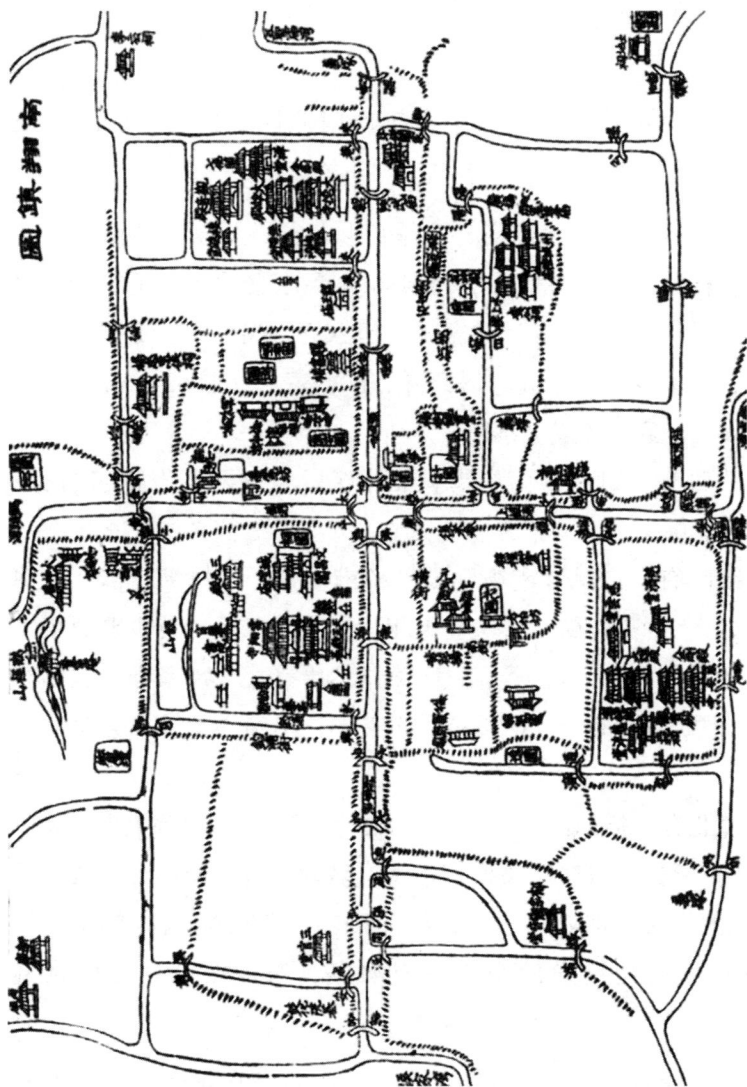

嘉庆《南翔镇志》所载南翔镇图

281

偏，走马塘口。隆兴桥，在太平桥西偏，封家浜东口，乾隆五十年重建。镇西的杨柳桥，跨封家浜，近吴淞江渡口，为南北往来孔道。[57]

以十字港为中心，镇中向东西南北四个方向延伸的街道密布。

镇东有：走马塘南街、北岸街、新街。与这三条街相连的有：西杨家弄、东林庵弄（俗名药师弄）、滕家弄、毛家弄（以上太平桥东）；马家弄、沈家弄、唐家弄、吴家弄、更楼弄、庄桥弄、管家弄、双桂弄、傅家弄、东杨家弄、戚家弄、沈家弄、陆家弄、许家弄（以上泰康桥东）。

镇西有：封家浜南岸街、北岸街。与这两条街相连的有：义学弄、毛家弄、董家弄、沈家弄、贞孝弄、义成弄。

镇南有：白鹤寺南街、太平桥南横街（西岸米巷街，东岸混堂街）、黄花场街。与这些街相连的有莫家弄（莫少卿故里）、鸡鸭弄、唐家弄、经堂弄、尹家弄、叶家弄、姚家弄、陈师弄（以上白鹤寺南街）；混堂弄、苏家弄、小娘弄（以上泰康桥南横岸）。

镇北有：横沥西岸街、东岸街、钓浦街（明时为大街，直达镇北冈身路）。与这三条街相连的有城隍庙弄、滕园弄、假山弄（以上太平桥北河西）、朱家弄（河东）、唐家弄（钓浦上）。[58]全镇与大街相贯通的小弄共有41条，布成密如蛛网的街巷体系。

到民国时期，南翔镇的街巷与清代的情况没有太大的变化。据民国《嘉定县续志》记载，当时街巷大体如下：

云翔寺南街、太平条南街，西岸由隆兴桥九间楼往南米巷，东岸由老旗杆往南混堂街；太平桥西街、横街、黄花场街、马路，轿子湾东首起，至火车站；叶家巷、南米巷、后米巷、莫家巷、莫少卿故里；鸡鸭巷、唐家巷、经堂巷、尹家巷、杀羊巷、姚家巷、陈师巷。以上均在云翔寺南。

混堂巷、苏家巷、小娘巷，均在泰康桥南东岸。

横沥西岸街、东岸街、钓浦街，北通冈身路，南通黄花场街。

城隍庙巷、滕园巷、假山巷，均在太平桥北、横沥西岸。

朱家巷，横沥东岸；唐家巷，钓浦上。

走马塘南岸街、北岸街、新街，西杨家巷、东林庵巷（俗名药师巷）、滕家巷、毛家巷，以上四巷在太平桥东。

马家巷、沈家巷、唐家巷、吴家巷、更楼巷、庄家巷、管家巷、双桂巷、傅家巷、东杨家巷、戚家巷、沈家巷、陆家巷、许家巷，以上在泰康桥东。

封家浜南岸街、北岸街，义学巷、毛家巷、董家巷、沈家巷、贞孝巷、义成巷。[59]

河道、街巷向四外延伸，使南翔镇与邻近市镇之间构成方便的四通八达的市镇网络：

东至陈家行十二里，西至黄渡镇十八里，北至马陆镇十二里，东南至大场镇二十四里，东北至广福镇十八里，西南至纪王镇十二里，西北至方泰镇二十四里。[60]

南翔镇在这些市镇中以工商业发达著称，自然成为这一市镇网络的经济中心。支撑南翔镇持续繁荣的经济支柱是棉布业以及由此带动的其他产业。

3."布商莫盛于南翔"

嘉定县境内的棉布业（俗称土布业）素负盛名，棉花"通邑栽之，以资纺织"[61]，所织棉布有紫花布、斜纹布、药斑布、棋花布、诸暨布、胜花纹布等。尤以药斑布、棋花布为畅销品。所谓药斑布，"以布抹灰药染青，俟其干去之，则青白相间，有楼台、人物、花鸟之形，为帐幕衿帨颇佳"；所谓棋花布，"以青白缕间织，如棋枰"。[62]农家经济"首借棉布，纺织之勤，比户相属"，"商贾贩鬻，近自杭、歙、清、济，远至蓟、辽、山、陕"。[63]

南翔镇东张泾一带乡村所产棉花，"其短花繁，每斤可收花衣六七两"，是优质纺织原料。用此种棉花纺纱织布，俱成精品。当地所产浆纱布、刷线布远近闻名。南翔镇所出刷线布，又名扣布，"光洁而厚，制衣被耐久，远方珍之。布商各字号俱在镇，鉴择尤精，故里中所织甲一邑"[64]。南翔镇以棉布质量精良而居嘉定一县之首，吸引各地客商前来收购，镇上布庄（布行）林立，成为全县棉布集散中心。

镇上的布商字号，大多由徽州商人经营。他们在镇上设庄收购各色棉布，然后贩运于江淮、临清一带。[65]故当时人说："布商莫盛于南翔，娄塘、纪王镇次之"；"布商，南翔镇较娄塘、纪王镇为盛"。[66]这种盛况一直持续到清末民初，南翔镇的棉布营业额在嘉定一县中始终遥遥领先。[67]

棉布贸易带动了棉布加工业，乾隆时期为布商字号服务的踹坊就有十家之多，由坊总长、包头人与踹匠组成，形成一种雇佣关系，踹匠的雇佣工价按照布匹长短、大小、阔狭而定。[68]因此常容易引发雇佣双方的纠纷，南翔镇原有乾隆四十年（1775年）所立的《嘉定县为禁南翔镇踹匠恃众告增规定踹匠工价钱串告示碑》，上面公布了嘉定县衙门的告示："为此仰布各布商，及踹匠、坊总长、包头人等知悉：查踹布工价，虽多寡不一，总按布匹之长短、大小、阔狭定价，较与苏郡（引者按：指苏州府）工价无亏。所给钱串，遵照详定之例，每银一两实给足钱八百二十文。嗣后无论米薪钱价长落，不许再行借端滋事。"[69]棉布踹坊的集中地当然首推苏州阊门一带，有踹坊四百五十余处，南翔与阊门相比，未免小巫见大巫，因此发生纠纷必然要援引苏州的惯例。但由此也可以看到南翔镇的棉布加工业已有相当规模。

除了棉布业，其他行业也十分发达。首先是棉花业，本地虽产棉花，但不敷纺织所需，必须收购外来棉花，因此镇上从事棉花交易的牙行（花行）以及客商数量不少。其次是粮食业，因为南翔镇四乡"地不产米"，"仰食外郡"[70]，米、麦、豆均从外地运入，故镇上米行、米店、米客甚多。一旦"商运不通，米价骤增"，例如嘉庆九年（1804年）灾荒，米价猛涨至每升（一斤半）四五十文，南翔镇各米铺存粮仅可支持三日，民心惶惶。[71]由此可见南翔镇及其四乡成为棉纺织专业地区以后，粮食商品化程度日益增大，对商品粮的依赖程度也日益明显。由于商品粮交易额巨大，不断有外地粮食运至镇上，由脚夫卸运，终于形成脚夫勒索商人的怪现象。巡抚赵麟鼎力禁止，才使事态稍微有所好转，商民为了表示感谢，建立书院，并且立碑表彰，这就是石崧《公建抚宪赵公长生书院碑记》。碑记指出：先前"肩挑背负任彼（引者按：指脚夫）定价，横索惟恐弗得其欢心，以致货物壅塞河干，市口遂酿成彼等骄横之习，日盛一日，而米客受其笼络，米店受其凌虐，米牙受其挟制"[72]。米客（贩米客商）、米店（米粮零售商）、米牙（米业牙行）与脚夫之间错综复杂的关系，反映了极端仰赖外来粮食的南翔镇粮食业的经营特色：米客、米店、米行三方都离不开脚夫，脚夫因而任意索价。康熙年间，商民苦于脚夫之横行，多次呈请官府干预，巡抚赵麟禁止脚夫勒索，规定每石粮食的运价，不得额外加价。此后，"客争云集，米铺牙行拊心加额"。[73]

但是，在一个商业繁荣，市场商品流通量巨大的市镇，要想一劳永逸地解决这个问题几乎是不可能的。南翔镇的市场经济所带来的问题，不仅是脚夫，还有市井无赖的"打降"（即"打行"）、"白拉"陋习。正如镇志所说："市井恶少无赖，所谓打降、白拉者，是处有之，南翔为甚。打降，逞其拳勇，凡抢亲、扛媚、抬神、扎诈，诸不法事，多起于若辈。白拉，聚集恶党，潜伏道侧，候村氓入市，邀夺货物。或私开牙行，客商经过，百计诱致，不罄其资不止。此等恶习，最为民害。康熙四十九年，里中士民顾天佑等绘情呈县，知县事程公申请各宪严禁，勒石严禁（碑在云翔寺）。雍正中，邑侯（引者按：指知县）闻喜赵公复加严缉，杖毙一二，始敛迹。"[74]

话虽这么说，其实此后这些现象并未绝迹，从光绪《嘉定县志》及民国《嘉定县续志》中，人们依然能看到脚夫、打降、白拉等现象。[75] 这是不难理解的，上述现象并非当时人所谓"世风日下"的表现，恰恰相反，它是市场经济的衍生物，是南翔镇经济转型时期不可避免的产物。各行各业的客商、店铺、牙行普遍生意兴隆，脚夫、市井恶少、无赖企图从中分得一部分利益，于是构成了一幅市场经济光怪陆离的生活图卷，显示了南翔镇鼎盛时代繁荣昌盛的另一个侧面。

清末，由于洋纱洋布的发展，使得嘉定县的土布业走向衰落，机器织布业随之逐渐兴起。宣统二年（1910年）符氏在南翔镇开设大昌织布厂，有织机百余台，日产各种标布四五百匹，为嘉定境内见诸记载的最早一家机器织布企业。1943年，高华企等人在南翔镇开设华生棉纺厂；1946年南翔镇又开设了美纶线毯厂，产品打开销路，增设织机，设立分厂。[76]南翔镇有利的地理条件，使它得以继续发展。宣统初年，开辟马路，从南街向西直达火车站，交通极为便利。云翔寺前东街、南街最为繁盛，大小店铺四百多家。大宗贸易有棉花、蚕豆、米、麦、土布、鲜茧、竹木、油饼、洋纱，以及鱼腥虾蟹、蔬菜竹笋之类。自从南翔至上海通火车之后，商贩往来方便，官绅、洋商也在此购屋居住，因此户口大增，房价上涨，其他日用品也日趋昂贵，市面比以前更为兴旺。[77]据1939年的统计，南翔镇有1 636户、5 866口，比县城的人口（5 330）还多。[78]1950年代初期，全镇有工商各业店铺656家，从业人员1 721名，另有摊贩667家，依然是附近其他市镇无法企及的庞然大物，保持着"银南翔"的桂冠。[79]南翔镇的城市化程度由此可见一斑。

4. 文人雅士荟萃之地

南翔镇不仅经济发达，而且以文化昌明而著称，自明代以来就誉满江南。其地人才辈出，明代成化年间在太平桥北建科第坊，天恩桥西、太平桥北建进士坊，万历年间在云翔寺南建两世方伯坊，在方伯坊南建司马中丞坊，足见当时科第盛极一时。明代有进士陆奎、杨锦、张任、张懋、王圻、李汝节、张恒、李先芳、李名芳、张其廉等十人；清代有进士董宏、叶昱、李梦瑰、王处厚、陈时叙、朱抡英、李赓芸等七人。举人明代有十六人，清代（嘉庆以前）有十九人。[80]其中不少是知名人士，例如：

王圻（1530—1615年），字元翰，嘉靖四十四年（1565年）进士，历任清江知县、万安知县、湖广提学金事、陕西布政使司参议。退休归乡后，著书立说，撰著达三十余种，以《续文献通考》《三才图会》《稗史汇编》为最著名。[81]

李先芳（1510—1594年），字茂实，万历十七年（1589年）进士，初官中书，辞职校勘《古今奏议》，后出任刑科给事中，奏疏悉中时弊，指实纠参，无所顾忌。卒于四川参议任上。[82]

李元芳、李名芳、李流芳兄弟三人，声名并噪词坛。元芳，字茂初，刻意为诗，尤工七言长句。名芳，字茂才，天资绝人，十余岁驰骋文坛，时人誉为王子安、李长吉再生，年二十八，登万历二十年（1592年）进士。流芳，字茂宰，一字长蘅，万历三十四年中举，绝意科第，专注于诗书画。其书法效法东坡，画出入元人，尤近吴仲圭，诗则信笔抒写，天真烂漫。嘉定知县谢三宾，把唐时升、娄坚、程嘉燧、李流芳诗合编一集——《嘉定四先生集》。[83]

文人雅士荟萃之所，无不兴建园林，如李流芳在北市所建的檀园，"短筑墙垣仅及肩，多穿涧壑注流泉"，为南翔胜景之一。又如万历年间通判闵士籍建于镇东的猗园，后归贡生李宜之，乾隆十一年（1746年）苏州洞庭山人叶锦重修，拓宽其地，增筑幽赏亭、逸野堂、小云兜、鸢飞鱼跃轩、竹圃、孕清亭、采香廊、书画舫、梅花亭等，改称古猗园。乾隆五十三年，南翔镇人士募捐建置州城隍庙，古猗园遂成为州城隍庙的"灵苑"。此后嘉庆、同治时期均有维修。1932年，院内建筑遭到"一·二八"炮火，假山倒塌，花木枯败。四年后，再次遭到战火，除补阙亭外，几成废墟。1946—1947年重建南厅、白鹤亭、书画舫，新建微音阁。目前人们见到的古猗园，则是1950年代末修缮后的样子。[84] 原先对峙于南翔寺大雄宝殿的两个唐经幢（一个建于唐咸通八年，一个建于唐乾符二年），是寺中八景之一。1950年代初，均已倒塌。1959年扩建古猗园时，移建于古猗园的南厅和微音阁前。经幢高近7米，呈八角形，由基座、托座、束腰、檐盖等层次组成，上刻有尊胜陀罗尼经文，并有狮子、菩萨、天王诸像。[85]

南翔寺砖塔，坐落于南翔镇香花桥北块，是建于梁天监年间的南翔寺仅存遗迹（寺在乾隆三十一年〔1766年〕毁于大火）。砖塔呈楼阁式，八面七层，每层设有腰檐、斗拱、平座、栏板和直棂窗。古建专家根据其形制与结构，推定为五代至北宋间的建筑。千余年来饱经风雨侵蚀，满目疮痍，塔基淹没于地面下一米深处，塔身也已变形。1985—1987年修葺之后，风姿重现，双塔高11米，基本恢复原貌。[86]

三　罗店镇

罗店镇原先属于嘉定县，雍正三年（1725年）从嘉定县析置宝山县以后，改属宝山县。它位于苏松二府之间，物产丰富，交通发达，"商贾辏集，渐成市镇"[87]。

1."金罗店"的乡脚与人口显示的城市化

罗店的历史可以追溯到元代。元至元年间（1264—1294年）本地人罗昇在此构筑店铺、市街，称为罗店，逐渐由市成镇。[88]因为练祁河横贯罗店镇南面，故罗店又称罗溪、罗阳。[89]明代前期罗店已成大镇，位居嘉定县七镇五市之首：罗店镇、南翔镇、安亭镇、黄渡镇、大场镇、江湾镇、清浦镇、娄塘桥市、钱门塘市、广福市、瓦浦市、真如市。[90]因此民间所谓"金罗店、银南翔"的说法，由来已久——"罗店素称饶富，有金罗店、银南翔之名。"[91]到了万历年间，发展成为著名的商业中心。万历《嘉定县志》如此写道：

> 罗店镇，在（嘉定）县治东十八里，元至元间里人罗昇所创，故名。其地东西三里，南北二里。近海多鱼鲜，比间殷富。今徽商凑集，贸易之盛，几埒南翔矣。[92]

康熙《嘉定县志》所说大体相同，稍有不同的是，在指出它"比间殷富，徽商凑集，贸易之盛几埒南翔"之后标明了罗店镇的经济特色："出棉纱布"。[93]

从万历年间到康熙年间，罗店镇作为一个棉布贸易中心，吸引了大批徽州商人，生意兴隆，堪与邻近的南翔镇相媲美。罗店镇的兴起晚于南翔镇，但后来居上，逐渐在总体经济水平上超过了南翔镇，因此人们称为"金罗店、银南翔"。

进入清代，由于嘉定县经济发达，人口众多，在雍正三年析置嘉定县东境为宝山县，罗店镇改隶宝山县，经济更趋繁荣。钱大昕《罗溪志序》说："自析县而后，罗店户口滋繁，士夫益砥砺于学，往往掇取科名，遂为宝山巨镇。"[94]

到了清末民初，受到洋纱洋布的影响，罗店镇赖以繁荣的棉布业（土布业）日趋萎缩，但罗店镇的其他行业依然蓬勃发展，它继续维持着"金罗店"的架势。1921年出版的《宝山县续志》写道："罗店市镇最巨，为全邑冠，一名罗溪，又名罗阳。清季筹备自治，以全区人口在五万以上，按照自治章程，定名为镇，民国改称市。其地东贯练祁（河），输运灵便，百货骈阗，故虽处腹里，而贸易繁盛，综计大小商铺六七百家，有典当、花行、米行、衣庄、酱园等业，尤以锡箔庄两家为巨擘。市街凡东西三里，南北二里，以亭前街、塘西街最为热闹，次则塘东街、横街等。乡民上市，每日三次。物产以棉花、布匹为大宗。"[95]

罗店镇商业发达，是周边太仓、嘉定、宝山的农副产品的重要集散地。它的"乡脚"，或者说它所辖的乡村范围，显示了它的市场圈的辐射面。《罗店镇志》特地解释道："镇之有界至，所以别乎镇；犹邑之有界至，所以别乎邑。"[96]也就是说，市镇并非仅指镇区的街道范围，还包括它所辖的乡村（即乡脚）；就好像县并非仅指县城，还包括它所辖的乡镇村落。从这个意义上看，罗店镇的"乡脚"范围大体如下：

东至砖桥——计九里，接月浦镇界，至月浦镇十八里，至宝山县治三十里；

西至界泾——市梢三元桥为界，桥西接嘉定界，至嘉定县治十八里；

南至张茜泾——计七里，接刘行镇界，至刘行镇十二里；

北至马家弄——计九里；

东北至施家村——计八里，河为界，河南本镇，河北北六图；

西南至介山墩——计七里，路为界，路南广福镇界，路西杨泾即嘉定界；

西北至牛角尖——计十八里，西接嘉定界，北接镇洋界。[97]

这就是说，罗店镇的镇区街道是在东西三里、南北二里的地域内，但它的管辖范围则有十几里方圆，按当地人的说法，这是"小罗店"与"大罗店"的区别。

罗店镇所辖的自然村，当地叫做"村宅"——"乡村聚居繁若列星，或一姓分几宅，或一宅居数姓，而宅以姓得名者众"，例如颜家宅、老金宅、胡家宅、杨家村、朱家宅、陆家村、赵家巷等。这样的村宅一共有298个，分布于黄十九图、黄二十图、冬四十二图、冬四十九图、冬五十图、冬五十一图、冬五十八图、冬五十九图、冬六十图、洪四十图、洪四十一图、洪四十四图、洪四十五图、洪五十二图、洪五十三图、洪五十四图、洪五十五图、洪五十六图、洪五十七图、元十六图、虞二十一图、虞二十二图、朝一图、朝二图、朝三图、朝十二图、道二十图、道二十二图。[98] 其占地之广，村落之多，在江南市镇中是比较罕见的。

另一值得注意的是，在它的乡脚中已经发展起若干"村集"——村级集市：

新兴镇——又名新镇，在罗店镇之东南十二里，与月浦镇相接壤。光绪初年还只有茅屋三四家，该处跨马路河有木桥一座，某一天雷电击打桥栏，迷信者说可以医病，有一个和尚借此集资，建庙、造桥，居民逐渐增多。清末民初，有小木行一家，南货、布庄、药铺、茶馆、酒店等十余家。每天太阳偏西后，赶集颇盛。近年来由于马路河淤塞，货船渐少，市面稍衰。

集福庵——在罗店镇东北十五里，居民十余户，村店四五家。

张家桥——在罗店镇北四五里，村店五六家。

束里桥——在罗店镇东七里，附近有村店二家、牛场一家，每逢清明前后的牛市，甚为热闹。

申家楼——在罗店镇东北六里许，与盛桥镇交界，有杂货店二三家。

潘家湾——在罗店镇北六里，跨界泾而成市，居民四五十户，村店八九家。

沈家桥——在潘家桥北，距罗店镇九里，居民一百余户，村店六七家。[99]

这些村集，大多处在罗店镇的市场圈的边缘地带，由于商品交换的需要而形成村级集市，拾遗补阙，显然难以取代罗店镇这个大市场，依然是它的乡脚而已。但是，市镇—村集—村宅，三级体制的形成，足以显示罗店镇的市场经济已经进入了一个新阶段。

罗店镇这个庞然大物，它的户口数在全县位居第一，甚至县城都无法与之相比。根据宣统二年（1910年）统计，宝山县城的户数是2 206，口数是9 515，而罗店镇的户数是9 406，口数是54 899，相差五倍之多。据1916年的统计，这种差距依然存在，当时宝山县城的户数是1 967，口数是17 248，而罗店镇的户数是8 983，口数是51 764。在宝山县境内，只有江湾镇可以与罗店镇相比肩。宣统二年，江湾镇的户数是5 692，口数是28 562，仅及罗店镇的一半；到了1916年，江湾镇凭借靠近上海市郊的优势，迅速发展，户数增加为9 721，口数增加为65 549，一举超过了罗店镇。详细情况可以参看下表。

1910年、1916年宝山县各市镇户口比较

地　区	1910年		1916年	
	户　数	口　数	户　数	口　数
县城	2 206	9 515	1 967	17 248
罗店	9 406	54 899	8 983	51 764
杨行	2 981	13 839	2 952	15 721
月浦	3 964	17 672	3 732	19 918
盛桥	2 262	10 576	2 413	11 003
刘行	2 461	10 949	2 472	12 531
广福	1 809	8 474	1 742	8 231
大场	6 029	26 931	6 114	27 218
真如	4 141	18 979	3 942	22 973
彭浦	1 895	9 098	1 782	12 142
江湾	5 692	28 562	9 721	65 549
殷行	2 998	13 193	2 931	12 571
吴淞	3 327	21 714	2 536	24 741
高桥	4 541	22 509	3 818	23 852
总计	53 721	266 910	55 105	325 462

资料来源　民国《宝山县续志》卷一《舆地志·户口》。

2. "阛阓喧嚣，日睹贾舶商车之盛"

罗店镇成为商业发达的巨镇，与它方便的水陆交通条件有很大的关系。主要干河有：

练祁——以江水清澈如练故名，又称练川、练江，源自顾浦，纳吴淞江水，北流至望仙桥东折，贯穿吴塘，又东过盐铁塘、横沥，至杨泾口，进入宝山县境。自三元桥以东为罗店镇市河，东经月浦镇，入随塘河。为罗店镇最大干河，全长七十二里。清人曹质《练祁口观海》写道："弹丸最幸崇川近，今古终成砥柱功。"

西杨泾——西岸属嘉定，东岸属宝山，罗店镇西境干河。南自蕴草浜，至广福镇分水墩，进入宝山县境，北达练祁。

界泾——东岸属宝山，西岸属嘉定，罗店镇西境干河。南出练祁，北达墅沟，入刘河。

马路塘——罗店镇东南境大干河，为宝山至嘉定往来孔道。东通采淘港，至海音桥合北泗塘而西，过月浦镇、新兴市、束里桥、永福桥（即马路桥），会荻泾入练祁。清人吴舫《经马路塘》写道："路向回塘转，层楼岸北高"，"东南通大壑，渔火满轻舠"。

荻塘——罗店镇东南境干河，南自白荡，经刘行镇北，合马路塘入练祁。

潘泾——罗店镇东南境干河，南通沙浦，北贯马路塘入练祁。

顾泾——罗店镇东境大干河，自坍石桥北与练祁分流，折而东，经黄白泾出石洞口入海。

大川沙——罗店镇东北境干河，西通顾泾，东出海。

小川沙——罗店镇东北境干河，西南通大川沙，北出海。

大理港——罗店镇东北境干河，西达界泾，入嘉定界，东接川沙。

界河口——罗店镇北境干河，西南连界泾，北出刘河，与镇洋县交界。

墅沟——罗店镇北境干河，西南通大理港，达界泾，入镇洋、嘉定两县界，北出刘河。

潮塘——罗店镇北境干河，东会毛家塘，西入界泾。[100]

这些河流使罗店镇与四乡村庄及邻近市镇连成一体。正如《罗店镇志》所说："罗店浦塘向多环绕，自居民稠密，昔之航一苇者，今则驾百椽矣。比屋鱼鳞，不见清波之转，而横桥雁齿，犹存坦道之间。"[101]跨越这些河流的桥梁与镇中大街小巷连接，成为闹市所在。处于闹市的主要桥梁有：

大通桥——位于镇中亭前街，跨练祁河，明成化八年（1472年）建，清雍正八年（1730年）重建，俗名大石桥。原先桥上有亭，后亭坍塌，仅存石柱。亭前街之得名，与此亭有关，故而成为镇上一景。张迥《秋日大石桥送别诗》中的此桥，颇有诗情画意："野寺桥南握别秋，夕阳连雁下汀洲。萧疏杨柳微茫月，一点渔灯画里舟。"

丰德桥——位于镇中，俗名张家桥，跨练祁河，康熙四十九年（1710年）改木桥为石桥，更名为丰德。

来龙桥——位于镇东市梢，旧名蒋家巷桥，跨练祁河，石桥，同治八年（1869年）重建。

新安桥——位于镇西市梢，俗名新桥，跨练祁河，石桥。

升平桥——位于镇中，因西首有六都土地庙，俗名庙桥，跨庙浜故道，石桥。桥堍有热闹的市场，范连有诗云："岸旁古庙本相邻，密比而今屋宇新。侵晓当街人一簇，卖鱼人杂买鱼人。"

南吉利桥——位于镇中，跨庙浜故道，连通塘东街、塘西街，石桥。

北吉利桥——位于镇中，跨庙浜故道，连通塘东街、塘西街，石桥。

三老公桥——位于镇中塘西街，在花园弄口南首，后废弃。

支家桥——位于镇中塘东街，跨庙浜故道，明洪武八年（1375年）建，石桥。

登云桥——位于镇中杨王庙西首，跨庙浜，石桥。

步蟾桥——位于镇中杨王庙东首，跨庙浜，石桥。

更铺桥——位于镇西市，一名梗浦桥，跨梗浦，石桥，明金鉴建。

周王桥——位于镇西市，俗名周仓庙桥，跨梗浦，石桥。

薛家桥——位于镇西市，跨梗浦，石桥。

三元桥——位于镇西市梢，俗名三官堂，跨界泾，石桥。

王家桥——位于镇西市梢，跨界泾，石桥。

蔡家桥——位于镇西北市梢，跨界泾，石桥。

卢家桥——位于镇南市梢，跨北小塘，石桥。

赵家巷桥——位于镇东市梢，跨顾泾，木桥。

王岸桥——位于镇东赵家巷，跨小川沙，石桥。

大毛家桥——位于镇东赵家巷市梢，跨毛家塘，石桥。

坍石桥——位于镇东里许，跨练祁河，石桥，为通往月浦镇及县城要道。

罗家桥——位于镇东，跨练祁河。

东阳桥——位于镇西六里，旧名施相公庙桥，跨练祁河，道光十年（1830年）改木桥为石桥，并改名为东阳桥。

永福桥——位于镇东南一里，俗名马桥，跨马路塘，为通往杨行镇要道。洪武十九年（1386年）建，万历二十三年（1595年）改为石桥，清乾隆、光绪时多次重修。

此外，还有永清桥等61座，全镇共计有桥梁86座。[102]

有桥就有路，罗店镇街道密布，正如《罗店镇志》编者所说："罗店为邑之大聚落"，"阛阓喧嚣，日睹贾舶商车之盛，街衢综错，宛若棋枰绮脉之形"。主要街道有：

亭前街——西至市梢三元桥，东至升平桥东南街。

南街——西至升平桥，东至布场街口，再东为集贤街。

集贤街——西接南街，东至东南弄。

东南弄——南至巷栅，北至磨盘街。

塘西街——南至亭前街，北至篮巷。

塘东街——南至庙弄，北至支家桥，为镇中一景。范连诗云："沿塘街尚号东西，旧迹多湮杳莫稽。剩有登云桥下水，年年梅雨一浮堤。"

北街——东至城隍庙，西至巷栅。

西巷街——东至巷栅，再东篮巷，西至薛家桥。

西西巷街——东至薛家桥，西至界泾。

南弄——南至卢家桥，再南市梢，北至大通桥，桥北亭前街。

布场街——北至南街，南至丰德桥。

唐家弄——南至梗浦桥，北至西巷街。

丘家弄——南至北街，北至市梢。

拾琼湾——南至横街，北至北街巷栅。

横街——东至邓家弄，西接篮巷。

邓家弄——南至巷栅，北至北街。

花园弄——东至塘西街，西至唐家弄。

水果弄——俗名师姑弄，东至石驳岸，西至邓家弄巷栅。

赵家巷——西至城隍庙，东至市梢。

韩家弄——南至西西巷街，北至市梢蔡家桥。

蒋家巷——南至市梢，北至来龙桥。

钓船厂——东至大通桥南堍，西至新安桥南堍。

滩船厂——东至丰德桥北堍，西转北为韩家湾。[103]

街道以亭前街、塘西街最为热闹，其次是塘东街、横街。这样，河流、桥梁、街道联成一体，形成网络，使商业中心罗店镇呈现"阛阓喧嚣，日睹贾舶商车之盛"的繁荣景象。

3. 棉布业与其他各业

嘉定县种植棉花，从事棉纺织业，有着长期的传统；宝山县从嘉定县析置而来，保持了这种传统。这块地方盛产优质棉花，"棉花通邑栽之，以资纺织"，"民以棉布为业"[104]；"躬耕之家，织布以易银，易银以输赋"[105]。罗店四乡也盛产棉花，《罗店镇志》在物产中记载："棉花，有金底者每斤收衣六七两。按：吾乡土产草棉，而谓木棉，误也。不曰棉花，而直曰花。犹洛人之直谓牡丹曰花；晋人之直谓林檎曰果；越人之直谓桑叶曰叶。盖重之也。"[106]意思是说，由于棉花是本地特产，犹如洛阳的牡丹一样，直接称为"花"，在农田中摘取棉花，则说"捉花"，皮棉则说"花衣"。这里所谓"有金底者每斤收衣六七两"，是说一

299

斤籽棉可以收取皮棉六七两，是一种出棉率极高的优质棉花。此地还出产一种"紫花"——自然形成的紫色棉花，可以纺织成名品紫花布。[107]

这是罗店镇赖以富饶的物质基础。《罗店镇志》写道："罗店素称饶富，有金罗店、银南翔之名。庚申匪扰（引者按：指咸丰十年〔1860年〕太平天国战争）后，家多中落，称饶富者百无一二，然勤俭之风犹有存焉。""金罗店"的黄金时代随着太平天国战争而结束——"称饶富者百无一二"。但农家经济结构并没有变化："其种亦宜木棉而不宜禾（引者按：禾指水稻），然久种棉花，又苦蔓草难图，故三年种花，必须一年种稻，所谓七分棉花三分稻也。农家勤纺织，种田之暇，惟以纱布为事。"范连《罗溪杂咏之十二》如此咏道：

> 东去吴淞路不赊，人家尽种木棉花。
> 不堪秋半多风雨，愁杀深宵叫鬼车。[108]

棉花是罗店镇四乡农家主要作物，也是主要经济来源，因此农家十分看重，形成"捉落花"的习俗："镇之四乡多产木棉，每过九月，或田中剩有残铃开花者，许人采取，谓之'捉落花'。盖隐寓农不收藏积聚，取不诘之意也。"当地人说："罗店四乡土产稻三棉七，农民生计惟赖木棉"；农家勤于纺织，"种田之暇，惟以纱为布"[109]；"妇女昼夜纺织，公私诸费皆赖之"[110]。所产棉布品种有：

棉布——有套布、泗泾布之名，每匹长一丈三尺至一丈五六尺不等，精粗不一，价格也有所不同；

紫花布——用当地所产紫花纺纱织布，不必染色，即有一种天然淡紫色，纱必匀细，工必精良，价格大大高于寻常棉布；

斜纹布——经线与纬线形成斜形纹理，间织以水浪胜子，匀细坚洁，望之如绒；

棋花布——用青白棉纱间织而成，状如棋枰。[111]

罗店镇物产以棉花、棉布为大宗，经营花、布的牙行——花行、布行，遍布全镇，成为左右经济发展的枢纽。这种状况持续到清末民初。光绪《宝山县志》说：罗店镇"出棉花、纱布，徽商丛集，贸易甚盛"[112]。留存至今的布场街，可以作为一个见证。民国《宝山县续志》说："罗店市镇最巨，为全邑冠"，"其地东贯练祁，输运灵便，百货骈集，故虽处腹里，而贸易繁盛，综计大小商铺六七百家，有典当、花行、米行、衣庄、酱园等业"。[113]

清末民初社会转型阶段，罗店镇的农工商各业，出现了一些新现象。如农业中的园艺业，就是专门服务于城市的蔬菜园艺化经营。《宝山县续志》写道："菜圃之成熟，岁可七八次，灌溉施肥工力虽倍，而潜滋易长，获利颇丰。凡垦熟之菜圃，地价视农田几倍之。邑城内外，业此者甚多，各市乡近镇之四周，亦属不少。如城市之塌菜、青菜，罗店之瓜茄，杨行、月浦之红白萝卜，刘行、广福之韭菜、韭芽，江湾之马铃薯，真如之洋葱头。"[114]又如近代工业的出现，用机械手段提炼薄荷油，就是罗店镇商人汪锡寿的首创。"罗店汪锡寿，本业茶食商。因肆中需用薄荷油恒购自日货，遂研求甄制之法，试之而有效。民国二年集股购备锅炉，扩充出品，在苏、沪、汉口各埠分销"，一举而获得成功。因为所用原料上乘，产品质量比日本货更优——"薄荷惟太仓产质味浓厚，汪氏每年于收获之先预约购买，故出品较日制为优"。此后，他又购置设备，把薄荷油结晶，制成药用薄荷锭，在历次国内外大赛中获得优等奖。[115]

4. 商业繁华带来的新气象

由于生意兴隆，镇上把持各行各业的牙行林立，如花行（棉花牙行）、布行、柴行、米行、猪行等。其中有财有势者欺行霸市，谓之"行霸"，不但擅自左右物价，而且敲诈勒索，破坏了市场规则。《罗店镇志》写道："镇之为患者曰行霸，如花、布、柴、米及猪行，高低物价，擅取用钱，卖者买者各有抑勒，名曰'内外用'。甚有不肖之徒，至市梢拦接，乡民莫知所适。其狡者更以赝银小钱予之。种种弊害，不可胜记。"[116] 这种弊害，早在清初的嘉定县，就已十分普遍，成为"市镇之为民害"——"私立牙行，高低物价，擅取用钱，买者卖者各有除勒，名内用、外用。结连光棍，邀人货物，卖布者夺其布，贸花者夺其花，乡人不得自由。"[117] 从嘉定县析置出来的宝山县，继承了这种陋习。

罗店镇东西南北四栅，是乡人与商贾入市的孔道，各类商品需要搬运，因此遍布脚夫。此种脚夫也有脚行之类的组织，颇有势力，各有一块地盘，把持勒索，任意抬高运价——脚费。

《罗店镇志》写道："罗店四角皆有脚夫，一切货物出入，铺户不得自行挑运。甚至婚嫁丧葬，鼓手、炮手、轿夫、脚夫私分地界，把持勒索，扰害不堪。虽迭奉宪谕禁止，而此风如故。"这是苏州府、松江府一带的普遍现象，难以禁绝，罗店镇当然也不例外。道光十一年（1831年）宝山知县毛正坦再次颁布告示，表明此风屡禁不绝。不过从他的告示声称要"勒碑永禁"，可见事态之严重。他说："照得民间婚娶丧葬，及铺户挑运一切货物，所用轿夫、脚夫，例应听民自便，雇人扛抬，毋许地棍私分地界，把持勒索，扰害闾阎。"接着他追述了康熙二十年（1681年）经商民呈请嘉定知县勒碑谕禁，当时罗店镇还隶属于嘉定县，自然在城乡一体禁革范围之内。但是日久以后，弊端不仅依然如故，而且愈演愈烈。正如他所说："迄今日久，棍徒纠党藐法，重复设立轿夫、脚夫、盘头、丐头、柴担各项名色。更有乐人、鼓手从而效尤，滋弊蜂起，日甚一日。不论婚娶丧葬及铺户挑运一切货物，借以值差为名，百计勒索，稍不遂意，什百成群，逞凶肆横。既不许婚丧之家雇人自便，又不肯遵例受雇。种种阻挠，为害不可胜言。"有鉴于此，他再次重申禁令："嗣后民间凡遇婚娶丧葬及铺户挑运一切货物，应用扛抬者，若本家自有奴仆工人，听其自便；无者，听其随便雇用。遵照宪定章程，每日每人给钱七十文外，又加酒食钱五十文；如系半日，照数半给。其余乐人、鼓手、丐头土工人等，亦着一体给发。再有争竞用强，听婚丧铺户之家粘碑鸣官究办。"[118]

效果究竟如何？从《罗店镇志》所说"虽迭奉宪谕禁止，而此风如故"，可见他的振振有词依然是一纸空文。一份光绪七年（1881年）的告示，透露了上有政策、下有对策的新花样。自从道光十一年重申禁令后，脚夫之类置若罔闻——"轿夫、脚夫、鼓手、炮手人等，胆敢玩法，仍复私分地段，擅立名目。凡有贫家丧葬自恳亲友扛抬，不用脚夫者，以及贫家婚嫁不用轿夫、鼓手、炮手者，该脚夫及轿夫、鼓手、炮手等，即向有事之家借口承值差徭，强索酒钱，名曰抄幔。"[119]

这些现象当然是一种陋习，但是从中也反映出罗店镇的经济繁荣、民生富庶，从本质上讲，它是市场经济的衍生物，对于市场的繁荣也有相当的贡献。如果经济一旦凋敝，依附于市场的脚夫、轿夫、鼓手、炮手各色人等，便会自动消散。

在繁荣的市场经济的刺激下，罗店镇闹市区茶楼酒肆林立，成为市镇的交易、信息中心，也成为娱乐与赌博场所。

吃讲茶——牙侩、商贾们在经济事务与社会事务中遇到纠纷，常常到茶馆评理，就有所谓"吃讲茶"的出现。何谓"吃讲茶"？《罗店镇志》有一个很好的解释——"俗遇不平之事，则往茶肆争论曲直，以凭旁人听断，理屈者则令出茶钱以为罚，谓之吃讲茶。"[120]

赌博——"聚众赌博曰头家，道光、咸丰间此风最盛"；"近日乡村开设茶馆，渐起赌博，大则荡废家产"。此外，还有"秋兴""冬兴"。所谓"秋兴"，即"每岁秋深，里中无赖辈开设栅场，斗蟋蟀，谓之秋兴。与斗者论定花数之多寡，然后赌胜负。主人则按数取头钱"。所谓"冬兴"，即在冬天开设圈场，斗鹌鹑。赌博方法与斗蟋蟀相同，花样似乎更为复杂——"自他处来斗者，谓之客党，本人嫌花数过多，旁人接认者，谓之帮花。于花数外另以钱洋分胜负者，谓之放彩。动以数千计。"

花鼓戏——"乡村搭台，改扮女妆，歌唱淫词小曲，名曰花鼓戏。"这种活动往往和"敬神"联系在一起。每年棉花登场之际，罗店镇及其四乡"好事者以敬神为名，搭台演戏。甚有两台对峙，两班同演，名曰鸳鸯台。家家邀亲请戚，有力者宰杀猪羊，无力者亦必典质衣物，以供酒肴。甲图演罢，乙图接踵而起"[121]。这种景象从侧面反映了罗店镇的经济繁荣，棉花、棉布购销两旺的盛况，所带来的奢侈风尚。

经济发达带来了市镇的繁荣，市镇的繁荣又促成一系列与市镇经济相联系的节序习俗，衬托出市镇及四乡的文化生活的时代色彩与地方色彩。正月初九日，为玉皇诞辰，各庙抬神至玉皇宫上寿，谓之朝王。正月十五日为上元节，各庙宴赏，庙前设立塔灯两座，游人往来不绝。田家檐前高插竹竿，竿头悬灯，谓之照田财。花炮齐鸣，龙灯盘绕，锣鼓声通宵不绝。又有男扮女装，游戏街坊者，谓之马灯。还有大球套小球，转动起来铮铮作响的滚墩。正月二十日，为棉花生日，宜晴，谚云：雨打正月廿，棉花弗上担。三月二十八日为东岳天齐圣帝诞辰，士女焚香，道路为之阻塞，按例演戏三天。五月初五日为天中节，亦称端午。龙舟竞渡堪称罗店一绝。镇中旧有龙舟五六艘，旗仗鲜明，锦彩夺目，在嘉定、宝山一带，首屈一指。太平军进入时被毁，以后又造五艘，形制如旧，增添船头铁架，有十三四岁小儿在上面装扮故事，谓之出彩。

这一切，都给罗店镇涂抹上一层炫目的市井色彩，显示了商业中心特有的生机勃勃的活力。

5. 粥厂、厂董与善堂：城市化的新课题

嘉定、宝山一带为了赈济灾荒，在各个市镇设立粥厂，后来"厂"的功能由赈济拓展到公共事务，"厂"与"镇"的功能重叠，某某厂与某某镇的管辖范围大体相当。《罗店镇志》卷首，有"罗店厂图"一幅，下辖四十四图，略大于罗店镇管辖的四乡范围（二十八图），因此当地习惯把罗店镇与罗店厂相提并论。该志写道："康熙九年水灾，嘉定乡镇分设粥厂赈饥。自后遇有公事，城乡各镇分厂办理，而镇遂以厂名。"[122]

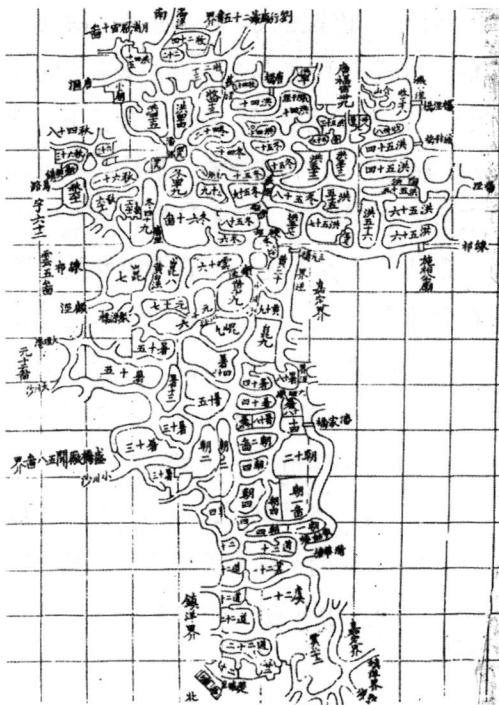

光绪《罗店镇志》所载罗店厂图

康熙九年（1670年）发生灾荒时，宝山县还未从嘉定县析出，为了赈济，全县在各市镇设立粥厂，如南翔、罗店、外冈、娄塘、江湾、真如、大场等十八个市镇，设立十八个粥厂。这被称为"分厂之所由始"[123]。由于罗店镇为宝山县之首富，将原先与月浦同厂的盛桥，划归罗店。[124]罗店厂的辐射面积达到163.9平方市里，辐射半径为7.2里，在嘉定、宝山地区位居第一，仅次于它的是大场厂，辐射面积129.7平方市里，辐射半径6.4里。[125]"厂"除了负责赈济，还要负责公共事务，其负责人就是"厂董"，相当于镇的"镇董"，罗店镇的一些慈善机构都在厂董控制之下，成为"厂"的公产；而"厂"的赈济活动则通过镇上的怡善堂为中心而展开。[126]

怡善堂——道光元年（1821年）绅士施学澍等禀请设立，位于镇东面的东岳庙旁，同时建立栖流所一处（专门负责沿途无家可归病人之治疗，以及死亡者殓埋事宜）。施学澍等在呈

306

文中指出："罗店为宝邑之首镇，县治东南濒海，罗店西北居冲水陆绮交，商民堵聚，抑且南连上海，北接刘河，实诸路往来之孔道，为阖邑出入之通衢。凡商贩、艺事、力役人等，由镇经历者，不时云集，间或中途病毙、失足、溺河，家远无亲族收瘗，并有远年停厝朽腐棺木，皆因有地无力、无地无力，以致暴露未葬者，最为惨怛。职等爰集同志，拟设怡善堂公局于冬号六十图东岳庙之旁，又隙地建设栖流所一处，专恤沿途垂毙、无告病茕、殓埋水陆无主毙尸，并施棺、掩埋、代葬，一切事宜俱由局中办理。其费用凭公捐生息，以资永久。"同时拟订了"代葬条规""路毙条规"，以便在慈善救济操作时，可以有所遵循。咸丰十年（1860年）怡善堂毁于太平军之役，同治三年（1864年）在方家场买沈姓房屋一所，改为善堂公所，施药、施棉衣。同治年间本镇花行、米行、布经行出资在怡善堂建立义塾（义学）。[127]

栖流所——附设于怡善堂头门之南侧。涉及治病救人、掩埋代葬，规条十分具体，比如第一条："本镇公捐设栖流所，平日雇有家室之人，住居看管，遇有外来病茕人，俱凭地保问明姓名籍贯，用地保戳记开单报堂送所"，"病茕人到所，给以汤粥医药，病痊给资听去"；第三条："遇有外来垂毙之人，本图地保查明，如身受有伤，及服卤服毒等形色，毋得混行送所"；第十一条："凡乞丐路毙、溺缢，自有丐头管理，如无棺木，丐头到堂领棺殓埋，仍具领纸存堂，按月由堂汇报县按备查"。[128]

同仁堂——乾隆十七年（1752年）金集等创设施棺局，以东山禅院作为贮棺公所。道光元年创立怡善堂后，朱氏集资另于花园弄口西侧建立同仁堂，募购棺木，施济鳏寡孤独，与栖流所互相配合。其操作规条也很具体："备棺稍从宽厚，并内用纸搪，外用黑黝（黑漆），每具另给石灰二斗、草纸二十张、铁钉五只、锡箔五百，以助殡殓"；"每遇施出之后，即当陆续添办，务使常存二十具，以便给发"；"众善姓捐银，司籍登明愿簿，存贮公用，按事开除，秉公核实，造具清册，年终汇刻《征信录》"。[129]

保婴局——嘉庆十八年（1813年）嘉定绅士秦溯萱捐钱在嘉定县城与南翔镇设立育婴堂，宝山县则有留婴局四所（县城、罗店、杨行、江湾），罗店镇留婴局在东岳庙东首，收到弃婴后，转送嘉定育婴堂抚养。道光年间，此举逐渐废弛。光绪四年（1878年）绅士朱昌杰等禀请在怡善堂中设立保婴局，兼收弃婴，所需经费由本镇花行、米行商人捐献，以后又有布经业、豆饼业加入捐献。其章程规定："本局保婴，男女一体给养，厂中实在赤贫之家，有孕妇将产，务须先期凭亲族里邻作保，同地保报局，俟局查明的确，给予执照，产后即持执照赴局，俟局往验明白，换给领单。如产前未报，必须产后即日赴报，以便随验。迟至数日后来报者，显有捏饰等弊，一概不收"；"贫家所报婴孩，遇有遗婴、遗孤，理应格外怜恤。本局议定给养之期，常婴一年为满，遗婴以二年为满，遗孤以三年为满"；"弃婴寄养后，如本厂及他厂有愿领男婴为子、女婴为女为媳者，须凭公正人作保，赴局写立领据，本局给与执照，俾杜日后弊累"。[130]

恤嫠局——光绪九年（1883年）罗店厂慈善人士捐献田地、房屋，作为公产，建立恤嫠局，附设于怡善堂。其创办缘起，是源于保婴局建立后，罗店镇四乡残废茕独之人，到局请求救济，保婴局碍于章程，怡善堂则困于经费，无可奈何。有鉴于此，罗店厂慈善人士捐献市房一所、官田二十亩二分四厘，作为本厂恤荧公产，通计每年可得息钱五十千文；而后又有捐款捐田，每年可得息钱一百余千文，作为罗店厂四十四图残老救济之用。厂董们决定，今后认真劝募，以冀善举扩充，至日后，开办通厂恤额若干名，每名恤资若干文。在初创阶段，凡赤贫户中，不论男女，以荧独兼年老残废者，每名每月给钱六百文；其次者，每名每月给钱三百文。[131]

此外，还有敬节局（救助寡妇守节）、惜谷会（收集脱粒后的残余稻谷，散济荧残）等。[132]

从粥厂的设立到厂董的公共事务的扩大，从怡善堂到栖流所、同仁堂、保婴局、恤荧局等的设立及其活动的展开，显示了罗店镇在经济高度繁荣以后，为了协调贫富差别扩大带来的社会问题，救助赤贫人群，罗店厂的厂董们及工商界人士，承担起社会调控的责任，取得了相当的成效。这种地域社会的调控与自治功能，在江南的一些大镇也都存在，不过罗店镇做得更为成功，因而更具有典型意义。[133]

6. 战火的浩劫

正如钱大昕《罗溪志序》所说，罗店镇"士夫砥砺于学，往往掇取科名"[134]。罗店镇名流荟萃，与它作为宝山的文化中心的地位是分不开的。进士及第者，明代有：范纯（天顺元年〔1457年〕丁丑榜）、顾其国（天启二年〔1622年〕壬戌榜）、申芝芳（崇祯四年〔1631年〕辛未榜）、施凤仪（崇祯十年丁丑榜）；清代有：黄与坚（顺治十六年〔1659年〕己亥榜）、殷元祐（顺治十八年辛丑榜）、施灏（乾隆三十七年〔1772年〕壬辰榜）。乡试中举者，明代有范纯、金大有、金兆登、唐景亮、朱贞一、顾其国、申芝芳、施凤仪、金珉、金文徵；清代有：黄与坚、殷元祐、朱文龙、张绅、金以序、施灏、胡襄、金以堂、施学澍、胡有基、金门诏、杨臣谔、范国俊、杨以宝、朱庆昌、黄若骝、朱庆绅、朱焘、潘履祥、朱诒泰。[135]

因此镇上名流巨宅，自明代以来屡见不鲜，其中较著名的有：春阳堂——明处士黄通理读书处；玉兰堂——明职方郎中应景亮致仕后与弟景南读书处；简堂——明马元调旧宅；江楼——清初范光启建，乾隆时曾孙朝佐重建；百城楼——范洪铸宅，太仓毕沅、长洲沈德潜诸名士时相过从；默雷堂进士施灏旧宅，后圈为毕沅读书处。[136]

由于罗店镇的经济地位与战略地位重要，成为兵家必争之地。咸丰三年（1853年）二月，太平军攻占南京，三月，罗店镇四乡爆发抢劫大户的暴动。不久，太平军攻占嘉定县城、上海县城，又经过罗店攻占宝山县城。咸丰十年太平军再度进攻昆山、太仓、嘉定，罗店镇"迁徙一空"，"扰四乡，恣意淫掠，遂踞镇之东北，乡土匪朱茂昌等勾连贼众（引者按：指太平军）又复东掠"。其后，太平军"由嘉定东掠罗店、杨行、月浦等镇"，"海滨数十里竟无完土，男妇死者枕藉于道"。自咸丰十年四月至同治二年（1863年），"三年之中，屋宇半毁，杀掠无算，亘古罕有"。太平天国灭亡以后，罗店镇"败壁颓垣鞠为茅草，昔之衣绮罗、食珍馐者，今则什无一二焉"[137]。光绪年间虽然稍有恢复，但盛况已大不如前。清末民初，邻近嘉定县境的王家桥有东西街道，三四家小店，一二十年后，商店全部消失，"全属居户"。来龙桥西岸，原为闹市，民国时代仅有榨油轧米厂一家。蔡家桥西境，也仅地货行二三家，北首仅面粉兼轧米厂、肉庄一二家。[138]

1937年日本帝国主义全面侵华，中国军民进行"八一三"淞沪抗战，在此经历十三次拉锯战，有"血肉磨坊"之称，焚毁房屋达一万二千多间，占房屋总数的95.5%，几乎把罗店镇夷为废墟，此后市面萧条。[139]

罗店镇境内原有文物古迹、园林宅邸较多，迭经战火，所剩无几。现存有明代寺观梵王宫（今宝山净寺）、古石栏桥梁大通桥、丰德桥，已列为区级文物保护单位；布场街、北街还保留少许清代民居建筑，依稀可见昔日风采。[140]

四　朱家角镇

朱家角镇属于青浦县，在县治西十二里，又名珠里、珠溪，当地文人美称为珠街阁。它西通泖湖，东北接三分荡，漕港横亘其东北，北连昆山县境。它的鼎盛时期，经济地位与文化地位在青浦县首屈一指，连县城（青浦镇）都无法望其项背。由于它的重要性，与其他江南巨镇一样，分属两县管辖，放生桥以南属青浦县，放生桥以北属昆山县。它的土地分布在三区十一图、一区二十五图，东西长六里，南北宽五里，周长十二里。四至大致如下：

东至龙河桥，西至接秀桥，南至李马浜（娄县界），北至北漕港（昆山县界），东南至长条港，西南至普安桥，东北至斜沥港，西北至汤家埭。[141]

1."商贩交通，贸易甲于他镇"

朱家角镇的历史并不悠久。1980年代编写的《青浦地名志》说：朱家角镇，本名朱家村，宋元时代是一个小的集市。由于水运之便，商业逐渐兴盛，形成乡镇，改名为珠街阁，又名珠溪镇或珠里，俗称角里。[142]1990年出版的《青浦县志》说：朱家角镇位于青浦镇西6公里处，淀山湖东。初名朱家村，镇于万历年间形成，旧称珠溪镇、珠街阁。后因商业日盛，至清末民初遂成大镇，为周围四乡百里农副产品集散地。镇区东起南港大桥，西至接秀桥，北滨大淀湖，南靠青平公路，面积1.25平方公里，形如折扇面。[143]

青浦县是由松江府华亭县、上海县析置的，它的自然条件明显不如华亭县、上海县。据嘉靖时华亭县人徐献忠说："海内方议省冗官，松江府独以添设青浦县闻。其创议已三十年，迨嘉靖壬寅（1542年）抚臣御史交章请之，始立县治，刻印命官。于是杨公首来为令。按青浦北枕吴淞江，青龙、艾祁二浦夹而南注，吴淞（江）湮塞殆已余百年，虽有少潮汐，不可达二浦，民不能以禾稻为生计，仅有能自辟者，亦不足以给输将之役，往往流亡，至数十里无室庐可望。"[144]可见青浦县在当时依然显得有点荒凉。

然而朱家角镇及其四乡却一枝独秀，是典型的鱼米之乡，农工商各业都很兴旺。《珠里小志》的编者周郁滨两次提及它早就形成市集这点："珠里烟火千家，久成市集"[145]；"珠里在前明时，市集之盛甲于一郡"[146]。正因为有了"久成市集""市集之盛甲于一郡"的基础，在明中叶以棉布贸易而崭露头角，至万历年间一跃而为"商贾辏聚，贸易花布"的巨镇。万历《青

嘉庆《珠里小志》中描绘的慈门寺

浦县志》、康熙《青浦县志》都称它"商贾辏聚，贸易花布，为今巨镇"[147]。到了乾隆时代，更是"贸易甲于他镇"。乾隆《青浦县志》写道："珠街镇，一名珠溪，俗名朱家角。在五十保，县治西十二里，西南通泖湖，东北接三分荡，而漕港亘其北，北连昆山县境。水木清华，文儒辈出，自明陆树声后，士族之盛为一邑望。而商贩交通，贸易亦甲于他镇，故移安庄巡司于此。镇北慈门寺规模宏壮，而圆津禅院尤为文士会友之所。"[148]

慈门寺与圆津禅院，是朱家角镇进入鼎盛时期的标志性建筑。

慈门寺，在放生桥南，旧名明远寺，始建于元代，明嘉靖时遭"倭寇"焚毁。万历二十七年（1599年）僧湛印、性潮请得地十亩，席、许、翁、万姓商人捐资兴建。万历三十九年，朝廷赏赐"护国明远慈门寺"匾额，并赏赐乌斯藏大士一尊、经十二部，专修一阁贮藏。乾隆三十八年（1773年）重修。乾隆五十九年重修钟楼（建于崇祯元年〔1628年〕），王昶《新修钟楼记》写道："慈门寺在吾乡东北隅，殿左有楼巍然，巨钟悬其上……撞之，闻二十余里。盖用以警觉群生，兴善止恶。……吾乡人户不下数万，且寺濒溪，船往来日以千计，风晨月夕，大声隆隆，隐隐震于空虚。"[149]

圆津禅院，在泰安桥西，院中有圣母塑像，故民间俗称娘娘庙。始建于元至正年间，明万历中重修，清顺治十五年（1658年）建墨华禅室、亦峰居、漕溪草堂，康熙二十年（1681年）建息躬室、清华阁、那伽定处、舫斋等。因而成为文人雅士"游眺之所"，"一时推为胜地"。董其昌、赵宦光、王时敏、范允临、吴伟业、叶方蔼、诸嗣郢、徐乾学等名人，都有题额。而清华阁"又擅一寺之胜"，有所谓十二景：殿角鸣鱼、漕溪落雁、帆收远

嘉庆《珠里小志》中描绘的圆津禅院，清华阁、墨华禅室均已标出

浦、网集澄潭、淀峰西霭、秧渚北浮、木末清波、柳荫昼舫、春市长虹、慈门杰阁、人烟绕翠、竹木云连。王昶《重修清华阁碑记》指出，圆津禅院有善于画工篆刻的工匠修建的亦峰居、漕溪草堂、墨华禅室、息躬室、清华阁胜景。而清华阁尤为名流赏咏，"盖禅院能收湖荡村墟之景，而登临游眺，（清华）阁又为景之最焉。……明季以来，东南士大夫之书画，盈箱压案，藏弄无一遗者"[150]。王原《清华阁》诗写道：

> 层轩纳佳景，登眺夕阳西。
> 俯瞩一川绮，平临万树齐。
> 帆归远渚小，鸟度薄烟低。
> 待到生秋月，清樽特为携。[151]

王原《清华阁记》不仅描述了清华阁之秀美，而且记叙了朱家角镇的盛况："去邑而西未半舍（引者按：意为不到十五里），有聚居人数千家，廛肆市易之盛埒于邑（引者按：邑，指青浦县城），左带分潴，右通薛淀，淀山秀郁在其南数百步内，村墟竹树错落布置，远近桑僮网户出没平畴浅渚间。"[152]

2. 人口结构分析

乾隆《青浦县志》提到当时朱家角镇人口有"数千家"之多，这是一般地方志的惯常写法，模糊而笼统。令人惊喜的是嘉庆《珠里小志》关于户口有极精细的记录，那是嘉庆十九年（1814年）编审户口时的统计数字——

五十保三区十一图：户，八百七十七；口，三千四百三十二。

口又细分为：男口，一千二百八十八；女口，一千一百二十九；幼童口，七百十；幼女口，七十五；店伙口，一百四十一；雇工口，三十七；奴仆口，七；婢女口，二十二。

庵观五所：僧口，四；道士口，十六；女尼口，三。

五十保一区二十五图：户，六百二十五；口，二千五百五。

口又细分为：男口，九百九十一；女口，八百二十一；幼童口，三百十五；幼女口，一百十二；店伙口，一百二十六；雇工口，六十二；奴仆口，十四；婢女口，二十六。

庵观六所：僧口，十九；道士口，四；女尼口，六。[153]

据上述资料，可以制成下表。[154]

1814年朱家角镇镇区户口统计

区图 户口	三区十一图	一区二十五图	合 计
户	877	625	1 502
口	3 432	2 505	5 937
男 口	1 288	991	2 279
女 口	1 129	821	1 950
幼童口	710	315	1 025
幼女口	75	112	187
店伙口	141	126	267
雇工口	37	62	99
奴仆口	7	14	21
婢女口	22	26	48
僧 口	4	19	23
道士口	16	4	20
女尼口	3	6	9

这一户口统计数字，最值得关注的是店伙口与雇工口，他们分别有267人和99人，如果加上雇佣他们的雇主，那么，朱家角镇的工商业人口一定是一个不小的数字，足以显示当时朱家角镇经济发达的程度。可惜嘉庆时期的人口编审官员，还缺乏人口的职业分类意识，使这个统计数字不够完美。据1980年代的统计，全镇居民4 492户，12 108口，其中市、县、镇属企业职工3 936口[155]，工商业人口占全体居民总数的将近三分之一，可见城市化与商业化程度之高。在朱家角镇的鼎盛时期，号称"长街三里，店铺千家"[156]，工商各业的从业人员应该有数千人之多，那么工商业人口所占比例可能高于三分之一。

3. 河道与街巷结构

朱家角镇地势低注，境内河道纵横，成为人流、物流的主要渠道。主要河流有以下几条：

北漕港——在镇北，西自山港口，东至二里桥，南岸属青浦县二十五图，北岸属昆山县界。西受三泾港水，接纳泰安桥市河诸水，东过放生桥，又东一里桥、二里桥，河水合而为一，又东会合斜沥桥水抵达通漕门。

南漕港——旧名咸鱼港，在镇南，西起义冢坟港，东至南长条港，属十一图，南半里属娄县界。西受大船桥水，东流接纳义冢坟港水，北支分流周家港，东过九峰桥，又东接纳长条港水北行，左支入薛家汇，出龙河桥，至斜沥与北漕港会合。乾隆三年青浦知县周隆谦说："珠街镇南三里，并泖湖、莲湖诸水而东注者，曰南漕港，为邑中运粮孔道。"

义冢坟港——南受凤剪庵桥水，潮汐最急。

周家港——北流过高家港，又北纳普安桥水，东折过玉阶桥，又东与南漕港会合，出龙河桥。

南长条港——南受李家埭、白荡、童家港诸水，潮汐颇急。

东长条港——南受界泾桥水北行，会合万安桥水东流，十一图、七图、十三图之界河。

薛家汇——北流过张垫港桥（桥北属廿九图），又北出二里桥，与北漕港会合。

西湖阶港——在北市，西受三泾港水，分流大桥港，南支分入野猫洞，北支分入接秀桥，东折过薛家浜，出旗杆场西流，至油车汇分流祥宁浜，西行出泰安桥，与北漕港会。

市河——乾隆四十五年（1780年）大理寺卿王昶乞葬归里，邀集绅士疏浚日渐淤浅的市河，次年竣工，自泰安桥至平安桥，计长九十丈，面阔二丈三尺，加深三尺；自平安桥至湖阶港西石桥，长一百四十二丈，面阔二丈，加深三尺；自平安桥至东市报安桥，长三百四十丈，面阔一丈六尺，加深二尺。[157]

沟通这些河流的桥梁有三十六座，其中较著名的有：

放生桥——在二十五图漕港上，桥北即昆山县之井亭，隆庆五年（1571年）慈门寺僧性潮兴建，嘉庆十六年（1811年）重建，并在桥东建立碑亭，为行旅休息之所，桥旁石驳岸为船舶停泊之地。桥下一里许为慈门寺放生地，禁止捕鱼。潘奕隽《重建放生桥记》说："放生桥在昆山、青浦两邑之界，北跨井亭，南跨珠里。为明隆庆年间慈门寺僧性潮所建……桥为两县往来孔道。"关于此桥有一传说："慈门寺僧性潮创建放生桥，基址未定，日往河干彷徨瞻视。有丐者五人，笑谓曰：师相度桥基耶？芦生最吉。因抛枣核五枚于河，僧不解所谓。一昔，有芦苇五干

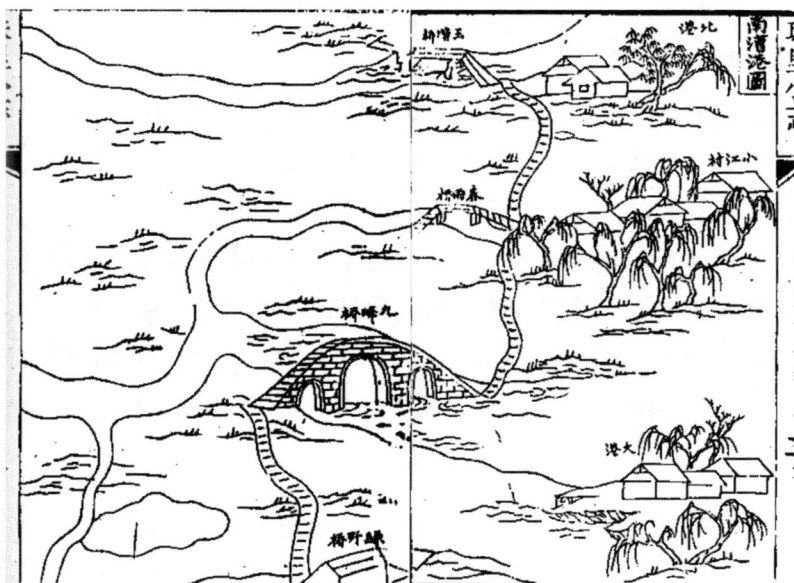

嘉庆《珠里小志》中的南漕港，可见九峰桥、玉阶桥等

挺然出水。遂大悟，即于是定基，为五洞。"[158]

泰安桥——在二十五图北栅，俗名何家桥，明万历十二年（1584年）建。陈蒋麟《泰安桥即景》如此描绘其闹中取静的韵致：

> 日落炎威退，池塘淡月中。
> 踏歌闻市上，渔笛在溪东。
> 蒲扇轻摇暑，蕉衫短受风。
> 晚凉闲独步，古寺一桥通。

平安桥——在二十五图中市，俗名戚家桥，建置年代不详。王希伊《夜泊平安桥对月》吟咏道："红栏碧槛枕湾流，残月如钩照客舟。古寺疏钟深院漏，送人南北管人愁。"

龙河桥——在十一图，镇东运河上，俗名龙安桥。雍正、乾隆年间两次重建。徐艿坡《雨夜泊龙河桥》："圆泖迢迢一水通，龙河雨急泊孤篷。舟人正欲张帆渡，忽地南风转北风。"

九峰桥——在十一图，南漕港上，俗名酒坊桥，又名庆安桥。相传为行脚僧募建，乾隆年间两次重建。据知县周隆谦《重建九峰桥记》，重建后，桥长一十八丈，阔二丈四尺，高三丈四尺四寸。登临桥上，可以远望横云、天马诸山，故名九峰桥。

玉阶桥——在十一图，镇东南，俗名郁家桥，雍正元年（1723年）建，乾隆年间两度重修。

寿宁桥——在十一图，关帝庙前，俗名关帝桥，乾隆十八年（1753年）重建。[159]

依傍着这些河流、桥梁，镇上大街小巷密布，构成热闹的街市。明代就有石街的建设。《珠里小志》提及这样一条掌故："陆九房东，旧筑土岸，万历甲子大水后，岸圮，行人往来水中。陆尔明创首捐资甃石为衢，至今便之。珠里有石街三：自放生桥起至祥宁浜钮家桥前，明明慈门寺僧所筑；一自骆家桥起至三元殿，则国朝沈州同衮孚所筑焉。"[160] 这里所说的石街三条，其一是陆尔明创建的陆九房东石街；其二是慈门寺创建的放生桥至钮家桥大街，这两条均建于明代；其三是骆家桥至三元殿大街，建于清初。建造者沈采（字衮孚），康熙时人，据他的传记所说："尤好施舍，里中桥梁倾圮，咸修葺之"，可以推断骆家桥之三元殿大街建于康熙年间。[161] 至于陆九房东街，位于长春河沿岸，修建者陆景俊（字尔明），其传记说："陆景俊，字尔明，晚号硕存，居珠里长春河，明季补县学生，刻苦厉学，屡试不第。"关于"陆九房"，修志者解释道："（陆树声家族）世居珠里之长春河，即今所谓陆九房者是也。"[162]

据《珠里小志》记载，乾隆、嘉庆时期，朱家角镇的街道状况如下：

福星里——在湖阶港下塘。

教化弄——在湖阶港西木桥南。

海角——在教化弄内，与汪家地相接。

潘家弄——在湖阶港上塘。

汪家地——在潘家弄内。陈昂《清明日汪家地野望》如此描绘："春光到处好，相约踏平沙。欹岸杨舒叶，连畴麦放花。东风细雨过，南陌夕阳斜。花冢浇山后，青蔬彻祭哗。"可见当时的汪家地是闹市边上一片风景幽雅之地。

人和里——在潘家弄内，汪家地东。清初名人陆陇其爱其风俗淳朴，特在巷口题额"人和里"三字。在周郁滨《过人和里》

诗中，简直是一片世外桃源：

> 一水绕珠里，春深碧芜新。
>
> 此地号人和，半属羲皇民。
>
> 不识催租吏，不羡仕宦人。
>
> 各有半亩地，宁须远负薪。
>
> 兼有三亩沼，菱藕堪娱宾。
>
> 女子不外嫁，男儿此地姻。
>
> 菜把互相馈，酒盏恒邀邻。

人和里原名湖阶港后街，"湖阶港后街，居民数十家，不列市肆，俱以农圃为业。清献（引者按：陆陇其谥清献）客珠里时过此，名为人和里。至今男女淳朴"[163]。

十三间厦——在人和里东。

蓝坊场——在东市下塘。

高家弄——在蓝坊场南。

横街——在低塌桥北。

旱浜——在横街左。

雪葭浜——俗名薛家浜，在东市南。王翰青《更漏子·雪葭浜晚泊》写道："卸低篷，沿曲港，系艇树边溪上。花匝匝，石玲珑，篱门第几重。"显然又是一处闹中取静的所在，据说，"雪葭浜西田间，有古墓，石椁半圮，见朱漆巨棺空悬其中，四面以铁索系之"[164]。

十妹街——在东市下塘，蒋塘浜口。此地以前朱姓有五女，杨姓有三女，徐姓有二女，同结十姐妹，以此名街。胡鸣玉把它叫做"十美街"，他的《十美街》诗如此吟咏："春风鼓棹过珠溪，十美街西落照低。芳草即今无觅处，深林惟有暮鸦啼。"

莽塘浜——在东市南，俗名圣堂浜。

诸家宅老舍——在东市报安桥侧。

明记场——在东市报安桥侧。康熙时朱家角镇商贾贸易骈阗，东市明记场，茶场酒肆为京洛标客（引者按：购买标布的客商）居停之所，今仅存茅屋数椽，瓜田廿亩。

水沟弄——在东市骆家桥北。

紫藤棚——在张家桥侧。

旗杆场——在东市上塘。

油车汇——在祥宁浜口。

月澄湾——在祥宁浜上塘。

祥宁浜——在中市。

老鼠窠——在祥宁浜。

新街——在平安桥上塘。

平安里——在平安桥上塘。

满洲城——在平安里北，满洲弄口，俗称馒头弄。

牛溇滩——在满洲城北。

轿子湾——在满洲弄北。

泰安里——在北市上塘，湖阶桥北谓之外廊棚，湖阶桥南谓之里廊棚，是闹市商业中心。《珠里小志》在杂记中说："泰安桥外，今谓之外廊棚。康熙初，荒冢累累，人烟疏落，月落昏黄时，闻鬼吟狐啸，行人畏之。百余年来，生齿日繁，屠门、鱼肆、花铺、牙行开设已遍里中，市集于此为盛，以致一廛之地，赁必数金，几几乎有人满之患焉。"[165]

馒头弄——在泰安桥北。

漕港滩——在泰安桥北。

蟹兜——在漕港滩。

白头场——在湖阶港下塘。

敦仁里——在湖阶港西市下塘。

石街——一在慈门寺东面弄至钮家桥，一在骆家桥至三元殿，一在陆九房西湖阶港。[166]

到了清末民初，朱家角镇的街道大体继承以前的格局，只是略有变动，如增加了一些街巷：庙前街——中市下塘，牌楼街——东市圣堂浜东，磨坊弄——即高家弄。[167]

4. 棉布贸易与其他工商业的近代化转型

朱家角镇自明中叶以来以棉布贸易而崭露头角，到万历年间，"商贾辏聚，贸易花、布（引者按：指棉花、棉布）"[168]，使它名闻遐迩。

明万历至清康熙时期，松江府以它的特产——标布而誉满海内。清初松江府上海县人叶梦珠说："前朝标布盛行，富商巨贾操重资而来市者，白银动以数万计，多或数十万两，少亦以万计。以故牙行奉布商如王侯，而争布商如对垒。"[169] 在号称"衣被天下"的松江府，朱家角镇是与朱泾镇、枫泾镇并驾齐驱的标布贸易中心。朱泾镇、枫泾镇给人们的印象就是"多标行""数百家布号"；朱家角镇也是如此——"京省标客往来不绝"。崇祯《松江府志》写道："朱家角镇，商贾凑聚，贸易花、布，京省标客往来不绝，今为巨镇。"[170]

明代后期至清代前期，朱家角镇作为标布贸易中心，吸引着全国各地前来购买标布的客商，即所谓"标客"。在东市报安桥侧的"明记场"就是标客的聚集地:"康熙时,珠里商贾贸易骈阗,东市明记场,茶场、酒肆为京洛标客居停之所。"[171]当时人甚至认为朱泾镇、枫泾镇这样的棉布贸易中心,还不如朱家角镇繁荣,陈金浩《衢歌》写道:

鱼米庄行闹六时,

南桥人避小巡司。

两泾不及珠街阁,

看尽图经总未知。[172]

此处所谓"两泾",即朱泾镇与枫泾镇;所谓"两泾不及珠街阁",即朱泾镇与枫泾镇不及朱家角镇繁华,看来并非当地人的夸张之词。朱家角镇上,贸易棉花、棉布的庄行众多,还有大批从事渔业、米业的庄行,构成以棉布业为主、其他行业为辅的市镇经济,终年生意兴旺,故曰"鱼米庄行闹六时"。到嘉庆时期依然如此,嘉庆《松江府志》笔下的朱家角镇"商贾贸易甲于他镇"[173],是与事实相符的。

支撑这种经济地位的当然是棉布贸易。《珠里小志》提及当地物产,除了农产品外,首推棉布:"布有刷经、拍浆二种。刷经缜密,拍浆细软,市价相若。又有大号、小号,小号门面阔八寸三分,长十八尺;大号门面阔九寸五分,长十九尺。本色布南翔、苏州两处庄客收买,青蓝布估客贩至崇明、南北二沙。又有杜织布,门面阔一尺三四五寸不等,每匹长至二十二尺,乡人多自服。朱检讨彝尊所谓'裁作轻衫春更宜'是也。"[174]棉布品种如此之多,市场如此之广阔,不仅显示了朱家角镇的市场机制的成熟,而且显示了朱家角镇的四乡棉纺织业的坚实基础。

令人惊讶的是，朱家角镇四乡是水网地带，地势低洼，生产优质稻米，土性不宜种植棉花。1980年代末，笔者曾多次陪同日本学者森正夫教授等人考察朱家角镇，询问历史上棉纺织业何以兴盛一时？该镇的地方史志专家一口否认朱家角镇有过辉煌的棉纺织业及棉布贸易的史实，可能就是从当地不产棉花而得出的结论，这个结论无疑是错误的。本书上面引用的大量史料已经证明了这点。这就需要找到合理的解释，即当地与众不同的经营方式。此地虽然不产棉花，但四乡农家都从事纺纱织布，经营方式比较独特：农家从镇上牙行处买回棉花，制作成棉纱或棉布，再用棉纱或棉布向牙行换回棉花，继续纺纱、织布。《珠里小志》谈及当地风俗时，有一段关于当地农家从事棉纺织业的记载，可以回答上面提到的问题。史料价值很高，故全文援引于下：

> 女红，工针黹（引者按：指刺绣）者十之一，工纺织者十之九。织用木棉花，去花之核用劫车，车有铁木二干。弹花之具曰弓，击弓之具曰弹花椎。弹之，使花和匀，然后划分而细卷之，名曰棉条。引而长之，曰纺纱。纺有纺车，佐车之具有锭子，有铁有木。经之有经车，有经架。经就眠于槽，和浆泡之，风以戾之，用帚刷之，谓之刷布，使纱经皆匀。卷纱之具曰轴，织布之具曰机，佐机之具以线为之，曰机头；以篾为之，曰篦；梭者所以引纬也。布二丈为一匹，以细为上。不纺而织者，为兑纱；不织而纺者，为卖纱（纱重二两名曰筒子）。田家收获，输官偿租外，赖以接济衣食者唯此。[175]

这段史料向我们提供了这样一些信息：第一，在不产棉花的朱家

327

角镇四乡，90%的农家从事棉纺织业，或纺纱或织布。第二，自己并不纺纱，用所织之布向牙行兑取棉纱，回家织布，称为"兑纱"；只纺纱出卖，而并不织布，称为"卖纱"。第三，织布农家从牙行处以布兑纱，这种经营方式，带有来料加工性质。

这种情况在邻近的金泽镇也有："布成持以易花，或即以棉纱易。"[176] 促成这种棉花、棉纱、棉布互兑互易的牙行，称为"花纱布庄"，它的业务经营范围，一方面与农家发生关系，"收布拆花"；另一方面与客商发生关系，包揽京省标客的生意，供应本地出产的各色棉布。

朱家角镇上除了花纱布庄外，还有鱼米庄行，以及其他各色店铺。"行货曰商，居货曰贾"，"市中居货曰揣货，置货鬻物曰店，以有易无曰贩卖，居停客商售货曰行，随地贸易曰摊头，肩挑行贩曰脚担，酿酒、磨麦、染坊皆曰坊，榨油曰车，收布、拆花、屠割曰庄，沽酒食曰馆，茶肆亦曰馆，药材曰堂，估衣大曰庄、小曰店，质库曰典当"。[177] 即在介绍当地风俗的同时，反映了商业的形形色色，有行商、坐贾，有货栈、店铺，有摊贩、脚担，有客商与售货中介牙行，以及收布、拆花的布庄，还有从事屠宰的肉庄，有酒馆、茶馆，有药堂、估衣庄、估衣店及典当等。镇上典当业发达，行规繁复，利息的算法多种多样：价值银十两以上，月息一分四厘（14%）；五两以上，月息一分六厘（16%）；一两以上，月息一分八厘（18%）；价值不足银一两者，月息二分（20%）。典当木器，因占用仓库面积较大，在利息之外另外加取"出仓钱"一分（10%）。对于典当物品，行业内部有行规，不在当票上写明，而用暗语代替，如黄金写作"淡"，白银写作"低"，铜器、锡器、铁器均写作"废"，大珍珠写作

"细"，小珍珠写作"药"，衣服无论新旧都写作"烂"，细毛皮衣服写作"毡"，粗毛皮衣服写作"光"，呢绒羽毛写作"蛀"，绸缎棉布成匹者，写作"角"。[178]

由于商业繁荣，交易额巨大，因此《珠里小志》对于市场流通货币有详细记载，显示了编者胜人一筹的经济意识，也真实地反映了乾隆、嘉庆时期市场流通货币的实况。朱家角镇上流通铜钱与银元，两者同时并存。

关于银元的具体情况如下："珠里钱多银少，昔年用银曰元丝（有苏元、老元），今惟洋钱（引者按：民间俗称外国银元为洋钱）盛行。洋钱旧有马剑（重八钱七分），双烛、佛头（皆重七钱三分），今惟佛头盛行。佛头三工（谓之小吉，银色最上）、四工（即建版，粗边者银色足，细边者次之）、广版（大于小吉、建版，银色亦足，惟声高于小吉）、炉底（银色足而声木）、大头（谓之太子版，近时新出），次者为苏版（苏州出）、土版（出处无考）、闹版（以低银为之）、夹版（以洋钱解开夹铜于内）、灌铅（用刀挖面或边，熔灌铅入），最下喷银（铜质，用药银涂泽如炸金然），又有烂印、哑洋、锉边（银色皆佳，惟兑价少减）。市中行用，惟花米市最杂，价亦惟花米市最昂。"[179]

关于铜钱的具体情况如下："钱有足百钱、七折钱（足百曰千曰百曰十，七折曰两曰钱曰分）、底串（足百九九至九七，七折六九至六七）、腰串（每千每两中亏或四或二）。无底串，千曰通足，两曰足底钱，有时钱（每百杂沙钱，自十至三十），有申钱（无沙钱，以九六为百）。青钱谓之提大，小钱谓之沙钱，禁钱讳之为疲钱（禁钱有三：私铸、剪边及伪号）。乾隆时，官颁禁钱式，命里老惇独者，给其工食，设柜于市收销之。"[180]

朱家角镇上工业相当发达，各种作坊机户应有尽有，有所谓三百六十行，或一百二十行的说法——

金工有四种：银匠作，铜匠作，铁匠作，锡匠作。

木工有三种：造屋宇者谓之大木作，雕刻为什物谓之小木作，制造棺椁谓之作铺。

竹工有两种：结篱作（编结篱笆），箍桶作（制作木桶）。

此外，还有水作（泥水匠），漆作（油漆匠），裁缝作又曰成衣铺（制衣服），补鞋者曰皮匠，装潢书画者曰裱背，为人负重者曰脚当，婚丧奔走者曰值司，操舟者曰船户。男工之贱者曰剃头、曰乐人、曰土作；女工之贱者曰稳婆（亦曰老娘）、曰喜宾。[181]

以上这些所谓"百工"，当地都叫做"手艺"，又叫做"生活"或"行业"。开设店铺叫做"作场"，作场主称为"司务"。受雇于作场者叫做"帮人"，又叫做"伙计"，其首领叫做"作头"。增添"帮伙"叫做"请客师"。受雇于人一日叫做"一工"（有包工，有计工，自食者叫做包吃）；不计工叫做"包做"（又有随事给钱，因物给值者）。偶然雇佣叫做"暂撮"，不领取工钱叫做"相帮"，僧道、乐人、喜宾各有主顾，叫做"门眷"。此外，医谓之郎中，卜（布卦断事吉凶）谓之起课，课星（推人休咎）谓之算命，相谓之相面，堪舆（为人选择葬地）谓之看风水，男巫谓之太保或献司，女巫谓之师娘。[182]朱家角镇上由于市场经济的发达，带来了各行各业的兴起，不仅工商各业，各种手艺，而且三姑六婆，无所不有，反映了弹丸之地的社会众生相。

1990年出版的新编《青浦县志》关于工商各业的记载，可以与上述《珠里小志》的记载相互对照。金融方面，它写道："本县金融业始于清代，以典当和银楼为主，也有钱庄，民国时期乃有银行。抗日战争前，全县有典当6家、钱庄3家和银行1家。抗战胜利后有银行5家、钱庄3家和信用合作社5家。"[183]

典当业基本上延续传统习惯，受押物品成交后，付以收据，俗称"当票"，载明所当物品及价款，交押款人收执，期限自6个月至18个月不等，过期不赎，当铺即没收质押品，叫做"没当"。典当质押借贷利率一般为月息二分（20%）。同治十三年（1874年）南浔镇富商刘仁如先后在青浦县开设当铺4家，其中在朱家角镇有同和当铺，光绪三十四年（1908年）刘仁如又在朱家角镇开设和济当铺。抗战时期全部停业。1947年朱家角镇又有森康当铺、鸿济当铺开业。[184]

银楼业也与金融有关，银楼不仅经营金银饰品和器皿的加工、销售业务，而且兼营金银兑换业务，这点与只从事金银加工的小银匠店不同。青浦县民国时期有银楼与银匠店19家，其中朱家角镇有7家：沈涌裕锦记、宝泰祥、泰和、天宝、方九霞、裘天宝洽记、宝成。[185]

钱庄无疑是传统金融业的主角。光绪十八年（1892年）朱家角镇东湖阶港开办霞泰钱庄。民国初年，随着朱家角镇米行、油坊生意的兴隆，先后开设了恒和、瑞大、震裕3家钱庄，业务范围扩大到县城、金泽镇、练塘镇、重固镇、白鹤镇等地。银行是近代金融业的标志。1930年江苏省农民银行在青浦县城设立分行，1936年增设朱家角镇办事处，办理储蓄存款、农产抵押贷款、贴现、汇兑及各种放款业务。[186]

与此同时，朱家角镇的传统手工业进入了鼎盛时期，民国时代从事铁、木、竹、缝纫等手工业的，有760户，1 800多人。

也出现了零星的近代工业。例如，1911年建立的光华电灯公司，民国时代建立的涌鑫铁厂，有车床、钻床，修理米厂机械设备；朱泰昌印刷所，用脚踏印刷机铅印书籍。[187]

5. 粮食贸易带动的水上运输业近代化

朱家角镇地处鱼米之乡，生产优质大米，号称"青角薄稻"，是大宗外销商品，从鼎盛时期"鱼米庄行闹六时"的描绘来看，"鱼米"所占的地位是很重要的。由于明中叶至清中叶，棉布贸易的兴旺，使得粮食贸易退居次要地位，所以当时的文献提及朱家角镇都说它"贸易花、布"，而不说它"贸易粮食"。随着"洋纱洋布"的倾销，农村手工生产的棉布（俗称土布）市场日趋萎缩，与其他江南棉布业市镇一样，"布市"逐渐退出历史舞台。在朱家角镇，"布市"被"米市"所取代，是历史的必然。这个转机，出现在清末民初。因此这一时期朱家角镇的经济支柱，毫无疑问是粮食贸易及其相关行业。

但是，有关朱家角镇米市的文献记载较少。1930年代经济学家羊冀成编写的《松江米市调查》，涉及的范围是旧松江府地区，当然包括青浦县与朱家角镇在内，因此是最有价值的史料。这份调查报告指出，松江府是江苏南部的产米区，上海米市上称为"松江薄稻"，其中有"枫泾薄稻""泗泾薄稻"，也有青浦朱家角、练塘、重固等地出产的"薄稻"。原先这些地方出产的稻米，大多集中于松江，再向外输出，形成松江米市。松江城外历史遗留下来的地名，如"米市桥""米市渡""米市塘"等，显示米市由来已久。在其鼎盛时代，"高樯丛丛，风帆片片，南而百粤，北若津沽，与夫本省之无锡、南通，浙省之宁波、碛石，均来此坐庄采办，故俨然一集合市场焉。惟四乡距县城路亦较远，于是各乡镇皆有米行设立，收集乡货，转向松江输出，东有泗泾，南有叶榭，西有枫泾、朱家角，北有青浦等处"[188]。

由于漕运存在，本地出产的大量优质稻米必须以漕粮形式北运，作为商品粮流通的数量有限，不过一百数十万石。上海开埠后，由于市场机制完善，市场容量又大，各地米商都集中上海采办。各市镇不再把米运往松江，而运往上海。在这种背景下，松江地区的米市，以松江城区为最大，有大小米行一百余家；青浦县城次之，有大小米行七家；朱家角镇又次之，有大小米行六家。

米行营业与其他牙行一样，必须向官府领取牙帖，缴纳营业税，并需遵守米行同业公会营业规则。米行内部组织，有经理、立柜、账房、杂务、伙友、学生、工人等名称。米市营业性质，有代客买卖与自行贩运两种。朱家角镇米行，原先多为自行贩运，因多次经营失败而亏损，米行为了稳妥起见，由自行贩运改为代客买卖。所谓代客买卖，大抵当日收购当日出售，俗名"照账抄"。一般流程大致如下：用小船运来的"乡货"，到达米行门前船埠停泊后，即由货主（农民）搬运上岸，然后由学徒"扦样"，立柜看样、估价，经货主同意，立即过斛上袋，并标明价格，货价随之结账付清。然后由客商（自买船），按到行次序先后，分别选货，价格按照进货价计算，米行另收佣金若干。然后由客商自行搬运下船，运输出境。米行每日进出米粮数额巨大，米市上有专门从事搬运、包装的脚夫队伍存在。朱家角镇上这类脚夫大约有数十人，为所有米行服务，诸如搬运货物，包括张袋、斛米、扎绕、上肩、掮米。[189]

朱家角镇输出之大米，大半来自附近的昆山县，小半来自本镇四乡。据该镇合丰恒米行经理吴熙若说，朱家角镇距离昆山县城三十里，有漕港这条水深河宽的渠道沟通，故周围四十里之米，尽运于此，在每年输出额中占60%，本镇四乡自产者只占40%。

据羊冀成的统计，当时松江的大米输出额，总计245万石，其中松江方面的数量分布如下：

松江城区（东市、西市合计）	60万石
泗泾镇	20万石
亭林镇	15万石
枫泾镇	10万石
新　镇	10万石
其他小埠（张泽、五厍、陈家行等镇）	15万石
青浦城区	30万石
朱家角镇	40万石
重固镇	10万石
练塘镇	20万石
金泽镇	5万石
其他小镇	10万石
总　计	245万石[190]

由此可见，朱家角镇米市的规模是仅次于松江城区，而略高于青浦城区，更是邻近各市镇无法望其项背的。据笔者与日本学者森正夫1989年的实地调查，原在青浦县工商联合会工作的雷家麟回忆：朱家角镇有所谓"三泾不如一角"（即朱泾镇、枫泾镇、泗泾镇不如朱家角镇）的说法，号称"小上海"。这种说法的由来，和朱家角米市的发达有很大的关系。1930年代，朱家

角米市一天的营业额最高达4万石左右，达到了约3 000吨。这当然是极端最高数字。此后，森正夫多次访问他，雷氏估计一天的营业额大约在2万石至2.5万石，米行最发达的时期（1933—1936年）年输出额可达100万石。[191]按照羊冀成的调查所得，朱家角镇输出大米的40%来自本镇附近四十里范围，100万石的40%即40万石。新编《青浦县志》第六篇"物产·粮食"，援引《江苏省鉴》第三卷第四期记载：青浦县农产以稻、麦、棉作为中心，年产粮90余万石。[192]因此输出100万石是有可能的。该书还指出："青角（青浦、朱家角）薄稻米是本县优质粳米的通称。主要产于青浦中部，即西至淀山湖，东至崧泽村，北至白鹤江，南至陈坊桥、小昆山地区。这一带水质好，土壤肥沃，种植薄稻米条件优越。清末民初，朱家角镇经营薄稻米为全县之首，除在国内销售外，还出口到东南亚地区和日本。"[193]这就更加证明输出100万石是可能的，松江米市中朱家角的40万石，并非朱家角米市输出的全部。

米市的兴盛带动了各行各业。新编《青浦县志》第十四篇"商业"指出："清末，本县资本主义商业开始发展，在朱家角、城厢等地出现了米行、油坊。民国初年，朱、青两地有米行30多家，油坊5家，衣庄、绸缎、洋货、京货、山货、药材、木行等商号百余家。朱家角尤为繁荣。至30年代，该镇行业齐全，货源充沛，业务购销范围远达青浦、昆山、吴江、松江、嘉善五县四周百里农村，大商号年营业额均在2万～3万元，曾有'三泾不如一角'之说。"该书还指出，稻米上市季节，仅朱家角镇的恒益丰、合丰恒、正余公等米行巨头，日收糙米就有万余石，全镇日收糙米高达4万余石，加工成优质粳米，运销苏浙沪市场，青角薄稻誉满江南。[194]

由此带动了稻米加工业。原先加工设备比较简陋，农民把稻谷用木砻磨成糙米后粜出，米行则将糙米用木制米臼舂白出售，俗称"白白米"。以后机械工业兴起，碾米遂用机械设备代替木臼。1913年由曹士龙等人集资创建观明电灯碾米股份有限公司，此后朱恒丰、李聚顺等米行相继添置碾米机器。[195]

清末本镇人蔡承烈（字一隅）创建油坊，开始了朱家角的油坊业。蔡承烈少年时在苏州钱庄当学徒，壮年回乡，在朱家角镇东市梢独资创设元号油坊，加工油菜籽，规模逐渐扩大，每年榨油7 000担。供应本镇及青浦西部地区，以及江浙城镇，间或远销日本、南洋等地。经30年经营发展，资金雄厚，遂兼营商业，在本镇合资开办永泰源、恒泰祥等商店，在上海合资开设钱庄、纱厂、食品公司，还兼营股票和公债，一时号称百万富翁。其他油坊业随之兴起，高峰时期日收购油菜籽60万～65万公斤，加工成菜油，供应苏浙沪等地。[196]

米、油的大量输出，带动了水上运输业。青浦地区长期用航船载货搭客，航船主要依靠风力吹动风帆作为动力（无风时拉纤），当地叫做"扯篷船"，也有用人力的"划船"。大部分航船都有固定航线、航班。清代同治至光绪年间，朱家角镇、青浦县城、重固镇与白鹤江镇有通往上海、苏州、嘉兴、松江、昆山以及七宝镇、周庄镇、芦墟镇等地的航班20条左右。[197]这种情况到民国时期还在延续。据民国《青浦县续志》记载[198]，民国时期全县有航船线路21条，其中以朱家角镇为起讫点或经过朱家角镇的就有14条，见下表。

清末民初朱家角镇航船线路

起讫点	经过地点	创始年代	备　注
朱家角—苏州		光绪初年	四日一往返
朱家角—嘉兴		同上	二艘，四五日一往返
朱家角—上海		同上	一艘，四日一往返
朱家角—昆山	青浦、赵屯桥	同上	一艘，一日往返
朱家角—芦墟	金泽、章练塘	同上	二艘，一日往返
朱家角—周庄	商榻	同上	一艘，四日一往返
青浦—朱家角		同治初年	每日早晚二班，四次往返
重固—朱家角	郏店、七汇、青浦	光绪初年	一艘，一日往返
白鹤江—朱家角	杜村、青浦	同上	一艘，一日往返
章堰—朱家角	香花桥、青浦	同上	一艘，一月九班
葑澳塘—朱家角		光绪年间	一艘，每日往返
安庄—朱家角		同上	一艘，每日往返
沈巷—朱家角		同上	一艘，一日往返
青浦—嘉兴	朱家角	光绪初年	二艘，四五日一往返

"划船"，有29条航线，其中以朱家角镇为起讫点的有18条，见下表。

清末民初朱家角镇划船线路

起讫点	经过地点	创始年代	备　注
朱家角—上海	青浦、泗泾、七宝、徐家汇	光绪年间	二艘，一日往返
朱家角—上海	青浦、白鹤江、黄渡	同上	一艘，六七日一往返
朱家角—苏州		同上	二艘，五日一往返
朱家角—嘉兴		同上	二艘，五日一往返
朱家角—芦墟	章练塘、金泽	同上	二艘，一日往返

起讫点	经过地点	创始年代	备　注
朱家角—同里		同上	二艘，一日往返
朱家角—周庄	西岑、商榻	同上	二艘，一日往返
朱家角—昆山		同上	二艘，一日往返
朱家角—松江		宣统年间	每日往返
重固—朱家角	郏店、七汇、青浦	无记载	每日往返
章堰—朱家角	香花桥、青浦	同上	一日往返
朱家角—南翔	青浦、观音堂、纪王庙	同上	一日往返
金泽—朱家角	小坪、西岑	同上	一日往返
章练塘—朱家角		同上	每日往返
七宝—朱家角	方家窑、青浦	同上	一日往返
陈坊桥—朱家角	青浦	同上	每日往返
赵屯桥—朱家角	新桥、金家桥、青浦	同上	每日往返
白鹤江—朱家角	杜村、青浦	同上	每日往返

　　最为值得注意的是，清末开始出现了近代轮船的航班，一共6条航线，几乎全与朱家角镇有关。见下表。

清末朱家角镇轮船航班

起讫点	经过地点	创始年代	备　注
朱家角—上海	青浦、白鹤江、黄渡	光绪二十一年（1895年）	上海立兴公司经营
朱家角—上海	同上	光绪二十五年	本县商人经营
朱家角—上海	同上	光绪三十三年	上海内河轮船招商局
朱家角—上海	同上	光绪三十三年	本县裕青公司
青浦—苏州	朱家角、陈墓	光绪三十四年	裕青公司，不久废止
朱家角—松江	青浦、天马山	宣统元年（1909年）	不久废止

日本学者森正夫最早关注这一资料，并且给予分析。他指出，光绪年间是朱家角镇和邻近市镇与以上海为首的包括苏州、昆山、嘉兴等江南三角洲主要城市之间，水上交通网的急速发展时代。光绪二十一年（1895年）由上海立兴公司开创朱家角—上海之间的青浦县最初的轮船定期航班。光绪二十五年，青浦县商人也开办了朱家角—上海之间的轮船定期航班。在全部58条航线中，60.3%即35条以朱家角镇为起讫点；其他23条中，也有2条经过朱家角镇。上表中，最小型的"划船"，开设年代不明的18条，其时是最古老的传统船舶，可以推定它的创始年代在同治年间（1862—1874年）以前，其中50%以朱家角镇为起讫点。[199]朱家角镇经济的发达，以及它在青浦县的经济地位之重要性，显示它的城市化程度不可小觑。

6. 地灵而人杰

《珠里小志》所记的朱家角镇地灵而人杰："水木清华，文儒辈出，士族之盛为一邑望，而商贩交通亦甲他镇……镇东北慈门寺规模宏壮，而圆津禅院尤为文士往来之所。"[200]这不仅是一个商业繁华之地，也是一个儒生风雅之地，充满了书卷气。因此在谈及当地风俗时，首先津津乐道的是士人风气。请看：

——"士人家子弟，五六岁就傅识字（谓之方字），字满二千，读《孝经》《四子书》《三经》《三礼》毕，授以《左》《国》《史》《汉》、唐宋八家，谓之古文。明人制艺谓之先辈，始学作八股，谓之开笔。先破承，次开讲，次起股、中股，然后完篇。夜课读《尔雅》，继读排律，有余力读文选，看历代赋汇。庶民子弟识字后，读《三字经》，次读《百家姓》《神童诗》《千家诗》《四子书》《诗经》，古文则吴楚材所辑《观止》也。"

——"童子学书，始描朱簿（其文：上大人，孔乙己，化三千，七十士，尔小生，八九子，佳作仁，可知礼也，二十五字），次印格，继空格。士人家则临摹法帖（小楷《乐毅论》《道德经》《灵飞经》，大字《圣教序》《玄秘塔》《多宝塔》诸碑）。"

——"应童子试曰考（岁课试亦曰考），补博士弟子员谓之进学，称之为秀才。前辈入学后，遵守卧碑读书砥行，届岁试，必先期温习旧业。平居非正事不出户，出必衣冠整肃，严寒酷暑不易也。歌场酒肆不敢阑入，春秋佳日登山临水，未尝选伎征歌。寒素之儒，不为人居间作保，亦未有携筐入市者。扇必诗画，手不持烟袋，友朋会晤惟以时艺相质。为人师馆课严肃，令节假馆不出三日，交际必素交，卖浆洒削之家，虽拥厚资，不轻与通。"

——"士人制艺外，兼习风雅及六书八法。里中制艺，始尚说理，继以清、醒、灵三字为宗。雍正间竞尚排偶，后复以高华典贵出之，今则妃青俪白，人人自以为几社遗风矣。诗学前辈，虑写性情，不矜宗派。惠氏《精华录训纂出》几几乎家置一编。排律，乾隆乙亥岁课试增试，诸生皆以毛检讨（奇龄）《唐人试帖》为宗，虽嫌质直，元气浑然……古文之学习者寥寥，前辈惟唐子恪（士恂）力宗韩氏，王侍郎（昶）涵今茹古，蔚为大家，大致以《左传》、《史记》、庐陵、震川、尧峰为法乳，渊涵停蓄，不以峭厉驰骋见长。"[201]

在这种风气熏陶下，朱家角镇人才辈出，王昶尤为其中佼佼者。王昶（1725—1806年），字德甫，号述庵，又号兰泉。少年时即有文誉，被巡抚雅尔哈善选入紫阳书院。沈德潜编《吴中七子诗》，王昶为其中之一。乾隆十九年（1754年）进士，乾隆二十二年皇帝南巡，召试第一，授内阁中书，入直军机处，累官至大理寺卿、都察院左副都御史、云南布政使、江西布政使。为官操守廉洁，学问赅洽，六经三史以下无所不读。青年时代与著名学者惠栋、沈彤、戴震讲论经义，又与王鸣盛、钱大昕、江声等切磋学问。著作有《春融堂全集》《金石萃编》等五十种，藏书五万余卷，金石碑版一千余通，嘉惠后学。[202]朱家角镇王昶祠堂有《王公神道碑》，由钱大昕撰文，翁方纲隶书，表彰他推崇德行思想："言语政事文学，皆在德行之次"，"盖行之修者，于人世文章功业有弗借焉，而富贵利禄更无足言矣"。[203]

王昶不仅律己严，而且治家也严，他所制订的家规，可以与昆山朱柏庐先生的家训相媲美，在那个时代传为美谈。现将王昶教训子弟的规约十条展示于下。

第一，力行小学家礼。凡待妻妾，训子女，驭婢仆，严内外，谨起居，敬亲长，一依儒先成训，随事自检。至丧祭婚姻，

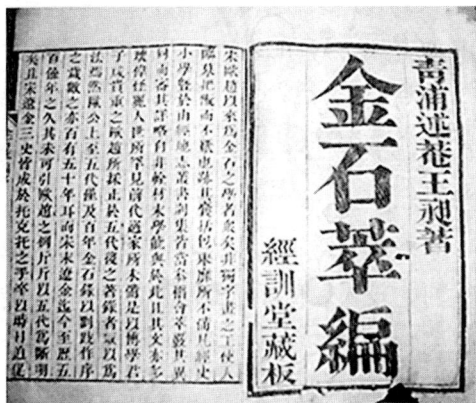

王昶及其代表作《金石萃编》

均准家礼，敬慎行事，不得淆惑浮言，于古礼稍有节省，于俗尚转惰农繁费。

第二，安贫守约。物力要识艰难，财用要知爱惜，饮食要甘淡泊，衣服要崇朴素，一切均以节省俭约为主，所藏书册、碑刻、法帖、字画、器皿，时刻留心查点，不得缺少损坏，不许将此处物件移置别处。

第三，省事慎言。以清心寡欲、戒色谨身为主，不得无事往亲友家走动，不得友佞人，不得友刻薄人，不得友放僻邪侈人，不得耽佚游，不得爱宴饮，不得妄言，不得歧舌，不得群居闲话，不得臧否人物，不得谈人闺阃，不得讦人隐私，不得口是心非，不得议论朝报，不得述道听途说无稽之言，不得作势利热衷之语。

第四，守正奉公。戒赌博，戒挟妓，戒挟优伶，戒演戏，戒蓄蟋蟀鹌鹑，戒习占验符水邪术，戒考试时夹带、代情，营求关节。至条银漕米务早还官，完漕必择干洁之米，县官公事量力率先资助。

第五，安分小心。不得作居间中保，不得出入衙门，不得结纳书吏人等经手钱财，不得学习拳勇，不得把持调处邻亲斗讼，不得与浮荡江湖医卜星相交接，不得与俗间拜斗、看经、教门、法会，不得往迎神赛社唱戏处行走，不得向斗殴处观看。凡事皆当思患预防。

第六，谦和容忍。遇事退让，宅心宽厚，犯而不较，己所不欲勿施于人。待小人不恶而严，不得怨怒詈骂，不得高声与人斗口，宜辩者从容下气以解之，更不得交拳扑打，致伤雅道。下人有过，酌量惩责。

第七，威仪整肃。居常整冠带，着袍褂，小暑必着袍，大暑亦必着长衫穿袜。无论外堂内宅，皆不得袒裼裸裎，任情恣肆。若见客，更当洁净端庄。

第八，直心处众。见利不得生贪取心，待人不得生漠视心，不得生欺诳隐瞒心，不得生徇情心，不得生自私自利占便宜心。

第九，教期成德。经学六种，三礼一种;《春秋》三传一种，《尔雅》《说文》、金石文字一种，合《易》《书》《诗》为六；史学四种，编年一、纪事一、《通典》《通考》各一，视子弟资性所近，分类讲读。经学必宗注疏（《易》兼读李鼎祚《周易注解》），再事别经。学史如之。诗文亦在力宗一派，久之自成专门名家之业。既不至骛广而荒，亦不至流于俗学，入于外道。

第十，勤修故业。虽已出塾当家，每日仍温经十页，看《大清律》，填《功过格》，再习一百余字，以为蓄德儆心之用，不至闲逸过甚，转生杂好。[204]

这种家规，在今日看来未免有些迂腐，例如教导子弟熟读儒家经典，按照儒家伦理立身处世，但在当时对于王氏家族子弟，甚至朱家角镇士人的立身行事，无疑是有积极作用的。它营造了一种潜心学问、淡泊名利的环境，以及浓厚的人文气息。朱家角镇科第兴旺，人才辈出，由此可以获得索解。

当然这并非始于王昶，他也是继承和发扬了明末清初以来的传统。《珠里小志》说："明季里中多积学之士，沈扶南居贫守约，未尝以一介于人，乡人爱而敬之。张琛敦朴学治礼记、毛诗，皆能阐析奥旨。曹公培为华亭顾观生（在观）门下士，研精理学，于朱陆异同，条分缕析。"[205]崇祯十五年（1642年）原礼部尚书陆树声曾孙陆庆臻与兄弟同舟应省试，陆庆臻论闱墨体裁，殊自期许。报捷时，陆氏兄弟在秀才陆景俊家，舍人李待问（存我）赶来庆贺，"脱帽飞觞，颓然俱醉"。其弟陆庆绍中举后，于崇祯十七年移居朱家角镇，创建寅社（文人社团），"无甚败意者"均可入会，但不得"邀贵人，随僮仆"。会期十日一次，从辰时到酉时（从清晨到黄昏），风雨无阻。春秋在圆津禅院，夏季在明远禅寺，冬季在会员家中。会中研讨的内容是：时艺、诗、策论、律赋，总之谈经论史，而"不谈仕宦及阿堵、闺门"，即不谈官场及金钱、妇女，颇为风雅。寅社中有陆祖修兄弟、王会图等三十余人。崇祯年间镇上还有九十余岁应童子试，那是沈扶南的兄长沈右东，他以九十余岁高龄，挂着拐杖前往县城应童子试。知县见他须眉皓白，询问年龄，答道九十九岁。知县戏言：童子场中乃有南极老人耶！沈右东口占一律：

> 笑我称童子，相将近百龄。
>
> 久拼双鬓白，未博一衿青。
>
> 命中晨悬虱，程功夜聚萤。
>
> 孙曾争绕膝，闭户课遗经。[206]

因此当地诗文之风颇盛，《皇清诗选》采入青浦诗人四十七名，其中朱家角镇有陆庆臻、陆祖修、程化龙、吴昌祺、陶尔毅、陆箕永、王之傅、朱天英、朱衮等九名。甚至没有功名的布衣也有工于诗歌者，例如唐镕就是布衣诗人，此外张彦之、沈麟、许誉卿、王光承、金天石、董得仲、陆庆曾、宋徽舆等人，皆以诗作闻名。唐镕清贫而尚气节，社稷沧桑之慨，故国旧君之痛，每饭不忘，往往形诸纸墨间，故其诗沉雄苍健、凄怆激楚。例如：

书癖长贫车武子，

诗魔多病沈休文。

六朝草动江山恨，

一径花遮蓟北书。

因此引来文坛巨匠朱彝尊于康熙三十九年（1700年）前来淀山湖唱和，一时传为佳话，有人作《朱检讨（彝尊）淀山唱和长卷》，为之纪念。[207]

朱家角镇的科第事业，虽然在数量上并不领先于其他江南市镇，但也颇为可观。举人，明代有陈国是、陈元泰、陆庆臻；清代有王之明、陆庆曾、朱衮、程化龙、王元臣、陆祖修、王喆生、诸晋、陆张衮、王珠渊、陆瑜、王昶、沈海、朱华、蒋云鹏、沈曙、王廷兰、蒋维淦（截至乾隆朝）。进士，明代有陈国是；清代有程化龙、王元臣、朱衮、陆祖修、王之明、王喆生、诸晋、王昶、陆伯焜、王廷兰、蒋维淦（截至乾隆朝），此外还有被视为殊荣的"召试"得中者：陆箕永（康熙四十四年〔1705年〕南巡，召试，钦赐监生）；陈蒋麟（康熙四十三年召试第九名）；王昶（乾隆十九年〔1754年〕进士，乾隆二十二年南巡，召试一等第一名，钦赐内阁中书舍人）；陆伯焜（乾隆三十八年巡幸天津，召试一等第四名，钦赐举人）。[208]

晚清至民国时代，朱家角镇依然是地灵人杰，各类人才蜂拥而出。[209]

赖元福（1849—1909年），朱家角镇名医，驰名远近，苏州、嘉兴、湖州一带慕名前来求医者，泊舟半月候诊。与本镇御医陈莲舫，医术相埒，并称陈、赖。著有《碧云精舍医案》。

席裕福（？—1929年），字子佩，祖籍苏州吴县洞庭东山，后迁居朱家角镇。兄席裕祺（字子眉）在上海英国人美查创办的《申报》馆任经理，声誉卓著。宣统元年（1909年）美查把《申报》卖给席裕福，《申报》遂由中国人掌握。不久美国人福开森在上海创办《新闻报》，发行量逐渐超过《申报》，席裕福把《申报》出卖。在史量才经营下，《申报》发行量重新超过《新闻报》。席裕福再办《新申报》，因经营不善而停歇，遂回到朱家角镇，开办轮船公司（朱家角至安亭线）及阜丰永碾米厂。

陆士谔（1878—1944年），名守先，字云翔，出身书香门第，博览群书，潜心著述，辛亥革命前已写出小说二十余部，此后写出《清史演义》，在上海《神州日报》长篇连载，得到读者好评。一生创作小说《蕉窗雨话》《续孽海花》《雍正游侠传》《孝庄皇后外传》等七十余部。又精研中医，医术高超，并著有医书多种，被誉为上海名医。

陆灵素（1883—1957年），原名守民（一作秀民），字恢权，号灵素，陆士谔胞妹。光绪三十二年（1906年）在芜湖皖江女校任教时，结识同校教师苏曼殊、陈独秀。宣统二年（1910年）与上海县华泾乡刘季平结婚，刘氏以安葬烈士邹容而闻名，夫妻双双加入南社，为南社中有名的女才子，不仅能诗善文，而且长于昆曲，其诗文大多辑入《南社丛刻》。

五 双林镇

双林镇位于归安县治东南六十里，北宋时称为东林镇，南宋时成为商贾聚集之地，又称为商林。元时镇上有绢庄（牙行）十所，在普光桥东堍收购四乡农家所产丝、绢。明永乐三年（1405年）改名为双林镇，"津梁环亘，里闬骈填"[210]。

1. 关于"双林"的两种说法

双林建镇于北宋，宋真宗景德年间（1004—1007年），它以东林镇的名字，而成为当时湖州府境内十六个市镇之一。以双林名镇，始于明永乐三年（1405年），明初至成化、弘治年间是它的勃兴阶段，嘉靖、万历年间是它的发展阶段。[211]这当然是毫无疑问的。但是，关于"双林"的说法颇为歧异。早期的《双林志》现在已经难以见到，增添了不少麻烦。据记载，康熙时吴若金撰写《双林志》，嘉庆时沈荣晋撰写《双林镇续记》十三卷，同治时蔡蓉升撰写《双林镇志》八卷，以及蔡汝锽撰写《双林镇志补辑》，这些著作不是未曾刊印，就是不知下落，难以一睹真容。现在能够看到的两种双林镇志，关于它的沿革则又语焉不详。

蔡宣民撰写于1915年的《双林镇志新补》（稿本）这样说："双林镇，旧名东商林，宋南渡后，为聚商之所，故以商名（庞太元《菱湖镇志》）。元顾仲瑛《玉山草堂集》：余避地吴兴之商溪，在今镇东二里，俗名东林村。旧有东西二村，明永乐时，东林衰，西林盛，始并东西二村，改名双林镇。"[212]1917年商务印书馆出版的沈善同所撰《双林镇志》则说："旧名东林村，明永乐三年改名双林镇"；"东林村，去镇二里，俗名东双林，为镇故地，明嘉靖时废"。《渔唱》诗曰："岛夷奔啸海波浑，墟市萧条杀气昏，一自东林迁土后，暮鸦空噪旧殇魂。"对于"东西二林"，沈善同解释道："镇东二里有村名东林，相传旧有东西

347

二林，而西林无实指。"他的说法与蔡宣民的说法是有分歧的。蔡说："明永乐时，东林衰，西林盛，始并东西二村，改名双林镇。"沈说："旧名东林村，明永乐三年改名双林镇。"沈善同还列举另外两种关于双林的异说，其一是："双林旧名东商林"，即"双林"得名于"商林"；其二是："故老相传，镇有双树挺秀，因名双林"。[213]

2. 人口及桥梁、街道显示的城市气象

江南市镇的人口记载，数字比较模糊，一般都泛泛而言"数千家"或"烟户万家"云云。民国《双林镇志》有户口一栏，记载较为具体："双林，始也一村落，户不过数百，口不过千余。明洪武十四年（1381年），颁黄册于郡县，令民以户口自实。军、民、灶、匠等户，各以本户占籍，惟民户丁多者许其分析别籍。十年乃大计生齿，老幼存亡，而更籍之时，里中家有户帖者寥寥，如吴总管、孙福七、陆都堂父斌，皆领帖成户。今其子孙犹有藏而验之者，他概不见，则户（帖）犹未广也。成化时，倍于前矣。嘉靖之季，迭被倭寇、马道人之变，窜徙失业，稍稍零落。至崇祯朝，岁征烟户册实得户三千有奇，口万六千有奇。国初（清初），兵燹流离，户稍减十分之一。不数年，而里居日集，侨民日增，实有户三千四百有奇，口二万一千有奇。其中主户十之九，客户十之一。而四杪（四栅市梢）之附于双林，与双林之迁徙挂漏者，不与焉。粤稽宋制，四千户以上为望县，今观双林，殆可为望镇也。予幼时，固不闻有遍查户口之说。咸丰三年（1853年）粤寇作乱（引者按：指太平军），金陵陷，所在戒严。郡城设团防局遍查，双林实户五千有奇，口万

348

数千余。庚辛间（1860—1861年），粤寇迭次窜扰，镇人之死伤者十之二，迁流者无定数。同治三年（1864年）乱平，逃亡者已渐归里，居民仍盛。而保甲查户，例不核实，惟据抚恤局孤寡老幼各册计之，已三千余口，其余无待抚恤者约增十余倍焉。光绪二年（1876年）实户二千零九十四，口九千一百七十四。光绪六年实户二千六百六十，口九千零六十四。"关于光绪年间的数字，他评论说："巡司查册得是数。此次遍查，第据四栅民居，市口大小铺户不与。然镇上列肆，连家者少，合以客户，亦相去不远。"[214]

由此可知，双林镇，明初户数百，口一千余；到成化年间户与口都增加一倍，估计户400左右，口2 000左右；崇祯年间户3 000余，口16 000余；清初户3 400，口21 000；光绪二年（1876年）户2 094，口9 174；光绪六年户2 660，口9 064。这样看来，明末清初是双林镇人口的高峰，在16 000～21 000口之间，清末的人口只有它的一半。佐之以其他资料，可以得知，从明代万历年间至清代嘉庆、道光年间，是双林镇的鼎盛时期。写于万历十九年（1591年）的《重建土地庙文》指出："吾镇烟爨不下数千家。"[215]可能与崇祯年间的3 000余户不相上下。顺治十六年（1659年）释道元《双林镇舆地图说》描写清初的双林镇，不仅规模宏大，而且备极繁华："其镇周围只十数里，东西约四里，南北约三里。中间亭台相望，殿宇嵯峨，津梁几百十带，居人三四千户，高门鳞次，甲第连云。"[216]这里所说的"居人三四千户"，可与上述清初3 400户的记载互相印证。嘉庆、道光年间，双林镇"尤称富庶，科甲振兴，名宦名儒辈出"，全镇居民增至近万户。咸丰十年（1860年）、十一年两次遭到太平

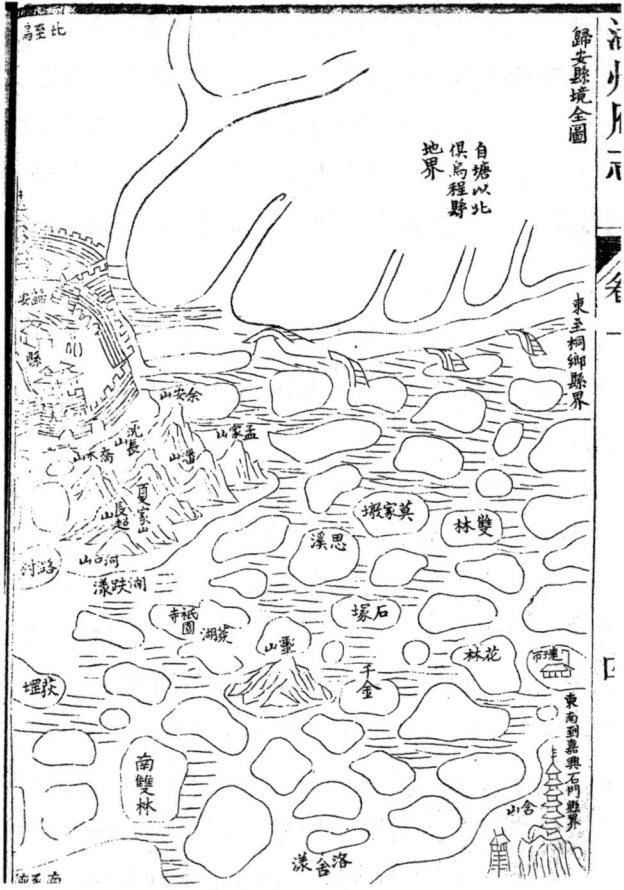

同治《湖州府志》双林镇位置示意

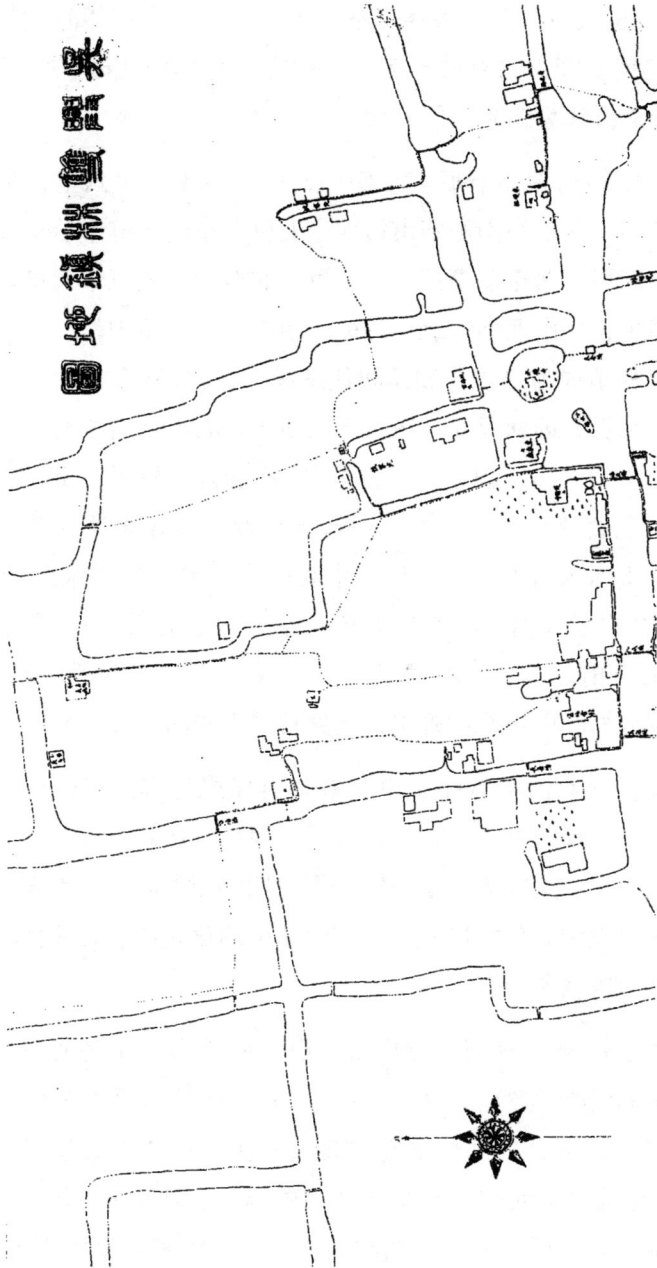

民国《双林镇志》中的双林镇地图

军之役，"遭毁过半"，"集存户不及四千"。[217] 光绪年间人口似乎仍在继续下降，只有两千多户，标志着它的鼎盛时代已经过去，但依然继续繁荣到民国时代。

双林镇距离湖州府城五十四里，东至乌镇三十六里，东北至南浔镇三十六里，南至新市镇四十五里，东南至琏市镇（练市镇）二十四里，西至菱湖镇三十六里，北至大钱镇三十六里。双溪穿越镇中，一由西南向北，一由西南向东，在镇中呈丁字形相交，使双林镇成为嘉兴与湖州间往来捷径。《双林镇志》说："双溪，在双林塘，即西风光、东石街两溪也。石漾水自虹桥来，风漾水自长生桥合流，出东双林，故名"；"谚云：思溪、重兆、木瓜墩，一条直路到双林。又云：望不到双林。盖思溪为苕霅支流，由木瓜墩入古城。注：风漾十数里外早望见东西林云。《支乘》：双林本名双溪，由南北两溪得名，今故道渐湮，然碧水千寻，远山一桁，不减云林墨妙"。[218] 请看，双溪的美丽风光，可以与倪云林的山水画相媲美，足见其魅力非同一般。

姚荃汀《双溪棹歌序》说："双林有凤凰飞奔之形，南杨道桥为凤首，桥塊双井为凤目，东虹桥、西高桥相对为凤翼，北化成、万元、万魁三大桥为凤尾。"[219] 这种比喻显示了桥梁在双林镇的重要地位。作为凤凰最美丽的凤尾的化成桥、万元桥、万魁桥，是全镇精华所在。

镇中心跨越双林塘的化成桥，居三桥之中，又名塘桥，是双林镇的标志性建筑。不仅是商业中心，而且是重大节庆活动的集结场所，因此民间谚语有："走过三关六码头，难过双林塘桥头。"此桥建于元仁宗延祐年间，由塘口化成庵僧创建木桥，故名化成。元末毁于战火，明洪武初由云雨溪和尚复建为砖桥，三十年后坍塌。永乐中，架木以供步行而已。由于水流湍急，迭修迭坏，只得废弃，行人依靠摆渡往来。天顺二年（1458年）镇中耆民吴宗远等捐资重新修复。桥宽八尺，长一百九十尺，规模雄壮，宛若长虹。嘉靖中改造成为石桥，崇祯年间重修，兼筑石路，使化成桥成为旧馆至双林的通衢大道。乾隆五十八年（1793年）与万魁桥一起重修。桥畔停泊客船，多乘夜航行，因而称化成桥为夜航埠桥。桥上设灯杆，夜晚"烂然如昼"，"四方商贾望杆云集"。双林镇由此上接余杭，下注太湖，成为"苏杭之要津"。[220]

万元桥，跨双林塘，居"双林三桥"之东。始建年代无考，明嘉靖年间屡遭"倭寇"骚扰而坍塌，清康熙年间重建木桥，命名为福成桥，雍正八年（1730年）改建为石桥，与化成桥、万魁桥雄踞双林镇中心。时人有诗云："紫凤盘空锦翼齐，湖光夹镜漾玻璃，翠旗散乱金支冷，恍惚歌声继大堤。"[221]

万魁桥，跨双林塘，在禹王庙北，居"双林三桥"之西，西临风漾，河面宽阔，向建木桥，屡修屡圮，康熙元年至八年（1662—1669年）改建为石桥。乾隆五十八年（1793年）与化成桥同时改建，增高五尺，超越化成桥，西望长超，如在几席。时人吟咏道："水口奔腾注阛阓，长超西指彩云间。"[222]

作为凤凰双翼的是虹桥、大通桥。虹桥位于东兜，元至大元年（1308年）建砖桥，洪武十六年（1383年）改建为石桥。每当晚霞西映，水光环照如虹，故名虹桥。康熙三十三年（1694年）重建，增高三尺。当地人每当元宵佳节，在桥上焚草放爆竹，谓之烧田蚕。有诗云："千竿高炬照田蚕，庆贺元宵乐事覃。"[223]

作为凤首的普度桥，一名杨道桥，在杨道村吴家漾东南，号称"一镇来龙之首"。始建于明万历中，乾隆二十九年（1764年）重修，嘉庆十五年（1810年）重建。

全镇共有桥梁119座，连通四乡与邻镇，使双林镇成为一个远近闻名的码头，湖州腹地的重要商品集散地。双林镇东西长四里、南北宽三里的镇区，由于街道密布，颇具城市气象。主要街道有：

上横街——在街市中心，东接便民桥，西至薛家汇，横亘一镇之中，成为商贾汇集之地。因为这条街道人流物流密度高，又一分为三：便民桥至永宁桥为东横街，塘桥弄口至明月桥为中横街，太平巷至薛家汇为西横街。西横街又名棋盘街，因为前后左右都是街巷，有如棋盘；也叫做衣裳街，因为这里有衣庄（经营丝绸及服装的商行）几十家（清初有七十余家，乾隆时有四十余家）。每逢元宵及其他节日，街上彩灯特盛。

下横街——在上横街对岸，东连长板桥，西接浮霞墩。街上多酒馆，游客熙熙攘攘。每天夕阳西下，街上人声鼎沸，号称"小苏州"。街上著名的"三层楼"尤为胜景。姚谦《艇棹歌》如此描写道："碧槛朱栏跨水楼，佳名赢得小苏州。灯红酒绿罗珍错，争似吴王台畔游。"

长街——在长板桥东，起于来龙桥，止于金琐桥。又有东济桥至长板桥一段称为短长街。长板桥向东一段，用大磨石砌成，称为九磨街，以后全部改成条石平铺的石板街。

陆府前街——在沈家巷东北，明代知府陆珩府邸在此，故名。

聚兴街——在西横街北，南通清风桥，北至太平潭，乾隆二十七年（1762年）开辟为街道。

新湾街——在中横街北，俗名钥匙湾，南通东一步两条桥（在永宁桥西，两条连接的小桥，与"西一步两条桥"相区别，故称"东一步两条桥"），西通北短巷，为包头衣庄（包头纱绢商行）所在地，又名苏家巷。

新街——在禹王庙东南，东至塘桥弄陆桁旧府邸，万历初年开辟为街道，一名古新街。街心石板路，原先是小河，两旁商店廊棚下有狭窄的行人通道。乾隆时街河淤塞，改为石板路。

新开巷——在东兜，原先为明都御史陆矩府邸，后开辟为巷。崇祯年间构筑市廛，收购绸绢，因而绢行聚集，又名新绢巷。雍正末年在此建筑会馆，设立关帝庙，可见当时生意颇为兴旺。

旧绢巷——在闵家巷东，东通来龙桥。本作巷门口，墙里吴氏居此，为估客收购绸绢。清初，绸绢市场东移新绢巷，此地改称旧绢巷。

老绢巷——在永丰桥西，北通温家白地，曾经是乡民卖绢的场所。

小猪弄——在便民桥西北，一作小猪巷，曾经有小猪市。

全镇共有街7条，巷15条，弄28条，构成一个街道网络。此外还有一些地名虽然不叫街、巷、弄，但具有街道功能，如"北塘口"——在双林塘北岸，东临织旋漾，西为舟航聚泊所。又如"赛双林"——在化成桥西北，明副都御史茅坤在此建筑市廛，曾经一度"旗亭百队，瑰货喧阗"，故名赛双林。后萧条，大半种植桑麻，茅家巷仅存花厅数间而已；经过太平军之役，花厅成为一片瓦砾。[224]

3. 双林绫绢甲天下

双林镇四乡地处太湖南岸，河网密布，气候温润，雨量充沛，土壤肥沃，适宜种植稻谷、桑麻。四乡遍地栽桑，《双林镇志》说："吾镇之乡村无不栽桑，惟园庭墟墓间始有杂木。"[225]《双林志增纂》说，小满之后，家家户户忙于"蚕月"。还有多养蚕少种桑的农家，需向叶市购买桑叶，叶市有"头市三日，中市五日，末市七日"；另有不养蚕而专门出卖桑叶的农家。[226]双林镇四乡水质清冽，利于缫丝与漂洗。凤凰泉在镇西五里，"水深而冽，乡人取以缫丝，洁润异常"，有诗曰："篷筐献茧配雄雌，排列缫盆拣取时。汲得凤凰泉畔水，一堆白雪晃新丝。"因此所缫之丝用于织绫、纱、绉纱、包头绢等，"吾镇所造，他处不及"。[227]

双林镇及其四乡是著名的绢、纱的产地，尤其以包头绢（纱）而名闻遐迩。它可制作妇女头饰，也可挡风沙，因此畅销全国各地，号称"通行天下"，"闽俗有男亦用裹首，惟北地秋冬风高沙起，行者纱罩面护目"。[228]双林绢纱的生产传统由来已久，明成化十一年（1475年）张廉撰写的《重建化成桥碑铭》说："（双）溪左右延袤数十里，俗皆织绢，于是四方之商贾咸集以贸易焉。"同一碑铭，在《双林镇志新补》中，有二字之差："织绢"为"产纱"。[229]此处所谓纱，并非棉纱，也非蚕丝，而是与绢同类的丝织品，因此"绢""纱"之差，并无大碍，所言是一致的，至于原碑铭究竟是哪两个字，已难于考证。

正德、嘉靖以前，双林镇及其四乡仅生产纱帕、包头绢之类；隆庆、万历以来，丝织业有了大踏步发展。《双林志》如此写道："隆、万以来，机杼之家相沿比业，巧变百出，有绫有罗，有花纱、绉纱、陡绸之缎，有花有素；有重至十五六两，有轻至二三两；有连为数丈，有开为十方，每方有三尺、四尺、五尺，长至七八尺；其花样有四季花、西湖景致、百子图、八宝龙凤，大小疏密不等。"这种精致的丝织品吸引着外地客商，形成"各直省客商云集贸贩，里人贾鬻他方，四时往来不绝"的繁忙景象，由万历持续到乾隆，久盛不衰。[230]

以此之故，双林镇四乡农家经营的商品化程度甚高，或者说市场化色彩比较浓厚，时人说："吴兴蚕桑甲天下，东林又甲于吴兴。"当地农家"好稼穑，尤精治桑，桑之利倍收于田，以故家益饶"。[231]在经济利益的刺激下，双溪左右延袤数十里农家都精于织绢、织纱，织旋漾、纱机扇等村机户尤为集中，织旋漾"纺织家环聚其中"，纱机扇"明初织纱机者聚此"。这种农村机户已经十分专业化，"近镇数村以织绢为业，男子或从事绞线，必常出市买丝卖绢，田功荒废，而衣帛食鲜，醉饱市肆，其逸乐远胜常农"；他们普遍"以织绢为上"作为主业，"而出息亦巨"，"机声鸦轧晓夜不休"。这是非常重要的变化，有几点值得注意：一是靠近双林镇的村落农家把织绢作为专业，作为主要经济来源，因此男子也参与其中，或是绞线，或是上市场买丝卖绢；二是这些农家大多不重视农田生产，听凭荒废也在所不惜，因为主要收入不在农田；三是农家机户收入远远高于一般农民（即所谓"常农"），生活水平也远胜"常农"。在这种背景下，促使农村经济发生一系列新变化，最明显的莫过于视田地为累赘——这和传统农业是截然不同的。当地人如此说："近村织绢乡人，赚钱甚易，而家转致贫，盖由男作线工，工余必入市，闻见奢华，日用

357

易费。妇女虽勤俭于家，而田地荒芜，入不敷出，鬻田称贷，渐至冻馁者有之。凡此等村落，田地不足贵。若田属镇人，由佃纳租，每得不偿失。盖遇潦歉水需资；春社赛神，按田索费；遇岁稍歉，则结甲抗租，鸣锣纠众，悍无所畏。所谓'田为累字头'也。"[232]

当然，这些并非普遍现象。常见的还是以织绢为主业的农家"逸乐远胜常农"。这是可以理解的，在农村商品生产日益发展，与市场关系日益密切的情况下，传统农业经营收入微薄，愈来愈失去吸引力，农家莫不以蚕桑丝织业作为财富的源泉，而孜孜以求。这种情况在清末民初绢业生意清淡后有所变化，放弃织绢转而从事缫丝。这样就丧失了原先的优势。据民国初年的调查："吾镇所出原料，以蚕丝为大宗，而工艺呰窳，殊无进步。据调查所及，四乡及镇市人口，凡七万六千余，壮年男妇数逾三万。而织绸绫绢及蚕桑缫丝工作者，不过数千余。则耕田、育蚕外，无所事事，男子徜徉廛市，出入茶酒各肆。女亦闲暇时多。"因此调查者建议："果能多置织机，就乡施教，则一年工资所入，亦颇不资。利民之策莫大乎是。"但是他也不免叹息："然孰堪语此任此乎？"[233]由此也透露出，当年丝织业鼎盛时期，从事此业的人数可能达到几万，而民国时代不过几千，相差何其悬殊。

据当地的调查资料："1919年至1921年，双林附近各乡脚踏手拉（织）机2 000多台，从事织绫有五六千人。家家养蚕，户户织绫，轧轧机声，远近相闻。年产绫绢240万米，为一时之盛。"[234]到1930年代中期，织造绫绢的机户已经减少："（绫绢）产于双林镇之西栅外村落，约有千余家。每户各有木机一二架，每日可出绫一匹或绢三四匹。绫每匹用丝约二三两，价约一元

358

至三元不等。绢每匹用丝重约五六钱，价约二角至五角。此项绫绢，在昔多供帝室补壁及奏章、裱画、装书之用，今则仅裱画及寿服之用，营业大减。年产约三十万匹，价值三十余万元。"[235]

绫绢业生意日渐清淡，织者渐少，机户转而寻求别的出路，于是或缝纫，或制作衣服鞋袜，受雇于各类商行。

4. 工商各业展现的经济活力

从明中叶到清中叶，双林镇始终以生产与销售纱绢而闻名远近，大宗产品首推包头绢，轻者称为"海丈"，重者称为"狭贡""顶贡"。由"本镇及近村乡人为之"。另有包头绉，"起于明天启时"，"道光后，杭州庄家亦多自织，然总不及双林之密实也"。[236]

这些从事丝织业的"本镇及近村乡人"，或者自家栽桑养蚕，自家加工成丝、卷、纱，出售于镇上牙行；或者从镇上购回原料加工，"有往嘉兴曹王附近卖茧缫丝者"，也有到乌青镇"零买经纬自织者"。[237]镇上有专业机户，或家庭经营，或雇工经营。他们大多不生产原料，原料取给于市场，与牙行商人关系密切。一些资金短缺的机户，多给商行代为加工，收取加工费，当地人称此种商人为"庄家"，"庄家有赊丝与机户，即收其绢，以牟重利者"。[238]这种庄家与机户的关系，实质是一种雇佣关系。

本镇及近村乡人所织之绢，由牙行——绢庄收购。绢庄收绢有一定规矩，"凡收绢，黎明入市，曰上庄；辰刻散市，曰收庄"；"主其事者有司岁、司月，皆衣冠揖让，权轻重、美恶，以定价，无参差，也无喧哗。故取绢者曰绢主，售绢者曰机户"；还有一种"小绢主"，是将远近各乡机户介绍给绢庄的中介者。[239]

绢庄所收之绢，必须进行加工，当地称之为"染皂"。大体工序是先煮后漂，然后敷以蕨粉，捣以砧石，抹以絮布。镇上皂坊、黑坊、胶坊之类作坊很多。

皂坊——专门染皂色绢，作坊内有锅灶、砧场、染架，主要分布于耕邬桥一带。作坊工匠数百，不少是由泾县来此的打工者。先在锅内煮，再在水中漂洗，敷上蕨粉，在砧石上捣打，抹上絮布，染色晾干。[240]

黑坊——专门染炼绫绸、包头纱，多由本镇人操持。

胶坊——专门染炼五色裱绫，多由本镇人操持。先把绫绢染以五彩，拌以粉胶，然后用刀刮整，或用巨石研平，成品叫做胶绫粉绢。[241]

这三类染坊，以皂坊规模最大，鼎盛时期雇佣工匠常达数百人以上。一些外地客商也在镇上设立皂坊，自行加工绫绢，然后运销外地。其中尤以泾县商人为多，"嘉（庆）道（光）年间，泾县人在镇开设皂坊，专制绫绢，运销江宁、徽（州）、宁（国）等处，人数颇众，营业极盛"[242]。

经过加工的绫绢，量轻者曰海丈，销往福建及温州、台州等地，鼎盛时销量达十余万匹；量重者曰狭贡、顶贡，销往江浙等地；裱绫、裱绢仅本镇一处生产，行销各省，且出口日本。业此者设分庄于上海、苏州，生意兴隆。[243]

双林镇的丝业仅次于绫绢业，康熙时人唐甄说："吴丝（引者按：即湖丝）衣天下……吴越闽番至于海岛，皆来市焉。五月载银而至，委积如瓦砾。吴（兴）南诸乡岁有百十万之益。是以虽赋重困穷，民未至于空虚，室庐舟楫之繁庶胜于他所，此蚕之厚利也。"[244]本来此地所产优质蚕丝都用来织绢，在绢业生意清淡后，蚕丝贸易日趋兴旺，使它成为商业界的后起之秀，由于获利十分丰厚，丝商比绢商更加阔气。

当地人谈及清末民初双林镇的商贾时，有一些极精彩的评论，显示丝业牙行的不同一般："商贾之家皆极勤朴，衣不罗绮，食不甘脆，斤斤自守，生业日繁。惟丝业牙行聚四方商旅，饶富立致，争尚奢靡。而朝荣夕悴，勃焉忽焉。其三世殷富者不多见。近有以盘剥乡民为业者，或徒手，或设一小店，专放债，取厚利，皆致殷富。核其实，绝非行商坐贾也。"又说："吾镇出门贸易者，大半在苏杭及各近处，富商则走闽广、襄樊、淞沪。其在本镇经纪者，以丝绵绸绢为盛。有资设店，获利固易。而精其业者，即空手入市，亦可日有所获，以赡其家。俗所谓'早晨没饭吃，晚上有马骑'也。近年惟丝业生意甚盛，客商赍银来者，动以千万计，供应奢华，同行争胜，投客所好，以为迎合，无所不至。日用纷华莫比，几于忘所自来。迨客去市毕萧条，家计故我依然。其病由于贪市易而不计盈亏，甚有将数万资本捐帖开行，不十数年化为乌有者。"[245]这些话透露出的信息是丰富的。与绢业生意清淡形成鲜明对照的是，丝业日趋兴旺，获利丰厚，客商带着巨额资金前来收购湖丝，使得丝业牙行应接不暇，甚至互相争抢客商，无所不用其极；而缺乏市场经营意识，致富来得快，破产也来得快，所谓"勃焉忽焉"，双林镇之难以与南浔镇相抗衡，这是一个重要原因。

《双林镇志》说，湖丝甲天下，有头蚕丝、二蚕丝两种，向以太湖滨所产者为上品，而双林镇近年亦可与之相媲美。肥而爪角阔者曰长腔，产量少；爪角狭者曰短腔，又名线爪。近来因为细丝价格昂贵，制长腔者更少。光白者为客货，有大蚕、七里之名，有头号、二号、三号、副号之别。双林镇上专门招接买丝客商的牙行——广行、客行，遍布于四栅。每当小满新丝上市，闽广等地的大贾纷纷前来投行收购，头蚕丝市、二蚕丝市最为繁忙，号称"大市"，"日出万金"。中秋节过后是所谓"冷丝市"，是一种细水长流式的交易，虽然"客商少而伙友亦散"，但是依然"陆续发卖，可与次年新丝相接，故曰：'买不尽湖丝'"。[246]每逢客商多而丝货少时，"行家雇船下乡收买，谓之'出乡'"；又有代行家收买的"抄庄"，买进后再转卖给各行的"掇庄"（或曰贩子），还有代掇庄收购乡货上行出卖的"撑旱船"，以及平时专门零售给机户的"折丝庄"，买进新丝囤积等待涨价后抛售的"拣先土客"。因此，湖丝贩卖成为镇上一大行业，"贸易之人衣食于此者，十居其五"，镇上有一半人以此为生。[247]

　　19世纪中叶以后，双林镇的湖丝贸易日趋兴旺，首推肥丝贸易。所谓肥丝，一名粗丝，供织绸用，条分细者销于盛泽镇；稍粗者为线料，销于濮院镇。咸丰、同治年间，仅客帮商人到镇上"坐庄抄丝"，销量不大。光绪年间，有协源肥丝行开市，"四出兜销，丝业逐年而盛，乃兼并邻近市镇所出合双林，其总量可达千担"。其次是白丝贸易。白丝是出口湖丝，盛产于双林镇东北乡之丁泾、西阳、邢村、邢窑等地。因为缫丝技术优秀，所缫"洋庄白丝"统称辑里丝（七里丝）。道光、咸丰以前已有商人运往香港出售，蔡兴源、陈义昌等丝行都由此起家，积累资金达百万之巨。以后经营白丝的丝行增多，挑选头号白丝运至上海，直接售于洋行，常年出口达三千余担。[248]

民国初年编写的《双林镇志》颇有现代眼光，在商业卷专门列出"出口货之调查"专栏，具体而微地反映了双林镇的经济活力，为地方志中难得一见的好资料，特择要援引于下。

白蚕丝——有"洋庄白丝"与本国"用货丝"之别。东北乡之丁泾、西阳、邢村、邢窑，缫丝手段较优。而洋庄丝仅以辑里著称。清道（光）咸（丰）时（引者按：原文如此，应为道、咸以前），上海犹未通商，洋商居香港。已有镇人运丝往售，蔡兴源、陈义昌等皆以此起家，积资巨万。及五口通商，则有姚天顺、俞源元、施福隆等，而丁震源、陈三益、凌成记相继而起。选头、二号白丝，运至上海，直接售于洋行，有震源、凤云、三益、文鹿、成记等丝牌，常年出口者三千余担。其后，南浔、震泽经丝行，销辑里丝岁渐退步，镇上各乡丝行均仰赖南浔、震泽客商，抄客（引者按：抄丝客商）不到，丝市即寂。今仅有乡丝行四家：裕成、振裕、同丰祥、祥泰生。每年出口多则三千担，少则二千余担。此外，"用货丝"以纯熟圆匀白净为主，销于杭庄（杭州商行），年销售约五百担。

肥丝——一名粗丝。蚕户收茧，挑取白净圆匀者缫为白丝，其余蚕茧一概缫肥丝。色白而粗者曰白光，色黑而粗者曰黑光。均配销织绸之用，条分细者销于盛泽镇，条分粗者作为线料销于濮院镇。就肥丝产量约略计算，丰年可出五百担，歉年则二三百担。咸丰、同治年间，只有客商在镇上"坐庄抄丝"，不甚发达。光绪时，有协源肥丝行开市，四处兜销，丝业逐年而盛。乃兼并邻近市镇所出而会于双林，其总数可达一千担。今有肥丝行七家：诚昌裕、广隆、广源、隆昌、徐同和、鲍诚昌、顺和。销路新增江宁、镇江、苏州等处。

野蚕丝——一名桑蚕丝，丝色微黄，其种子寄生于桑树，自生自长，食桑结茧，小暑后出头蚕，处暑后出二蚕。丰收之年销售收入可达银十余万，歉收之年也有银四五万。北乡丁泾、西阳等村农家缫野蚕丝号称妙手，其坚韧超过白丝。

丝绵——用生种蛾口茧（引者按：蚕蛾咬破之留种茧）剥成白绵，运销苏州、上海等处，或由本地人打线，用来织"绵绸"。每年出货约有银二三万。

丝吐头——白蚕丝头曰吐头。鼎盛时出口达三千担，现在不过一千余担。桑蚕丝吐，鼎盛时出口可达一百担，现在仅数十担。原因在于，乡人无远见，市价稍高，便掺入铁屑、面浆、石膏、砖屑、矾石等，冒充分量。洋商多所挑剔，甚至已运外洋，仍退回上海。客商因此视为畏途。

绵绸——优者用上白丝绵打线，次者用软茧、汰头茧衣等所谓下脚料打线，用手工织成匹头。同治、光绪间，每年可销售三万匹。近年由于洋货盛行，销数锐减，已不足一万匹。

绫绉包头纱——双林镇特产丝织物，一种叫做"海丈"，行销于福建及浙江温州、台州等地，沿海船民用来包头，鼎盛时行销十余万匹。另一种叫做"狭贡""顶贡"，江浙等处妇女用来包头，鼎盛时每年销售额达十万元。又有帽绉、泉丈、泉九等品种，近来销路大不如前，大约相当于以前的十分之三四。因此织机各户大多改织裱绫、裱绢，分花色、素色两种，染以皂，胶以粉，巨石砑之，使有光泽。从事此业的皂坊，鼎盛时常有工人数百，大多为安徽泾县人，本镇的泾县会馆由此而来。近来能从事此业者仅一二本地人，销路甚微。

裱绫裱绢——双林镇特产丝织物，染以彩色，用来装裱书画，或装饰墙壁。仅本镇一处生产，行销各省，远达日本。有龙陵、云鹤绫、洋花绫、三二素绢、尺八纱、尺六纱等品名。销往各地，由于生意兴隆，业此者在上海、苏州设立分庄，销路更为发达，年产值银十余万元。

毡毯——用羊毛与黏土制成，坚韧耐用，行销长江各口岸。因资本薄、规模小，每年出货不足银元一万。

绵羊——农民普遍养羊，以前仅供本地食用，近十年来，有商人开设行场，运销上海，每年输出二千余头。

青桑叶——以前乡民植桑不遗余力，所产桑叶甚多，有余叶可供太湖附近各地，鼎盛时，销数达五万担。近来本地用叶增多，销往外地不过一万余担。

鲜鱼——本地所产青鱼、鲢鱼、草鱼、鲤鱼、黄鳝、鳖等，由鱼行贩运沪杭各地每年约银二万元。

此外，还有烂茧、旧棉花、羊毛、破布破絮、兽毛兽骨、棉织布、猪油等，或销本地，或销外地，但数量较小。[249]

有意思的是，与上述"出口货之调查"相对应的是，该镇志刊载了"进口货之调查"，从中可以看出民国初年双林镇商业的新变化，以及社会转型的一个侧面。请看如下"进口货之调查"。

呢绒洋布洋纱各货——舶来品，岁值银二十万元，大多由上海输入，零星的由嘉兴输入。经营这类商品的有九家商行。

毛巾香皂香水等小百货——舶来品，岁值银二万元。

煤油火柴等货——舶来品，岁值银四万元。

吕宋烟、纸烟等——舶来品，岁值银三万元。

颜料等——舶来品，岁值银二万五千元。

玻璃灯镜阳伞等——舶来品，岁值银一万五千元。

各种海味——舶来品，岁值银三万元。

濮院、盛泽丝绸——本国丝织品，岁值银六万元。

各种厂布——仿西式染织之格子布、柳条布等，岁值银二万元。

港布——南浔横扇等处出产，用粗纱织成，粗重耐用，乡人乐于购用，岁值银三万元。另有浦东、常熟、马腰等处出产的土布，岁值银一万数千元。

线袜棉线——每年所值不足银万元。

鞋帽等货——来自杭州、绍兴、苏州、松江、上海等地，岁值银三万元。

洋棉纱——岁值银二万元。

苎布——江西出产，由杭州、湖州转运而至，岁值银多则五万元，少则四万元。

葛布——广东出产，由上海转运而至，岁值银不及万元。

米——本地所产仅可供十分之七，其余三分，必待他处接济，以嘉兴冬春米为大宗，长兴之熟米次之，岁值银二十五六万元。

麦——由无锡输入，供本地制作切面、酱、饼饵，岁值银三四万元。

麸皮——乡人用作猪饲料，岁销之数可达二万袋。

面粉——岁销之属可达五六千袋。

豆类——由上海、无锡输入，其中大豆用来制作豆酱、豆腐，岁销之数可达四千担；绿豆用来制作豆粉、粉条、粉皮，岁销之数可达千余担。

豆饼——由上海输入，用作肥料、饲料，岁值银二万元。

油类——豆油、菜油、麻油率由上海、洲钱、新市转运而来，岁值银四万元。乡人自种大豆、油菜籽所榨之油，仅可供应十分之三，其余十分之七均来自外地。

盐——以制造酱货以及腌制鱼肉蔬菜为大宗，食用次之，岁销六千担。

酒类——黄酒为本地作坊雇佣绍兴技师酿制，每年用米千担（每担米出酒一百斤），所酿之酒不能满足市场，必待南浔、乌镇等处输入。烧酒（有糟烧、米烧、麦烧之别），自制不多，大率来自苏州横泾等处，每年总值银四万元。

酱货——以豆酱为主，酱油次之，岁值银四万元。

茶叶——上等来自杭州，次等来自上柏、棣溪、梅溪等处，岁销之属可达四五百担。

糖——红糖、白糖为多，青糖较少，冰糖更少，均来自嘉兴、上海，岁值银四万元。

烟——水烟、旱烟，岁值银三万元。

水果蔬笋——来自山乡以及塘栖镇，有鲜货行三家经营此业，岁值银四五万元。

木料——本镇有木行两家，经营木料，销售额多则银十万元，少则银四五万元。棺材铺所用棺木，自行采购，岁值银三万元。[250]

此外，还有头绳、香粉、饰品、腌肉咸鱼、柴炭、纸类、杂货、药材、楮箔（冥纸）、砖石、陶瓷、铁器、铜锡器、竹木器等。

从上述出口与进口商品调查，可以看到双林镇商业在晚清至民国时期的变化。丝绢类特色商品出口海外，由来已久，明末清初人孙承泽就记载"湖丝百斤值银百两者，至彼（吕宋）有价二倍"[251]。而裱绫裱绢一向行销日本。至于白蚕丝在五口通商之前已有本镇商人运往香港销售，五口通商之后，则运往上海直接出售给洋行；野蚕丝、丝吐头等也多销售上海洋行，规模比以前明显扩大。[252]尤其值得注意的是，深处太湖流域腹地的双林镇，有大量舶来品销售，涉及呢绒、洋布、洋纱、香皂、香水、煤油、火柴、吕宋烟、玻璃灯镜之类，虽然是从上海等处转运而来，但海内外市场的一体化，已经深深影响到市镇一级城乡接合部，则是不争的事实。

双林镇的商业正处在从传统向近代的转型过程之中。

一方面传统的商业机制仍然在运作，例如米市。由于蚕桑业的发达，农地大多用于栽桑，粮食无法自给，必须仰赖外地输入，"籼、粳等米供本地食料者，仅十分之七，余三分必待他处接济"[253]。镇上经营商品粮的米肆设于四栅两旁，方便客船、乡船停泊。米肆有两类：代客买卖者为米行，零售者为米店。镇上冬季有糙米市，五六月有冬春米市，四月有菜籽市，六七月有襄饼市，其余豆麦皆归米行买卖。[254]这种传统方式的经营正在发生适应市场经济的变化。

另一方面，清代盛行的商人组织会馆、公所，经历了漫长的时间后正在逐渐淡出，建立较早的绢业的同业组织——旧公馆、新公馆等已衰落。

旧公馆——在积善桥北，本名泾县会馆，康熙年间宁国府泾县绢商朱、胡、洪、郑、汪五姓，及旌德县绢商刘姓公建，为接待泾县、旌德县绢商的地缘兼业缘性组织。

新公馆——在新绢巷，雍正四年（1726年）由所有绢行（绫绢牙行）公建。头门上为歌台（戏台），中堂是"崇义楼"，供关帝神像，门外有过街楼，墙腰题字曰"经纶亘古"。每天午前，裱绫各绢行，集合在此收购乡人生产的绫绢。显然它已经没有地缘性质，而成为纯粹的业缘性组织。咸丰十年（1860年）、十一年毁于战火。

泾县会馆——在沈家桥北，为安徽泾县同乡人公建。始于嘉庆、道光年间，由于泾县人在本镇开设皂坊，专制绫绢，人数颇众，营业极盛，因此集资建造会馆。以后绫绢不合销路，营业衰落，会馆也废弃，其遗址出租为民宅。

金陵会馆——在葛家桥东偏，为江宁镇江同乡人公建。

宁绍会馆——在万魁桥北，原先依附于东岳庙，后来移建于此。以上两处会馆清末民初也已衰落。

米业公所——在坝桥西侧。

药业公所——在斗姥阁东，与药王庙相连。

丝绢公所——在新绢巷原新公馆旧址，新公馆在咸丰年间被毁，光绪二十八年（1902年）绢业董事沈肖岩（善同）会集同业，集资兴建，因资金短缺，联合粗丝业、拆丝业共同建立，成为丝绢业的同业组织。

商务公所——光绪三十三年（1907年）由灵寿禅院旧址改建。据《蔡松日记》，报载商务部要求各城镇建立商会，蔡松感慨于本镇"商情涣散"，"且商界知识浅薄"，希望建立商会"交换知识，联络商情，维持公益"，便与丝业董事蔡君见因、绢业董事沈君肖岩、米业董事张君申甫、绵绸业董事蔡君佑群，以及各典当执事朱君梅清、钮君映泉等，在丝绢公所开会，讨论此事。会议公推蔡松为总董，因蔡松在萧山学署任职，不能在本镇主持工作，改推张申甫为总董，沈肖岩等人为议董，呈请商务部注册。光绪三十三年正式成立时，会场尚无定所，后将灵寿禅院改建为商会，时在1915年11月。[255]

从先前的会馆、公所，逐步演变为商会，与当时整个社会商业动向是同步的，会馆、公所的淡出，商会的登场，反映了双林镇商业由传统向近代转型的进程。

5. 教育文化事业：城市化的另一侧面

繁荣的经济为教育文化事业提供了肥沃的土壤。双林镇不仅是商贾云集之所，而且是士子切磋学问的理想环境，镇上教育事业发达，文化水平较高，人们以"亦农亦儒，亦贾亦儒"为家训，明清两代科第兴盛，明代有进士六人，举人二十七人；清代有进士十六人，举人六十六人。时人炫耀说，双林镇"愈极繁华，甲第连云"，"四方贤大夫，选胜蹈奇者，咸圣于此"。[256]

这种盛况，基于教育的成功。当地人说："士族子弟五六岁上学（或延师，或附读，各视力之所及，商贾农工有志读书者，亦如此），诹日请介，执贽拜师，先设茶果糕粽，馈师及同学。十数岁能文，应童试。"[257]这一传统一直延续到清末民初。

同治八年（1869年）双林镇首次建立书院，那就是远近闻名的蓉湖书院。它位于和睦兜港西，由归安县知县雷兆棠捐钱五百千首倡，在各界人士特别是丝业与米业商人的支持下，于同治八年五月十五日开课。知县雷兆棠为此写有《蓉湖书院讲舍记》，讲到了双林镇的人文传统："双林当苕雪之间，前西湖，后太湖，曲折萦回，一碧千里。生其间者，得冲和之气，为名臣硕彦，史不胜书。即以文章言，当乾嘉时，其乡先生每一制举文出，雍容揄扬，华实并茂，若与文治之隆、湖山之美相印证。东南称人文渊薮，双林居其一矣。"雷兆棠又讲到自从他调任双林知县后，"观风课士，列前茅者双林之士不少，虽经兵燹，诸生童弦歌不辍，犹有乡先辈之遗风焉"[258]，并特别表彰了主持其事的蔡蓉升。据《双林镇志新补》说，蔡蓉升虽然没有功名，但在教育方面贡献颇大："讲席五十年，其门下多显达，吾镇之业儒者，非其门生，即其门生门下之门生也。晚年，以贡生仕武义、桐庐教谕。归里后，与其门下士创立蓉湖书院。"[259]

这是双林镇建立书院的开始，为以后建立近代学堂奠定了基础。光绪二十八年（1902年）朝廷下诏各城镇书院改为学堂，双林镇的蓉湖书院当即改为蓉湖学堂，聘教习，改司事，为学董。以后学部章程渐定，再改称蓉湖两等学堂，校务、经费全归校长经理。以后又一分为二：蓉湖高等小学校和附属蓉湖国民学校。

蓉湖高等小学校——在镇南和睦兜蓉湖书院故址。

蓉湖国民学校——附属蓉湖高等小学校，1915年设。

第一国民学校——在镇中央三元桥北，由三官殿改建，清光绪三十年（1904年）设。

第二国民学校——在镇西温家白地，租用温氏厅屋，清宣统元年（1909年）设。

第三国民学校——在镇北乡土山赵家兜，租用民屋，1913年设。

第四国民学校——在镇东南乡花城彭家兜，租用民屋，1914

年设。

第五国民学校——在镇东油车弄，租用萧氏屋，1914年设。

第六国民学校——在镇西南乡俞家埭，借用总管堂屋，1915年设。

第七国民学校——在镇西乡雉头村，租用民屋，1914年设。

第八国民学校——在镇北永庆巷，租用严氏屋，1915年设。

第九国民学校——在镇西木匠埭，租用王氏屋，1916年设。

第十国民学校——在镇北乡土山孝亲寺，1916年设。

第十一国民学校——在镇北乡土山慎家兜，租用民屋，1917年设。

女子国民学校——在镇南章家弄自治公所内，1914年设。

商立国民学校——借商务分所（即商会）为校舍，经费由丝商、典商捐助，1912年设。[260]

一个市镇，在清末民初的短短几年里设立如此之多的学校，在全国抑或在江南都是罕见的，足见双林镇的人文气息之浓郁。因此，以后此地依然人才辈出。

六　南浔镇

位于太湖东南，有湖州—平望运河穿越而过的南浔镇，明清两代属于湖州府乌程县，与苏州府吴江县的震泽镇、嘉兴府桐乡县及湖州府乌程县合辖的乌青镇毗邻，正好处在湖、苏、嘉三府的交界处蚕桑丝织业中心地带。由于此地盛产优质蚕丝——辑里湖丝，使它成为湖丝的集散与贸易中心，这种经济优势，使它持续兴盛数百年而不衰。全镇自东栅至西栅三里，自北栅至南栅七

同治《湖州府志》南浔镇位置示意

里，"东西南北之通衢，周约十里，郁为巨镇"。[261]在江南市镇中堪称规模宏大，而与县城、府城相比在规模上并无优势可言，但是其经济地位之重要、经济总量之巨大，是管辖它的县城与府城所无法比拟的，正如当地民谚所说：湖州整个城，不及南浔半个镇。

1."市井繁阜，商贾辐辏"

南浔镇历史悠久，兴起于南宋理宗淳祐年间。当然这块地方的历史可以追溯得更早，不过那时南浔还没有成为一个市镇。镌刻于绍兴二十一年（1151年）的祇园寺碑——《浔溪祇园寺庄田记》写道："城（引者按：指吴兴城）之东有塘曰获，不及三舍有溪曰浔，在浔之北有寺曰祇园。"[262]所谓"东有塘曰获"，指的是获塘，近代更名为东塘，是湖州府城至平望镇运河的堤岸，既挡住了西来之水，又成为往来的陆上通道。据史籍记载，它的历史可以追溯到东晋，是当时的太守殷康所开，在城内的部分叫做横塘，城外的部分叫做获塘（以其地多芦获而得名）。以后太守沈嘉重开，改名为吴兴塘。唐开元年间乌程县令严谋道重开，又叫做获塘。此后历代都有重修，影响最大的是明万历三十六年（1608年）湖州知府陈幼学，他在河岸边甃以青石，使堤岸及道路更加坚固。清朝顺治、道光、光绪年间多次重修，获塘依然屹立，运河与获塘仍在发挥作用。[263]所谓"有寺曰祇园"，指的是南浔镇最古老的寺庙祇园寺，被称为"一镇名刹"。祇园寺在南浔镇西栅，唐贞观元年（627年）建，绍兴二十一年（1151年）本镇人朱道宁重修，明万历四十一年（1613年）朱道宁裔孙朱国祯重修并铸铁佛，清康熙中建白衣观音阁，雍正间倾废，乾隆三十七年（1772年）兴造后殿高楼，嘉庆二十年（1815年）建造山门，道光元年（1821年）重建大殿，咸丰时毁，光绪四年（1878年）重建大殿及地藏殿。[264]

从宋人丁昌朝《浔溪祇园寺庄田记》来看，当时并无叫做南浔的市镇，也没有南浔这个地名，而叫做浔溪。因此，道光年间范来庚修《南浔镇志》时说："在南宋高宗时止称浔溪。"[265]南宋嘉泰年间编撰的《吴兴记》记载了当时吴兴管辖的六个市镇：乌墩镇、施渚镇、梅溪镇、四安镇、新市镇、和平镇，并没有南浔镇。[266]当时浔溪设坊，称为浔溪坊，与石渚坊、谢村坊、旧馆坊、市桥坊并列，"系民户买扑，每月半纳坊名课钱"，而乌墩等四坊"系户部差官监造"，东迁坊"系州郡自开卖"，浔溪坊的规模比它们小得多。[267]

立于南宋嘉定十三年（1220年）的《接待忏院公据碑》，已改称浔溪为南林，其碑文说："泽乡南林……境系平江（苏州）、嘉兴诸州，商旅所聚，水陆要冲之地。"[268]可见那时的南林已成为"商旅所聚"的繁华之地，但仍未称镇。据南宋嘉熙元年（1237年）所立《安吉州乌程县南林报国寺记》记载，那时的南林仍是一个"聚落"，而不是市镇，不过景况已经相当富庶了："耕桑之富甲于浙右，土润而物丰，民信而俗阜，行商坐贾之所萃。"[269]"行商坐贾之所萃"——实际上南林已经具备市镇规模了。然而从这个碑记来看，其时仍未设镇，碑记中说"官未尝稽征"，即官府还未在南林派出吏员在此征税。可见南林是成为富甲浙右的商业中心在前，设镇在后。

南宋咸淳六年（1270年）所立《嘉应庙敕牒碑》的碑记引述了"承节郎监安吉州南浔镇事陈荣状"，首次出现了"南浔镇"

字样，而且有了"监南浔镇事"这样的官衔。据它的描绘，当时的南浔镇"市井繁阜，商贾辐辏"，显然初具巨镇规模了。值得注意的是，该碑记说"今创镇几二十载"一句，明确提供了南浔镇设立的时间。按度宗咸淳六年为1270年，上溯二十年，即1250年，当为理宗淳祐十年，所以道光《南浔镇志》说："镇之设当在是时矣。"[270]由此可知，南浔镇建立于南宋淳祐年间，是大致可以肯定的。

上述碑记中所说的安吉州，即湖州（宝庆二年〔1226年〕改湖州为安吉州）。承节郎，是武阶官，秩从九品；监镇事，即《宋史》中的监当官，其职掌是掌茶盐酒税、场务征输及冶铸之事，随事置官。监镇官是主管一个市镇的小官，主烟火兼征商税。陈荣就是南浔建镇后最早的一个监镇官。

2."南浔虽镇，一都会也"

南浔镇兴起后，由于得天独厚的自然条件和地理位置，使它很快成为与乌镇并驾齐驱的湖州地区的大镇。先前市街在运河南岸，元末张士诚起兵反元，至正十六年（1356年）在此修建城墙，至正二十一年重修，城墙周长一千零六十六丈五尺，高三丈，宽一丈。明朝建立后，朱元璋下令拆毁南浔城墙，以其砖石修筑苏州城墙。后来，"基址尚存，约周三里"。[271]据1922年刻本《南浔志》记载："今东西二栅皆有吊桥，又有'城隍上'之称，犹可想象规制，亦称太尉城。"它还说，咸丰十年至十一年之间，太平军占领南浔镇，在东栅吊桥沿河，绕洗粉兜，建筑土城；又在马家港桥下，连石宕、栲栳湾一带建筑土城。可见在南浔筑城，据险而守，已经成为兵家的共识。"南浔城"因此成为该镇的第一号古迹，引来后人反复吟咏。曹仁虎《浔溪竹枝词》："张王城废有空壕，折戟沙中浪暗淘。惆怅夜乌啼不住，女墙基畔月轮高。"董蠡舟《浔溪棹歌》："监镇无官驿舍倾，女墙谁听夜乌声。诗人沽酒停舟问，一笑来寻太尉城。"[272]

拆城后，代之以栅，建东西南北四栅，东栅、西栅皆有吊桥，又有城隍。南浔建城之目的在于"扼运河孔道"；拆城后，"市井渐移而北，遂以通津桥为中市"。[273]通津桥成为南浔镇的中心，横跨运河，周围是商业区。于是逐渐形成明清两代南浔镇的基本格局：自西而东的运河与自南而北的市河相交，构成十字港，十字港周围有通津桥、清风桥、明月桥相连，运河及南市河、北市河两岸是通衢大街。清中叶主要街道有：

大街——即东栅上塘，东至新桥闻涛阁前，西至清风桥。

寿星街——即西栅上塘，东至清风桥，西至务前（务前，在西栅上塘寿星街西首，元明税务署所在地）。

爆场街——即北市河东岸，南至清风桥，北至天带桥。

丝行埭——位于十字港南首，南市河东岸，北至明星桥，南至东交界坝桥，是全镇丝行集中地。

米廊下——位于十字港南，务前对岸，即西栅下塘，东至丰年桥，西至垂虹桥，乡人俗称米棚下，是全镇粮食贸易中心。张镇《浔溪渔唱》吟咏道：

> 才听三春布谷鸟，
> 又过八月获香粳。
> 年来杵臼村村闹，
> 赢得冬春入米棚。[274]

此处所说的"米棚"就是米廊下。咸丰《南浔镇志》说:"乾隆以前,此地米市最盛,故得此名",道光以来,"米市移于西木行",米廊下"但有瓷器列肆","吴中卖花者至,辄聚此"。[275]

树行埭——即西栅下塘,东至沐凰桥,西尽西栅。

西木行——东至北栅塘桥,西至西栅永安桥,道光以后为全镇米市所在。[276]

到清末民初,南浔镇有进一步的拓展,我们不妨走进南浔镇,巡礼它的大街小巷:

(1)东栅上塘——自清风桥东堍向东,为大街,经大桥北堍,又东至董宗伯第前,又东至通判署前(俗称三府前),又东经官房弄南口,又东经新桥北堍,又东经混堂弄南口,又东逾东吊桥,为百间楼口,又东经沈家弄南口,至晏公庙前,又东至董宗伯祠前,又东至总管堂前,又东沿塘路至极乐庵前。

(2)东栅下塘——自大桥南堍向东至看墙头(即董宗伯第隔河照墙),经看墙弄北口,又东逾留婴桥为船场浜口,又东逾酱园桥为皇御河口,又东至董进士祠前(俗称牌楼前),又东逾三板桥为仓潭口,又东经新桥南堍,又东至马家汇以南为马家港口,又东逾马家桥以北,又东至石铺里,又东逾三杨亩桥为船厂头四牌楼前,又东至撞塘坝。

(3)西栅上塘——自清风桥西堍向西为寿星街,又西为务前,经西庄弄南口,又西经史家弄南口,又西经垂虹桥北堍,逾西吊桥,又西经妙境小弄南口,又西经妙境大弄南口,又西至祇园寺前,又西沿塘路达三里桥。

(4)西栅下塘——自泰安桥西堍以北向西为姚家汇,又西为纪家坝口(南通纪家坝西庄村及白鹞兜),逾丰年桥,又西为米

道光《南浔镇志》南浔镇地图（东北部分）

廊下，又西经垂虹桥南堍（南通仓桥及凤凰池），又西逾沐凰桥，为树行埭，又西至三官堂前，又西至大土庵前。

（5）南栅市河东岸——自大桥南堍以西，向南为大桥湾，又南经泰安桥东堍，又南经丝行埭，又南经便民桥东堍，蛤巴弄西口，又南逾东交界坝桥（沿河向东为年家廊下，一作廿间廊下，逾会际桥，达巡检司前），又南逾定心桥，至张王庙前，经张王庙东堍，又南经花园弄西口，又南经兴福桥东堍，又南经莲界弄西口，又南经余祥弄西口，又南经华家桥东堍，东华家弄西口，又南逾凤凰桥（沿河向东通土地堂前），又南经南安桥东堍，东南安弄西口，又南逾醋坊桥，又南经新桥东堍，又南逾黄杨桥，为戏台头（即总管堂隔河戏台），又南至百老桥。

（6）南栅市河西岸——自泰安桥西堍，向南经陶家弄东口，又南为南白场，又南经便民桥西堍，又南逾西交界坝桥（西通城隍上），又南经张王庙桥西堍，观音弄东口，又南逾梦华桥，为秤锤潭口，又南经兴福桥西堍，又南为新开河口，逾鹧鸪桥，又南经华家桥西堍，西华家弄东口，又南逾蒋家桥，又南经南安桥西堍，西南安弄东口，又南至南新桥西堍，又南至总管堂前，逾苏露桥，又南接简五塘。

（7）北栅市河东岸——自清风桥东堍向北为爆场街，又北逾天带桥为后河口，又北经太平桥东堍，又北经盐店桥东堍，又北至栅桥东堍，以东为百间楼口，又北逾莲界桥，至葫芦白场南，又北至姚家汇，北新桥东堍。

（8）北栅市河西岸——自清风桥西堍，向北经南庄家弄东口，又北经太平桥西堍，北庄家弄东口，又北逾圆通桥为唐家兜口，又北经盐店桥西堍，又北至栅桩桥西堍，转西过新木桥为北小圩，北通北新桥，稍西通又新桥，沿河成市，皆同治后所辟。

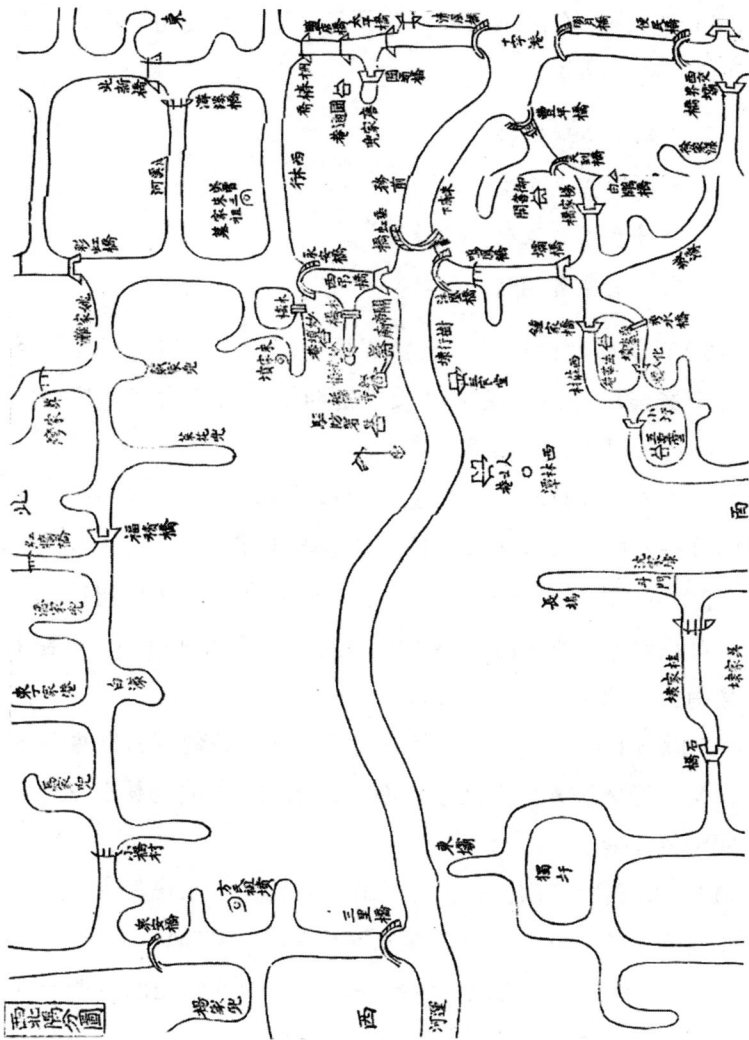

道光《南浔镇志》南浔镇地图（西北部分）

（9）百间楼东北岸——自莲界桥北堍向东，以南经少年弄口，又南经酱园弄口，又南经长板桥东堍，又南为洗粉兜口，逾朱家板桥，又南至东吊桥东堍。董载昌《浔溪竹枝词》吟咏"乐工多居此"的百间楼：

> 垂杨蘸地掩清秋，
> 长板桥头水自流。
> 分付哀丝与豪竹，
> 夜深吹遍百间楼。

（10）百间楼西南岸——自莲界桥南堍向东，以南经煤矢弄口，又南经柴场弄口，又南经长板桥西堍，又南为后河栲栳湾口，逾闻涛桥以东，又南接混堂弄。

（11）马家港西岸——自马家桥西堍向南，至东藏寺前，又南经明德桥西堍，又南逾长生桥，达城隍庙前。

（12）马家港东岸——自马家桥东堍向南，经北小兜口，逾木桥，又南经朱少师第前，又南经南小兜口（东通范庄），逾木桥，又南至明德桥东堍，又南以东达孙家坝。

（13）后河北岸——自天带桥北堍向东，经藕湖桥北堍煤矢弄口，又东经柴场弄口，又东转南为栲栳湾，经官房桥东堍，转东至闻涛桥北堍。

（14）永安桥港东岸——自西吊桥向北，经小吊桥东堍，又北经牛棚弄、长寿弄口，又北至永安桥东堍，转东即西木行。

（15）大街——即东栅上塘，东至新桥闻涛阁前，西至清风桥。

（16）寿星街——即西栅上塘，东至清风桥，西至务前。

（17）爆场街——即北市河东岸，南至清风桥，北至天带桥。

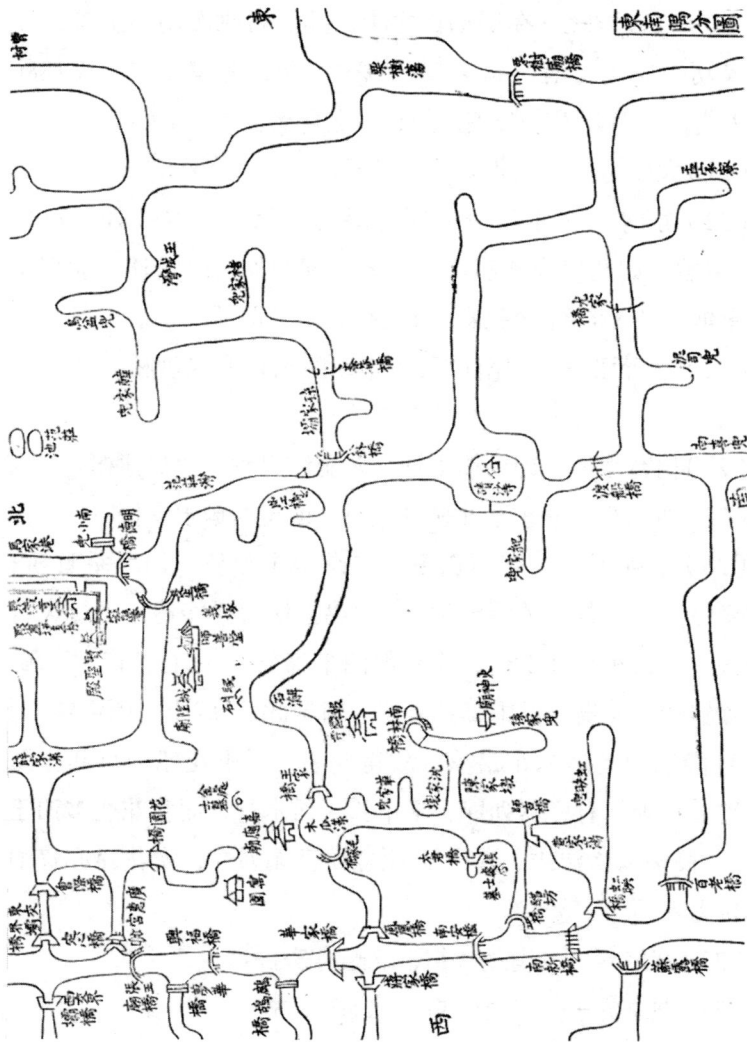

道光《南浔镇志》南浔镇地图（东南部分）

（18）东通津坊——在大桥东首大街。

（19）西通津坊——在大桥西首大街。

（20）宝善坊——在爆场街之中，其街名改爆场为宝善，即以名其坊。民国《南浔志》按：以上三坊，光绪十二年（1886年）大街大火后建设，公墙三处，上题坊名。

（21）大船坊——在北栅外悚五圩。

（22）务前——即西栅上塘寿星街，元明设税务处。董恂《浔溪棹歌》如此描写务前这个地名："建镇衙空驿馆迁，前朝遗制渺寒烟。已无酒醋茶油课，犹听行人问务前。"

（23）丝行埭——即南市河东岸，南至东交界坝桥，北至泰安桥。

（24）树行埭——即西栅下塘，东至沐凰桥，西尽西栅。

（25）西木行——东至北栅栅桩桥，西至西栅永安桥。

（26）米廊下——即西栅下塘，东至丰年桥，西至垂虹桥，俗呼米棚下。董蠡舟《浔溪棹歌》："鸡缸坛盏样能传，雨过天青傅彩鲜。欲共东皇斗颜色，卖花船泊米廊前。"其自注曰："米廊下贸瓷器者列肆焉。吴中卖花者至，辄聚此。"咸丰《南浔镇志》按："乾隆以前此地米市最盛，故得此名。吴下花船泊百间楼及马家港。今则但有瓷器列肆，米市移于西木行，而卖花船多泊于此矣。"民国《南浔志》按："近则瓷器已无列肆，卖花船亦移泊广惠桥上塘。"

（27）官房弄——南通大街，北通官房桥。

（28）混堂弄——南通新桥，北通闻涛桥。

（29）沈家弄——南通东栅，北通洗粉兜。

（30）少年弄——西南通百间楼，东北通洗粉兜，俗名烧银弄。

道光《南浔镇志》南浔镇地图（西南部分）

（31）酱园弄——西南通百间楼。

（32）煤矢弄——东北通百间楼，南通后河头，弄内有煤山（按：煤山今废）。

（33）柴场弄——东北通百间楼，南通后河头。

（34）看墙弄——北通看墙头，东南通船场浜。

（35）仓潭弄——北通仓潭，南通莲溪。

（36）庄家弄——东口通北栅，偏北为北庄家弄，偏南为南庄家弄，南口通西栅，为西庄家弄。

（37）石家弄——本名石街巷，南通西栅，北通唐家兜。

（38）牛棚弄——西通永安桥，东通唐家兜。

（39）长寿弄——西通永安桥。

（40）妙境弄——一名大弄，南通西栅，东通妙境桥。

（41）妙境小弄——南通西栅，北通妙境木桥。

（42）金鸡弄——南通纪家坝，北通凤凰池。

（43）蛤巴弄——西通南栅，东通巡检司署后。

（44）司前弄——在巡检司署右，南通会际桥，北通溪上。

（45）花园弄——西通南栅，东逾花园桥，通城隍庙前，以弄内有夏家花园得名。

（46）莲街弄——西通南栅，东通寓园前。

（47）余祥弄——西通南栅，东通土地堂前，俗名皮匠弄。

（48）东华家弄——一名通利弄，西通南栅，东通土地堂前。

（49）东南安弄——西通南栅，东通太君堂前。

（50）陶家弄——东通南栅，西通白鹇兜。

（51）观音弄——东通南栅，西通补船村、潦里及城壕。

（52）西华家弄——东通南栅，西通万古桥及长生寺前。

（53）蒋家弄——东通南栅，西通麻皮兜。

（54）姚家弄——东通南栅，西通粜糠兜。

（55）洗粉兜——西通百间楼，东通大干字圩，一作西分兜或西芬兜。

（56）华家兜——在南栅报国寺西，南宋华文胜居此，故得名。

（57）唐家兜——东通北栅，西通石家弄、牛棚弄。

（58）妙境庵兜——南通西栅，东通永安桥，西为妙境白场。

（59）白鹇兜——东通陶家弄，西北通杨家桥，南为徐家漾，一作白雁兜。董熜《白鹇兜》："都无三径能延客，但有清溪可漱流。鱼婢蟹奴缘底事，也来分我白鹇兜。"

（60）三杨亩兜——在东栅惧二圩。

（61）船场浜——北通东栅，西通看墙弄，一作船长浜。

（62）栲栳湾——在北栅，通东栅后河曲处，居民多以制栲栳为业。董恂《浔溪棹歌》："折得杨枝又柳枝，生涯十指强支持。移家栲栳湾中好，听唱怀波旧日词。"

（63）大桥湾——在通津桥西，十字港东南。

（64）范庄湾——在马家港东南。

（65）东塔湾——在东栅外，运河为分水墩所阻，分泻两旁，得此名。一作东濑湾或三濑湾。范锴《浔溪纪事诗》："风信吹残柳絮飘，一声离笛客魂销。塔湾东去迢迢水，直到松陵第几桥。"

（66）北小圩——在北栅一百六十三庄，本为荒地，无民居。咸丰、同治之间，太平军占据南浔镇，北栅、中市悉被焚毁。北小圩出栅口甚近，商民搭芦棚设肆，有张姓尽得其地，乱后盖建瓦屋，复于万善庵下岸建木桥，以通行人，廛舍栉比，久成市集。

（67）竹篠汇——在北栅北新桥西北。

（68）北姚家汇——在北栅北新桥东南。

（69）南姚家汇——在泰安桥西，十字港西南。

（70）马家汇——在马家港西，洪济桥东。

（71）竹园汇——在南栅醋坊桥东竹园港。[277]

如此格局，无怪乎《南浔镇志》会说：“南浔虽镇，一都会也。”

3.“万户周遭见，千艘日夜通”

由于南浔镇街巷分布在运河、南市河、北市河沿岸，位于十字港正中的通津桥就成为全镇的水陆码头、闹市中心。此桥建于宋代，原名浔溪桥，俗名大桥。经过历代重修，嘉庆三年（1798年）重建，咸丰五年（1855年）修，七年又修，同治五年（1866年）又修。曹仁虎《浔溪竹枝词》吟咏此桥：

> 红蚕上簇四眠过，
>
> 金茧成来欲化蛾。
>
> 听道今年丝价好，
>
> 通津桥口贩船多。[278]

邢典《南林杂咏·通津桥》吟道：

> 万户周遭见，
>
> 千艘日夜通。
>
> 至今碑是口，
>
> 重建有时公。

其自注写道：“重建通津桥，余奉别驾时公命撰（碑）记，今碑在分府头门外左壁。”[279]

388

构成十字港的运河以及南北市河，是全镇的经济命脉。湖州—平望运河经过南浔镇，由西而东穿越全镇，因此运河在南浔镇的一段又称为东栅市河、西栅市河。运河经坝口进入南浔镇西栅，即为西市河，向东流经祇园寺前、垂虹桥、米廊下，再向东，与南北市河相交，称为十字港。再向东，称为东市河，经通津桥，过董宗伯第、洪济桥、百间楼港、马家港、东总管堂，出东栅，过坝口，进入震泽镇界。董蠡舟《浔溪棹歌》如此描写道：

> 运河横贯市心中，
> 南北支流屈曲通。
> 画舫千家夹明镜，
> 石梁三道卧晴虹。[280]

南市河，上承简五塘港，北流入南栅，为南市河。向北经苏露港、虹映港、南新桥、竹园港、南安桥、华家桥、兴福桥、张王庙桥，北上与城壕及司前港交错，为南十字港；再北上，经便民桥，又北出泰安桥，至十字港，与运河会合。

南市河分运河水，自十字港北流，入清风桥，称为北市河。北经太平桥、盐店桥、栅桩桥，与西木行港及百间楼港交错，成为北十字港；再向北，经过姚家汇、浔溪河、北新桥、彩虹桥港，北出北栅，与古溇港连接。[281]

因此，南北狭长的南浔镇有十字港三处。主要的一处就是镇中心的十字港，即位于通津桥西、清风桥南、明月桥北，运河与南市河、北市河交汇处，正如董载昌《浔溪竹枝词》所描绘的那样："市楼灯火映波红，十字中分处处通。"是全镇的商业中心。

另外两个分别位于南栅与北栅的十字港则可以看作次中心：南十字港——在南栅便民桥北，东西两坝桥之间，城壕之水西来，司前港之水东出，与市河相交汇处；北十字港——在北栅栅桩桥北，莲界桥西，西木行港西来之水、百间楼港东出之水与市河相交汇处。[282]

据潘尔夔《浔溪文献》记载，嘉靖、隆庆以来，南浔镇日趋兴盛，"阛阓鳞次，烟火万家，苕水流碧，舟航辐辏"，进入了它持续数百年的繁荣时期。正如万历时当地名人朱国祯所说："浔虽镇，一都会也。"[283]清人范颖通也说，南浔镇"镇南北约五里，支港多而迂曲；东西约三里，苕水自西来，至通津桥一大折，东流直下，并无关键"，"当蚕丝入市，客商云集，四民各司其业，彬彬然一大镇会矣"。[284]这与宋元时代已经不可同日而语了。道光《南浔镇志》的编者范来庚说："宋时之市独盛于南，后渐及于北。故自东抵西，沿塘河而家者尚少。元末筑城，专为自苏（州）至湖（州）运粮之便，非为一镇民社计，故不暇顾及市井……至明时尚可筑坟，则居民不多可知。"[285]

这一变化集中体现在荻塘（东塘）的重修上。万历十六年（1588年）至十七年，乌程知县重修了湖州府城至平望镇的运河的塘岸，全长一百二十里，"即运河堤岸，为西来诸水之障，且通往来"，成为南浔与湖州、苏州交往的陆路要道。万历三十六年湖州知府以青石加固堤岸，尤其是南浔至平望一段，起到了驰道（国家驿道）的作用。荻塘（东塘）的高水平整修，反映了当时南浔镇经济地位的提升。荻塘（东塘）在南浔镇一段，正处于商业繁华的闹市，"市廛丛簇，夹岸骈阗"。[286]

南浔镇从明代万历年间日趋繁荣以后，长时期维持着鼎盛的局面。乾隆年间，它依然是"市廛云屯栉比"的江南巨镇，"周遭四迄自东栅至西栅三里，水则运河，陆则荻塘也。距运河而南至栅五里，自荻塘而北至栅二里"[287]；"其市各货繁盛"[288]。道光、咸丰以后，一些著名市镇渐趋衰落，南浔镇却反而更趋兴旺，"阛阓云屯，烟火万家"，"非他邑所可仿佛"。[289]直至清末民初，南浔镇还盛极一时，杜俞《吴船日记》说："南浔市井最盛……两省交界，太湖毗连，而浙省巨富多在此镇，故地方尤为繁剧。"[290]由于南浔镇经济地位的重要，镇上各种机构林立：巡检司署（弹压巡缉机构）、分防南浔汛千把总署（驻防陆军机构）、水师统带办公所（驻防水师机构）、湖属盐捕水师营办公所（巡查私盐机构）、巡警局（警察机构）、团防局（民防机构）、民团公所（团防局裁撤后的民防机构）、洗心迁善局（责治地方痞棍机构）、自治局（地方自治机构）、禁烟局（查禁鸦片机构）、厘捐局（征收商税机构）、邮政局（二等邮局）、电报局（湖州电报局之分局）。[291]从这些机构的设立可以看出，南浔镇实际上已经完全具备县级城市的功能了。

4. 市镇网络与市场机制

南浔镇位于优质湖丝——辑里丝的产地，因此成为湖丝的集散中心，这种功能通过它与邻近的蚕桑丝织业市镇的网络体系而凸显出来。它的四周，除了北面的太湖外，其他三面都是蚕桑丝织业市镇。东面与东北面，有震泽镇、盛泽镇、王江泾镇、黎里镇等；南面与东南面，有乌青镇、新塍镇、濮院镇、王店镇等；西面与西南面，有双林镇、菱湖镇、新市镇、塘栖镇等。南浔镇与这些市镇都有河网沟通，并由此向外辐射，联系更广阔的市场。请看：

东沿运河至震泽镇九里，自震泽镇至平望镇四十一里；

西溯运河至东迁村十二里，自东迁至旧馆、晟舍至湖州府城六十里；

南至丁家桥五里，自丁家桥至乌镇二十五里，隔市河与青镇相接；

北至太湖口十八里，由太湖口至东洞庭山三十六里；

东南至陶墩村三里，由陶墩村经严墓市至新塍镇五十里，自新塍镇经九里汇至嘉兴府城二十七里；

东北经平望镇、八斥市至吴江县城一百里，由吴江县城至苏州府城四十五里；

西南至辑里村七里，自辑里村至马腰镇十一里，自马腰镇至双林镇十八里，自马腰镇至新市镇五十四里，自新市镇至塘栖镇五十四里，自塘栖镇至杭州府城五十四里。[292]

由于太湖流域市场经济的发达，也由于南浔镇湖丝贸易的特殊地位，形成了与它相关联的定期航线。例如，湖州至苏州的航船，经南浔至震泽、平望、八斥、吴江；湖州至上海的航船，经南浔至芦墟、闵行；嘉兴至新市的航线，由王江泾、平望、震泽至南浔，再由南浔至马腰、双林、善琏。在这些航线中，南浔具有中转的交通枢纽功能。此外，由南浔始发的航船也有四路：一路由南浔出发，经上林、轧村、织里至湖州；一路由南浔出发，经震泽、平望、八斥、吴江至苏州；一路由南浔出发，经震泽、王江泾至嘉兴；一路由南浔出发，经乌镇、石湾至长安。[293]

这样，南浔镇就把四乡农家的蚕丝经营通过交通网络紧密相连，并且透过市镇网络，与外地客商联系起来，形成一个范围相当广泛的市场圈，将太湖周边的农家蚕丝经营纳入多层次的市场系统之中。农家在桑、茧、丝各个环节都与市场密切相关，形成叶市、茧市、丝市。

首先看叶市。南浔镇四乡农家以蚕桑为主业，重视程度超过稻作。虽然大部分土地用于栽桑，仍满足不了蚕户之需。每逢养蚕时节，蚕户纷纷向邻近市镇购买桑叶，成为一种习俗，当地人称为"作叶""顿叶"。《遣闲琐记》说："蚕时往乌镇做叶，是南浔一敝俗，名为贸易，实同赌博。"南浔人董蠡舟所写的《稍叶》（稍叶亦作梢叶）记载了南浔蚕户通过乌镇牙侩购买石门、桐乡桑叶的情况："……吾乡则栽桑地狭，所产仅足饲小蚕，曰小叶。叶莫多于石门、桐乡，其牙侩则集于乌镇。三眠后买叶者以舟往，谓之开叶船，买卖皆曰稍。吾镇之饶裕者亦稍以射利，谓之作叶，又曰顿叶。"[294] 乌镇四栅设叶行，专有南浔等处蚕户来此采购。一般方法是，先于上年冬季由乌镇叶行赴"下乡"（指南浔、震泽）抛卖，预先订明成叶几担，收取定银，至次年到行发叶交清。[295] 这种习俗可以追溯到明代，万历时南浔人朱国祯《涌幢小品》就有这类记载："湖之畜蚕者，多自栽桑，不则，豫租别姓之桑，俗曰秒叶。凡蚕一斤用叶百六十斤。秒者先期约用银四钱，既收而偿者，约用五钱，再加杂费五分。……本地叶不足，又贩于桐乡、洞庭，价随时高下，倏忽悬绝，谚云：仙人难断叶价。"以后这种情况愈演愈烈，温鼎《见闻偶录》谈及太平天国后的南浔镇，由于湖丝生意日趋兴旺，"乡人惰于稼而勤于蚕，无不桑之地，无不蚕之家，然桑叶虽较前有加，而饲蚕仍虞不足，遇叶贵，有弃蚕于水者"。[296]

其次看丝市。南浔镇四乡农家不仅善于养蚕，而且精于缫丝。丝的质量与水质、手艺密切有关。《育蚕要旨》说："丝欲其细而白，欲白必多换汤水，欲细不可惜工夫。"《吴兴蚕书》说："丝之高下，出于人手之优劣，同此茧，同此斤两，一入良工之手，增多丝至数两，而匀细光洁，价高而售速。"湖丝之所以名闻遐迩，绝非偶然。"湖丝遍天下"，南浔镇就是使湖丝得以遍天下的贸易中心，它吸引了全国各地的客商。"每当新丝告成，商贾辐辏，而苏杭两织造皆至此收焉"，"小满后新丝市最盛，列肆喧阗，衢路壅塞"。[297] 19世纪中叶以后，随着湖丝出口数量节节攀升，南浔镇的丝市更趋繁荣。温鼎《见闻偶录》说："迩来洋商购经（丝）居其半，浔地业丝兼经行者为多。经之名，有大经，有绞经，有花车经等名。凡做经之丝，必条纹光洁，价亦胜常。故乡人缫丝之法日渐讲究。"[298] 镇上丝行林立，各地客商纷至沓来，会馆、公所之类商人组织的出现，就是贸易活动的产物。

宁绍会馆——在北栅外下坝，嘉庆中建立，咸丰时毁于战火，同治五年（1866年）重建，光绪十六年（1890年）复建。

新安会馆——在南栅寓园旁，道光十一年（1831年）建立，咸丰时毁于战火，同治四年（1865年）重建。另一处在醋坊桥东竹园头，道光十六年建立，咸丰时被毁。

金陵会馆——在南栅广胜桥东北，光绪十一年（1885年）建立，以后又别置厝所。

闽公所——即福建会馆，在南栅陈家墩。

丝业公所——同治四年（1865年）丝商庄祖绶、李桂馨、吴铁江、华铭轩等禀请藩司批准设立，以收解捐税、维护丝商利益为职志，在南栅广惠宫隙地建屋三楹，为办公场所。公举董事，聘用司事、经理，经费依据丝商出口丝包数量按比例提取。[299]

5. "毕集南粤金陵商"：湖丝贸易长盛不衰

由于蚕桑收入成为农家经济的主要来源，农家对此极为重视："今年卖经更陆续，农人纺经十之六，遂使家家置纺车，无复有心种菽粟。"蚕桑压倒稻作，本是市场调节的结果，是符合经济规律的正常现象，却引起一些习惯于传统经济的保守人士的杞人忧天："吾闻荒本逐末圣人忧，蚕桑太盛妨田畴，纵然眼前暂获利，但恐吾乡田禾从此多歉收。"[300]在农业商品化程度不断提高，商品粮大量涌现的背景下，这种担忧是多余的也是悖时的。传统经济的转型是大势所趋，温鼎《见闻偶录》描述南浔镇四乡农家经营的状况，就体现了这一趋势："前志所载田中起棱，播种菜麦，今皆无有，惟陇畔桑下莳种蚕豆。吾镇所辖十二庄大率如此。春郊闲眺绝无麦秀花黄之像。近市之黠农，专务时鲜蔬瓜，逢时售食，利市三倍。"[301]

这种农业经济结构的变化，在市场网络发达、商品流通迅速的南浔镇，是不足为奇的，一切都由市场在那里调节。农家"无复有心种菽粟"，是经济利益在驱动，外来的客米可以在这里以低廉的价格买到。晚清以来南浔就仰赖外地客米，因为"本地所出之米，纳粮外不足供本地之食，必赖客米接济"。[302]长江中上游的商品粮源源不断地运到以苏州为中心的江南市镇的米市，南浔镇上的米市正是这一系列米市的一环。镇上的米廊下（俗呼米棚下），就是商品粮的集散中心，"乾隆以前此地米市最盛"，以后"米市移于西木行"。[303] 经济作物与粮食作物的区域性分工，以及农产品商品化部分的不断增多，流通日渐加速，是江南市镇经济发展的新动向，正是这种新变化才使市镇经济的持续繁荣有了坚实的基础。

丝业是南浔镇的经济命脉，关系着南浔镇的盛衰。

湖州向为蚕丝之乡，嘉靖时人徐献忠说："蚕桑之利莫甚于湖"，"蚕丝物业饶于薄海他郡邑，咸借以毕用，而技巧之精，独出苏杭之下"，"田中所入与蚕桑各具半年之资"。[304] 同时代人董斯张也说：当时已有"湖丝遍天下"[305] 之誉。随着湖丝在国内外市场的畅销，这种情况日趋凸显，湖丝在南浔镇及其四乡的地位日益抬升。

湖丝中的辑里丝（七里丝）尤为著名，成为出口湖丝的最高品牌。它集中产于南浔镇西南七里的辑里村，由来已久。万历时南浔人朱国祯说："湖丝惟七里者尤佳，较常价每两必多一分。……用织帽缎，紫光可鉴。"[306] 以后制作精益求精，用辑里丝织成的丝织品可谓美不胜收，有水绸、纺绸、绵绸、花绵绸、斜纹绸、兼丝绸、绵经丝纬绸、光丝绸，还有官绢、小绢、生绢、包头绢、五色绢，以及直纱、银条纱、葵纱、软纱、绉纱、夹织纱、素罗、帽罗、绮罗等。[307] 晚明以来，湖丝成为各地客商采购运销的紧俏商品，"各直省客商云集贸贩，里人贾鬻他方，四时往来不绝"[308]。

辑里村是南浔镇下属的一个村庄，位于镇西南七里，故又名七里村。这个地方，明代出了一个内阁首辅温体仁，然而让它大放光芒的并非温体仁，而是辑里丝。关于它的信息，民国《南浔志》有这样的记载："辑里村，在详一圩，港南为审五圩，又名淤溪、俞塔村，有东村头、西村头。明相国温体仁居此。有万善庵，居民数百家，市廛栉比。农人栽桑育蚕，产丝最著，名甲天下。海禁既开，遂行销欧美各国，曰辑里湖丝。"[309] 由于它的声名远扬，当地人温荣忱编了一本《七里村志》，原书难以一睹其真面目，只能从民国《南浔志》引用的片断略知一二："吾宗聚于斯，三百有余年矣。载于县志者曰：俞塔七里村。今求所谓俞塔者，无有矣。又曰塘桥，桥之址犹存焉。所谓七里者，未之详也。父老相传，村之西有马溪，度其里，可七里。其南为浔溪，度七里，可七里。以其道均，故名耳。岂非所谓无稽之言欤！有称其宜者曰，七里丝甲天下，辇毂输将，其名上达京师，大贾皆冒七里。今贸于江南及川广者，皆然，邑乘固载之。然则七里之衣被远矣。"[310] 屠鲸有诗《七里村初夏遣兴》吟咏道：

> 绿榆低映水边门，
> 菱叶莲花数涨痕。
> 茗雪风光夸四月，
> 缫车声递一村村。

又一首曰：

> 做丝花落做丝忙，
> 尽日南风麦弄黄。
> 村里剪刀声乍断，
> 又看二叶绿墙桑。[311]

入清以后，南浔镇蚕丝业更趋兴旺，董蠡舟《南浔蚕桑乐府自序》说："蚕事吾湖独盛,一郡之中尤以南浔为甲。"[312]南浔四乡农家都以蚕桑为急务,凡可栽桑之地,包括河边、屋前无不栽桑,"其树桑也,自墙下檐隙以暨田之畔、池之上,虽惰农无弃地也","尺寸之堤,必树之桑","穷乡僻壤无地不桑"。[313]南浔镇四乡农家养蚕收茧后,多在家中缫丝,技术精良,故民间有"缫丝莫精于南浔人"之谚。辑里丝品质精美得益于天时地利人和,一是继承传统技艺,精益求精,二是精选蚕种——莲心种,三是采用木制三绪缫丝车,四是用水纯净,采自村内雪荡河。因此别处无法超越。

"缫丝莫精于南浔人"的说法,出于《陶朱公致富奇书》。潘尔夔《浔溪文献》写道:"湖丝甲天下,著在维正。而《陶朱公致富奇书》云:缫丝莫精于南浔人。盖由来久矣。每当新丝告成,而商贾辐辏,而苏杭两织造皆至此收焉。按:旧以七里丝为最佳,今则处处皆佳,而以北乡丝为上。又旧有合罗、串五、肥光、荒丝等名。今唯细者曰细丝,粗者曰肥丝。细丝亦称经丝,可为缎经;肥丝可织绸绫。浔地以细丝为主,肥丝绝少。小满后新丝市最盛,列肆喧阗,衢路壅塞。"[314]董蠡舟《卖丝诗》描述南浔丝市之盛,其序言写道:"镇南栅有地名丝行埭,列肆购丝,谓之丝行。商贾骈毗,贸丝者群趋焉,谓之新丝市。行有京庄、广庄、划庄、乡庄之分。"其诗曰:

> 闾阎填咽驵侩忙,一榜大书丝经行。
> 就中分列京广庄,毕集南粤金陵商。
> 商多窃揣丝当贵,巫向丝行埭上卖。
> 一车值不盈三千,牙郎吹毛恣狡猾。
> 相逢南舍足谷翁,亦为卖丝来市中。

向予摇手呼莫莫，留待明年高价鬻。[315]

丝市上不仅商贾云集，而且乡农卖丝赴市，丝行埭一带人群熙熙攘攘，十分热闹。温丰《南浔丝市行》写道：

蚕事乍毕丝事起，乡农卖丝争赴市。

市中人塞不得行，千声万语聒人耳。

纸牌高揭丝市廛，沿门挨户相接连。

喧哗鼎沸辰至午，骈肩累迹不得前。

共道今年丝价涨，番蚨三枚丝十两。

市侩贩夫争奔走，熙熙而来攘攘往。[316]

镇上牙侩所开设的丝行（庄），一面收购乡农所卖之丝，一面接待来自全国各地的客商，这些客商因地区差异而区分为各种商帮，接待的丝行（庄）也因而有京庄、广庄等等的分别。董恂《卖丝诗》吟咏道：

初过小满梅正黄，市头丝肆咸开张。

临衢高揭纸一幅，大书京广丝经行。

区区浔地虽偏小，客船大贾来行商。

乡人卖丝别粗细，广庄不合还京庄。[317]

所谓京庄，是专门接待直属于北京的苏州织造局、杭州织造局这两个官办机构来南浔收丝的行庄。清代的苏杭两织造，有庞大的官手工业作坊，所需料丝都从太湖周边的市镇收购得来，南浔镇是其最大的原料市场。

所谓广庄，是专门接待广东客商以及运往上海与洋商交易的行庄，也称"客行"。

所谓乡庄，也称乡丝行，专门收买乡丝的行庄。

所谓经行，专门收经造经的行庄。经，专供织缎用，种类甚多。农家自纺其丝，售于经行，称为乡经；农家取丝于行，代纺而收取工价，称为料经；由经行售于苏州机户，又称苏经；售于广东商人，又称广经。

所谓划庄，又称小行，专门收买乡农之丝转售于大行。

所谓小领头，俗呼白拉主人，专门招徕乡人，代为出售，稍抽微利（佣金）。[318]

上海开埠后，洋商聚集上海，湖丝是大宗出口物品。湖丝销售洋行，南浔镇开风气之先，湖丝之出口几乎全为南浔丝商所包办。温丰《南浔丝市行》描述当时南浔湖丝出口的盛况：

> 一日贸易数万金，市人谁不利熏心。
> 但教炙手即可热，街头巷口共追寻。
> 茶棚酒肆纷纷话，纷纷尽是买与卖。
> 小贾收买交大贾，大贾载入申江界。
> 申江鬼国正通商，繁华富丽压苏杭。
> 番舶来银百万计，中国商人皆若狂。[319]

南浔镇上的巨富，几乎全是由丝业起家的，他们掌握了巨额财富，使得南浔镇在湖丝贸易中具有举足轻重的地位。清末民初民间谚语说："湖州整个城，不及南浔半个镇。"[320]湖丝由南浔镇集中输往上海，不少南浔商人到上海经营，成为洋商的通事、买办。民国《南浔志》说："道光以后，湖丝出洋，其始运至广东，其继运至上海销售。南浔七里所产之丝尤著名，出产既富，经商上海者乃日众，与洋商交易，通语言者谓之通事；在洋行服务者谓之买办。镇之人业此因而起家者，亦正不少。"[321]咸丰十年（1860年）在上海的南浔丝商与震泽丝商合作，创建江浙丝经同业总公会，又名丝业会馆。其宗旨是，团结合作，维护同业的共同利益，致力于土丝（即辑里丝）的销售与出口业务。

咸丰十年六月至次年十二月，太平军五次进攻南浔镇，并于咸丰十一年十二月下旬占领该镇，到同治三年（1864年）七月二十七日撤退，占领达两年半。战争对南浔镇的破坏是巨大的，但是对于湖丝贸易的影响并不大，这是因为太平军采取比较灵活的商业政策。忠王李秀成在苏州接见了英国外交当局派出的传教士艾约瑟（Joseph Edkins），商谈了湖丝贸易照常进行的事宜。太平军维持了湖丝集散地南浔与出口贸易港上海之间的商业"丝市大开"，"浔商之往来无阻"。[322]因此，太平军占领南浔镇时期（1861—1863年）湖丝贸易额是有所增长的，这从上海的湖丝出口额可以窥其一斑：

1859—1860年	69 137包
1860—1861年	88 754包
1861—1862年	73 322包
1862—1863年	83 264包
1863—1864年	46 863包
1864—1865年	42 123包[323]

太平天国失败后的几年里，湖丝贸易受到影响，输出额大幅度下降，五六年以后又开始回升。[324]海外市场对中国丝货需求量激增，刺激了湖丝生产，南浔镇四乡"无不桑之地，无不桑之家"。为了增加湖丝产量，还从外地购进大量鲜茧，作为缲丝原

料，"乡人费一月之功，苟得丰收，一年取给于此"。[325]

6. "湖州整个城，不及南浔半个镇"

经济学家刘大钧对南浔镇的经济地位高度评价，形容为"湖州整个城，不及南浔半个镇。"也就是说，南浔镇的经济总量（GDP）大大超过湖州府城，它的城市化程度非同一般。刘大钧写道："湖丝销售洋庄，南浔镇实开风气之先。当时湖州六属丝行，几皆为南浔人所包办；由湖州出口，亦以南浔为中心。南浔镇上略有资产者，皆由是起家。家财垒聚，自数万至数百十万者，指不胜屈……人文蔚起，炳然与巨邑相埒。故时人有'湖州整个城，不及南浔半个镇'之谣。"[326]

从1870年代至1920年代为时五十年，湖丝贸易发达，农家蚕桑经营繁忙，形成南浔镇发展史上最后一段黄金时代。南浔镇以丝商起家致富的多得不可胜数，号称"四象""八牯牛""七十二只狗"。其资产最少的也在三十万元以上，多的竟达二千万元左右。"四象"的资产多在百万元以上，例如刘氏二千万，张氏一千二百万，邢氏四百万，庞氏一百六十万。

对此，刘大钧有极为精深的研究，特摘要征引于下：

> （太平天国以后）丝业出口贸易正盛之时，即湖州农村蚕桑极端繁荣之日。一般农民，衣食饱暖，悠闲安适，有史以来，以此时为鼎盛。然农民育蚕所得，乃丝商盈利之剩余。湖州一带，蚕丝贸易既为南浔人士所专营，时代之恩惠，自为南浔商贩所独得。于是各地财富，几尽集中于南浔。

计南浔一镇，以丝商起家者，何止数百十户，举其著者，竟有"四象，八牯牛，七十二只狗"之称焉。

所谓"四象，八牛，七十二只狗"者，皆资本雄厚，或自为丝通事（引者按：与洋商打交道的翻译兼掮客），或有近亲为丝通事者也。财产达百万以上者称之曰"象"，五十万以上不过百万者称之曰"牛"，其在三十万以上不过五十万者譬之曰"狗"。

惟所谓"四象""八牛"云云，与笔者所闻不无出入。例如家产在百万以上者，据闻计有五家，曰刘氏，曰张氏，曰庞氏，曰邢氏，曰丘氏；然则可称为"象"者，其数实五而非四矣。又如"象"之中，或谓丘氏仅一百万，庞氏一百六十万，邢氏四百万，而张氏一千二百万，其相去甚远，故有以刘张二氏别名之为"狮"者。"牛"之中，有梅氏、金氏、谢氏、张氏、蒋氏、顾氏、李氏、桂氏八户。除顾、李、桂三户各数十万，蒋氏约五六十万，张氏约七八十万外，有人谓谢氏约百万，梅氏且有一百六十万。然则以谢氏、梅氏列之于"象"级，亦无不可。至"七十二只狗"或亦不尽合于事实，惟户数众多，不可详考，一般所知，惟孙氏、朱氏、邵氏、丘氏、林氏等户而已。

刘氏自刘镛（字贯经）以丝商起家后，除在本乡购置土地外，并经营盐业及当业。张氏自竹斋为丝商起家，亦兼营盐当二业。其余以丝起家者，邢氏名赓星，丘氏名仙槎，皆转营当业。庞氏名元济，字怡斋，后斥资设龙章造纸厂于嘉兴。梅氏名莪卿，后仍以丝厂为业。……庞氏以振兴实业为己任，故所举办之新工业颇多。刘、张、邢、丘诸氏，或购引作盐商，或为当商，或二者兼营，其投资形式与众不同。[327]

7. 浓郁的人文色彩

南浔镇在它的鼎盛时代，不仅经济繁荣，而且文化发达，号称"人文蔚起"之地。道光时人范来庚在《南浔镇志》凡例中指出，"数百年来，人文蔚起"[328]，是该镇的一大特色。南浔镇之所以成为江南名镇，除了其不可动摇的经济地位，它作为一个著名的文化中心所起的作用是不可忽略的。

有明一代，南浔镇出了董份、范应期、董嗣成、董道醇、董嗣昭、朱国祯等七名进士，以及二十七名举人。范颖通《研北居琐录》说："前明中叶，科第极盛，有'九里三阁老，十里两尚书'之谚。"[329]所谓三阁老，即南浔镇马家港朱国祯、辑里村温体仁、马腰村沈潅；所谓'两尚书，即董份、沈演。入清以后，科第仍然相当可观，截至道光以前，进士及第者有殷维藩等十六人，乡试中举者有董衡等五十人。[330]

镇上名人修建的园林别墅林林总总，有的久已废弃，但早已留在人们的记忆之中。

小桃源——在南栅石漖之北，元至正初年承事郎华宏纲所建，内多丛篁茂树，垒石成山，茅屋草堂之幽秀，超过先前的晓山园（在北栅外虹桥）。年代久远而废圮，引来后人无穷怀念。张文元《南浔竹枝词》：

> 一水盈盈认碧浔，
> 桃花无复结成荫。
> 除非久住南林客，

404

愁煞仙源无处寻。

夏家园——在南栅花园弄内，始建于何时已不可考。明末为庄允城购得，其子廷钺在院内建造百尺楼。后为董氏购得，改称董园。园废后，刘氏在此改建宅第。纪磊《浔溪杂咏》：

旧时子姓几人存，
春晓南楼欲断魂。
却怪道旁行路客，
往来还自说花园。

东墅——在东栅，亦称东园。据明董份《张君东墅记》的记述，这是一处颇有诗意的别墅："浔地小人众民稠，居而栉比，无闲旷之隙。旷特在四野，其东倚大道，有广原莓田，益东，颇有林泽之饶，岁时好事者每多东游。……好事者益驾艇设楼旗，多从鼓钟笙歌，招邀载酒为乐。……予当归浔水之上，与张君言于东属矣。"

泌园——在东栅，明宗伯董份别墅，其故址称为董宗伯祠。从董份自己的《园中诗》依稀可以看到此园的雅趣："清溪迤逦曲通源，野径池深昼掩门。一鹤天空时自唳，百禽春到总能言。柳因久植阴园地，花正繁开香满园。珍重园公好陪护，莫教风雨妒芳荪。"无怪乎范锴在《浔溪纪事》诗中唏嘘怀念：

泌园水木赋幽居，
一朵云峰画不如。
惆怅旧时双紫燕，
衔泥重到已荒墟。

类似的园林别墅，还有华林小园、窥园、姚氏园、半亩间、且住园、皋园等，在清末民初早已化为废墟。[331]后来新建的园林有：

憩园——在西栅外方丈港东，嘉庆二十年（1815年）朱余亭所建，毁于太平军之役。

述园——在南栅毓秀桥下，光绪初年朱瑞莹所建，有涵碧堂、快阁，岩石幽秀。后归梅氏所有。从徐延祺的游诗中"萧疏玩月庚公楼，藏书兼得读书福"，透露出主人的文人情结。

怡园——在南栅华家桥南，后临鹪鸲溪，同治末年周昌富所建，园中有梅花仙馆、华萼楼、清远楼及友石亭。

颖园——在东栅皇御河，同治末年陈熊所建。其子陈诗与海宁管鸿词、湖州丘含章、嘉定许翔、石门沈焜，以及本镇人蒋锡纶、蒋锡礽、徐麐年、屠维屏、蒋文勋等，在园中结江村吟社，以诗文会友。

小莲庄——在南栅万古桥西，刘氏家庙旁，光绪中刘镛所建。有池塘占地十亩（即古挂飘池），夏日荷花盛开，最宜消暑。临水回廊、亭榭，布置井然。徐麐年《题小莲庄》吟咏道：

> 小莲庄不近喧哗，
> 林木回环水一涯。
> 位置全凭胸有竹，
> 文章合美笔生花。
> 沿堤新种千株柳，
> 隔岸时鸣两部蛙。
> 瀹茗闲谈今古事，
> 不知天外夕阳斜。

宜园——在东栅吊桥外，光绪中庞元济所建。前半画阁重楼，回廊曲折；后半则荷池数亩，空旷宜人。周庆森《游宜园》诗："水心亭子碧波湾，主人亭馆盛乔木。迭石为山莳花竹，夭桃灼灼草莪莪。"可见构园之精巧。

东园——在东栅吊桥外，光绪中张宝善所建，与庞氏宜园只隔一墙。筑小桥以通河水，浚芳塘以种荷花，有阁临水，名曰绿绕山庄。黄曰丰《东园即事》写道："不向云林画本描，风廊月榭景偏饶。沿阶草色通幽径，逐水花香渡小桥。漫道座中常客满，讵因市远绝尘嚣。分明方寸无多地，颐养天然品自超。"

半亩园——在西栅丰年桥下，丘氏家庙旁。光绪中丘炳垣所建。

戈园——在东栅仓潭内，光绪中丘炳华所建。

适园——在南栅补船村，光绪中张钧衡所建。在前人董说的丰草庵黄叶台故址改造而成，迭石为丘，浚池成壑，亭榭花木，结构颇佳。著名学者缪荃荪《韫玉楼遗稿序》对适园有这样的描写："家有适园，共称胜境。疏泉作沼，叠石为山。跨溪阁之一窝，豁风亭之百尺。夕阳花坞红，蒸绮丽之云；晓露竹塘翠，刻琅玕之玉。"

留园——在南栅笆一圩，花园弄对河，光绪末年刘安泩所建，拓地数十亩，池沼亭台，所宜咸有。据陆树藩《留园记》所说，它是在明末庄允城之子庄廷钺的百尺楼旧址建造的，因地面狭窄，刘氏隔河拓地二十亩，迭石为坡，蓄水为池，曲径蜿蜒，小畦错落，有小桃源之称。[332]

据阮仪三《江南六镇》说，南浔五个园林中，"现仅有小莲庄还完整地保持着她原来的风貌，其他几个园，颖园尚存，适园只剩下一座长生塔，述园踪迹可寻，宜园仅遗址供人凭吊"[333]。

现在的南浔镇，比小莲庄名声更大的是它旁边的嘉业堂藏书楼，嘉业堂以私人藏书楼而名扬天下，在江南市镇可谓绝无仅有，充分显示了南浔镇浓郁的人文气息。落成于1924年的这座藏书楼，是正方形回廊式两层楼房，楼下有"诗萃室""宋四史斋"，楼上有"求恕斋""希古楼""黎光阁"等书库。后排正房悬挂着清朝宣统皇帝题写的"钦若嘉业"九龙金匾，藏书楼由此得名。嘉业堂的主人刘承幹（1881—1963年）的祖父刘镛以经营湖丝而发家，成为南浔巨富"四象"之一；其父刘锦藻是清末进士，《清朝文献通考》的编者。这种家庭背景，使刘承幹能在经商之余，致力于图书收藏事业，他自称历时二十年并用银三十万两，得书六十万卷，其中包括宋刻本七十六种、元刻本七十八种、地方志一千二百余种，堪与宁波天一阁相媲美。刘承幹还聘请著名学者缪荃孙校勘古籍，自己撰写题跋，精工刊印出版，使嘉业堂在文化界声誉鹊起。[334]

张静江故居与张石铭故居是今日南浔镇另一闪光点。张静江、张石铭是南浔巨富"四象"之一张颂贤的孙子。张氏祖籍徽州休宁县，曾祖张维岳于康熙末年定居南浔，以经营蚕丝业和盐业起家。上海开埠后，张颂贤在上海开设"恒和丝行"，经营辑里丝的出口业务，资产迅速增值，成为南浔"四象"之一。张静江1877年出生于南浔镇，曾任孙中山时期国民党中央执委，蒋介石时期国民党代理中央政治会议主席、浙江省主席。张静江故居是其父张宝善于1898年所建，大厅中有孙中山题写的对联"满堂花醉三千客，一剑霜寒四十州"，抱柱联是"世上几百年旧家无非积德，天下第一件好事还是读书"，既有徽商"诗书传家"的儒商色彩，又有近代政治家的人文关怀。这从张静江手书的赠陈立夫对联"铁肩担道义，棘手著文章"，显示得更为清楚。

张静江堂兄弟张石铭的旧宅"懿德堂"，前门面临南街与南市河，正门、二进、三进为传统中式建筑，四进、五进是18世纪欧洲建筑风格建筑，采用进口建材，风格豪华，显示了主人的富庶。而室内画家吴昌硕题写的"世德作求"额，琅琊王存所写《岳阳楼记》雕屏，则显示了主人的文化修养。[335]

百间楼是明清时代南浔镇的标志性建筑，以后又延伸为一个显示方位的地名。它位于南浔镇的东北，由沿老运河两岸建造的一百间民居构成，是明代礼部尚书董份的家产。从莲花桥到长桥的一段，尤其是河东岸一侧，密密扎扎地布满了白墙、青瓦、沿廊、水埠、券门，是迄今为止保存得最完整，并留有传统风貌的沿河民居群落。[336]

七　乌青镇

乌镇与青镇相隔一水，以河为界，虽然分别属于湖州府乌程县、嘉兴府桐乡县，然而隔河相望，近在咫尺，实为一镇，因此当地人习惯于合称为乌青镇。乾隆《乌程县志》说，湖州府乌程县之乌镇与嘉兴府桐乡县之青镇，东西相望，万历至乾隆年间十分兴盛，"户口日繁，十里以内，民居相接，烟火万家，二镇联而为一，中以市河、道为界，因合呼乌青镇。河东则仍属桐乡县，为青镇；河西则仍属乌程县，为乌镇。二镇之四栅八隅，则为江浙二省湖、嘉、苏三府，乌程、归安、石门、桐乡、秀水、吴江、震泽七县错壤地，百货骈集"[337]。

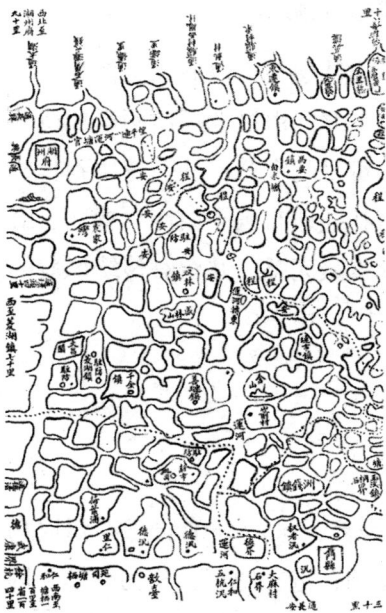

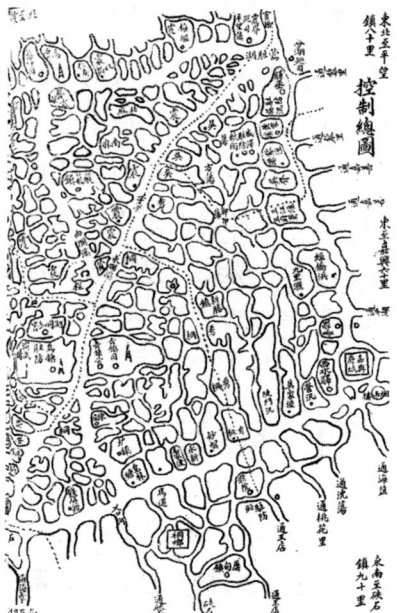

乾隆《乌青镇志》中乌、青二镇在杭嘉湖平原的枢纽位置

1. 兴于宋盛于明的乌镇与青镇

唐代乌、青两镇并未分立，统称乌镇。唐懿宗咸通十三年（872年）朱洪《乌镇索靖明王庙碑》的碑文中，乌镇始见于记载。宋元丰年间王存编修的《九域志》中，乌程县有乌墩镇，崇德县有青墩镇。可见至迟在熙宁年间（1068—1077年），乌镇、青镇已分立为二了。南宋嘉定年间莫光朝《徒役碑》说："乌青镇分湖、秀之间。"同时代张偁《重修土地庙记》也说："湖、秀之间有镇，画河为界，西曰乌镇，东曰青镇。"淳熙三年（1176年）万圭《青镇索度明王碑》中说："秀之青墩与乌之乌墩二市，相抵为一镇。"[338] 可见其时乌青镇已经颇有名气了。乌镇在乌程县东南九十里，镇上设有监镇衙、酒务、税务等机构。[339]

需要说明的是，唐代的乌镇之"镇"，与宋代乌青镇之"镇"，并非一个概念。简而言之，前者为军事性之镇，后者为经济性之镇。宋代建立后取消了以前的军事性的藩镇之镇，而在草市基础上发展起来的市镇则委派监镇官，此镇非彼镇。这是全国性的情况，具体到乌青镇，也是如此。万历《乌青镇志》记载该镇的主管官员，唐代是镇守将军——"唐镇守将军乌赞，张掖人，邠国公仲胤之犹子，初侍胤为潞州牙将，后为左司马，充湖州镇将，李锜檄赞戍兵乌墩"；而宋代则是监镇官——"宋监镇官……鲍安昌，元祐六年任"。[340] 很显然前者是藩镇的牙将升任乌墩镇守将军的，后者才是真正的监镇官。我们从江南市镇的角度追述乌青镇的历史，应该说它建于宋代，而不应该说它建于唐代。陈观《乌青志序》说到乌青镇第一本志书，是宋末本镇人沈东皋（平）所作。由于宋版《乌青镇志》已无法看到，只能从万历《重修乌青镇志》去窥探宋代乌青镇的情况。宋代乌青镇，建有监镇衙、酒务、税务等机构，是它成为市镇的重要标志。据万历《重修乌青镇志》："监镇衙，在普静寺南，镇官所居也。自淳祐年间坍颓，官寓普静寺。景定二年（1261年）镇官陈子荣重建，至德祐丙子年（1276年）后废，衙地召民佃种"；"酒务，在通安桥南堍，旧有提领、按抚，后隶两浙运司……丙子后废为官地，慈云寺佃租"；"税务，在众安桥北，镇官兼领收租，丙子移改安利桥南，为酒醋税务兼收两镇税课"。[341]这是宋代乌青地方建镇以后的实态。

此后，乌镇始终隶属于乌程县，青镇则由崇德县改属桐乡县。明代宣德四年（1429年），政府鉴于嘉兴府所领地广赋繁，从嘉兴县析置秀水县、嘉善县，从海盐县析置平湖县，从崇德县析置桐乡县，青镇改属桐乡县，在县治西北十五里。[342]

乌青镇历尽沧桑，由兴转衰，又由衰复兴，几经周折。嘉靖三年（1524年）本镇人陈观对此有一个极好的追述：乌青镇兴盛于南宋淳熙、嘉定间，至德祐二年（即景炎元年，1276年）遽然衰落，"公署、酒楼、官店悉入为民庐"。进入元代，稍稍复兴；元末又遭兵燹，阖镇洗劫一空，荡然无存，"仅存者唯两浮屠之遗迹焉"。明代洪武年间，"民庐寺观虽云重兴，亦不尽复"。到了成化、弘治年间，风调雨顺，连年丰收，"居民殷富，锐于兴作"，"荆棘荒芜素无人居者，亦删刈而结构之"，镇上店铺、民屋"鳞次栉比，延接于四栅"。至此，不但恢复了南宋时的旧观，而且大大超过了旧时规模。正德、嘉靖间，开启了乌青镇历史上的繁荣时代："负贩之广，封桑之勤，又日盛一日。且士知问学，科贡有人，民知尚义，输赈多室，缙绅士夫摩接街市，民风土俗一变而为富庶礼仪矣。"无怪乎陈观要如此感叹:"宋元二百载而下,不又盛于今日哉!"[343]

2. 城市化的表征:"宛然府城气象"

明嘉靖十七年(1538年),地方官鉴于乌青镇的繁华及地位的重要,请求朝廷批准在此分立县治(知县衙门)。从这份《请分立县治疏》,可以隐约看到当时乌青镇的盛况:"地僻人稠,商贾四集,财赋所出甲于一郡……乌程、归安、桐乡、秀水、崇德、吴江等六县辐辏,四通八达之地……本镇地厚土沃,风气凝结,居民不下四五千家,丛塔宫观周布森列,桥梁阛阓,不烦坟改拓,宛然府城气象。"[344]

"宛然府城气象"一句,道尽了当时乌青镇规模之宏大、经济之繁荣,实在可以和湖州府城、嘉兴府城相媲美。由于朝廷没有批准分立县治,地方官只得退而求其次,提出"添设馆府佐员"的建议,从巡抚谢鹏举、巡按萧廪所写《复添设馆府佐员疏》,同样可以看到当时乌青镇的兴旺景象:"居民殆万家,又为乌程之巨镇……乃若乌镇一区实为浙西垄断之所,商贾走集四方,市井数盈于万户。"[345]

嘉靖、万历时期,乌青镇充分发挥了经济发达、交通便利、商贾云集的有利因素,成为居民万户的特大型市镇。其经济地位的重要性,大大超过了管辖它的乌程县城和桐乡县城。万历时湖州府推官张应雷指出:"窃照乌青地方,乃浙(江)、(南)直(隶)之交,湖州之乌程,嘉兴之桐乡,苏州之吴江三邑相连,本镇居民近万(户)。"当地的粮长、里老也指出:"乡聚居民殆万家",地理位置号称"隔府""隔省",非一般市镇所可比拟。[346]

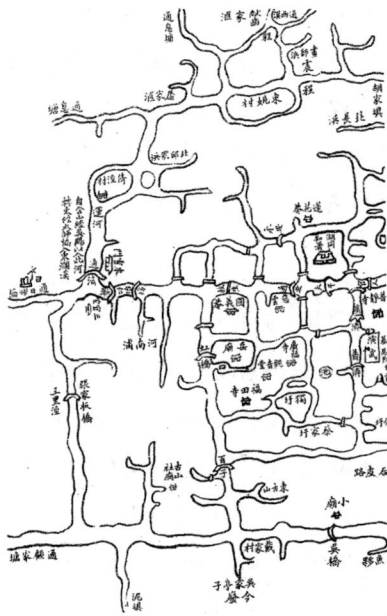

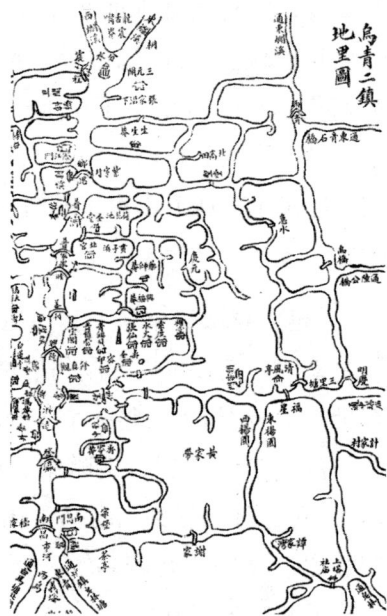

乾隆《乌青镇志》中乌、青二镇地图

进入清代，基于蚕桑业的蓬勃发展，乌青镇更趋兴旺，规模也更趋宏大。乌镇纵七里、横四里，青镇纵七里、横二里，共有东西南北四个坊门：

南昌门——青镇之南门，通杭州；

澄江门——乌镇之北门，通苏州；

朝宗门——青镇之东门，通嘉兴；

通霅门——乌镇之西门，通湖州。

显然，由于规模宏大，"民物繁缛，甲于他镇"，虽无城垣，却有坊门，实际上是"以郡城规模名之"。[347]确实，乌青镇名义上是镇，其实无论规模与格局，都具备府城架势。它"巨丽甲他镇市，达广袤十八里"[348]。当时的湖州府城、嘉兴府城周围都只有十二里。[349]而乌青镇广袤十八里，镇中街巷密布，明代万历年间全镇除了东街、西街、龚庆坊、积善坊等四条大街外，另有街巷五十八条。

乌镇东街从南栅至北栅有十三条：

石皮巷——在富春桥西，乃南门西街第一巷；

祝家巷——在报本桥北，西通田野；

周家巷——在众安桥南，西通田野；

桃花巷——在众安桥北岸；

波斯巷——在兴德桥西，旧名南瓦子，万历三年同知刘公辟为大街；

甘泉巷——在白莲塔对面，俗名殷家巷街，北有大井；

西寺巷——寿宁经堂在巷内，街北有和丰、庆和二楼；

北瓦子巷——在安利桥南，西通太平桥，原先是"妓馆戏剧上紧之处"；

香水巷——在安利桥南；

茅家巷——在普宁桥西塊，前通官河，后通陈家港；

狮子巷——在狮子桥西，通庆元桥；

北庄巷——在北利济寺南入西，内有北庄桥，原先是南宋张循的王庄；

夏家巷——通庆元桥。

乌镇西街从安利桥至西栅有十三条：

西茅家巷——在陈家巷东，内有芙蓉馆；

陈家巷——在全家桥西，北通庆元桥，南通官河；

官人巷——在官人桥东，北通陈家巷，南通官河；

马家巷——在金鼓桥东，北通陈家巷，南通官河；

沈家巷——在金鼓桥西，北通沈侍郎百花庄；

花园巷——在顾家桥东，北通百花庄，南通官河；

顾家巷——在通安桥北，乃顾尚书花园所在；

西陈家巷——在平等桥西，北通田野，南通官河；

斗门巷——在平等桥，西通乡界，南通官河；

潘家巷——在西利桥西，北通倩泾，南通官河；

猪粪巷——在通利桥西，北至施家滩，南通官河；

周家巷——在长明堂巷东，北通田野，南通官河；

西长明堂巷——在仁济桥东，北通丁家巷、施家巷。

乌镇龚庆坊内有十条：

丁家巷——在全家桥南，通庆和巷，至上智潭；

吴家巷——在豆腐桥沿河，南至猪栏桥，通庆和巷；

罗汉巷——在吴家浜入西，至观音堂后；

庆和巷——在乌将军庙东，北至吴家浜，旧有楼；

天井巷——在白莲塔东，自上智潭抵波斯巷；

神黿巷——在上智潭西，通望仙桥；

穿钱巷——在监镇衙前，临河有望佛桥；

长明堂巷——在普静寺前，南接望佛桥；

西墙巷——在普静寺西，沿河北抵官人裴仓桥，南抵广济桥；

寺后巷——在普静寺后，沿河至全家桥。

乌镇积善坊内有八条：

南街巷——在广济桥西塊，入南乃沈少师府；

众善巷——在广济桥西塊，至淳熙桥，今名计家湾；

嘉会巷——在淳熙桥东，巷东大池南至嘉会院；

新街巷——在嘉会巷口，西至新街桥，乃福田寺正路；

北府巷——在大悲桥西，至广生桥，宋王安抚府前，东有光明莲社，即北府巷；

酒坊巷——在通安桥南，至广生桥，有酒务官街，在慈云寺后；

府移巷——在官人桥沿河，至坊桥，王安抚移出路于府后，故名；

唐墓巷——在嘉会巷南，沿河通耕云桥。

青镇从南栅至北栅、东栅有十四条：

宋保巷——在箍桶桥北塊，东至宋保村；

顾家巷——在崇福宫后，东至急水桥；

印家巷——在常丰桥北塊，入东通望佛桥；

花粉巷——在常丰桥北，入东通印家巷；

东寺巷——在兴德桥东，内有昭明书馆、密印寺；

菜市巷——在席行桥东，通高田；

蜜枣巷——在众塍桥东，通菜市桥；

陆家巷——在众塍桥下北；

马道巷——在通德桥北堍，沿河入东；

索铁巷——在普宁桥北；

荷花巷——在广安桥北堍，通荷花池；

莲花巷——在普宁桥东堍，沿河大路；

丛园巷——在挹秀桥东，通塔院；

姚家巷——在周家坟西，通观堂桥。[350]

街巷如此密集，完全具备县城规模，无怪乎万历时期当地人要上疏朝廷请求在那里建立县治，该疏文强调指出："邻近乌青大市，地僻人稠，商贾四集，财赋所出甲于一郡"，而且是乌程、归安、桐乡、秀水、吴江五县辐辏，四通八达之地。由于其富庶引来一系列治安问题："盐徒出没，盗贼猖獗，赌徒盈街，娼优塞巷"，需要县衙直接治理。[351] 到清乾隆时期，盛况依旧，"市迳广袤十八里，列置四门，虽通雪、南昌、澄江诸门旧址芜没，而东之朝宗（门）届今犹相沿不改，名为镇而实具郡邑城郭之势"[352]。当时乌镇有称为坊的大街五条，青镇有称为坊的大街三条，乌镇街自南至北有十八巷，乌镇西街自安利桥至西栅有十四巷，龚庆坊内有六巷，积善坊内有八巷，青镇街自南至北有十七巷，青镇东街有五巷，而废弃的街巷有十一条[353]，与万历时期的规模大体相当。

到了清末民初，街巷规模有了明显扩大。除了原先的乌镇五坊、青镇三坊之外，新增了乌镇街自南至北的十五坊，乌镇街自东至西的九坊，青镇街自南至北的十三坊，青镇街自西至东的十坊。尤其值得注意的是，新增了许多大街。

属于乌镇的有：

长春里大街——南至嵇家汇，北至安利桥（即卖鱼桥）。南段均系民居，间有商店，际盛坊有耶稣堂，众安桥（即紫梗桥）以北为旅社集中之地，夜市甚盛。

澄江里大街——南至安利桥，北至飞盖桥。南段旷地甚多，至利济坊始有市集。

通霅里大街——东至安利桥，西至通济桥。东段旷地甚多，旧同知署在此，俗称二府前。西段自通利桥（即白果树桥）以西始有市集，冶房桥一带最为繁盛。

属于青镇的有：

南大街——南至茶亭，北至常丰桥（即印家桥）。南北市廛相接，浮澜桥以南，俗称桥外头，为乡民市易之区，丝庄、六陈行均设于此。济远桥（即南花桥）至常丰桥，为中市繁盛之地，汇源典及阮恒德药号、宜昌绸庄，各大商店皆在此。

中大街——自常丰桥至席行桥。此街为两镇上紧之地，其大商店为云锦绸庄、久大参行，著名菜馆九江楼在兴德桥（即北花桥）南。

北大街——自席行桥至油车汇。旷地甚多，普济桥一带有市集，高公生酱园在此。

观前街——俗呼南街，自常丰桥北堍至望佛桥，因有修真观，故名。观西街市繁盛，与中大街相接。

东大街——自望佛桥至三里塘，东西均系民居，间有商店，财神湾市集较盛，徐恒裕襄饼行在朝宗坊。

此外，乌镇街自南至北有十九巷（较前增加一巷），其中桃花巷又称十景塘，每年清明后，乡人烧香西寺，泊舟于此，故有烧香港之称。乌镇西街自安利桥至西栅有十四巷，其中西长明堂巷，巷内沿河，每年清明后有香船停泊息夜，届时有竹器摊、烧香糕饼等肆，喧哗成市，俗称烧茅场。龚庆坊内有六巷，其中寺后巷在普静寺后沿河，转船湾有八鲜行，每日清晨喧哗成市。积善坊内有八巷。青镇街自南至北有二十一坊（新增四巷），其中朝南埭（在浮澜桥北埦）有电灯厂，便民巷（在常丰桥南埦）俗称印家浜岸，有汇源当栈，外埠航船多泊于此。青镇东街有十一巷（新增六巷）。[354]

3. 工商各业的城市气象

清末民初的乌青镇仍在蓬勃发展，规模日益扩大，以至于曾经有一度，将乌镇析为四镇：澄江镇、通霅镇、通津镇、长春镇；青镇析为三镇：青南镇、青北镇、青东镇。[355] 由此可见，按照当时的标准，乌青镇的规模相当于七个市镇，这在江南市镇中是极为罕见的。但是更主要的是它的工商业的高度繁荣，具备了七个市镇的经济实力。民国《乌青镇志》对于乌青镇的工商各业记载得特别详细[356]，非常形象地反映了它的经济活力。不妨按照它所列举的顺序，介绍于下。

第一，冶业——明嘉靖年间沈济（字绣川）从湖州迁居桐乡县炉镇（炉头镇），创始沈亦昌冶坊，生产铁器（铁锅、熨斗等）。清同治五年（1866年）在青镇开设分场。青镇、炉镇两处冶坊，共设有炉子七座。每年从元宵节后开铸，至立夏停工；下半年从中秋节后开铸，至年终停工。每炉一座，三昼夜约出大小锅釜五百只。管场、总管之下，各有分工：浇铁（管铁水）、领挡（管模子）、风挡（管风箱），此等冶工均为无锡人。产品行销杭嘉湖以及邻近的江苏各市镇。光绪初年乌镇西栅尚有顺昌、福昌冶坊，至光绪七年（1881年）顺昌、福昌与沈亦昌合组开设同昌冶坊，两年后同昌停闭，仅存沈亦昌两坊，由于外地铁器输入，营业受到影响。

第二，竹器业——湖州上柏山竹子运至此地，居民制作竹器（主要是蚕具），销路尤广。今镇之南乡男女居民，农田蚕桑之外，以制造竹器为业。例如，东古山村生产草篰、茧篰、杨梅篰、枇杷篰，蒋堡村与北蒋村生产叶篰、淘箩、粪箕，北庄村生产蚕匾、簸匾、团匾，双料兜村生产饭篮、提篮、蒸笭，陈庄村生产扁担、竹筷，汤堡村生产竹椅、摇篮、坐车，高田村生产筥帚、洗帚等。

第三，藤业——竹工之外，尚有藤工。藤产自南洋，经由上海运来。陈庄等地妇女洗藤，男子辟藤，经洗净辟削后，湖杆、匀杆销往杭州、上江等处，扁藤销往硖石、袁花等处，筛藤、橹藤、洋白、残藤当地销售。近年销数减少，经营藤业者寥寥几家。镇上藤店除发售原藤外，近有穿扎藤椅、藤榻出售。

第四，造船业——凡客船、驳船、田庄船等均能制造，工匠有黎里人与本地人两帮，厂房均设于四栅之外。南栅养鱼窠一处，有孙永茂、孙隆顺、沈永顺、沈源懋等十数家；西栅高桥外，有沈森顺、沈洪顺、杨廉记、施茂记等十数家。四乡各村航船，均向船厂租赁，遇有损坏，即时到厂修理。船上所用之橹，另有转工制造，全镇仅南栅、北栅两家。

第五，油车业——有菜油车、柏油车、豆油车之别。昔有四房车最著名，同治后董氏最盛，有董隆昌及隆昌义记两家。清光绪间又有黄万丰、王兴隆，皆系乡车（乡人自携菜籽，代打菜油，收取车费，名乡车）。民国后，北栅有正丰车，东栅有董隆昌、沈和茂，南栅有黄万丰、顺昌。乡车营业资本不大，每年小满后开车，中元后停车，菜籽丰登年份，乡车一市，每家可打四五千车。柏车则资本较大，冬令小雪开车，收买柏子，制成柏油（又名皮油）。

第六，水作业——磨绿豆为粉（兼有杂蚕豆者），名曰水磨，用牛力盘磨。淋水使干，成为块粉，凡磨作之粉丝、粉皮均以此粉制成。营业作坊有徐永丰、沈德顺、同茂、裕源泰、徐隆源等。近来又有和合、天官等品牌的干粉销往宁波等地。磨豆腐也是水作之一，有黑作、白作之分。黑作为绍兴人所开，腐浆浓厚，豆腐干较坚硬；白作为本地人所开，腐浆淡薄，豆腐干较松软。

第七，糖坊业——西南栅有三家糖坊。用麦、米秜及次米煮熟，制成饧糖。酱园黑卤及茶食铺甜食品均用饧糖；饧糖炼白可作糖塌饼，售于乡人。饧糖还可以销于养蜂场为饲料，糖糟可作猪食、鸡食。

第八，染坊业——镇上染坊专为农家所织丝绸布匹染色，往昔染料均用本省富阳及福建、江西等处出产的植物染料，如用靛青染青色、蓝色，用红花染红色，用槐花、槐子染黄色、绿色，用花茹菇、绿矾染黑色，用栗壳、靛麻染灰色。自从洋染料输入后，植物染料逐渐淘汰。染坊有南京帮和绍兴帮。南京帮如潘恒利、吴生泰、郑隆盛等，逐渐停业；绍兴帮如朱宏茂、恒泰、亿泰、茂泰生各坊，继续营业。

第九，碾米厂——最早的碾米厂始于北栅的大有厂，近时青镇东栅、乌镇南栅陆续开设碾米厂；各大米行有自置机器，在行自碾乡米。绍兴人更创制碾米船，在船上配备碾米机，下乡代客碾米，收取少量费用，方便快速，每当丰收，此业颇为发达。旧时人工白舂的落后方式，已淘汰殆尽。

第十，布业——四乡农家一向纺纱织布为业，镇上商人设庄收买，行销于外埠。布庄有沈永利、沈义和、顾同昌、胡允和四家，营业甚为发达。清同治间，建立公所，议定行规（勒石犹存），以后南栅费姓一家营业亦畅。自从洋纱输入内地，厂布充斥，乡人所织土布逐渐淘汰，布庄也已消逝。代之而起的是设于乌镇北栅的大生布厂，购置机器数十台，生产厂布销外埠。

第十一，典业——乌青镇在商业极盛之时，典当业有十三家之多，咸丰、同治以前还有七家，自从遭受太平军之乱，当铺全部被毁。以后有所恢复，光绪间北栅有惇泰典，西栅有丰泰典，东栅有葆昌典，南栅有宝生典，中市有汇源典。其中汇源典为本镇徐氏开设，其余均为南浔镇富商来镇开设。后大多因遭湖匪洗劫，损失惨重而停业，仅汇源典勉力维持，但金银饰物概不受质，期限以十八个月为满，月息二分（20%）。

第十二，钱业——本镇商业在清同治间凭实力经营，并不仰赖钱庄。从光绪中叶开始，有硖石镇、南浔镇钱庄来镇放款，光绪二十年（1894年）首先有后大钱庄建立，民国初年又有裕通钱庄、泰昌钱庄、同昌钱庄的开设，不久同昌停业，复有源昌钱庄开设，全镇共有钱庄四所，1934年仅存厚大钱庄一家。

第十三，衣业——衣业都属乡庄，分原货、新货两种。原货为向当铺提出的质押衣物，新货为用新料制成的衣物，外商输入的"客衣"甚少，几乎全是乡货（本地货），因此衣庄都属乡庄。先前有庆号、洪茂等衣庄，以后又有宝泰祥、永兴、锦华、恒盛等衣庄，营业甚盛。近来次第停业，代之而起的是中市的新兴、泰丰、萃泰、德源等衣庄。

第十四，绸缎洋布业——绸缎业向有王源茂、沈启昌各庄，以销售绸缎为大宗，夏季兼销江西万载、玉山等处夏布。近年来销货以洋布为大宗，人造丝之绸葛亦甚畅销。绸布庄有云锦、宜昌祥、义昌三家，庆泰昌一家转销洋布。

第十五，洋广货业——以销售舶来品为大宗，如洋瓷、料器、棉织品、化妆品，均有出售。批发兼营零售者，以王益茂最大，锦章次之；专门零售者各栅均有开设。

第十六，银楼业——清代妇女均以银器为装饰品，其时姚美盛银饰店分别在东市、南市、中市、西栅开设五家店面，南栅又有祝永和、戚天珍，东栅有金源盛，西栅有许永泰、张宝源（南号、北号），营业均盛。民国后，银楼业逐渐淘汰，现存张宝源（南北号）、中市盛福昌、东栅金源盛、西栅许永泰。

此外，还有鞋帽业、铜锡业、木业、竹业、米业、烟叶业、襄饼业、山货业、八鲜业、猪羊业、桐油业、羊毛业、酱酒业、南北货业、茶食业、颜料杂货业、煤油业、纸箔业、草席业、浇造业、窑货业、药材业、西药业、印刷业、钟表业、照相业、菜馆业、茶酒业等。至于蚕桑丝织业，将在后面专门论述。此处需要特别指出的是具有近代意义的一些新兴行业，例如：

电气业——1924年本镇人沈浚昌发起创办乌青镇电气公司，

集资股本4万元，在马家汇建厂，设置103匹马力煤气引擎，及700千瓦发电机各一座，可供16支光电灯3 000盏。以后曾经一度联办琏市镇、桐乡县、炉头镇供电。

轮船业——水乡交通以往仰赖航船，民国时期兴起轮船业。请看下表。

民国时期乌青镇轮船业一览

局名	码头	航　　线	班　期	轮别
招商局	西栅高桥下	菱湖、双林、乌镇、盛泽、平望、上海	每日一次	煤轮
源通局	同上	上海、平望、盛泽、乌镇、双林、菱湖	每日一次	煤轮
通源局	南栅浮澜桥	嘉兴、陶笕、濮院、桐乡、炉头、乌镇、双林、袁家汇、湖州	每日二次	煤轮
通源局	同上	双林、乌镇、炉头、桐乡、濮院、陶笕、嘉兴	每日二次	煤轮汽轮并用
王清记局	嵇家汇	乌镇、宗扬庙、石湾、石门、长安	每日二次	汽轮
公大局	同上	乌镇、琏市、善练、石冢、袁家汇、湖州	每日二次	汽轮
鸿大局	同上	南浔、乌镇、炉头、桐乡、屠甸、硖石	每日二次	汽轮
翔安局	同上	德清、新市、琏市、乌镇、嘉兴	每日二次	汽轮
宁新局	夏家新桥	菱湖、双林、南浔、震泽、严墓、乌镇	每日二次	汽轮

旅馆业——乌青镇在清同治、光绪之间，交通不及近时之

便，因此并无旅馆业可言。只是在同知署旁有"安息客寓"数家，简陋不堪，住宿者无上等客人。民国时期，随着轮船业的兴起，交通便利，商贾旅客往来较多，旅馆业逐渐发展，如迎宾、华商等旅馆，设备既全，招待亦周，得与嘉兴、湖州各旅社相媲美。请看旅馆业情况：

迎宾旅馆，乌镇紫根桥北；华商旅馆，乌镇北花桥南；大丰旅馆，青镇南大街；华英旅馆，同上址；长春旅馆，青镇北花桥北；三益旅馆，乌镇甘泉巷口；新民旅馆，乌镇紫根桥北；万安旅馆，乌镇北花桥北；长春旅馆，同上址；高升旅馆，同上址。

此外，民国时期的乌青镇还开办了邮政局、浙西长途电话分局，新设了照相、钟表、西药等行业。这种城市气象绝不逊色于县城或府城。

4. 航船时代的水陆交通

乌青镇当水陆交通之会，河道自西南向东北流去，镇中市河自南而北穿越而过，分割乌青二镇。东入之水七道，通西之水十一道，北流之水五道，成为粮艘贾舶必经的咽喉，处于苏州、嘉兴、湖州三府的市镇网络的中心地带。它的四栅以外连接的是太湖流域最发达的蚕桑地区。

南栅——东属桐乡县，西属乌程县，南属归安县。栅外，龙舌嘴东，三里至陈庄，六里至昆仑桥，九里至九里松，十四里至炉头镇（属桐乡县），十八里出绣溪桥以东至皂林镇（属桐乡县），三十六里至妙智堰（属桐乡县），四十六里至陡门镇（属

南栅老街

秀水县），自皂林镇折而南九里至桐乡县，自妙智堰折而南七里至濮院镇（东属秀水县，西属桐乡县）；嵇家汇西，一里至古山村（属乌程县），十二里至杨保桥（属归安桥），十八里至琏市镇（属归安县），五十四里至新市镇（南属德清县，北属归安县）。

北栅——东属桐乡县，西属乌程县，东北与秀水县、吴江县交界，西北属震泽县。栅外分水墩东为东烂溪（东属桐乡，西属震泽），三里至三里坝（属震泽），六里至六里坝（属震泽），九里至九里桥（属震泽），十八里至十八里桥（东属秀水，西属震泽），四十九里至檀丘（东属吴江，西属震泽），七十二里至平望镇（东南属吴江，西北属震泽）；九里桥折而东，十八里至新塍镇（属秀水），四十五里至嘉兴府，麻溪港折而东，二十里至王江泾镇（属秀水），檀丘折而东，由东吉港七里至盛泽镇（属吴江）；分水墩西为西烂溪（属震泽），四十里至震泽镇（属震泽）。

东栅——属桐乡，栅外直东三里至中塔，六里至下塔，十里至经堂桥（属桐乡），二十五里至灵宿庙（属秀水），三十五里至陡门镇（属秀水）。

西栅——乌程、归安二县交界，仁济桥直西三里至日辉桥（属乌程），三十三里至东双林（东属乌程，西属归安），三十六里至双林镇（属归安），七十二里至菱湖镇（属归安）；栅外一里至通津桥，折而北三十里至南浔镇（属乌程）。[357]

乌青镇水路可通上述各地，与濮院镇、琏市镇、平望镇、王江泾镇、震泽镇、双林镇、菱湖镇、南浔镇等连成一体，在传统的航船时代，这种以橹、桨及风帆为动力的木船，是一种便捷的交通工具，分为两种。

一种是所谓快船，由两橹一桨行驶，用小锣鸣号，俗称铛铛船。一般是一天一班，也有隔天一班，或每天来往两班的。共有十四条航线：

王店船——由乌镇至濮院镇，码头在印家桥塊，每天一班；
湖州船——由乌镇至马腰镇，码头在印家桥塊，每天一班；
震泽船——由乌镇至严墓镇，码头在二井桥，每天一班；
湖州船——由乌镇经双林镇至琏市镇，码头在二井桥，每天一班；
嘉兴船——由乌镇经新塍镇至琏市镇，码头在二井桥，每天一班；

塘栖船——由乌镇经新市镇至琏市镇，码头在二井桥，每天一班；

南浔船——由乌镇经炉头镇、桐乡县、屠甸镇至硖石镇，码头在宫桥北，每天一来一往；

长安船——由南浔镇经乌镇、炉头镇、石湾镇至崇德，经过乌镇不停，遇乘客傍岸，每天来往；

桐乡船——由乌镇至炉头镇，码头在浮澜桥堍，每天来往；

崇德船——由乌镇至石湾镇，码头在浮澜桥堍，每天来往；

硖石船——由乌镇至炉头镇、桐乡县、屠甸镇，码头在二井桥，隔天一班；

善练船——由乌镇至琏市镇，码头在二井桥，每天一班；

濮院船——由乌镇至石谷庙，码头在印家桥堍，每天一班；

湖州船——由乌镇至马腰镇，码头在二井桥，每天一班。

另一种是航船，它的船体比快船大，可以装载货物，也可载客，又叫大航船。共有十八条航线：

上海船——码头在北栅油车汇，十日一班；

上海船——码头在南栅浮澜桥，十日一班；

苏州船——码头在北栅白娘子桥，七日一班；

震泽船——码头在中市印家桥堍，每日一班；

硖石船——码头在修真观前，每日一班；

双林船——码头在中市印家桥堍，每日一班；

南浔船——码头同上，每日一班；

嘉兴船——码头在修真观前，隔日一班；

南浔船——码头在西栅花园头，每日一班；

湖州船——码头同上，每日一班；

璉市船——码头在南栅嵇家汇，每日一班；

桐乡船——码头在颜家巷口，每日一班；

新市船——码头在祝家巷口，隔日一班；

崇德船——码头同上，隔日一班；

杭州船——码头在浮澜桥外，四日一班；

海宁船——码头在浮澜桥堍，每日一班；

新塍船——码头在卖鱼桥堍，每日一班；

盛泽船——码头同上，隔日一班。[358]

5.“四月黄金随地滚”：产业支柱蚕丝业

处在这样一个蚕桑丝织业区域中心地带的乌青镇，不仅因此而万商云集，而且毫无疑问，蚕桑丝织业必然成为它的产业支柱。从明代以来，这里就是一个蚕桑专业市镇，四乡农家以蚕桑为急务，农家经营的商品化程度很高。谢肇淛《西吴枝乘》说：“其生计所资视田几过之，且为时促，而用力倍劳”，农家治蚕、收茧，“其所赖者，专在于桑，其树桑也，自墙下檐隙以暨田之畔、池之上，虽惰农无弃地者”。[359] 嘉靖时归安人茅坤说，地一亩用于栽桑，产量高的可达二千斤，卖价在银五两至六两间；次者可收一千斤，卖价在银二三两左右；最下者一亩所收也不下银一二两。而用于种稻，亩产高者不过米二石，次者一石五斗。[360] 在平常年景，栽桑收益比种稻收益要高得多。这种比较，与嘉靖时人徐献忠的看法是一致的。徐氏说：“蚕桑之利莫甚于湖（州），大约良地一亩可得叶八十个（每二十斤为一个），计其一岁垦锄壅培之费，大约不过二两，而其利倍之。”[361]

农家桑叶不足，多向市场购买，因而对桑叶价格之贵贱，十分关注，常预先估计，通常的方法是占卜。据《乌青文献》说："其占桑叶之贵贱也，以正月之上旬，木在一日也，则为蚕食一，叶为甚贵；木在九日也，则为蚕食九，叶为甚贱。又以三月之三日有雨则贵，四日尤贵，谚云：'三日犹可，四日杀我'。"[362]桑叶既然成为市场上价格变动最为敏感的商品，其买卖方式也很独特。蚕农预定别家桑叶，俗称梢叶，分为现梢与赊梢两种，预先付讫价银谓之现梢，收茧后偿付价银谓之赊梢。养蚕一斤用叶八个（即一百六十斤），现梢约用银四钱，赊梢约用银五钱（再加杂费五分）。养蚕一斤所收之丝的卖价银一两，农家所获盈利达银五钱左右。所以徐献忠说："湖（州）俗务本，诸利俱集春时。看蚕一月之劳，而得厚利。其他菜、麦、麻、苎、木绵、菱藕……各随土宜，以济缺乏。……故荒歉之年不过减其分数，不至大困。"[363]

桑叶业是乌青镇的重要行业，镇四栅均设有青桑叶行。每当新叶上市，四栅的叶市十分繁盛，河面上叶船拥挤不堪。由于流通量巨大，乌青镇的叶市远近闻名。董蠡舟《乐府小序》说："叶莫盛于石门、桐乡，其牙侩则集于乌镇，买叶者以舟往，谓之开叶船。饶裕者亦梢以射利，谓之作叶，又曰顿叶。"[364]乌镇因此成为本镇四乡及石门、桐乡等地桑叶的集散中心，南浔镇、震泽镇都有"蚕户来此采购"，销售额常达十万担上下。清末民初依然兴盛，民国《乌青镇志》说："桑叶为农村生产之一，四栅均设有行。清光绪间，叶市甚盛，约有十万担出口（引者按：实为向邻近地区输出），均由下乡（南浔、震泽、檀丘等处）蚕户来此采购。其时有黄世茂、徐鼎和、徐永丰、黄万丰、潘恒丰、陆三泰、张合盛各大行，此外尚有小行多家。叶行营业，先于上年冬赴下乡抛卖，订明成叶几担，收取定银。至次年到行发叶交清。一面向本乡叶户预备春叶，叶价付足。如次年无叶采发，照叶市顶价偿还（青叶买卖极守信用，乡民卖叶不出凭据，俗语云："青叶不点头。"谓点头即成交矣。又云："两面青，无面情。"两面青指青叶也，无面情重信用也）。"每年立夏时分，设柜营业，见采叶船三朝（即三日）开秤，开秤前发叶每担只发七十斤或八十斤、九十斤。开市有头市、中市、末市，每市三日。叶价有早市、晚市、叶市之分，价格相差悬殊，波动幅度颇大，"叶行上市通宵达旦，采叶船封满河港。叶行营业顺利，骤可利市三倍（俗语云："四月黄金随地滚"）"。[365]

与此相关联，乌青镇的桑秧业也很兴旺。桑秧行大多集中于西栅和北栅，其中西栅徐鼎和，北栅陆三泰均为大行。按照习惯，乡人购买桑秧，赊欠者居多。设行者收取用金。桑秧有独条、双枪之分，来自长安；又有广秧，产自苏州，其桑株甚小，扎数十株谓一把。[366]

乌青镇出产的大宗商品是蚕丝。丝有头蚕、二蚕两时，东西南北四乡均有出产，以西乡为上，即所谓七里丝（辑里丝），北乡次之。小满新丝上市时，镇上丝行十分繁忙，"各处大郡商客投行收买"，"平时则有震泽、盛泽、双林等镇各处机户零买经纬自织"；又有"贸丝诣各镇卖于机户"的贩子。[367] 这种盛况一直持续到晚清。咸丰、同治年间，镇上丝行以张同盛、徐添源营业最盛。光绪初年则以沈永昌独盛，光绪二年（1876年）沈永昌囤丝巨万，适因杭州巨商胡雪岩与西人竞争丝业失败，丝价大跌，沈永昌也随之倾折。以后青镇南面有丁同和、胡同顺、荣盛、姚德泰、仁记等丝行，青镇东面有周恒源、杨义丰、钱天元、德泰、兴记等丝行，乌镇西面有丘恒茂丝行，乌镇北面有徐关通丝行。进入民国以后，有衡兴、震记、恒和、寿记、联记、浚昌、永记、恒丰、芝记、兴记等丝行。乌青镇向无经行，各乡所产细丝（一名运丝）均由震泽经行向本镇丝行抄取，然后转发车户制成经丝，转售上海洋庄，为出口货，名为辑里经（品牌有克郎、二八、宏孚、源金、风车等名称）。清同治及光绪初年，每年产丝七八千包（每包八十斤）；光绪十年后还有三四千包；民国以来在一千二百包至七百包之间。

与蚕丝业相关联的茧业、绵业、绵绸业、茧壳业、丝吐业，也都有相当规模。

茧业——本镇为产茧地区，1917年省议会议决茧行条例，本地商人暨嘉兴、湖州两府所属地区的茧商，遵例争设茧行，收买鲜茧，烘成干茧出运。初设时只有西张桥的公益恒茧行，塘桥的成昌茧行，顾家港的永和茧行，白旗漾的振昌茧行，杨和桥的公兴茧行。各茧行的茧灶大体在五乘至十乘之间，鲜茧三担可以烘成干茧一担，每年约有干茧一千二百五十担出运。以后陆续新设的茧行有：长山港的裕浔协，稽家汇的集成，东堡的益大等。随着乡人产茧逐渐增加，各行收茧均能足额（凡五乘灶可烘二百担干茧，十乘灶可烘四百担干茧）。到1928年，茧行条例取消，随地得以设立茧行（相距二十里得设茧行一所）。由此而新增茧行有：宗扬庙的同仁，三里塘的德裕，陈庄的瑞丰，炉头的智昌，西堡的久吉，戴家村的久康，南梓桥的久祥，亭子桥的震元等。镇乡茧行共有十六家，每年春夏茧及秋茧，以每行收买干茧三百担计，约有干茧四千八百担出运。

绵业——此绵即丝绵，从茧上剥离而成。有环绵、手绵两种，环绵设缸，属男工；手绵带水剥茧成绵，属女工。清光绪间，有沈永昌、孙永顺等行设绵缸经营环绵，推销于宁波等处。以后营业日衰，此业归于消亡。手绵即衣绵，乡间妇女剥茧为绵，由小贩或丝绵小行（小庄）收购、发售。

绵绸业——农家织成绵绸，出售于泰记、元记两家绸行。也有由绸行发给原料令农家织成绸匹，给予工资者（织工以北乡人为多）。泰记、元记两家绸行收购的绵绸，大多推销于宁波、绍兴及江苏、上海等处。

茧壳业——茧壳行收购余杭等处的"蛾口茧"（被茧蛾咬破的茧），售于本地农家剥绵。茧壳行周义隆贸易最盛。以后有丝厂双功茧运镇销售，营业顿时扩大。茧壳行也增设义隆、荣记等十余家。

丝吐业——丝吐由四栅小贩收购，转售于吐头行，再由吐头行销售给洋庄。[368]

乌青镇四乡并不出产棉花，但农家大多从事棉纺织业。棉花从镇上商牙处购入，纺纱织布后出售给镇上布庄（布行），然后转销外地。此种经营方式商品化程度很高。明代乌青镇棉布已经闻名远近，所谓"闽广人独喜本镇之布，以其轻软而暖也"。布有大小轻重，价亦有多寡不同。清中叶，乌青镇的棉纺织业仍颇具规模，商人设庄收买行销于外埠，布庄（布行）有沈永利、沈义和、顾同昌、胡允和四家，营业甚为发达。同治年间，各布庄建立布业公所，议订行规。清末民初，洋纱洋布输入内地，乡人所织土布逐渐淘汰，布庄消失。代之而起的是机器织布厂，乌镇北栅建立的大生布厂，有织机数十架，所出厂布，也销售外埠。[369]

伴随着四乡农家经营的商品化趋势，乌青镇作为商业中心的功能强烈地显示出来，把蚕桑、缫丝、纺织各业都深深地卷入市场经济之中，商业资本与高利贷资本渗透到生产领域与生活领域。明代万历时人王道隆《菰城文献》说："成化以前，谋餐者以兴贩为能"，"今则市廛以质当相先"，"收获之际，公私偿债而场遽空者，十恒七八"。[370]农家经营与典当业关系至为密切，有以下几种表现形式。

其一，"凡畜蚕者，或自家蚕桑不足，则预定别姓之桑，谓之梢叶"。其中赊梢者，在收茧后偿付叶价，比现梢价格高达25%[371]，这实际就是赊梢时期的叶价利息。这种高利率与当地典当利息基本相符："湖郡（湖州府）典息，向例十两以上者每月一分五厘起息；一两以上者每月二分起息，一两以下者每月三分起息。"[372]

其二，田中稻谷收获后，农家"投典贱质"，换取银钱，"希贸易博利"。[373]

其三，春夏之交青黄不接之时，农家"告贷富室，谓之生米（得之则生，不得则死，故以名之，还之最早）……或有他方商客投牙放米，谓之牙账"[374]。

其四，"乌镇殷富之家，例于蚕毕收账"，农家"收获之际，公私偿债"。[375]

高利贷资本渗入农家经营各个环节，有着两面性。一方面提高了农家的经营成本，如经营不当，会导致破产，即所谓"息利倍加，自此逋负益积，逃亡随之"，故当地民间谚语说："汗出赖赖（意即淋漓），强如做债。"[376]另一方面这又是市场经济发达的市场机制所带来的必然趋势，高利贷成为农家经营中一个不可或缺的环节，一种运转的润滑剂，具有无可替代的地位。因此乌青镇上典当业十分发达，民国《乌青镇志》说："两镇典业在商业极盛之时，相传有十三家之多。"咸丰以前还有典当七家，被太平军之役破坏殆尽后，到光绪年间又恢复到昔日的规模[377]，说明它确实有着深厚的土壤，以及市场需求的广阔空间。

6."文人日起，甲于一邑"

乌青镇不仅是一个繁荣的经济中心，而且是一个发达的文化中心。

宋室南渡后，"士大夫多卜居于此"，构筑园林宅第，聚族而居，繁衍生息，形成了当地的望族著姓。如华林村之茅氏，由山阴徙居于此，至明代日趋显赫，成为湖州大姓；又如陌巷村之颜氏，康熙时远近闻名，村名遂改为颜家村。[378]茅氏、颜氏家族在明清两代文人辈出，成为乡里的文化渊薮。华林村茅氏，嘉靖中有茅坤进士及第，累官至广西兵备佥事、大名副使，却不脱书生本色，著有《白华楼藏稿》《玉芝山房稿》等。其少子茅维，以诗名世，与同郡臧懋循、吴稼竳、吴梦旸并称四子，著有《茅洁溪集》。此外，杨园村张氏，有张履祥，号称杨园先生，著有《杨园先生文集》。外河村沈氏，有沈振龙，万历间进士；其曾孙沈适文，康熙间状元及第。镇中夏氏，有夏熏与夏炜均为万历间进士；夏煜则著述丰富，有文集行世。[379]关于乌青镇文化繁荣的状况，当地人几乎众口一词。例如乾隆《乌青镇志》说："青镇与湖郡所辖之乌镇，夹溪相对，民物繁阜，第宅园池盛于他镇。宋南渡后，士大夫多卜居其地……文人日起，甲于一邑。"[380]

这些大家族都颇注重私家教育，许多宅第都有私家藏书楼。如唐申之的宁俭堂，"后有楼，课二子廷锴、廷拭读书处"[381]。镇上还有著名的"知不足斋"藏书楼，乾隆时设四库全书馆，从"知不足斋"选书600余种。[382]整个社会重教兴学之风甚盛，明代正德二年（1507年）桐乡知县陆节建青镇社学，正德十二年湖州知府刘天和建乌镇社学，把教育扩大到社会。乾隆年间又有分水书院、立志书院的创

立志书院河埠

立。清末又创办义学，清末民初先后兴办了植材完全小学、立志完全女学、分水小学、通雪小学、常春小学、青南小学、青东小学、徐氏私立敦本小学、肉业私立小学等。[383]

明清时期涌现了进士47人，举人145人，岁贡等159人。民国时代出国留学，获得博士学位1人，硕士学位2人，学士学位5人。[384]

正是这样的人文氛围，培育出了文学家茅盾。现今乌镇的茅盾故居，是他的曾祖父沈焕经商时买的旧屋。这是一所靠街的四开间老式楼房，和镇上的大多数民居一样，沿街是一式的排门板，坐落于中市观景街十九号。前后两进，住着茅盾的祖父

母、父母以及叔父十几口人。以后曾祖父又在老屋后面造了三间平房。1930年代茅盾亲自设计，把三间平房翻建成新式的书斋，作为他写作的场所。[385] 在这里，我们感受到的不仅是茅盾的青少年时代，而且是乌镇几百年的人文气息的延续。

八　濮院镇

1. 御儿市—永乐市—濮院镇

濮院镇，南连长水，北枕运河，距秀水县西南三十六里，介于嘉兴县、秀水县、桐乡县之间，适为嘉兴县长水乡、秀水县灵宿乡、桐乡县梧桐乡三乡之会。

明代宣德五年（1430年），把嘉兴县西部八乡析出，设置秀水县；把崇德县东部六乡析出，设置桐乡县；因而濮院镇西南为桐乡县的梧桐乡，东南为嘉兴县的长水乡，东北为秀水县的灵宿乡。清代因袭这一行政建置，濮院镇仍为嘉兴、秀水、桐乡三县属地，由上述三县同时管辖。光绪七年（1881年），又把嘉兴县嘉会乡划归濮院镇。宣统初年，以濮院镇所属嘉兴地划入王店区（即王店镇），濮院镇遂成为秀水、桐乡两县属地。宣统三年（1911年），秀水县并入嘉兴县，濮院镇遂成为嘉兴、桐乡两县属地。[386]

濮院镇水陆交通四通八达，处在杭嘉湖市镇网络的中心，其四至为：东北至嘉兴府城三十六里；西至桐乡县城十八里；东南至王店镇十八里；东南至硖石镇四十里；北至新塍镇二十六里；西南至屠甸镇十九里；西北至乌青镇三十二里。

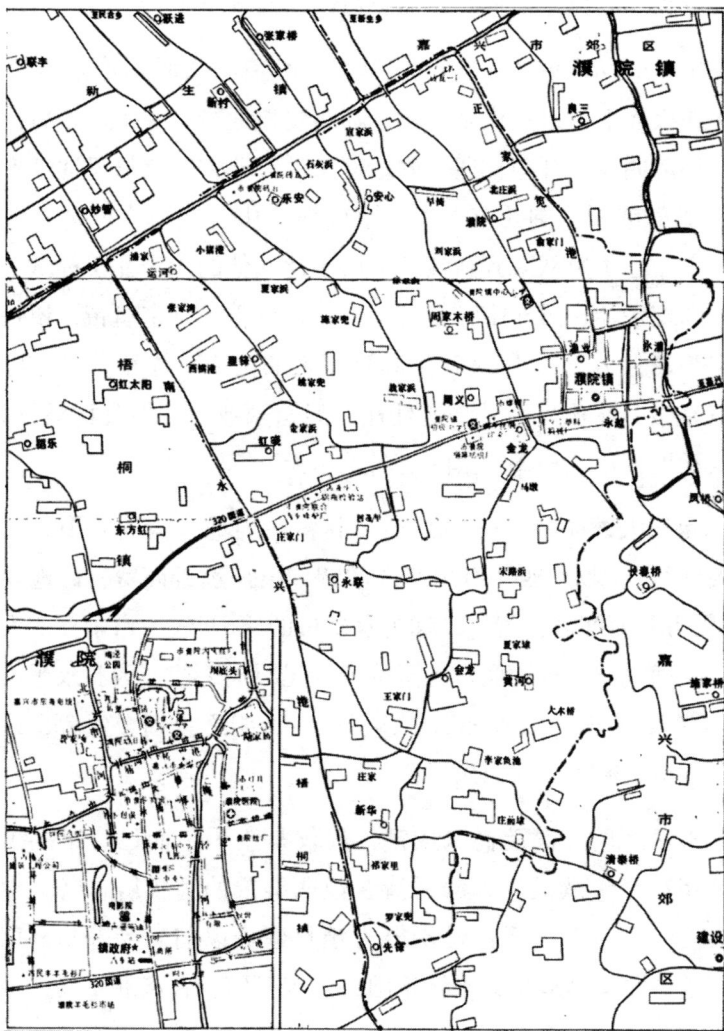

濮院镇地理位置及街巷图

濮院镇的历史并不长，但到明中叶已经可以同王江泾镇媲美，成为"人可万余家"，"商贾辐辏"的巨镇了[387]。

历史时期这里"汪然悉为巨浸"，西有石门堰，北有陡门堰，悬流屈级而下，水路设闸启闭，陆路置栈通行，并不具备后世那种"环渚曲流，阡陌交通"的地理条件。北宋时代这里逐渐形成了一个草市——御儿市。宋高宗南渡，山东曲阜人濮凤（著作郎，字云翔）扈从来到浙江，卜居于此，他的六个儿子都做了大官。到理宗朝，濮斗南官至吏部侍郎，见重于理宗皇帝，诏赐其第宅为"濮院"。[388]这就是濮院得名的由来。淳祐、景定以后宋室衰微，濮氏后人"裹迹仕途，经营家业"，"俱督树桑蚕织，轻纨素锦，日工日盛，濮院之名遂达天下"。[389]

元代大德十一年（1307年）濮鉴在当地"构居开街"，"立四大牙行"，收购四乡机户所产丝绸，招徕远近商贾，此地便以"永乐市"而闻名。据传，称为永乐市的原因是，"市中立四大牙行，收积机产，远方商贾旋至旋行，无羁泊之苦，因有永乐市之名"[390]；或曰"宋末蚕织日盛，元时，明之公捐金置舍，以便贾者，贾人鳞集，因以永乐称之"[391]。

直至此时，濮院尚未成镇，仅仅是永乐市而已。康熙十四年（1675年）濮氏后人濮孟清在他所编撰的《濮川志略》中追述濮院"开镇"的源流时指出："镇自建炎以前，特御儿一草市耳，逼镇为吴越战场，平衍千顷，迄未开镇，称南北草荡云……大德丁未（1307年），明之公鉴……立四大牙行，收积机产，俟远商大贾，旋至旋行……因有永乐市之名。"永乐市是濮院镇的发祥地，日后成了一个遗迹："永乐市，东临大街，南北俱为横街，西侧义路街也，绕濮氏居宅之四周。"不仅永乐市成了遗迹，濮院坊也成了遗迹，濮孟清说，濮院坊即"市中正宅前之门坊"，少宰公濮斗南辞职家居，"理宗赐其第曰'濮院'，因建大坊，以标其盛。元末与宅俱废，尚存两石柱"。[392]

由此可见，自从南宋末年濮氏弃政从商，倡导蚕桑丝织，"居积擅富"，到濮鉴出任元的两淮提举，大德年间建立四大牙行，濮氏"财产之盛，雄冠浙西"。[393]乾隆三十九年（1774年）杨树本在《濮院琐志》中说，在濮鉴出任提举的同时，其从弟濮铣出任元帅，濮氏子姓繁衍，有元帅第、梧桐槁等宅院，号称"门第辉煌，一时极盛"。然而，到了明初，朝廷下令濮氏散处别处，盛极一时的濮氏家族从此衰落。[394]

尽管濮氏家族衰落了，但永乐市及后来的濮院镇却一直兴旺发达，濮氏家族功不可没。

永乐市兴起后，"市业日盛"，从皇庆到至顺年间（1312—1333年）永乐市已成为"寺观崇隆，园庄环绕"的商业中心。它东临大街，南北是横街，西面是义路街。[395]因而，至元《嘉禾志》在记载嘉兴府的市镇时，有永乐市，指出它属于嘉兴县，位于县城西南二十七里。[396]进入明代以后，愈发兴盛。明代陈邦献《濮川八景诗序》追述濮院镇的兴起，这样写道："檇李（引者按：嘉兴古称檇李）之西南壤曰濮川，初本荒落。元时有豪右濮氏，其富不资，雄于一郡，居民咸聚而依之，以贸迁成市……夹川之畔，比屋鳞次，巨梁虹架，轻烟旭日，往来憧憧者则市桥。"[397]万历十九年（1591年）秀水知县李培在《翔云观碑记》中，盛赞濮院镇之繁荣："迩来肆廛栉比，华厦鳞次，机杼声轧轧相闻，日出锦帛千计，远方大贾携橐群至，众庶熙攘于焉集"；还特别指出："往亦嘉禾一巨镇也"。[398]万历《秀水县

志》也称，"濮院镇，在县西南三十里"，"人可万余家"。^[399]

从至元《嘉禾志》所记载的永乐市，到万历《秀水县志》所记载的濮院镇，其间经历了巨大的发展：由市升格为镇。然而，这一转折究竟发生于何时，亦即濮院镇成于何时，却是一个颇费周折的问题。对此，《嘉兴府志》《秀水县志》《桐乡县志》《濮院镇志》均无明文记载。

当然，简单化一点，可以有三种选择：其一是，南宋建炎初年，河南濮凤扈从高宗南渡，卜居梧桐乡，可视为濮院建镇的开始；其二是，南宋理宗诏赐濮斗南"濮院"匾额，可视为濮院建镇的开始；其三是，元大德年间濮氏"构屋开街，召民贸易"的永乐市出现之时，可视为濮院建镇的开始。其实，前人已有类似的说法。例如作序于乾隆三十九年（1774年）的杨树本《濮院琐志》谈及沿革，用较为含糊其词的笔法写道：

> 先是，河南濮凤（字云翔）从高宗南渡，仕临安著作郎，卜居梧桐乡，是为开镇之始。理宗朝，斗南濮公为少宰，赐额于居第，曰"濮院"，于是镇之名聿著。^[400]

显然，杨树本把濮氏卜居于此作为"开镇之始"，又把理宗赐额"濮院"作为"镇之名聿著"。上述三种说法，他占有两种。

又如民国《濮院志》引康熙《桐乡县志》，说濮院镇"元大德间名永乐市，濮氏构居开街，召民贸易，遂因以名镇"，似乎濮院镇建于大德年间。该书又引用近人张文镐《濮川地理史》，说"元至大，后机业日隆，客至益多，昔者聚落遂以为镇"，似乎濮院镇建于至大间。^[401]上述说法都有所据，但均嫌武断。大德为元成宗年号，在1297—1307年间，至大为元武宗年号，在

1308—1311年间，若大德、至大时已成镇，何以元末至元年间编撰的至元《嘉禾志》不见濮院镇，只见永乐市？从至元《嘉禾志》仅载永乐市而不载濮院镇这一点，可以判定，直至至元年间，还未见濮院镇的建置，其地仍为永乐市。何况，民国《濮院志》的编者夏辛铭1927年为此书所作自序说："濮院开镇始于南宋。"[402]与上述说法自相矛盾，可见夏辛铭自己对此也是一笔糊涂账，他所主张的三种说法的可信度是大成问题的。

刊刻于嘉庆二十五年（1820年）的金淮《濮川所闻记》，虽有"开镇源流"一节，但究竟在何时"开镇"？语焉不详。但他在"开镇源流"中有一句话值得注意："自建炎己酉（1129年）至是，濮氏之盛二百六十余年。"大体可以推定，濮院镇约建于洪武后期。这时的濮院已成为"机杼之利日生万金，四方商贾负资云集"的大镇了。[403]这一推论正好与万历《秀水县志》所说相合："濮院镇，在县西南三十里，元至正间右族濮鉴一姓。迨本朝，濮氏流徙他卜，居者渐繁，人可万余家，因以濮院名镇。"[404]

于是可以得到这样的结论："濮院"的名称久已有之，但那只是濮氏宅第的名称，此地作为一个聚落始终叫做"永乐市"，直至明初才叫"濮院镇"。

2. 街道与人口结构的城市化

濮院镇的兴起与发展，与它所处的地理位置关系密切。江南水乡河道纵横交叉，市镇作为一个商业中心，必然形成于水网之中，并且凭借河道与四乡、邻镇连成一片，而趋向繁荣。濮院镇也不例外。濮院镇的河道发源于天目山，由余杭至运河。大致一镇之水，从东北、西北两路而来，总汇于东南而去，环抱一镇，支流萦绕，舟行盘旋，四通八达。主要河道有：

运河——位于镇北六里，自余杭至石门镇入桐乡县界，东流经皂林，又东经永新泾、妙智泾各口，至正家泾，入秀水县界（后为嘉兴县界）。

庙桥河——在镇中大有桥漾，上承西市河、北市河之水，东流经庙桥，达新桥漾，为镇东西往来必经之水道，也是秀水县与桐乡县的分界河。

市河——镇中心有东市河、南市河（即梅泾）、西市河、北市河相交，构成十字港，为闹市所在。具体地说，东市河——什锦塘之水南流，经大全桥折而西，经横板桥以南，经众安桥达新桥漾；南市河（即梅泾）——新桥漾南流之水经女儿桥、聚星桥之水，通谓之梅泾即南市河；西市河——梧桐桥漾之水，东经西成桥，折而北，流经栖凤桥、朝阳桥，与定泉桥南流之水会于大有桥漾；北市河——北栅上承杨家泾来水，南流经秀桐桥、定泉桥，达于大有桥漾。

庄泾——在大有桥北，水由北栅来，东出庄泾桥。两岸原系濮氏庄屋所在，故名庄泾。

梧桐泾——即濮院至桐乡县城之水道。

妙智港——在镇西北，为运河南流入镇第一支港。

正家泾港（旧名百花泾）——在镇西北，为运河南流入镇第二支港。

杨家泾港——在镇北，为运河南流入镇第三支港。

迎春桥港（即陡门）——在镇东北，为运河南流入镇第四支港。

幽湖——在镇东南，水自北塘运河来，从妙智港、百花泾、杨家泾、陡门等处，分流入镇，皆汇于此，然后南流入于长水。

长水——在镇南十二里，出银河桥，即为长水塘。今镇南属嘉兴界者皆曰长水乡。水自天目山发源，由海宁、桐乡两县界流入嘉兴县界，由王店北流，注于南湖。[405]

濮院镇凭借这样有利的地理条件而日趋繁荣，但是伴随繁荣而来的人口稠密、工商业发达，使河道超负荷运转，又不加疏浚，至清中叶以后，镇上市河渐趋狭隘。乾隆时人杨树本在《濮院琐志》中说："前朝镇中河路甚阔，且多迂曲小浜，地势灵动。今为两岸民居填塞狭隘，大非古昔。"[406]到了清末民初，河道淤塞更趋严重，近人张文镐《濮川地理史》说："旧时舟行可以四旋绕，今永乐市河久湮，而庙桥港两岸又为民屋侵占。血脉既滞，商务因以减色。"[407]由此可见地理环境的重要性，利用它可以发展经济，破坏它则将受到惩罚，经济发展因而受到负面影响。濮院镇后来的衰落，与此不无关系。

濮院镇在它的鼎盛时代，不仅河道四通八达，而且街巷密布。镇上街巷依傍河道而行，早在元代永乐市形成之时，就已有庙桥街（即大街）、南横街、北横街、义路街四条街道。据《濮氏家乘》记载："永乐市，南北俱为横街，西则义路街也。绕濮氏居宅四周。"[408]其后，人们径直称大街（即庙桥街）为永乐市，也就是濮氏家族开设四大牙行的街市中心，一切经济活动均在此展开："收买土绢，以待四方客贩，濮绸之名遂著。"[409]从万历到康熙，濮院镇进入全盛时代，街道日益增多，有卧龙街（俗称和乐街）、集庆街、鹤栖街（一作鹤西街，俗称下西街）、柳岸街（一作溇岸街）、语儿街（俗称女儿街）、横屋街、蜡作街、大有街（南大有街与北大有街之分）、东新街、固安街、寺前街、观前街、墩头上（南新街西市房梢）、化坛街、石条街、西河石路等。[410] 到清末民初，濮院镇俨然一个庞然大物，街巷密如蛛网。请看民国《濮院志》的记载。

镇之中部：

自大德桥（俗名庙桥）南堍，向南为庙桥街，经严家汇、雷家潭街西口、北横街东口，又南为大街，至关帝庙前（向西为南横街），又以东向南为归家湾，又南至财神阁前；

自大有桥南堍向南，为南大有街，又南为鱼行汇，经北横街西口，卧龙街东口，又南为义路街，逾妆桥为小脂汇，经固安桥街东口，南横街西口，又南至集庆街；

自大积桥（俗名新桥）南堍，向西转南为黄家湾，又西为雷家潭（北街有九曲弄），又西为严家汇，经庙桥街南口，大街北口，又西为北横街（街北永乐里通庙桥河下），又西为鱼行汇，经南大有街南口，义路街北口，又西为卧龙街，至栖凤桥东堍；

自雷家潭里潭向南，经礼门巷以东，经香店弄西口，又南为柳岸（香店弄向东转北通雷家桥），又南经白雀寺前，又以东向南至塌坊浜；

自大积桥南沿河，经黄家湾口，向西经当栈前，为后河下，又西经庙桥南堍、庙桥街北口，又西经商团局（即旧照磨署）前，又西经大有桥南堍、南大有桥北口，又西南至朝阳桥东堍；

自迎凤桥西堍以南向西，经柳岸南口为塌坊浜，又西经归家湾北口，又西经关帝庙前，又西为南横街（街南有弄通谭家桥），又西经集庆街北口以北，为小脂汇，经义路街南口，又西为固安桥街，至固安桥东堍。

镇之东部：

自大德桥北堍沿河向东为寺湾，又东逾平桥为观前街（街北有王厅弄，东通花园弄，北达万安桥，西至寺浜），经翔云观前，至大积桥北堍，又东向北，经众安桥西堍为众安桥街，又北以东经花园弄口为香船湾，又东经横板桥北堍以北，经大全桥西堍，为大全桥街；又北经仓弄口，逾庄泾桥，又北逾升平桥，沿什锦塘，经临观桥西堍，至东岳庙，为东栅口。

镇之西部：

自朝阳桥西堍向南（桥西有弄北通费家场，南通夏家弄），经夏家弄口、栖凤桥西堍，为龙湾；以西经西成桥北堍，为西廊棚；又西，为三里塘（街北有弄，由高墩堍通夏家弄），逾迎龙桥西寺前，聚凤桥又西至梧桐桥北堍，西岳庙前，为西栅口。

镇之南部：

自万兴桥南堍向南，为万兴弄；以西经火弄口，又南为东新街；至临观阁前，又自万兴桥南堍向东，为郭家汇；沿河转南为东港，又南至聚星桥西堍，为南栅口。

镇之北部：

自大德桥北堍向西，蜡烛街口，又西经厘局前，西向北为北大有街；经太平巷西口，至财神阁前，为北汇；又北经定泉桥东堍，为北廊棚；又北经西池弄口，又北至秀桐桥东堍。[411]

如果不是当地人，看了上述镇中部及东西南北部的街巷走向，一定如入迷宫。不妨换一种方式，把将近九十条街巷逐个罗列，便一目了然了。

大街——南至关帝庙，北至严家汇；

义路街——南至小脂汇，北至鱼行汇；

南横街——东至关帝庙，西至小脂汇；

北横街——东至严家汇，西至鱼行汇；

庙桥街——南至严家汇，北至大德桥；

南大有桥街——南至鱼行汇，北至大有桥；

卧龙街——东至鱼行汇，西至栖凤桥；

固安桥街——东至小脂汇，西至固安桥；

集庆街——南至大井头，北至义路街；

南新街——南至朝北观音堂，北至大井头；

化坛街——南至赵家池，东北至南新街；

东新街——南至泥路，北至火弄西草路；

东港街——南至聚星桥，北至郭家汇；

万兴桥街——东至财神阁，西至谭家桥；

语儿桥街——东至语儿桥，西至财神阁；

横屋街——东至立关庵街，西至南关厢口；

立关庵街——南至思家桥，北至横屋街口；

柳岸街——南至塌坊浜，北至香店弄口；

鹤栖街——东至定泉桥，西至西观前；

梧桐庵街——南至船厂汇，北至梧桐庵；

北大有桥街——南至大有桥，北至北汇；

蜡烛街——南至庙桥北河下，北至太平港口；

寺前街——东至平桥，西至寺湾；

观前街——东至新桥，西至平桥；

众安桥街（即东平桥街）——南至众安桥，东至横板桥；

大全桥街——南至花园弄口，北至庄泾桥（即油车桥）；

石条街——南至陆家桥，北至卖柴浜；

花园弄——东口以北至横板桥，直北通仓前街，西北至沈鱼池；

仓弄——东至庄泾桥街，西至仓前；

姜家弄——东至万安桥，西至集秀庵前；

西池弄——西至北廊棚，东至寺浜；

寺弄——东至香海寺前，西至太平巷；

九曲弄——在杏林坊雷家潭；

香店弄——在柳岸街，北通杏林桥（即雷家桥）；

夏家弄——东至朝阳桥，西至田口，通道士坟；

梅家弄——东至杨家浜岸，西至费家场；

朝阳桥弄——东至朝阳桥，西至费家场；

西成桥弄——南至周家场，北至西成桥；

红墙弄——南至周家湾，北至固安桥；

火弄——南至草路，北至郭家汇；

谭家桥弄——南至谭家桥，北至南横街；

万兴桥弄——南至草路，北至万兴桥；

严家汇——南通大街，北至庙桥街，东达雷家潭，西接北横街；

鱼行汇——南通义路街，北达南大有街，东至北横街，西接卧龙街；

小脂汇（即胭脂汇）——南通集庆街，北达义路街，东至南横街，西接固安桥街；

郭家汇——西至万兴桥，东至东港；

船厂汇——东通姜家桥，北达梧桐庵；

油车汇（即碓坊浜）——在雷家潭沿岸至新桥之间；

渡船汇——在东河头，上有桥，即今大全桥；

北汇——在太平巷、定泉桥之间；

黄家湾——在新桥南杏林坊内；

归家湾——南通财神阁，西北至关帝庙前；

龙湾——在栖凤桥、西廊棚之间；

寺湾——在香海寺、土地庙之间；

香船湾——在花园弄口与横板桥之间；

永乐里——在北横街东口通庙桥下，旧为永乐市河，后废为弄；

礼门巷——在雷家潭南，通柳岸；

太平巷——东通寺弄，西至北汇；

水廊下——在沈鱼池东北，西通万安街，东北达仓前；

后河下——在大有桥、新桥间沿河南岸；

费家场——东通梅家弄，西通朝阳桥弄；

周家场——东至固安桥，西至曹家祠堂；

罗家场——在白云庵南，连三池北；

大场——在横屋街之南，出南关厢，沿南苏浜，通名大场；

燕场——在梧桐庵东，蚬子滩西，通名燕场；

石家场——南通寺浜，北达狄家园；

南埭北埭——在大全桥东；

北廊棚——在定泉桥东岸；

西廊棚——在龙湾之西，通名西廊棚，接三里塘；

朝阳桥浜岸——在朝阳桥西岸，南至下石弄口；

杨家浜岸——在定泉桥西岸，南至朝阳桥；

陆家浜岸——在陆家桥北岸，濮家浜岸之东；

濮家浜岸——在迎凤桥东堍，陆家浜岸之西；

寺浜——在香海寺后，沿河通名寺浜；

卖柴浜——一在众安桥东堍，一在太平桥北堍；

庄泾浜——在庄泾桥内；

洞桥浜——在宁绍会馆西；

南苏浜——在横屋街西南；

北苏浜——在语儿桥东；

塌坊浜——在迎凤桥西，张家坟之北（即大高墩）；

雷家潭——在黄家湾、严家汇之间；

马路——在大全桥东，顺济庵前直通嘉兴，可以走马，故名；

坝底头——在沈鱼池北，仓基西南，亦称坝上；

狄家园——在卖柴浜北寺后坊；

孟家园——在横板桥南；

沈鱼池——在坝底头之南；

连三池——在罗家场南；

大井头——在南新街北；

西田畔——即西杨家田，自洞桥南至化坛庵前后左右皆是。[412]

由此可见濮院镇规模之宏大，足以使一般县城相形见绌。根据陈学文的研究，濮院镇发展史上最重要的阶段是明万历时期。由土机改为纱绸，扩大了商品的流通领域，使一个小小的市镇的产品打进了全国市场，于是万商云集，在五十年间市镇规模扩大了一倍有余，地皮显得异常紧张，地价猛烈上涨。《濮川所闻记》说："拓街衢，广庐舍，五十年来绵亘逾倍，傍镇瘠田亩值二三金者，争取为房基，加值过百金。"入清，康、乾间濮院镇达到鼎盛时期，人口逾万户，其繁荣程度不在嘉兴府城之下。濮院镇的人口结构也是以丝绸的生产与销售为特征。范必愚《濮川志略》说："市上纷纷皆织锦，丘中处处尽桑麻。"杨树本《濮院琐志》说，本镇人"以机为田，以梭为耜，无旷土，少游民"。镇上居民以丝织业的机户、织工为主，"业机工者以千计"。同时汇集了各地的丝绸商人，典当司柜多徽州人，成衣木局多宁波人，镪工半句容人，染坊银匠多绍兴人，漆工多江西人。市镇人口是吸收了附近农村从土地上分离出来的农民而增加的，也有各地来的商人，侨居于此。[413]

3. 绸行、丝行、桑叶行：濮院镇三大经济支柱

濮院镇作为一个商业中心，镇上牙行、店铺比比皆是。而商业主体是绸行、丝行、桑叶行、烟叶行、六陈行、麻皮行，基本上体现了濮院镇及其四乡的经济特色，通过这些牙行，附近生产的绸、丝、桑叶、烟叶、粮食（俗称六陈）、麻皮在此集散。这些牙行大多资金雄厚，生意兴隆，控制了本镇居民及四乡农家的生产、经营，成为本镇经济盛衰的标志。以下分别对牙行加以介绍。

绸行，又称绸庄，它是本镇商界的龙头老大。这道理很明显，绸业是本镇的支柱产业。正如《濮院琐志》所说："机杼为阖镇恒产，男妇借此养育者，累累皆是。计其名，有络丝，有织工，有挽工，有牵经，有刷边，有运经，有扎扣，有接头，又有接收，有收绸，有看庄，或人兼数事，或专习一业。生平足不出里巷，目不见外事，衣于是，食于是，尽其力而终身为焉。非止借此糊口，所关于人心风俗者，正复不浅。余若丝绸牙行，若炼坊，并一切贸易，莫不仰给乎是。"又说："濮绸著名，首推陆澄

怀，其次沈周望，今犹远近传之。一绸既成，有接收者诣绸行售卖，每匹除用钱若干。市间另设绸庄，每日午前行家齐赴庄面收绸，谓之出庄。其素能看绸者，每行各用一人，名曰看庄。归行覆按，谓之覆庄。覆庄准，其绸始合花样矣。绸有丝头未净，行中招人修剪，谓之修绸。绸未熟，有坊为煮，谓之炼坊，坊中炼工不下数十人，谓之炼手。于是，绸无花素，各直省客商熙熙攘攘按期采买，而可以衣被海内矣。"[414] 民国《濮院志》说，绸庄在清嘉、道前通称绸行。机户织成绸匹后，有称为"接手"的中介者，为之代诣绸行出售，抽取"用钱"若干。绸行也在每天午间"赴市收绸"，称为"出庄"。这是清代的状况，民国时期已有变化，故民国《濮院志》说："今机户卖绸，直接售于绸庄，并无接手，亦无出庄。盖昔时京省客帮到镇买货，绸行系代客买卖；今之绸庄则坐庄收货，而销售于他省，性质不同也。"[415] 镇上或四乡机户生产的绸匹，绸行收购后，交付炼坊"炼熟"（使生绸变成熟绸），然后销售给各地来镇购买的客商。绸行招接的客商，有来自附近城镇，也有来自闽、广、两湖地区，更多的是京帮商人，因此镇上专门接待京帮商人的"京行"，经济实力最强。乾隆时人沈廷瑞《东畲杂记》说："其开行之名，有京行、建行、济行、湖广（行）、周村（行）之别，而京行为最。京行之货，有琉球、蒙古、关东各路之异。"民国《濮院志》补充道："今无京省镳至，亦无京、建、济、湖广、周村等行名。"光绪、宣统年间濮院镇绸庄为了扩大经营范围，纷纷前往苏州、上海设立分庄，以便京帮客商之接洽。民国以后，绸庄生意衰退，不再在苏州、上海设立分庄。绸庄虽然还有不下二十余家，但营业已大不如前，沦落到四处兜售的地步。镇上的丝庄无不插手绸业，而绸庄并不插手丝业，只是购买新丝贷于机户，再收机户织成的绸匹，这种做法称为"拆丝"。[416]

丝行，清代同治、光绪年间以前，大多分布于大有桥街、义路街、女儿桥街一带，民国以后都集中于义路街一带。农家养蚕缫丝后，抱丝售于丝行。每当新丝上市，丝行生意兴隆。乾隆时人杨树本说："是时新丝盛，乡人抱丝诣行，交错道路。丝行中着人四路收揽，谓之接丝日，至晚始散。于是泉布盈肩，乡之人有烂醉街头矣。"[417]丝行所收购的丝，除转销给本镇机户外，大批销售苏州、杭州、镇江、盛泽各帮客商。每逢小满时节，新丝开秤，此时农家最为繁忙，农谚有"小满动三车"之说，即丝车、油车、水车一起开动。濮院镇四乡农家丝车所缫之丝往往供不应求，于是邻近地区农家也把丝拿到濮院镇来出售，甚至在它西南六十里的石门镇也是如此："如客帮需货，而丝价提高，则远如石门湾等处乡丝亦麋集于镇。"[418]由于丝行所需资本巨大，因此丝行独资者少而合资者多，而且无不与钱庄有资金往来，依靠钱庄资金，囤积丝货，待丝价上涨后抛售获利。民国时期，时局不安定，丝价一落千丈，丝行倒闭七八家，一蹶不振。[419]

桑叶行，设于镇东西南北四栅附近，以利装载桑叶的船只进出。立夏后三日，新桑叶上市，各桑叶行开市收购，有头市、中市、末市，每一市三日，三市共九日。每日又分早市、午市、晚市，市价一日三变。蚕户买叶不付现钱，待新丝上市后付清，称为"敲丝车钱"。道光时沈涛《幽湖百咏》其中之一就是关于叶市的：

> 青叶行开四市梢，
> 客船衔尾恣喧闹。
> 叶仙诗句今年好，

毕竟丝车容易敲。[420]

绸行、丝行、桑叶行，构成了濮院这个丝绸专业市镇的基本特色，也是维系这个经济中心地持续繁荣的三大经济支柱。仅次于以上三大行业的是烟叶行、麻皮行、六陈行。濮院镇西南乡生产烟叶，人称桐濮烟，乡人鉴于烟叶获利比桑麻丰厚，乾隆以后种者渐多，成为大宗物产。[421]镇上西南市开设烟叶行，由江淮客商运销至江北各地。每当烟叶上市，各烟叶行在西南栅外揽收，在桥头、路口随地交易，称为出庄。[422]麻皮行，以收购麻皮为业务，多设于东市。六陈行，经营米、麦、蚕豆、黄豆、杂粮，兼营零售米铺。濮院镇四乡农家以蚕桑为主业，所谓"以机为田，以梭为耒"[423]；加之地狭人稠，"本地所出之米，恒不足供本地之食，故必赖客米接济"[424]。六陈行及其兼营的米铺，提供了客米流通的渠道。

除了上述牙行以外，还有一些小本买卖也有小牙行，《濮院琐志》说："各牙行之外，其杂卖鸡鹅豆麦等物者，谓之小行。粜籴糠秕，必有主人经手，谓之糟食行。招揽柴船，及每早率乡人向各家以油易肥者，谓之酾油卖柴。主人总称曰白赖，谓其不当官也。"[425]

4. "濮绸之名几遍天下"

濮院镇是以丝绸业市镇闻名于明清两代的。早在宋代这里已是蚕桑之乡，南宋淳熙以后，经濮氏家族提倡，"树桑蚕织，轻纨素锦，日工月盛"[426]。元大德年间濮氏开设四大牙行，"收积机产，俟远商大贾"[427]，客商称濮氏牙行所卖之绸为"濮绸"。明代万历年间，丝织技术有所革新，使濮绸无论数量还是质量都较前更胜一筹。正如《濮院琐志》所说："万历间，改土机为纱绸，制造绝工，濮绸之名驰于海内。本朝康熙间，织业最盛，由此致富者甚众。"[428] 此后濮院镇的丝织业持续兴旺发达，"以丝绸为大宗出产，阖镇生计系焉，业机工者以千计"[429]。对此种盛况，史籍记载屡见不鲜。

——康熙《桐乡县志》："（濮院镇）万家烟火，民多织作绸绢为生，为都省商贾往来之会。"[430]

——雍正《浙江通志》："嘉锦之名颇著，而实不称。惟濮院所产纺绸，练丝熟净，组织亦工，是以一镇之内坐贾持衡，行商麇至，终岁贸易不下数十万金，居民借此为利。"[431]

——乾隆《濮镇纪闻》："吾里机业十室而九，终岁生计，于五月新丝时为尤亟，富者居积，仰京省镳至，陆续发卖……至于轻重诸货，名目繁多，总名曰绸。而两京、山东、山西、湖广、陕西、江南、福建等省，各以时至，至于琉球、日本，濮绸之名几遍天下。"[432]

嘉庆以来，机户沈氏家族（沈周望后裔）创出品牌，驰名各地，所织之绸质地精良，"凡贾客买绸者必以沈氏为贵，故不曰濮绸，而必曰沈濮"，道光时，"不曰沈濮，而径名曰沈绸"。[433] 濮院镇所产纺绸，练丝熟净，质细而滑，且柔韧耐洗涤，故名重远近。著名文人万斯同有《竹枝词》一首吟咏道：

独喜林村蚕事修，
一村妇女几家休。
织成广幅生丝绢，
不数嘉禾濮院绸。[434]

卢存心《嘉禾杂咏》也对濮绸赞颂备至：

> 宋锦人传出秀州，
> 清歌无复用缠头。
> 如今花样新翻出，
> 海内争夸濮院绸。[435]

濮院全镇就是一个织绸机户聚集之地，镇民大多操持此业，这是它不同于其他丝绸业市镇的一大特点。乾隆时人杨树本说："他邑之织多散居，濮院之织聚一镇，比户操作。"镇民大多是身怀专业技艺的丝织工匠，或"人兼数事"，或"专习一业"，"衣于是，食于是，尽其力而终身焉"。[436]镇上街巷，"接屋连檐，机声盈耳"[437]。乾隆时人胡琢说："机业之家，男妇最勤，鸡鸣而起，冬则夜半篝灯，纺络之声比户相闻。惟蚕时少辍，然亦有终岁不停者。"[438]机户从事丝织，分工极细，从丝到绸，经过络丝、摇纬、牵经、运经、刷边、织手、曳花等几道工序。所用木机长二丈许，织者两手持梭左右掷，两脚相继踏竹轴，轧轧有声。轻绸每日可织一匹，重绸每三四日可织一匹。织成后，出售于绸行，必须经由称为"接手"者居间介绍，每出售绸一匹，接受收取"用钱"银一分或一分几厘不等。绸行收绸后，还要经过"看庄""覆庄""修绸"等手续，然后交付炼坊，炼坊对生绸煮、沤、曝、炙，使之由生变熟，成为挺括漂亮的绸匹，"各以其地所宜之货售于客"。[439]

各地对濮绸的需求量不断增加，濮绸的产量究竟有多少呢？杨树本《重浚龙潭碑记》说："日出万绸，甲于他镇。"[440]沈廷瑞《东畲杂记》说："机户自镇及乡，北至陡门，东至泰石桥，南至清泰桥，西至永新港，皆务于织，货物益多，市利益旺，所谓日出万绸，盖不止也。"[441] 看来日产量远远超过了一万匹。市场的需求刺激了一批富裕机户，大量购置织机，雇佣机工，形成相当规模的机坊。他们拥有雄厚的资本及较多的织机，雇佣各种工匠，于是镇上形成了劳动力市场，太平巷就是雇工集结的地点。《濮川所闻记》说："太平巷，本福善寺，西出正道。阖镇织工、曳工，每晨集此以待雇。"[442]《濮院琐志》说："织工、拽工或遇无主，每早各向通衢分立，织工立于左，拽工立于右。来雇者一见了然，谓之巷上"；"女工多工络丝，每一两给钱三文，近则倍之，一日所获可以自给"。[443] 分工细密的雇佣工匠的精湛技艺，使得濮绸不仅数量众多，而且质地精良。[444]

5. 兴衰沉浮的濮院

濮院镇不仅经济发达，而且文化底蕴深厚，有明一代全镇出了九个进士，仅万历一朝就有五个进士。万历十一年（1583年）进士岳元声是其中的佼佼者，为官清正强项，罢归后聚徒讲学于天心书院，以"毋自欺"相标榜，著有《潜初子集》《淡漠集》。进入清代以后，士风仍盛，顺治至乾隆间，进士及第者七人。嘉道以后，"文风渐衰，然士之列庠序者尚有百人，自遭逆扰（引者按：指太平天国运动），死亡居半，克复后，益以新进，尚有六十人，而士风不振，文义支离"，大不如昔。[445]

光绪《桐乡县志》对此也有类似说法："濮院镇以濮氏得名，在县治东北十八里。宋高宗南渡，曲阜濮凤凰从至浙，卜居兹土。自后簪缨不绝，既贵且富……其地溪流曲折，水清而秀，又号梅花泾。历代多出文人学士，而工书画者尤多擅名于时。以

458

是科名蔚起，著作如林。近有沈中翰梓倡兴翔云书院于秀（水）界，而桐（乡）人亦得与课，夺锦之才两邑争盛……入本朝，市道日兴。至嘉（庆）道（光）后，绸市渐移于江苏之盛泽镇，而市乃稍稍衰息。今幸自粤贼荡平以来，机业渐复，而科名亦有崛起者。"[446]话虽这么说，同治以后的濮院镇毕竟已是强弩之末。这转折的关键就是太平天国运动。

太平天国运动不仅使濮院镇"文风渐衰"，而且使濮院镇的经济从此一蹶不振。岳昭垲撰写于同治年间的《濮录》指出："咸丰庚申（1860年），发逆之乱（按：指太平军），东南两栅被焚者十之八，中市义路街约二百步，市厘十不存一，民居十尚存六。同治甲子（1864年），郡城（嘉兴）克复后，流亡渐复机业重兴，民房市厘次第修筑，今将十年，民困稍苏，而旧时景象不知何时能复也？"[447]岳昭垲的担心并非多余，濮院镇昔日的辉煌景象果然没有再现，一再显示出日暮途穷的惨淡模样。1920年代以来，濮院镇的丝绸业日趋衰落。当时，"农产品价格低落，丝茧尤甚。农村经济不振，尤以米茧两业为多"[448]。由此引起连锁反应，桑叶价格惨跌，叶行无利可图，相率停业。蚕户以高利贷作为育蚕资本，莫不亏损，纷纷弃蚕种稻，视蚕桑为畏途。鲜茧量一落千丈，1930年代初已不及1920年代初的三分之二乃至二分之一。[449]1920年代末的调查表明，濮院镇织绸机户已减少至85家，仅有织机100余架，固定织工仅37人，闲散织工300余人。[450]这些所谓"闲散织工"，实际上就是因经济萧条而失业的雇工。由于机户的大量减少，造成濮绸产量锐减，濮院镇不再具有鼎盛时代那种丝绸专业特色了。《嘉兴新志》所反映的1920年代濮院镇商业状况，已经与昔日的盛况不可同日而语了。

镇上有洋广杂货店2家，水果行2家，米行2家，黄麻号2家，酱园1家，茧厂1家，小米店7家，茶馆15家，酒店6家，川酱店3家，饭店8家，羊行1家，铁店1家，棺材店1家，糖果店3家，染坊4家，旅馆1家，腌腊店1家，船厂1家，碾米厂2家，造纸作坊5家，养蜂场2家，织绸机户几十家。这时的濮院镇，原先的丝绸专业特色已经大为消退，而沦落为一个普通的商业中心地，与东北的新塍镇、南面的王店镇、西北的乌镇、西面的桐乡县之间，每天都有轮船航班往来。[451]

注释

［1］费孝通：《小城镇四记》，新华出版社，1985年；梅原郁：《宋代地方都市的一面——以镇的变迁为中心》，《史林》41卷6号（1958年）；林和生：《中国近世地方都市的发展——太湖平原乌青镇的场合》，梅原郁编：《中国近世的都市和文化》，京都大学人文科学研究所，1984年。

［2］新编《盛泽镇志》，"历代建置附录：盛泽地名之衍变"，第4页。

［3］光绪《盛湖志补》卷三《集文》。

［4］同上书卷三《集诗》。

［5］光绪《盛湖志》卷一《沿革》。

［6］乾隆《盛湖志》卷下《古迹》。

［7］弘治《吴江县志》卷二《市镇》。

［8］正德《姑苏志》卷十八《乡都》。

［9］光绪《盛湖志》卷一《沿革》。

［10］嘉靖《吴江县志》卷一《疆域》。

［11］乾隆《盛湖志》卷上《沿革》。

［12］光绪《盛湖志补》卷一《沿革》；乾隆《吴江县志》卷四《镇市村》。

［13］新编《盛泽镇志》前言，第1页。

［14］光绪《盛湖志补》卷一《沿革》。

［15］冯梦龙：《醒世恒言》卷十八《施润泽滩阙遇友》。

［16］光绪《盛湖志》卷一《沿革》。

［17］康熙《吴江县志》卷一《市镇》。

［18］乾隆《盛湖志》卷上《沿革》。

［19］乾隆《吴江县志》卷四《镇市村》。

［20］光绪《盛湖志》卷一《沿革》。

［21］同上书卷四《街里》。

［22］新编《吴江县志》第二卷《集镇》，第81页。

［23］乾隆《盛湖志》卷上《疆域》。

［24］光绪《盛湖志》卷二《村庄》。

［25］宣统《闻川志稿》卷三《古迹·名胜》。

［26］乾隆《吴江县志》卷三十八《风俗·生业》。

［27］冯梦龙:《醒世恒言》卷十八《施润泽滩阙遇友》。

［28］光绪《盛湖志》卷二《村庄》。

［29］新编《盛泽镇志》，第184页。

［30］同上书，第184～185页。

［31］同上书，第185～186页。

［32］乾隆《盛湖志》卷下《风俗》。

［33］沈云:《盛湖杂录》(不分卷)。

［34］乾隆《盛湖志》卷下《风俗》。

［35］嘉靖《吴江县志》卷九《食货·物产》。

［36］康熙《吴江县志》卷十六《风俗》。

［37］乾隆《吴江县志》卷五《物产》。按:康熙《吴江县志》卷十七《物产》所记
略同，但将盛泽镇误写作震泽镇。

［38］同治《盛湖志》卷四《会馆》;《明清苏州工商业碑刻资料集》，第356页。

［39］周德华收集整理:《盛泽的会馆和公所》，《吴江文史资料》第五辑。

［40］光绪《盛湖志》卷三《物产》。

［41］同上。

［42］沈云:《盛湖杂录》(不分卷)。

［43］彭泽益编:《中国近代手工业史资料(1840—1949)》第二卷，第72页。

［44］新编《吴江县志》，第80～81页。

［45］赵如珩:《江苏省鉴》，第1365页。

［46］朱云云整理:《盛泽丝绸的历史和现状》，《吴江文史资料》第五辑。

［47］新编《吴江县志》，第81页。

［48］嘉庆《南翔镇志》(标点本)，朱瑞熙前言，上海古籍出版社，2003年，第
1页。

［49］同上书卷一《疆里·沿革》。

[50] 同上书卷十《杂志·寺观》。陆陇其《白鹤寺记》曰："寺建于梁天监,盛于唐,祥符常有二鹤飞集其上。"钱大昕《重修敕赐云翔寺大雄宝殿记》曰："我嘉设县,始于南宋,一邑古迹,莫先于此。"

[51] 正德《练川图记》卷上《市镇》。按:此处所说的清浦镇乃黄浦江对岸的高桥镇。

[52] 万历《嘉定县志》卷一《疆域考·市镇》。

[53] 同上。

[54] 嘉庆《南翔镇志》卷一《疆里·沿革》。

[55] 同上书卷二《营建·书院》。按:长生书院,又名大中丞赵公书院,在白鹤寺香林堂前,康熙二十六年建。

[56] 同上书卷一《疆里·水道》。

[57] 同上书卷二《营建·桥梁》。

[58] 同上书卷二《营建·街巷》。

[59] 民国《嘉定县续志》卷二《营建志·交通·街巷》。

[60] 万历《嘉定县志》卷一《疆域·市镇》;嘉庆《南翔镇志》卷一《疆里·里至》。

[61] 万历《嘉定县志》卷六《田赋·物产》。

[62] 正德《练川图记》卷上《物产》。

[63] 万历《嘉定县志》卷六《田赋·物产》。

[64] 嘉庆《南翔镇志》卷一《疆里·物产》。

[65] 归有光:《震川先生集》卷十八《例受昭勇将军成山指挥使李君墓志铭》。

[66] 光绪《嘉定县志》卷八《风土志·风俗》;民国《嘉定县续志》卷五《风土志·风俗》。

[67] 民国《嘉定县续志》卷一《疆域志·市镇》。该志写到南翔镇民国初年的情况,说:云翔寺前东街、南街最繁盛,大小商店四百几十家。从前布市(棉布交易市场)绝早,黎明收布,日出便停,营业为全县第一。近年收布多在白天,销路又被洋布抢去,这一行业大不如前。

[68] 参看杜黎:《关于鸦片战争前苏松地区棉布染踹业的生产关系》,《学术月刊》1962年第12期;许涤新、吴承明主编:《中国资本主义发展史》第一卷《中国资本主义的萌芽》,第406～410页。

[69] 上海博物馆图书资料室编:《上海碑刻资料选辑》,第99～100页。

[70] 嘉庆《南翔镇志》卷十二《杂志·纪事》引张鸿磐《请照旧永折疏》。该疏指出:"地不产米,水不通漕","沙土高仰,粒米不产,仰食外郡","禾种断绝,仅种木棉一色,以棉织布,以布易银,以银籴米"。

［71］ 同上书卷十二《杂志・纪事》。

［72］ 同上书卷二《营建・书院》。

［73］ 同上。

［74］ 同上书卷十二《杂志・纪事》。

［75］ 光绪《嘉定县志》卷八《风土志・风俗》；民国《嘉定县续志》卷五《风土志・风俗》。

［76］ 新编《嘉定县志》，上海人民出版社，1992年，第240页。

［77］ 民国《嘉定县续志》卷一《疆域志・市镇》，卷二《营建志・交通・街巷》。

［78］ 满铁上海事务所调查室：《上海特别市嘉定区农村实态调查报告书》，第5页。

［79］ 新编《嘉定县志》，第80～81页。

［80］ 嘉庆《南翔镇志》卷五《选举・科贡》。

［81］ 同上书卷六《人物・贤达》。

［82］ 同上。

［83］ 同上书卷六《人物・文学》；钱谦益：《牧斋初学集》卷五十四《李长蘅墓志铭》。

［84］ 新编《嘉定县志》，第866～867页。

［85］ 同上书，第872页。

［86］ 同上书，第869～870页。

［87］ 光绪《罗店镇志》卷一《疆里志上・建置》。

［88］ 万历《嘉定县志》卷一《疆域考・市镇》，以及康熙《嘉定县志》卷一《疆域・市镇》，均称罗店镇为"元至元间里人罗昇所创"。光绪《罗店镇志》卷一《疆里志上・建置》则说："元至正间（1341—1368年）罗昇居此，因名罗溪。"似以前说为是。

［89］ 新编《上海市宝山区地名志》，上海科学技术文献出版社，1995年，第371页。

［90］ 正德《练川图记》卷上《市镇》。

［91］ 光绪《罗店镇志》卷一《疆里志上・风俗》。

［92］ 万历《嘉定县志》卷一《疆域考・市镇》。

［93］ 康熙《嘉定县志》卷一《疆域・市镇》。

［94］ 光绪《罗店镇志》卷八《杂类志・附文征》。

［95］ 民国《宝山县续志》卷一《舆地・市镇》。

［96］ 光绪《罗店镇志》卷一《疆里志上・里至》。

［97］ 同上。

［98］ 同上书卷二《疆里志下・街巷・村宅附》。

［99］ 民国《宝山县续志》卷一《舆地志・市镇》。

［100］ 光绪《罗店镇志》卷二《疆里志下·水利》。

［101］ 同上书卷二《营建志上·桥梁》。

［102］ 同上。

［103］ 同上书卷二《营建志上·街巷》。

［104］ 万历《嘉定县志》卷六《田赋·物产》。

［105］ 康熙《嘉定县志》卷四《风俗》。

［106］ 光绪《罗店镇志》卷一《疆里志上·物产》。

［107］ 同上；康熙《嘉定县志》卷四《物产》。

［108］ 光绪《罗店镇志》卷一《疆里志上·风俗》。

［109］ 同上。

［110］ 康熙《嘉定县志》卷四《物产》。

［111］ 同上；光绪《罗店镇志》卷一《疆里志上·风俗》。

［112］ 光绪《宝山县志》卷一《舆地志·市镇》。

［113］ 民国《宝山县续志》卷一《舆地志·市镇》。

［114］ 同上书卷六《实业志·农业》。

［115］ 同上书卷六《实业志·工业》。

［116］ 光绪《罗店镇志》卷一《疆里志上·风俗》。

［117］ 康熙《嘉定县志》卷四《风俗》。

［118］ 光绪《罗店镇志》卷一《疆里志上·风俗》。

［119］ 同上。

［120］ 同上。

［121］ 同上。

［122］ 同上书卷三《营建志下·善堂》，卷一《疆里志上·里至》。

［123］ 康熙《嘉定县志》卷二十三引赵昕《辛亥设粥救荒记》；民国《宝山县续志》卷一《舆地志·沿革》。

［124］ 光绪《宝山县志》卷三《蠲赈》。

［125］ 吴滔:《流动的空间：清代江南的市镇和乡村关系研究——以苏州地区为中心》，复旦大学 2003 年博士学位论文，第95页。

［126］ 稻田清一:《关于清末江南的镇董——以松江府、太仓州为中心》，见森正夫编:《江南デルタ市鎮研究——歴史學からの接近》，第129～162页。并参看稻田清一:《清代江南的救荒和市镇——围绕嘉定县的"厂"》，《甲南大学纪要》文学编第86号（1993年）。

［127］ 光绪《罗店镇志》卷三《营建志下·善堂·怡善堂》，卷三《营建志下·罗阳小学·义塾》。

[128] 同上书卷三《营建志下·善堂·栖流所》。

[129] 同上书卷三《营建志下·善堂·同仁堂》。

[130] 同上书卷三《营建志下·善堂·保婴局》。

[131] 同上书卷三《营建志下·善堂·恤茕局》。

[132] 同上书卷三《营建志下·善堂·敬节局》《营建志下·善堂·惜谷会》。

[133] 关于善会善堂的研究，可以参看日本学者夫马进：《中国善会善堂史研究》，京都同朋舍，1997年。

[134] 光绪《罗店镇志》卷八《杂类志·附文征》。

[135] 同上书卷四《选举志·进士》《选举志·举人》。

[136] 同上书卷三《营建志下·第宅》。

[137] 同上书卷三《武备志·纪兵》。

[138] 民国《嘉定疁东志》卷一《市集》。

[139] 新编《上海市宝山区地名志》，第371页。

[140] 同上书，第136～146页。

[141] 嘉庆《珠里小志》卷一《界域》。按：青浦县分为八保，保分为八区，区分为八图，朱家角镇隶属于五十保三区与一区。

[142] 青浦县志编纂办公室、青浦县博物馆编：《青浦地名志》，1985年。参看森正夫：《朱家角镇略史》，森正夫编：《江南デルタ市鎮研究——歴史學と地理學からの接近》，第65页。

[143] 新编《青浦县志》第二篇"建置·县属镇·朱家角镇"，上海人民出版社，1990年，第85页。

[144] 徐献忠：《长谷集》卷八《青浦令杨公初政记》。

[145] 嘉庆《珠里小志》卷首，凡例。

[146] 同上书卷十七《杂记上》。

[147] 万历《青浦县志》卷二《镇市》；康熙《青浦县志》卷二《镇市》。

[148] 乾隆《青浦县志》卷十三《市镇》。

[149] 嘉庆《珠里小志》卷六《寺庙·慈门寺》。

[150] 同上书卷六《寺庙·圆津禅院》。

[151] 同上书卷六《寺庙》。

[152] 乾隆《青浦县志》卷十六《寺观》。

[153] 嘉庆《珠里小志》卷二《户口》。

[154] 参看森正夫：《朱家角镇略史》，森正夫编：《江南デルタ市鎮研究——歴史學と地理學からの接近》，第80页。森正夫指出，二十五图的口数2 505，与以下各类口数的总和相差17。这可能是《珠里小志》的笔误。

［155］ 新编《青浦县志》第二篇"建置·县属镇"，第86页。

［156］ 同上。

［157］ 嘉庆《珠里小志》卷一《水利》，卷五《桥梁》。

［158］ 同上书卷五《桥梁》，卷十七《杂记上》。

［159］ 同上书卷五《桥梁》。

［160］ 同上书卷十七《杂记上》。按："万历甲子"云云，有误，嘉靖四十三年为甲子岁，天启四年为甲子岁，万历的四十八年中并无甲子。是否修志者笔误抑或刻书者手误，不得而知。

［161］ 同上书卷十二《人物·沈采传》。

［162］ 同上书卷十二《人物·陆景俊传》。

［163］ 同上书卷五《里巷》，卷十七《杂记上》。

［164］ 同上。

［165］ 同上。

［166］ 同上书卷五《里巷》。

［167］ 光绪《青浦县志》卷二《疆域·街巷》；民国《青浦县续志》卷二《疆域·街巷》。

［168］ 万历《青浦县志》卷二《镇市》。

［169］ 叶梦珠：《阅世编》卷七《食货五》。

［170］ 嘉庆《朱泾志》卷一《因革》；顾公燮：《消夏闲记摘抄》卷中《芙蓉塘》；崇祯《松江府志》卷三《镇市》。

［171］ 嘉庆《珠里小志》卷五《里巷》。

［172］ 同上书卷一《界域》。

［173］ 嘉庆《松江府志》卷二《疆域志·镇市》。

［174］ 嘉庆《珠里小志》卷四《物产》。

［175］ 同上书卷三《风俗》。

［176］ 乾隆《金泽小志》卷一《风俗》。

［177］ 嘉庆《珠里小志》卷三《风俗》。

［178］ 同上。

［179］ 同上。

［180］ 同上。

［181］ 同上。

［182］ 同上。

［183］ 新编《青浦县志》，第424页。

［184］ 同上书，第425页。

［185］ 同上书，第426页。

［186］ 同上书，第426～427页。

［187］ 同上书，第273～296页。

［188］ 羊冀成编：《松江米市调查》，第2页。

［189］ 同上书，第2～18页。

［190］ 同上书，第19页。

［191］ 森正夫：《朱家角镇略史》，森正夫编：《江南デルタ市鎮研究——歴史學と地理學からの接近》，第83～84页、123页注47。

［192］ 新编《青浦县志》，第160页。

［193］ 同上书，第161页。

［194］ 同上书，第361～352页、391页。

［195］ 同上书，第287页。

［196］ 同上书，第391页、782页。

［197］ 同上书，第323页。

［198］ 以下均见民国《青浦县续志》卷五《山水下·船舶表》。参看森正夫：《朱家角镇略史》，森正夫编：《江南デルタ市鎮研究——歴史學と地理學からの接近》，第90～91页。

［199］ 森正夫：《朱家角镇略史》，森正夫编：《江南デルタ市鎮研究——歴史學と地理學からの接近》，第92～93页。

［200］ 嘉庆《珠里小志》卷一《界域》。

［201］ 同上书卷三《风俗》。

［202］ 同上书卷十二《人物·王昶传》。

［203］ 新编《青浦县志》第二十九篇"文物古迹"，第701～702页。

［204］ 嘉庆《珠里小志》卷十八《杂记下》。

［205］ 同上书卷十七《杂记上》。

［206］ 同上。

［207］ 同上。

［208］ 同上书卷九《科目》。

［209］ 以下均见新编《青浦县志》，第762~787页。

［210］ 同治《湖州府志》卷二十二《舆地略·村镇》；光绪《归安县志》卷六《舆地略·区庄村镇》。

［211］ 陈学文：《明清时期杭嘉湖市镇史研究》，第150页。

［212］ 民国《双林镇志新补》（不分卷）《疆域》。

［213］ 民国《双林镇志》卷一《方域·名始》，卷六《村落·镇东·东林村》。

［214］　同上书卷十八《户口》。

［215］　民国《双林镇志新补》（不分卷）《艺文》引沈稠《重建土地庙文》。

［216］　民国《双林镇志》卷首，释道元《双林镇舆地图说》。

［217］　同治《湖州府志》卷二十二《舆地略·村镇》。

［218］　民国《双林镇志》卷二《水道》，卷一《方域·形略》。

［219］　同上书卷一《方域·形略》。

［220］　均见民国《双林镇志新补》（不分卷）《金石略·碑碣》引张廉《复化成桥碑铭》（成化十一年〔1475年〕）、陈肇英《新筑石路重修化成桥碑碣》（顺治六年〔1649年〕）。另见民国《双林镇志》卷五《桥梁》，卷十二《碑碣》。需要说明的是，以上两书都把化成桥始建的年代写作"宋延祐中"。按：宋代并无延祐年号，延祐是元仁宗的年号。

［221］　民国《双林镇志》卷五《桥梁》。

［222］　同上。

［223］　同上。

［224］　以上均见上书卷四《街市》。

［225］　同上书卷十六《物产》。

［226］　同治《双林志增纂》卷八《农桑》。转引自陈学文：《明清时期杭嘉湖市镇史研究》，第151页。

［227］　民国《双林镇志》卷二《水道》；光绪《归安县志》卷十三《物产》引《双林志》。参看陈学文：《明清时期杭嘉湖市镇史研究》，第152页。

［228］　万历《湖州府志》卷三《物产》；民国《双林镇志》卷十六《物产》。

［229］　分见民国《双林镇志》卷十二《碑碣》和民国《双林镇志新补》（不分卷）《金石略·碑碣》。

［230］　乾隆《湖州府志》卷四十一《物产》引《双林志》；亦见茅应奎：《东西林汇考》卷四《土产志》。

［231］　嘉庆《东林山志》卷十三《土风》；民国《双林镇志》卷二《水道》。

［232］　民国《双林镇志》卷十五《风俗》。

［233］　同上书卷十七《商业·按语》。

［234］　湖州地名志办公室编：《浙江省湖州市地名志》，1983年，第13页。

［235］　刘大钧：《吴兴农村经济》，第14页。

［236］　民国《双林镇志》卷十六《物产》。

［237］　康熙《乌青文献》卷三《农桑》；民国《双林镇志》卷十四《蚕事》。

［238］　民国《双林镇志》卷十六《物产》。

［239］　同上书卷十六《物产》引姚典簿《毅庵日记》。

［240］ 同上书卷十五《风俗》，卷十六《物产》。参看陈学文：《明清时期杭嘉湖市镇史研究》，第154页。

［241］ 民国《双林镇志》卷十五《风俗》，卷十六《物产》。

［242］ 同上书卷八《公所》。

［243］ 同上书卷十七《商业》。

［244］ 唐甄：《教蚕》，《皇朝经世文编》卷三十七。

［245］ 民国《双林镇志》卷十五《风俗》。

［246］ 同上书卷十六《物产》。

［247］ 同上书卷十六《物产》，卷十五《风俗》。

［248］ 同上书卷十七《商业》。

［249］ 以上均见上书卷十七《商业》。

［250］ 以上亦均见上书卷十七《商业》。

［251］ 孙承泽：《山书》卷十三。转引自陈学文：《明清时期杭嘉湖市镇史研究》，第159页。

［252］ 民国《双林镇志》卷十七《商业》。

［253］ 同上。

［254］ 同上书卷十六《物产》。

［255］ 以上均见民国《双林镇志新补》（不分卷）《公所》；民国《双林镇志》卷八《公所》。

［256］ 嘉庆《东林山志》卷二十三《艺文志》。转引自陈学文：《明清时期杭嘉湖市镇史研究》，第162～163页。

［257］ 民国《双林镇志》卷十五《风俗》。

［258］ 同上书卷十二《碑碣》。

［259］ 民国《双林镇志新补》（不分卷）《人物·蔡蓉升》。

［260］ 以上均见民国《双林镇志新补》（不分卷）《学堂》；民国《双林镇志》卷七《学堂》。

［261］ 道光《南浔镇志》卷首，凡例。

［262］ 同上书卷二十五《碑刻一》引丁昌朝《浔溪祇园寺庄田记》。

［263］ 民国《南浔志》卷八《古迹·荻塘》。

［264］ 同上书卷十三《寺庙二·祇园寺》。

［265］ 道光《南浔镇志》卷一《方舆志·沿革》。

［266］ 嘉泰《吴兴志》卷十《管镇》。

［267］ 同上书卷八《公廨·乌程县》。

［268］ 咸丰《南浔镇志》卷二十五《碑刻一》。

［269］ 同上书卷二十五《碑刻一》引李心传《安吉州乌程县南林报国寺记》。

［270］ 同上书卷二十七《碑刻三》引张良嗣《嘉应庙救牒碑》；道光《南浔镇志》卷一《方舆志·沿革》。

［271］ 咸丰《南浔镇志》卷六《古迹》。

［272］ 民国《南浔志》卷八《古迹·南浔城》。

［273］ 咸丰《南浔镇志》卷六《古迹》。

［274］ 以上均见上书卷四《衢巷》。

［275］ 同上书卷五《桥梁》。

［276］ 同上书卷四《衢巷》。

［277］ 以上均见民国《南浔志》卷五《衢巷》。

［278］ 咸丰《南浔镇志》卷五《桥梁》。

［279］ 咸丰《南浔镇志》卷五《桥梁》；民国《南浔志》卷七《桥梁》。

［280］ 同上。

［281］ 咸丰《南浔镇志》卷三《河渠》；民国《南浔志》卷四《河渠·南市河》《河渠·北市河》。

［282］ 咸丰《南浔镇志》卷三《河渠·十字港》《河渠·南十字港》《河渠·北十字港》；民国《南浔志》卷四《河渠·十字港》《河渠·南十字港》《河渠·北十字港》。

［283］ 咸丰《南浔镇志》卷六《古迹》引朱国祯《修东塘记》。

［284］ 同上书卷六《古迹》引范颖通《研北居琐录》。

［285］ 道光《南浔镇志》卷一《方舆志·疆域》。

［286］ 咸丰《南浔镇志》卷六《古迹》。

［287］ 乾隆《乌程县志》卷十一《乡镇》。

［288］ 乾隆《湖州府志》卷十五《村镇》。

［289］ 道光《南浔镇志》卷首，范来庚自叙。

［290］ 民国《南浔志》卷一《疆域》。

［291］ 同上书卷二《公署》。

［292］ 乾隆《乌程县志》卷十一《乡镇》；道光《南浔镇志》卷一《疆域》；咸丰《南浔镇志》卷一《疆域》。

［293］ 建设委员会经济调查所统计课编：《中国经济志》"浙江省 吴兴 长兴"分册，第20～23页。

［294］ 咸丰《南浔镇志》卷二十一《农桑二》；民国《南浔志》卷三十一《农桑二》。

［295］ 民国《乌青镇志》卷二十一《工商·桑叶业》。

［296］ 朱国祯：《涌幢小品》卷二《蚕报》；民国《南浔志》卷三十《农桑一·蚕事

　　总论》。

［297］　咸丰《南浔镇志》卷二十四《物产》。

［298］　民国《南浔志》卷三十《农桑一》。

［299］　同上书卷二《公署》。

［300］　同上书卷三十二《农桑二》引温丰《南浔丝市行》。

［301］　同上书卷三十《农桑一》。

［302］　咸丰《南浔镇志》卷二十四《物产》。

［303］　同上书卷四《衢巷》。

［304］　徐献忠:《吴兴掌故集》卷十三《物产》,卷十二《风土》。

［305］　董斯张:《吴兴备志》卷二十六《方物征》。

［306］　朱国祯:《涌幢小品》卷二《农蚕》。

［307］　乾隆《乌程县志》卷十三《物产》引崇祯《乌程县志》。

［308］　乾隆《湖州府志》卷四十一《物产》。

［309］　民国《南浔志》卷六《村庄・辑里村》。

［310］　同上。

［311］　同上书卷六《村庄・七里村》。

［312］　咸丰《南浔镇志》卷二十一《农桑・蚕事总论》。

［313］　乾隆《湖州府志》卷三十七《蚕桑》;同治《湖州府志》卷三十《舆地略・
　　　　蚕桑》。

［314］　咸丰《南浔镇志》卷二十四《物产》;民国《南浔志》卷三十二
　　　　《物产》。

［315］　同上。

［316］　民国《南浔志》卷三十一《农桑二》。

［317］　咸丰《南浔镇志》卷二十一《农桑二》;民国《南浔志》卷三十一《农
　　　　桑二》。

［318］　咸丰《南浔镇志》卷二十四《物产》以及民国《南浔志》卷三十二《物产》
　　　　引潘尔夔《浔溪文献》。

［319］　民国《南浔志》卷三十一《农桑二》。

［320］　刘大钧:《吴兴农村经济》,第122页。

［321］　民国《南浔志》卷三十三《风俗》。

［322］　艾约瑟:《访问苏州的太平军》,王崇武等编译:《太平天国史料译丛》,上海
　　　　神州国光社,1954年,第133页;亦见民国《南浔志》卷二《公署》。

［323］　河鳍源治:《太平天国占领下南浔镇的湖丝贸易》,《东方学》第22卷
　　　　（1965年）。

［324］ 同上。

［325］ 民国《南浔志》卷三十一《农桑二·蚕事总论》引温鼎《见闻偶录》。

［326］ 刘大钧：《吴兴农村经济》，第122页。

［327］ 同上书，第123～125页。

［328］ 道光《南浔镇志》卷首，凡例。

［329］ 咸丰《南浔镇志》卷六《古迹》。

［330］ 道光《南浔镇志》卷六《选举志·科第》。

［331］ 以上均见民国《南浔志》卷十一《园林》；刘大钧：《吴兴农村经济》，第125页。

［332］ 同上。

［333］ 阮仪三：《江南六镇》，第100～101页。

［334］ 同上书，第102～103页。另见《中国古镇游》（浙江 江苏 上海卷），陕西师范大学出版社，2003年，第45～46页。

［335］ 《中国古镇游》（浙江 江苏 上海卷），第47～50页；阮仪三：《江南六镇》，第108～109页。

［336］ 阮仪三：《江南六镇》，第104～105页。

［337］ 乾隆《乌程县志》卷十一《乡镇》。

［338］ 万历《重修乌青镇志》卷四《艺文志》；乾隆《乌青镇志》卷一《沿革》。

［339］ 嘉泰《吴兴志》卷十《管镇》，卷九《公廨》；康熙《乌青文献》卷一《廨署》。

［340］ 万历《重修乌青镇志》卷二《秩官表》。

［341］ 同上书卷一《公署志》。

［342］ 嘉靖《嘉兴府图记》卷二《邦制》。

［343］ 康熙《乌青文献》卷首，陈观《校正乌青志序》。

［344］ 同上书卷一《建置》。

［345］ 同上。

［346］ 万历《湖州府志》卷三《乡镇》。

［347］ 康熙《乌青文献》卷二《坊门》，卷一《疆域》。

［348］ 乾隆《乌青镇志》卷二《形势》。

［349］ 嘉靖《浙江通志》卷十四《建置志》。

［350］ 万历《重修乌青镇志》卷一《门坊街巷志》。

［351］ 同上书卷四《艺文志》引《请立县治疏》。

［352］ 乾隆《乌青镇志》卷二《形势》。

［353］ 同上书卷四《坊巷》。

［354］ 民国《乌青镇志》卷十二《坊巷》。

［355］ 同上书卷四《疆域》，卷十二《坊巷》。

［356］ 同上书卷二十一《工商》。以下征引均见该志。

［357］ 康熙《乌青文献》卷一《疆域》；乾隆《乌青镇志》卷一《疆域》；民国《乌青镇志》卷四《疆域》。

［358］ 民国《乌青镇志》卷二十一《工商》。

［359］ 万历《湖州府志》卷三十七《蚕桑》。

［360］ 乾隆《乌青镇志》卷十一《艺文》引茅坤《与甥顾儆韦侍御书》。

［361］ 徐献忠：《吴兴掌故集》卷十三《物产类》。

［362］ 康熙《乌青文献》卷三《农桑》。

［363］ 徐献忠：《吴兴掌故集》卷十三《物产类》。

［364］ 同治《湖州府志》卷三十《舆地略·蚕桑》。

［365］ 民国《乌青镇志》卷二十一《工商》。

［366］ 同上。

［367］ 康熙《乌青文献》卷三《土产》。

［368］ 以上均见民国《乌青镇志》卷二十一《工商》。

［369］ 康熙《乌青文献》卷三《土产》；民国《乌青镇志》卷二十一《工商》。

［370］ 乾隆《乌程县志》卷十三《风俗》。

［371］ 康熙《乌青文献》卷三《农桑》。

［372］ 同治《湖州府志》卷九十五《杂缀》引郑元庆《小谷口荟蕞》。

［373］ 康熙《乌青文献》卷三《农桑》。

［374］ 同上。

［375］ 乾隆《乌青镇志》卷十二《旧闻》；乾隆《乌程县志》卷十三《风俗》。

［376］ 康熙《乌青文献》卷三《农桑》。

［377］ 民国《乌青镇志》卷二十一《工商》。

［378］ 康熙《乌青文献》卷二《村落》。

［379］ 同上书卷二《村落》，卷四《进士》，卷五《文苑》。

［380］ 乾隆《乌青镇志》卷二《形势》。

［381］ 康熙《乌青文献》卷二《第宅》。

［382］ 陈学文：《明清时期杭嘉湖市镇史研究》，第145页。

［383］ 民国《乌青镇志》卷二十四《教育》。

［384］ 陈学文：《明清时期杭嘉湖市镇史研究》，第145页。

［385］ 阮仪三：《江南六镇》，第127页。

［386］ 民国《濮院志》卷一《疆域·附沿革》。

［387］ 万历《秀水县志》卷一《舆地·市镇》。

［388］ 康熙《濮川志略》卷一《开镇说》。

［389］ 同上。又，嘉庆《濮川所闻记》卷一《总叙·开镇源流》所记略同：淳祐、景定以后，濮氏一族进入仕途者寥寥，转而致力于经营家业，"督课农桑、机杼之利"。

［390］ 乾隆《濮镇纪闻》（不分卷）《总叙·兴废》；嘉庆《濮川所闻记》卷一《总叙·开镇源流》。

［391］ 嘉庆《濮川所闻记》续编卷一《坊巷》。

［392］ 康熙《濮川志略》卷一《开镇说》，卷二《遗迹》。

［393］ 同上书卷十《艺林》引濮淮《濮氏新辑谱序》。

［394］ 嘉庆《濮院琐志》卷一《地宇》。

［395］ 康熙《濮川志略》卷二《遗迹》；嘉庆《濮川所闻记》续编卷一《坊巷》引《濮氏家乘》。

［396］ 至元《嘉禾志》卷三《镇市》。

［397］ 嘉庆《濮川所闻记》卷四《文》。

［398］ 同上。

［399］ 万历《秀水县志》卷一《舆地·市镇》。

［400］ 嘉庆《濮院琐志》卷一《地宇》。

［401］ 民国《濮院志》卷一《疆域》。

［402］ 同上书卷首，自序。

［403］ 嘉庆《濮川所闻记》卷一《总叙·开镇源流》。

［404］ 万历《秀水县志》卷一《舆地·市镇》。

［405］ 嘉庆《濮川所闻记》卷一《水道》；民国《濮院志》卷四《河渠》。

［406］ 嘉庆《濮院琐志》卷一《地宇》；民国《濮院志》卷四《河渠》。

［407］ 康熙《濮川志略》卷二《遗迹》；嘉庆《濮川所闻记》续编卷一《坊巷》；民国《濮院志》卷五《古迹》。

［408］ 嘉庆《濮川所闻记》卷二《地宇·坊巷》。

［409］ 同治《濮录》卷二《舆地·衢巷》。

［410］ 民国《濮院志》卷二《衢巷》。

［411］ 同上。

［412］ 同上。

［413］ 陈学文：《明清时期杭嘉湖市镇史研究》，第233页、240页。

［414］ 嘉庆《濮院琐志》卷一《机杼》。

［415］ 民国《濮院志》卷十四《农工商》。

［416］ 同上。

［417］ 嘉庆《濮院琐志》卷六《岁时》。

［418］ 民国《濮院志》卷十四《农工商》。

［419］ 同上。

［420］ 同上。

［421］ 同上书卷十五《物产》。

［422］ 同上书卷十四《农工商》。

［423］ 嘉庆《濮院琐志》卷六《习尚》。

［424］ 民国《濮院志》卷十五《物产》。

［425］ 嘉庆《濮院琐志》卷七《杂流》。按：所谓"白赖"，又叫"白拉"（在吴方言中，"赖"与"拉"音同），是生产者与牙行之间的中介，但带有某种强制性，并非《濮院琐志》所说的"谓其不当官也"。

［426］ 嘉庆《濮川所闻记》卷六《杂识》。

［427］ 康熙《濮川志略》卷一《开镇说》。

［428］ 嘉庆《濮院琐志》卷一《机杼》。

［429］ 民国《濮院志》卷九《任恤》。

［430］ 康熙《桐乡县志》卷一《市镇》。

［431］ 雍正《浙江通志》卷一〇二《物产》。

［432］ 乾隆《濮镇纪闻》卷首《总叙·风俗》。

［433］ 沈涛：《幽湖百咏诗注》。

［434］ 嘉庆《濮川所闻记》卷三《织作》。

［435］ 民国《濮院志》卷十四《农工商》。

［436］ 嘉庆《濮院琐志》卷一《机杼》。

［437］ 嘉庆《濮川所闻记》卷三《织作》。

［438］ 乾隆《濮镇纪闻》卷首《总叙·风俗》。

［439］ 嘉庆《濮川所闻记》卷三《织作》。

［440］ 民国《濮院志》卷四《河渠》。

［441］ 嘉庆《濮院琐志》卷一《机杼》："本朝康熙间，织业最盛，由此致富者甚众。"

［442］ 嘉庆《濮川所闻记》卷二《地宇·坊巷》。

［443］ 嘉庆《濮院琐志》卷一《机杼》，卷七《杂流》。

［444］ 参看陈学文：《明清时期江南的一个专业市镇——濮院镇的社会经济结构》，见氏著《明清时期杭嘉湖市镇史研究》，第231～244页。

［445］ 乾隆《濮镇纪闻》卷二《人物·科自附》；嘉庆《濮川所闻记》卷三《人

物〉；民国《濮院志》卷八《教育》。

［446］ 光绪《桐乡县志》卷二《图说·梅泾濯锦图说》。

［447］ 同治《濮录》卷一《舆地·开镇源流》。

［448］ 建设委员会经济调查所统计课编：《中国经济志》"浙江省 嘉兴 平湖"分
册，杭州正则印书馆，1935年，第63～64页。

［449］ 同上书，第40～43页。

［450］ 民国《嘉兴新志》上编，第87页。

［451］ 同上书，第81～82页。

第四章

江南市镇文化

——早期城市化的另一侧面

星罗棋布的市镇，连接成四通八达、商品交流频繁的市镇网络，多层次的市场带来了经济的繁荣，造就了一大批财富集中、人才荟萃的经济中心地，吸引四乡的人群向这里集聚，形成日趋庞大的聚落。巨大的经济活力为文化的繁荣提供了肥沃的土壤，使之成为远近闻名的文化中心，向人们呈现光怪陆离、色彩斑斓的早期城市的魅力。

一　人文蔚起，科第兴旺

　　江南市镇兴起以后，居民日益增多，明中叶以来，数千户、上万户的繁华市镇几乎比比皆是。构成市镇人口的主体部分是工商业者，包括牙侩、行商、坐贾、小商小贩、手工作坊主、手工工匠、店员伙计以及脚夫游民，当然也包括市镇边缘的亦农亦工亦商的居民。由于市镇交通方便，经济发达，信息灵通，环境舒适，吸引了邻近地区的士大夫知识阶层向它集聚。这样，市镇就具备了知识相对密集，文化凝聚力强大的特殊优势。

　　中国传统文化中，"学而优则仕"有着无与伦比的优势，耕读传家与诗礼传家的训导，历来被人们所遵循，江南市镇也不例外。从大传统上来考量江南市镇文化的特色，毫无疑问首推科举事业上的贡献：人文蔚起，科第兴旺。

细细考察江南市镇，几乎无一例外，都以人文蔚起、科第兴旺而著称于世。

太湖南畔的南浔镇，不仅以丝业闻名海内外，而且科举事业也十分了得。道光《南浔镇志》卷首凡例中说：南浔镇"数百年来，人文蔚起，阛阓纷屯"。明代嘉靖万历年间这个镇出了七名进士。清人范颖通《研北居琐录》说："前明中叶，科第极盛，有'九里三阁老，十里两尚书'之谚。"

所谓"三阁老"，就是南浔镇东栅马家港的朱国祯，镇西七里的辑里村的温体仁，镇西十一里的马腰村的沈潅。他们不仅先后进士及第，而且都成为官居一品的内阁大学士，因此当地人有"九里三阁老""七里三相国"的说法，以夸张的语调炫耀南浔镇在明后期接连出了三个内阁大学士的盛况。温裴忱《七里村志》说："有夸其先者，马溪世家沈氏有相国焉，浔溪世家朱氏有相国焉，吾里之显家亦相也。三相国相距凡七里，至今以为谣。"朱国祯，万历十七年（1589年）进士，天启初年任礼部尚书兼文渊阁大学士。沈潅，万历二十年进士，泰昌元年（1620年）召为礼部尚书兼东阁大学士。温体仁，万历二十六年进士，崇祯初年累官至礼部尚书兼东阁大学士。所谓"两尚书"，就是董份和沈演。董份，嘉靖二十年（1541年）进士，官至礼部尚书。沈演，万历二十年进士，官至南京刑部尚书。

南浔镇科第兴旺的背景是人文气息的浓厚。"三阁老"之一的朱国祯，可谓著作等身，著有《涌幢小品》《大政记》《明史概》《皇明纪传》等。"两尚书"之一的沈演，其父沈节甫也是进士出身，官至工部侍郎，喜爱藏书，著有《玩易楼藏书目录》，从众多古籍中辑录了一部《记录汇编》，堪称传世之作，至今仍具有极高的学术价值。《吴兴备志》《广博物志》《增定唐诗品汇》的作者董斯张，《七国考》的作者董说，《雁荡杂著》的作者陈忱，都是明代南浔镇知名度颇高的文化人士。入清以后，南浔镇的科第仍然相当可观，截至道光年间，进士及第者有十六人，乡试中举者有五十人。[1] 文化名人有所谓"南浔三先生"：施国祁、邢典、杨凤苞。虽然显达大官没有明代多，但仍保持了"书声与机杼声夜分相续"[2] 的传统。

号称"徽商侨寓，百货填集"的南翔镇，不仅是棉布贸易中心，而且也是苏松一带的文化中心之一。镇上文化设施甚多，有大中丞赵公书院（在白鹤寺香林堂前，康熙二十六年〔1687年〕建，又称惠民书院）、邑侯马公书院（在白鹤寺崇善堂左，康熙二十一年建）、槎溪小学（嘉靖十四年〔1535年〕建于白鹤寺，前为贤圣祠，中为养正堂，后为莞尔亭与宗孔堂），以及义塾（在集善堂侧，延师训贫家子弟）等。有了这样的基础，明清两代人才辈出。明代有贡生十四人，举人十六人，进士十人；清代（嘉庆以前）有贡生二十人，举人十九人，进士七人。[3] 其中颇多名人雅士，例如王圻，嘉靖四十四年进士，历官湖广提学金事与陕西布政使司参议，退休回乡后，著书三十余种，以《续文献通考》《稗史汇编》《三才图会》最为著名。[4] 又如李先芳与其弟李名芳、李流芳并噪词坛，一时传为佳话。李先芳，万历十七年（1589年）进士，刻意为诗，尤工七言长句；李名芳，万历二十年进士，驰骋文坛，时人叹为李长吉再世；李流芳，无意于

王圻《三才图会》中的古人像为今人征引颇多

科举制艺，潜心于诗书画之中，尤精绘事。李流芳子李杭子，孙李圣芝，曾孙李禔，三代都精于诗文，里中引以为誉。流寓南翔的程嘉燧，与李流芳引为诗文交，加上唐时升与娄坚二人，号称"嘉定四先生"。[5]钱谦益为李流芳所写墓志铭说："风流儒雅，海内知名者垂三十年。"又为"嘉定四先生"文集写序言说："嘉定僻在海隅，风气完塞。四君读书谈道，后先接迹。布衣蔬食，有衡门泌水之风。"[6]

文人荟萃的南翔镇，园林遍布。李流芳所建檀园，位于镇北，李流芳有诗描写檀园：

> 短筑墙垣仅及肩，多穿涧壑注流泉。

闵士籍所建猗园，位于镇东，后归贡生李宜之，乾隆间叶锦重修，并加以拓宽，改称古猗园，现仍为嘉定胜景之佼佼者。其他如计氏园、怡园、巢寄园、桐园，都从不同角度衬托了南翔镇的文化内涵。[7]

蚕丝业兴旺的菱湖镇，号称"东南巨都""烟火万家"，其经济文化繁荣的程度，是许多县城府城望尘莫及的。请看菱湖人对它的描述：

> 数百年来，文章冠冕鼎隆踵继，其骚人墨士握管生花，染翰成雾。即一切游闲豪侠，击筑弹丝，斗鸡走狗……靡不各极其工。而又四方舟航所凑，水陆奇珍异赛百物所环……盖它境繁华所罕与俪。[8]

清朝人说，菱湖镇"国朝科第更盛于前明"。事实确实如此，从宋朝至清朝，进士及第的人数不断递增：宋朝一人，明朝弘治时期二人，嘉靖时期二人，万历时期四人，清朝康熙时期三人，雍正时期四人，乾隆时期十七人，此后逐渐减少，嘉庆时期五人，道光时期二人，同治时期一人，光绪时期二人。[9]总计明朝八人，清朝三十四人，可谓盛极一时。这从侧面反映了万历至乾隆时期是菱湖镇的黄金时代。卞斌《募建龙湖书院启》十分生动地谈到菱湖镇科第兴旺的情况：国朝（清朝）以来人文尤盛，经常出现一门二及第的佳话："一门上第榜（眼）、（探）花有大小之称。康熙时孙在丰侍郎，殿试一甲第二，从子见龙会试第一。乾隆时孙编修辰东起而兼之，人目侍郎为老榜眼，编修为小榜眼。"不独会试如此，乡试亦然。屡屡出现一门乡试同科的事例：康熙五十三年（1714年）有吴氏延熙、兆麟、应薰三人同时中举；雍正十年（1732年）有吴氏涞、讷、锦三人同时中举；雍正十三年有吴氏龙光、熊光二人，有朱氏栋、更二人同时中举；乾隆元年（1736年）有孙氏汝馨、鄂荐、岐三人同时中举；乾隆二十五年有孙氏倬、宪、绪三人同时中举；乾隆六十年有孙氏树楷、征槐二人同时中举。一个近万户的市镇，获得科第功名的士人如此之多，令人惊叹不已，足见这个市镇的文化氛围颇有独到之处，它的文化知识密度在同时代各城镇中是名列前茅的，无怪乎卞斌要说："菱湖科名甲于他镇。"[10]

苏州近旁的唯亭镇，"自明季以迄国朝二百余年，太平翔洽，聚庐而居，人烟稠密，比屋万家"，"里中先民业商贾，务耕织，习儒者亦不少。近时吟咏成风，科名相继，可与诸镇相埒"。这里人才辈出，"明初，高季迪启，为一代开国诗宗；张子宜适诗学与高启杨基齐名"。[11]高启，字季迪，曾隐居于吴淞江上之青丘，自号青丘子，洪武初年被召去纂修元史，后提升为户部侍郎。钱谦益说他，有文武才，无书不读，而尤邃于群史。有诗

484

明户部侍郎高公启

青邱佳士
名魁四傑
一代詩人
才豐過齋

明初诗文三大家之一的高启高青丘

集《凤台》《吹台》《江馆》《青丘》《南楼》《槎轩》《姑苏》，文集《枭藻》，词集《扣弦》。[12]张适，字子宜，年幼时即颖悟过人，七岁能赋诗弹琴，十岁通五经，十三岁应江浙乡试，被人们视为神童，著有《甘白先生集》。[13]进入清朝以后，唯亭镇又有"尤西堂父子，顾侠君昆季，相继主持风雅，海内艳称"。"高居青丘，张居唯亭山，尤、顾虽迁居郡城（苏州），然俱里中产也。自有明数百年来，先后词坛宗匠蔚然代兴，亦可以识地灵矣。"[14]明朝有进士六人，举人二十四人，清朝（截至道光时期）有进士二十三人，举人三十九人，长期保持着引人注目的文化优势。

唯亭镇近旁的甪直镇（亦称甫里），"僻在长洲邑治之东，沃然水壤，其土瘠，谷粟之外无他产。其民习耕，捆织之外无他业，间有贸易，亦不过转输邑中之货，规蝇头利而已，非通衢巨镇商贾辐辏比也"[15]。经济虽然比不过其他市镇，文化却颇为昌明，"诵诗读书者正复不少，比岁科名相继，吟咏成风，胜于他镇"[16]。根据光绪《甫里志稿》记载，宋朝有进士三人：建炎元年（1127年），马植；绍兴三十年（1160年），马先觉；隆兴元年（1163年），姚申之。明朝有进士三十九人：永乐四年（1406年），高庸；正统四年（1439年），张和、张穆；景泰五年（1454年），杜庠；天顺四年（1460年），沈钟；成化八年（1472年），沈铠；成化十四年，陈俦、蒋廷桂；成化二十年，盛洪；成化二十三年，陆完；弘治三年（1490年），张安甫；正德三年（1508年），张申甫、方鹏、方凤；正德十六年，张寰；嘉靖五年（1526年），杨仪、陆粲；嘉靖八年，陈儒；嘉靖十四年，陈椿；嘉靖二十六年，袁洪愈；嘉靖二十九年，丘鹏；嘉靖三十二年，凌邦奇；嘉靖三十八年，张宪臣；嘉靖四十四年，蒋梦龙、金应征；隆庆二年（1568年），袁一虬；万历二年（1574年），金桂、方苞；万历五年，马玉麟；万历十一年，徐应聘；万历二十年，金士衡；万历二十三年，陈允坚；万历二十九年，赵良相；万历三十八年，陈世埈；万历四十一年，张鲁唯；天启二年（1622年），陈仁锡；天启五年，张鲁得；崇祯元年，徐行忠。清朝有进士十二人：顺治十五年（1658年），许虬；顺治十八年，蒋德埈、顾瀛秀；康熙九年（1670年），陈二酉；康熙二十四年，陈景秀；康熙五十二年，蒋杲；康熙五十四年，严禹沛；雍正五年（1727年），许廷荣、萧龙江；道光二十五年（1845年），韩一松；同治十年（1871年），戴锡钧；光绪十八年（1892年），陈凤藻。至于举人，明朝有七十八人，清朝有三十八人，虽然在清朝不如明朝那么鼎盛，但还是相当可观。无怪乎当地人要说："甫里之著声吴下者，有以人物重也。"[17]

乌程县的乌青镇也是如此，万历《重修乌青镇志》说："士夫多才能，市业生理甲于他镇，子弟敏秀，好文重儒，自嘉（靖）隆（庆）以来，人文益盛，系学籍者百有余人，科第不绝。"[18]从宋朝至明朝万历年间进士二十二人。宋进士有：壶德（熙宁三年〔1070年〕），莫泽（绍兴四年〔1134年〕，官至刑部尚书），张然（绍兴十八年），莫抃（隆兴元年〔1163年〕），莫渊（淳熙二年〔1175年〕），莫及、莫光朝、莫蒙（淳熙十四年），顾元龙（庆元二年〔1196年〕），莫之御（绍定五年〔1232年〕），顾岩（端平二年〔1235年〕），莫如之、沈铎、莫若震、张松（淳祐十年〔1250年〕）。元进士有：顾旒（泰定四年〔1327年〕）。明进士有：沈应龙（嘉靖十四年〔1535年〕，官至南京刑部侍郎），沈继志（嘉靖三十二年），李乐（隆庆二年〔1568年〕），夏勋（万历十四年〔1586年〕），唐世济（万历二十五年）。[19]这在其他各市镇中是比较少见的。

常熟东南的唐市，仅仅是个小市，居然也成为常熟一带的文化中心。方燧深《唐市志序》说："唐市虽小，有水市，有物产，有名胜，有科第，有仙释节烈。经术之湛深，于明则有杨（彝）、顾（梦麟）；文章之雄伟，于本朝则有苏苞九、陶子师；书画擅长则有丘屿雪、黄尊古，诸家诸体咸备。"[20]

杨彝，字子长，号谷园，与顾梦麟并称"杨顾"，号称"唐市派"，在江南文坛影响很大，当时有"天下翕然从风"的说法。他在唐市创立文人社团——应社，应社诸文士沉潜于五经，各治一经，杨彝专治《诗经》，弟子从学者无数，仅著录者即达数百人之多。随后成立于太仓的复社，杨彝也是中坚人物之一。[21]天启五年（1625年），杨彝在唐市凤基园召开应社文会，盛况空前，一时传为文坛佳话。[22]当时人说，唐市出了个杨彝，"以故唐市之名闻天下"[23]，绝非夸张之词。唐市在明清之际成为吴中文士聚会的理想场所，天启时柏小坡建造柏园，董其昌为之题写匾额"十亩之间"，风采雅致，"凡吴中骚人墨士、琴师棋客，咸集于中。园之主人每夜张灯开宴，家有男女梨园，按次演剧"。[24]

唐市自明迄清，"文章道德之彦，掇巍科高第者，后先辉映"[25]。进士及第者有：许士柔（天启二年〔1622年〕），苏祖荫（顺治九年〔1652年〕），许瑶（顺治九年），苏凤翔（康熙二十一年〔1682年〕），唐孙华（康熙二十七年），陶元淳（康熙二十七年），许谷（康熙三十九年）。[26]一个居民不足千户的小市的文化含量如此之高，在经济文化相当发达的江南地区也是罕见的。透过唐市这一典型，江南市镇的文化功能显示得淋漓尽致。

此类的事例在江南市镇中俯拾即是，如：

——同里镇，明朝有进士十八人，举人四十六人；清朝（嘉庆以前）有进士十一人，举人三十一人。当地人称："（同里镇）自古遵朴素、尚文学，多诗礼之家，比他镇为蔚，自宋迄今，故科第不绝，儒风不衰。"[27]

——朱泾镇，明朝有进士十七人，举人三十一人；清朝（嘉庆以前）有进士九人，举人二十一人。[28]

——朱家角镇，明朝有进士二人，举人三人；清朝（嘉庆以前）有进士十一人，举人十九人。[29]

从大传统视角考察江南市镇，人文蔚起，科第兴旺，是毋庸置疑的，犹如它在经济上领先于全国各地那样，在文化上也独领风骚，遥居全国之首位。江南地区先后出现的文人社团如东林、复社、应社、几社等，如果没有市镇文化为基础，那简直是不可想象的。

二　奢侈风尚与经济的高度成长

以民间信仰为核心的迎神赛会排场豪华，显现出日益加剧的奢侈风尚，有其深刻的经济背景。清朝乾嘉时代的无锡人钱泳揭示了这个问题："大江南北迎神赛会之戏，向来有之，而近时为尤盛。……一时哄动，举邑若狂，乡城士女观者数万人，虽有地方官不时示禁,而一年盛于一年。……甚至在城在乡俱崇华美,小街小巷迎接亲朋,使斯民咸入豪奢。"[30]这种豪奢无疑需要经济实力为后盾,因此奢侈风尚必须与经济高度成长一并考察,才能洞察其本质。

1. 社会风尚的由俭入奢

从宋朝以来,江南以经济繁荣社会富裕而蜚声全国,"上有天堂,下有苏杭"的民间谚语生动地表明了这点。明中叶以降,江南经济进入了高度成长时期,农工商各业的蓬勃发展,多层次市场的形成及市场经济的活跃,十分引人注目。全国乃至海外市场对这里的优质丝绸与棉布的日益增长的需求,进一步刺激了江南经济与社会的更加繁荣。这一地区的经济中心——苏州,成为全国最为繁华的城市,直到近代上海兴起以后,它的地位才被上海所取代。苏州的繁华带来了奢侈风尚,使它成为当时的时尚之都,邻近地区纷起仿效,奢侈风尚逐渐弥漫于苏州府所属各县、各市镇,并且向松江府、杭州府、嘉兴府、湖州府所属各县、各市镇传递。江南市镇的奢侈风尚其源盖出于此。

王卫平的著作《明清时期江南城市史研究——以苏州为中心》指出,江南地区奢侈风气源于苏州。早在宣德(1426—1435年)初期,况钟任苏州知府时,苏州已有习俗奢华之说。此后,奢侈风气开始蔓延,频繁地通过往返各地的商人为媒介,很快向各地散播。[31]明嘉靖时松江人何良俊在《四友斋丛说》中指出:"年来风俗之薄,大率起于苏州,波及松江。"各地都把苏州当作时髦中心,纷纷仿效,以苏州时尚为时尚。张瀚《松窗梦语》说:"自昔吴俗奢华,乐奇异,人情皆观赴焉。吴制服而华,以为非是弗文也；吴制器而美，以为非是弗珍也。四方重吴服，而吴益工于服；四方贵吴器，而吴益工于器。是吴俗之侈者愈多，而四方之观于吴者，又安能挽而俭也。”

这确实是一个值得注意的新动向。翻检江南地区的野史、方志，差不多都异口同声地说，明中叶以来，社会风俗逐渐由俭入奢，即由俭朴走向奢侈。

——嘉靖时人徐献忠说："今天下风俗惟江之南靡而尚华侈，人情乖薄，视本实者竞嗤鄙之。"[32]

——万历《嘉定县志》说："富室召客，颇以饮馔相高，水陆之珍常至方丈，至于中人亦效慕之，一会之费，常耗数月之食。"[33]

——崇祯《松江府志》说："吾松正德辛巳（1521年）以来，日新月异，自俭入奢……"[34]

——康熙《吴江县志》说："明初芟夷豪门，诛戮狂士，于是俗以富为不幸……习尚俭素，男子不植党，妇人不市游，久而成俗……迨百年后，人始尚文乐仕，而俭素之习因而渐移。迩来弥甚，厌故常而喜新说，好品藻而善讥评，淳庞之气鲜有存者。"[35]

——康熙《海宁县志》说："明朝风气渐开，人文蔚起，衣冠日盛，但役繁而民贫，教衰而习侈，尚浮靡，好淫祠或僧尼，喜奸讼。"[36]

——光绪《常昭合志稿》引《陈司业集》的"风俗论"谈到常熟县的风俗时说："万历后，率以声华气谊相高，寻盟结社，千里命驾，贫不负诺，富不易交……往时履袜之属出女红，今率买诸市肆矣；往时茶坊酒肆无多家，贩脂膏脯者恒虑不售，今则遍满街巷，且陈列，暮辄罄尽矣；往时非贵显不乘轩，今则肩舆塞路矣。"[37]

这种情况大体从明中叶开始，到万历年间日趋明显，明末松江诸生吴履震说："今富贵侁达子弟，乃有绫缎为裤者，暴殄何如？奢侈之俗，纨绔之习，吾松更甚于他方。毋论膏粱势厚，弃菅蒯而贱罗绮，下至舆台仆隶，咸以靡丽相矜诩。"[38]以后愈演愈烈，直至清朝前期依然如此。康熙《淞南志》引用《旧志》说，从明朝以来"人有恒产，多奢少俭"，入清以后愈演愈烈，"今则家无担石者十居其五，而饮食服饰竞以侈靡相尚"。该志编者还引用清初人余起霞的话说："吾乡习尚日异月新，余幼时见亲朋宴集，所用不过宋碗，其品或四或六，其味亦只鱼虾鸡豕。婚娶盛筵果罩，实以枣栗数枚而已。自后，宋碗变为宫碗，宫碗变为冰盘，冰盘又变为五簋十景九云锣。其中所陈，穷极水陆，一席所费，可作贫家终岁需矣。往时及见里中素封之家，所服不过卷褐苎布而已，今则绸不足而纱之，纱不足而缎之，缎不足而绫之锦之，甚且袭以银鼠，褐以紫貂。一帽也，倏而昂其顶，倏而广其檐。一履也，俄而镶其面，俄而厚其底。如是者谓之时人，否则，群以村汉目之。举世滔滔，莫知所自起，亦莫究其所终。"[39]淞南在今上海境内，即吴淞江（苏州河）以南地区，在近代上海成为时尚之都以前，这里已经很时髦了，讲究排场，挥金如土，这些人自称为"时人"，就是时尚中人，也就是当今所谓引领时尚潮流的时髦人物，他们眼中的"村汉"，就是现今上海人眼中的"乡下人"。足见那个时代伴随着经济的发达，奢侈之风已经席卷整个社会了。

为什么会出现上述现象？一言以蔽之，工商业发达、市场经济繁荣、社会生活富裕所带来的必然结果。这种状况，在江南市镇的风俗中显示得淋漓尽致。

2. 奢侈风尚的典型分析

位于杭嘉湖交通要道的塘栖镇，明朝嘉靖时期已经呈现一派繁荣景象，"市区氓椽鳞次栉比"，"出贩者晨驰夕骛，肩摩迹累"。[40]到明末，"财货聚集，徽杭大贾视为利之渊薮，开典顿米、贸丝开车者骈臻辐辏，望之莫不称为财富之地"[41]。交通运输业、蚕丝业、水果业三大经济支柱造就了繁荣的市场经济，万历至乾隆年间盛况空前。作为财富渊薮的塘栖镇，每逢节庆热闹非凡。沈士镶《和徐垫君元宵蹈灯西里诗》描述塘栖镇正月十五元宵节的胜景：

> 兹今元宵夕，群游不夜天。
> 画灯娇步影，春烛爨流烟。
> 竹马更新立，星桥忆旧年。
> 太平终日望，惭愧钟鼓前。[42]

万历《杭州府志》记载的元宵灯节那令人眼花缭乱的情景，可以作为此诗的注脚："元旦前后张灯五夜，而十五夜为最盛……至期，人家各缚结山棚，悬灯其上，通衢或神庙前醵金结鳌山船灯……此五夜箫鼓喧阗，往来游观者至二三鼓始罢。嘉家开宴则装放烟火架以娱客。浪游子弟亦多造硝黄花筒，相对斗胜，谓之高花……街巷歌行舞队竞为奇胜者种种。"[43]《唐栖志》的编者、光绪时人王同在述及明清之际塘栖镇的盛况时，道出了今不如昔的感慨："可见国初（清初）承平气象。"[44]寥寥八个字，其中的微言大义已跃然纸上——这种繁华景象在清末已难寻踪影。可见奢侈风尚，并非想奢侈就奢侈得起来的，它必须有坚实的经济基础为保障，一旦经济衰退，奢侈风尚便不复再现。

塘栖镇清明节的龙舟竞渡，也是如此。龙舟，俗名方船，清明竞渡是为了祈求蚕业兴旺。因此从明中叶到清中叶的鼎盛时期，各乡竞巧争胜，排场很大，"水际龙舟，岸滨彩会"，民间俗称"水南会"（观赛人群集中在运河南岸，故名）。钱塘人张仲甫有长诗《唐栖观水嬉曲》，记录龙舟竞渡五彩缤纷的场面：

> 画船彩帜风中扬，
> 两两相继成巨舰。
> 百室庄严贯月槎，
> 万花绚烂移春槛。
> 一时箫鼓闹如雷，
> 齐向长桥河边来。
> 后舞前歌花世界，
> 东船西舫蜃楼台。

但是，曾几何时此情此景早已不复存在。原因何在？咸丰十一年（1861年）塘栖镇遭太平军之役，"巨室旧家半成瓦砾"，运河堤岸全被破坏，塘栖镇失去了昔日的富庶繁华，早先那种承平熙攘景象荡然无存，清明竞渡当然也就"皮之不存毛将焉附"了。《唐栖志》的编者再一次感叹："经咸丰辛酉（1861年）兵燹之后，无此（清明竞渡）盛举矣。"[45]奢侈风尚是富庶繁华的产物，一旦富庶繁华不复存在，奢侈风尚必然随之消逝。因此说，奢侈风尚是鼎盛时代的投影。

濮院镇以绸业而兴旺发达，经济实力雄厚，每逢节庆活动，极尽铺张之能事。请看镇上的鳌山会：

> 鳌山会，数年一举，共二十四座，每坊各出其一，以天字号为首，凤栖次之，余坊行走先后悉有成规，并各分主宾迎送，不相紊也。先作山骨，凡可以点缀山色者，靡不穷搜巧购，求巧厥形。届期募硖川（硖石）冶工制细铁条，以小儿扮神仙故事。山之巅结彩亭，用五色绸篏栏杆、藻井、榱题、梁栋之物，陈设几案金玉器具，旁坐一人，或二三人，亭之上或坐一二人，用细铁条自屦至臂，视手中所持物，随其形屈曲而出。忽于空中立一人其上，远望之，但见虚无飘渺而来，初不解其连属之巧，殊可观也。其所服之裙率皆新制，又以珍珠缀其裙领，金钏珠冠皎日之下光彩炫目。虽百计挪移，好胜者在所不恤，计数日之间费且盈万。而远近来观者篙楫纵横，男女填溢，所谓举袂成帷、挥汗如雨，不是过也。[46]

请看，一个鳌山会，豪华之极，花去银子上万两，主办者竟然"在所不恤"。这种奢侈是有经济后盾的。不独节庆如此，日常婚礼追求奢华也不遗余力。《濮院琐志》说：

> 婚嫁之礼宜称其家，而濮（院）之业绸者多与苏（州）人往来，目见耳闻，渐务奢华。如男家求吉，钗珥之外，加以果茶；女家允吉，冠履之外，佐以糕饵。此风自昔有之，今则有加无已。茶必茗器精工，果则添设果匣。向来用糕者十之一二，亦不过四盘而止，近来务从丰厚，每糕重四五十两，五十为一架，饰以剪彩，自四架至八架，率以为常。其后道日亲迎诸仪，无不称是。[47]

湖丝集散地南浔镇，在南宋兴起以后就蔚为大观，到明嘉靖、万历年间日趋繁荣，号称"阛阓鳞次，烟火万家，苕水流碧，舟航辐辏"[48]。高度发达的区域经济，培育出日趋奢侈的社会风尚。万历时当地人王道隆《菰城文献》说："成化（1465—1487年）以前，谋饔飧者以兴贩为能，养子弟者以读书为讳，哗者好勇而争讼，细民重释而信巫。今则市廛以质当相先，宴席以华侈相尚，拥资则富屋宅，买爵则盛舆服，钲鼓鸣笳用为常乐，差有僭逾之风焉。"[49]有意思的是，王道隆把"市廛以质当相先"与"宴席以华侈相尚"两者相提并论，他虽然是以批判语气说出的，却在无意中道出了社会经济与观念变化的互动关系。国内外市场对湖丝的大量需求，刺激了南浔镇市场经济的繁荣，作为融资渠道的典当业随之兴旺，于是出现了"市廛以质当相先"的新经济现象，典当不仅仅是贫者度生的无奈之举，而且是商人们筹措资金的渠道。工商业者经营有道，日益富裕，才会出现"以华侈相尚"的社会风气，才会"富屋宅""盛舆服"。

入清以后，此风更盛。这并非守旧士大夫所感叹的"世风日下""人心不古"，而是繁华的市场经济所带来的必然现象。由于南浔镇久盛不衰，这种风气持续的时间也特别长。它的四时节庆活动极尽豪华之能事。例如，正月立春，有放风筝、抛球、踢毽子等游戏。正月初五为五路财神生日，以商人为主体的南浔镇民比其他市镇更加重视这项活动，五更时祀以牲醴，称为"接五路"（即接五路财神），又叫"接路头"。这种习俗，主要是镇上的牙行店铺以及依赖商业谋利的各色人等祈求发财的活动，所谓"祀五路神，以祈利达"，"是日诸贾人毕集拜叩祈财"。经过热闹而铺张的接财神活动以后，商家才开始营业。到了元宵节前后，又一轮节庆开始了。镇上鼓声不绝于耳，谓之"元宵鼓"。街头巷尾到处张灯结彩，贴出藏头诗句，任人猜测，称为"打灯谜"。又扎造龙、象、狮、马各色灯笼，在街市游行。每夜出会，必有数十对灯笼点缀其间，望去宛若纱縠，谓之"人引线灯"。并且抬出神像游行，谓之"出灯会"。张镇《浔溪渔唱》有诗咏元宵灯会之盛：

> 元宵风景尽堪夸，
> 画鼓咚咚灯市哗。
> 梵字栏杆珠箔卷，
> 争看水面放莲花。

持续时间长达十余天，耗费资财当然不是一笔小数目。

又如，七月七日是金元总管的诞辰，镇上商家出资演戏庆祝。七月半中元节，民间以为是地官赦罪的日子，和尚抄录死亡者姓名，遍送檀越，谓之"关节"。这一天有盂兰盆会，夜间则放焰口施食，沿河放灯，谓之"照冥"。照例是由镇上商家出资，延庆寺僧设瑜伽焰口。九月初五是南浔镇土神崔、李二承事生日，排场也相当大。《南浔镇志》说，商贾先期而至，手技、杂戏毕集，报赛演剧连日不停。有小艇架以红栏，挡以青缦，仿六柱吴船样式，以供游客观戏。镇上茶寮市列，或歌管纷喧，骚人逸士、估客寓公无不流连忘返。[50]

显而易见，以上活动固然带有迷信色彩，但是单有迷信而无繁荣的市镇经济支撑，这种大操大办的侈靡之风是断然难以为继的。咸丰时代当地人感叹："迩来风会日趋，稍不如昔，奢靡渐启。"[51]这种说法是有问题的。侈靡之风并非咸丰时才"渐启"的，早在嘉靖、万历时期已经"渐启"，到了咸丰时代是愈演愈烈了。原因就在于南浔镇的湖丝贸易逐渐进入了黄金时代，社会较前更加富裕了，哪里谈得上"稍不如昔"？

这是一个普遍现象。正如《枫泾小志》所说："赛神之举莫甚于枫泾，始于乾隆癸巳岁（1773年），至戊戌（1778年）更踵事增华，后间三四年辄一为之。择童子十岁以下貌端好者，遍扮诸天列宿，尽态极妍，衣皆奇丽，珠以万计，金玉以千计。其有不足，则假诸邻邑。互相夸耀，举国若狂，费几累万。至期士女倾室往观，百里内闻风而来者舟楫云集，河塞不通，一时传为胜举。然废业耗财，莫此为甚。"[52]乾隆时代枫泾镇的迎神赛会，规模之大，影响方圆百里，一掷千金，如此豪奢，当然是"废业耗财"的事。究其原因，就是从康熙到乾隆这百来年，枫泾镇的棉纺织业与棉布贸易日趋兴盛，进入了鼎盛状态，成为远近闻名的财富之地，才会出现"举国若狂，费几累万"的侈靡风尚。

同样的情况也出现在另一个棉布业中心朱泾镇。朱泾镇是标布的集散中心，镇上布号多达数百家，其商业繁华的程度，可以和运河山东段的商业城市临清相媲美，号称"小临清"。赵慎徽诗曰：

> 万家烟火似都城，
> 元室曾经置大盈。
> 估客往来多满载，
> 至今人号小临清。[53]

朱泾镇的风俗侈靡，反映了经济的高水平发展。例如三月初三清明，朱泾镇上下塘赌赛神会、赌出抬阁，极尽奢华之能事。豪华的抬阁，高出楼檐，小儿在上面装扮戏曲故事，穿戴悉用珠玉珍宝，穷极工巧。当地民间谚语说："忙做忙，莫忘朱泾赛城隍。"意思是说，无论多么繁忙，都不应该忘记朱泾镇的赛城隍活动，那是轰动方圆百里的盛大狂欢，千万不能错过。其花费当然是相当可观的，《朱泾志》写道："凡村庄胜会最非善事，会中置办物件，有形之花费，动以累千计，倾动远近，四处人舟云集，阖镇亲友盘桓。其无形之花销更以累万计。"[54]其他节庆莫不如此。例如五月初五端午，龙舟竞渡，有六七艘龙舟参赛。龙舟装扮豪奢，舟上旗帐各分五色，安装抬阁，装扮故事，耗费白银以万两计。又如八月初一东林寺开香市，庙会与集市并举，一直延续到九月末。《朱泾志》写道："寺中货卖杂物，列肆而居。至中秋前后，四方男妇填街塞巷，杂遝而来。佛殿几无容足之区，直至九月杪方止。"[55]这种排场的耗费，决不比赛城隍逊色。

另一棉布交易中心罗店镇，号称"金罗店"，客商云集，店铺众多，"日睹贾舶商车之盛，街衢综错"[56]，一派熙熙攘攘的繁华景象。它的节庆活动，充分体现了"金罗店"的富庶特色，极为侈靡。据《罗店镇志》记载，正月十五上元节，"各庙宴堂，庙前设塔灯两座，游人往来不绝"；"更有龙灯盘绕，助以锣鼓，通宵不绝"；"又制一纸船，三四辈扮作妇女，手执荷花，口唱采莲歌或采茶歌"，"鸣金击鼓，谓之闹元宵"。五月初五端午节，龙舟竞渡，五六艘龙舟"旗帐鲜明，锦彩夺目，擅一邑之胜"，在宝山县名列前茅。秋收时节，棉花、稻谷登场，农家欢庆也极尽铺张之能事："好事者率以敬神为名，搭台演戏。甚有两台对峙，两班同演，名曰鸳鸯台。家家邀请亲戚，有力者宰杀猪羊，无力者亦必典质衣物以供酒肴。甲图演罢，乙图接踵而起。"[57]请看，打着"敬神"的幌子的节庆活动，互相攀比，互相竞赛，挥金如土，这就是罗店镇的奢侈风尚。很难想象，如果没有富庶的经济支撑，这种讲究排场的习俗能长期延续。

这种奢侈风尚的背后有着财大气粗的商人在支撑，迎神赛会的经费主要来源于市镇上的工商界资助。例如双杨会在盛泽镇赛会五天，据记载："各庙所费总共一万千余金以上，而会中所费和观会人所费又在十万金以上。"这是一笔庞大的开支。盛泽镇的中元节赛会，排场之豪华更胜一筹：荡湖船、灯船、采莲船、龙船、荡秋千、捐阁、抬阁都以彩绸缠绕；有的船只以红木为橹，橹柄上点缀得珠光闪烁，甚至不惜以金链为橹绳；扮演童子者身穿绫罗绸缎服装，手戴金镯戒指，头插金珠首饰；船上还有富商提供的古董陈列，以资炫耀。[58]如此豪奢的迎神赛会的经费，主要来源于镇上工商界的资助。据记载："盛泽先蚕祠（俗称蚕花殿）是当地丝业公所在道光年间建造的祀蚕神庙，其规模之宏敞及建筑之精美居江南之首，全年香火鼎盛。祠内建有二层戏台，台前石板广场可容万人观剧，一年一度的小满戏，名闻遐迩。相传小满日是蚕神诞辰，由丝业公所出资酬神演戏三天"；"清以来盛泽及四乡丝织手工业极为发达。每年中元（节）之际借出七月半会为由，各处青少年、机户织工聚集盛泽镇上竞唱山歌，成为习俗……盛泽绸行业在中元节期及其他迎神赛会上，捐赠绸缎，用以扎彩球，搭彩牌坊。出会游行时用彩练装饰捐阁和抬阁。捐阁和抬阁都在队伍行进中表演戏文，捐阁由童男童女扮成角色，由成人捐在肩上。抬阁是由四名成人抬着姓金的小戏台，通常由两三名童男女扮演。捐阁抬阁由各绸行、丝行、领户出资认派……盛泽镇经济繁荣，全年法事不断，各种游行（俗称‘出会’）彼落此起，丝、绸、领三业实力雄厚，不惜赞助，以显示其财力”。[59]

3. 如何看待江南市镇的奢侈风尚

中国的传统思想一向是批评奢侈风尚的，以为习俗的由俭入奢总不是一件好事情。然而到了明中叶，江南经济突飞猛进，蚕桑丝织业与棉纺织业由农家副业一跃而为主业，李伯重把它称为"江南的早期工业化"，与工业革命前的欧洲有相似之处。他在所著《江南的早期工业化（1550—1850年）》第一章导论中指出："所谓早期工业化，指的是近代工业化之前的工业发展，使得工业在经济中所占地位日益重要，甚至超过农业所占的地位。"他研究了1850年以前三个世纪内江南工业的发展，得出的结论是：工业在江南经济中所占的比重日益提高，到了19世纪初，在江南大部分地区，工业的地位已与农业不相上下，在经济最发达的江南东部，甚至可能已经超过农业。[60]

社会日趋富裕，人们的思想观念发生了变化。明中叶松江府上海县人陆楫的《蒹葭堂稿》，便是这种思潮的代表者。首先关注这一史料的是旅美华裔学者杨联陞，1957年，他在《哈佛亚洲学报》第20卷上发表论文《侈靡论——传统中国一种不寻常的思想》[61]。此文所论是中国早期历史上的侈靡论，文末有一个附录，引用了陆楫在《蒹葭堂杂著摘抄》（《纪录汇编》第204卷，第2～4页）中论侈靡的一段文章。这是中国经济思想史上极有价值的一页，不妨援引于下：

> 论治者数欲禁奢，以为财节则民可与富也。噫！先正

有言："天地生财止有此数"。彼有所损，则此有所益，吾未见奢之足以贫天下也。自一人言之，一人俭则一人或可免于贫；自一家言之，一家俭则一家或可免于贫。至于统论天下之势则不然。治天下者将欲使一家一人富乎？抑亦欲均天下而富之乎？予每博观天下之势，大抵其地奢则其民必易为生；其地俭则其民必不易为生也。何者？势使然也。今天下之财赋在吴越。吴俗之奢莫盛于苏，越俗之奢莫甚于杭。奢则宜其民之穷也，而今苏杭之民，有不耕寸土，而口食膏粱；不操一杼，而身衣文绣者，不知其几何也。盖俗奢而逐末者众也。只以苏杭之湖山言之：其居人按时而游，游必画舫、肩舆、珍馐良酝，歌舞而行，可谓奢矣。而不知舆夫、舟子、歌童、舞妓，仰湖山而持䈬者不知其几。故曰："彼有所损，则此有所益也。"若使倾财而委之沟壑，则奢可禁。不知所谓奢者，不过富商大贾、豪家巨族自侈其宫室、车马、饮食、衣服之奉而已。彼以粱肉奢，则耕者庖者分其利；彼以纨绮奢，则鬻者织者分其利。正孟子所谓"通功易事，羡补不足者也"。上之人胡为而禁之？若今宁、绍、金、衢之俗最号为俭，俭则宜其民之富也。而彼诸郡之民，至不能自给，半游食于四方。凡以其俗俭而民不能以相济也。要之，先富而后奢，先贫而后俭。奢俭之风起于俗之贫富。虽圣王复起，欲禁吴越之奢，难矣。或曰："不然，苏杭之境为天下南北之要冲，四方辐辏，百货毕集，故其民赖以市易为生，非其俗之奢故也。"噫！是有见于市易之利，而不知所以市易者正起于奢。使其相率而为俭，则逐末者归农矣。宁复以市易相高耶？且自吾海邑言之：吾邑僻处海滨，四方之舟车不一经其地，谚号为"小苏杭"，游贾之仰给于邑中者，无虑数十万人。特以俗尚甚奢，其民颇易为生尔。然则吴越之易为生者，其大要在俗奢，市易之利则特因而济之耳。固不专恃乎此也。长民者因俗以为治，则上不劳而下不扰。欲徒禁奢，可乎？呜乎！此可与智者道也。[62]

明中叶松江府上海县人陆楫这篇反驳政府当局"禁奢"主张的短论，精彩之极，犹如空谷足音，振聋发聩，发他人所未发，令人耳目一新。他不仅超越了前人，而且超越了同时代人，面对时代的转型，向传统的陈腐观念发起挑战，对工商业发达和市场经济繁荣带来的"奢侈"现象给予最大限度的肯定，指出这种现象是社会富裕的产物，反过来必将进一步促进社会的富裕。因此，他对于明中叶以来江南地区"由俭入奢"的风尚，作出了令人信服的解释，即不必看作洪水猛兽，迂腐守旧之辈感叹"世风日下"，倡导官府"禁奢"，是不合时宜的。

陆楫的理论不独在当时具有创新价值，即使在今日市场经济时代，仍不无启发意义。首先，他指出了奢侈现象出现的社会经济前提，"先富而后奢，先贫而后俭"，富是奢的前提，贫是俭的前提。其次，他指出了奢侈并非浪费的同义词，消费更不是浪费的同义词，奢侈性消费，表面看来是对社会财富的消耗，其实消费对于生产与市场具有不可或缺的刺激作用，"彼有所损，则此有所益"。再次，奢侈带动消费，带动社会总需求的增长，促进工商各业的发展，带动服务行业的精益求精，从而创造更多的就业机会。因此，他说："奢则其民必易为生"。他的家乡上海县就因此而繁荣，号称"小苏杭"，原因也在于此："游贾之仰给于邑中者，无虑数十万人。特以俗尚其奢，其民颇易为生尔。"再其次，以奢侈形式表现出来的消费需求，促进市场经济的繁荣，促进了各地商品的流通，带动社会风尚的变化，奢侈并非无源之水、无本之木，并非人们的矫揉造作，而是市场经济的必然产物。开全国风气之先的苏州和杭州就是最好的例证："苏杭之境为天下南北之要冲，四方辐辏，百货毕集，故其民赖以市易为生，非其俗之奢故也"；"是有见于市易之利，而不知所以市易者正起于奢"。

其实，只要不囿于传统偏见，一切从事实出发，都会赞同这种远见卓识。乾隆年间的苏州人顾公燮在《消夏闲记摘抄》中，就提出过与陆楫类似的观点，已见前引。苏州的奢侈风气频繁地通过往返各地的商人，向各地散播。各地都把苏州当作时髦中心，纷纷仿效，以苏州的时尚为时尚。随着江南经济的发展，奢侈风气逐渐向市镇、乡村扩散。桐乡人李乐《续见闻杂记》指出："余生长青镇，独恨其俗尚奢，日用、会社、婚丧，皆以俭省为耻。"[63] 奢侈风气日积月累，形成市镇民众的集体意识，相沿成习。在市场经济繁荣的背景下，各市镇的年中行事（节庆活动）以及与民间信仰相关的迎神赛会，排场奢华，挥金如土，其根本原因就在于此。一旦市镇经济衰退，奢侈风气无以为继，渐次消逝，从另一个侧面表明了这点。

前述维尔纳·桑巴特认为正是由于欧洲的奢侈消费刺激了海外贸易的发达，源源不断的生丝、丝绸、棉布运往欧洲，而作为支付手段的巨额白银流入中国，从而推动了江南市镇及其四乡蚕桑丝织业与棉纺织业的持续繁荣兴旺，使江南市镇趋向富庶，奢侈风气蔓延，而奢侈又刺激了市镇各行各业的发展。当然，江南市镇的奢侈并没有导致资本主义，却名副其实地使传统经济转型为市场经济。彭慕兰在《大分流：欧洲、中国及现代世界经济的发展》中文版序言中说，他很赞同伟大的法国历史学家费尔南·布罗代尔对市场经济与资本主义之间作出的区别：18世纪的清代中国非常肯定已经出现了"市场经济"，相对而言，当时的中国几乎没有出现"资本主义"。[64]这是独到的见解！不过我想补充一句：这种市场经济其实早在明代中叶的江南已经出现了。

17、18世纪欧洲的奢侈，与同时代中国江南的奢侈，尽管内容不尽相同，但本质是一致的。奢侈是消费观念的更新，是伴随经济繁荣而衍生的新的消费行为，人们在消费社会财富的同时，刺激了社会财富更大规模的增长。资本主义的发展历史，就是一个最好的证明。

三　茶馆文化及其他

市镇是商业和手工业中心，它既不同于乡村，也不同于作为政治中心的县城和府城，它是人流与物流的集散中心，大量商品在这里集聚、扩散，大量信息在这里流通、传播。它不像县城和府城那样带有某种僵化、凝固的惰性；相反，它是富有开放性和进取性的，四里八乡的农民到这里来出售自家生产的商品，天南海北的商贾到这里来收购畅销于国内外的各种商品，并把它们运销到全国各地的市场。它是充满运动活力的，不断发展的经济中心地，不像乡村那样带有闭塞、呆滞的惰性。

基于这样的原因，茶馆就成了市镇运转中不可或缺的一环，它不仅是一个供人们歇脚、饮茶、聊天的场所，而且是商品交易和信息传播的场所，兼具社交、信息、娱乐、赌博等多种功能，是以市镇为中心的地域社会的一个缩影。因此茶馆成为市镇文化最集中的载体。

1. 星罗棋布的茶馆

江南市镇除了河多、桥多之外，其最大特色就是星罗棋布的茶馆，任何一个市镇上茶馆之多，是其他行业所无法比拟的。例如，太仓州的璜泾镇，据镇志记载："自嘉庆以来，酒肆有四五十家，茶肆倍之。"[65] 璜泾并非大镇，东西二里、南北一里，镇民数千家，茶馆的数量竟是酒馆（四五十家）的一倍，达到八十至一百家，令人吃惊。但这并非特例，而是江南市镇的普遍情况。据民国《嘉兴新志》的记载，新塍镇有茶馆八十家，王店镇有茶馆六十五家，新篁镇有茶馆四十家。[66] 由此可见，市镇虽小，茶馆不少，此其一；其二，更重要的是，如果茶馆仅仅是茶馆，如果它不能满足市镇的经济文化需要，那么就不可能大量并存于市镇的弹丸之地。

1946年吴江县各市镇茶馆营业状况调查表所提供的关于江南市镇茶馆的信息，是极具价值的。县城松陵镇有茶馆二十三家，八斥镇有茶馆三十五家，同里镇有茶馆二十四家，盛泽镇有茶馆四十五家，黎里镇有茶馆三十一家，震泽镇有茶馆三十家，芦墟镇有茶馆二十五家，莘塔镇有茶馆十家，北厍镇有茶馆十家，严墓镇有茶馆三家，横扇镇有茶馆十六家，梅堰镇有茶馆十四家，平望镇有茶馆十七家，庙港镇有茶馆八家，吴溇镇有茶馆二家。[67] 这个调查报告有两点值得注意。第一，茶馆的分布密度大，如果按吴江县总户数1 108 549（1947年）平均计算，则365.85户有一家茶馆；如果按吴江县市镇户数20 801

（1949年）平均计算，则68.65户有一家茶馆。[68]第二，看似巧合的是，各个市镇茶馆数量的多少，大体反映了该市镇经济发展水平的高低。盛泽镇的经济地位在吴江县名列前茅，它的茶馆数也在全县名列前茅，甚至县城所在的松陵镇也无法望其项背。

吴江县档案还提供了关于茶馆存在的实态，反映了当年茶馆盛况的各个侧面。其佼佼者盛泽镇的茶馆状况可以由下表显示出来。

1946年吴江县盛泽镇茶馆营业状况调查

牌　名	地　址	茶桌数	牌　名	地　址	茶桌数
聚仙楼	南大街	24	意兴园	中和桥	4
快活林	西新街	13	鹤　鸣	酱园街	4
一乐园	西新街	33	迎　宾	北大街	39
如意园	西新街	3	望月楼	北大街	21
双月楼	南大街	20	兴　园	计木桥	4
第一春	南大街	15	龙　园	胡桃街	12
三珊园	南新街	15	第一园	胡桃街	8
金凤园	北大街	7	义丰园	东　港	9
万春阁	北大街	13	双凤园	后　街	9
富贵楼	北大街	7	太平楼	北大街	8
一乐天	北大街	18	松　园	山塘街	5
平　园	西荡口	5	熙春楼	乌新桥	15
西景园	西荡口	5	明福楼	里安桥	1
凤　园	北大街	6	步瀛轩	烟场上	12
登椿园	北大街	15	兴凤阁	十字弄	12
同羽春	东　庙	39	万祥园	红木桥	9
登椿楼	卜家弄	4	孔聚兴	南新桥	11

牌　名	地　址	茶桌数	牌　名	地　址	茶桌数
品　芳	致远街	16	万泉楼	南新街	13
龙凤园	荷园街	13	茂　和	木桶湾	4
荷　园	荷园街	37	万云台	南大街	30
乐　园	荷园街	7	万云台（东号）	南大街	9
天月园	荷园街	12	得意楼	鲍家弄	80
同兴楼	荷园街	20			

资料来源　《吴江县第三区盛泽镇茶馆营业状况调查表》（1946年4月），吴江县档案，案卷号 8·1·145。

　　盛泽镇全镇有四十五家茶馆，其中九家始建于清代，随着经济的发展，茶馆逐渐增多。不仅分布密度大，而且历史悠久，该镇民谚形容茶馆之多，说：“五步一楼，十步一阁”。这四十五家茶馆，最大的得意楼有茶桌八十，通常在四十桌以下至十余桌之间，较小的则不足十桌，最小的仅有一桌而已。江南茶馆所用茶桌，是一种四方木桌，俗称“八仙桌”，每桌可以坐八人，按每日早茶、晚茶两市计，客满时可以同时接待茶客五千余人次，全天超过一万人次。其盛况可见一斑。如果生意不兴隆，势必只有关门倒闭。然而，盛泽镇的茶馆非但没有倒闭，反而日趋兴旺，到1950年代初期，茶馆由原先的四十五家增加为四十八家，足见茶馆的功能在这个工商业中心是得到充分体现的。[69]

2. 茶馆的信息与交易功能

　　茶馆是一个信息交流中心，也是一个商品交易场所。农村个体小生产者以及外来客商，都把这里当作打听行情、达成交易的社交场所。经济学家刘大钧1930年代在湖州各市镇的调查所得到的印象，足以说明这个问题："各大市镇如南浔、旧馆、织里、菱湖、袁家汇、双林、乌镇，各有定班航船，直通附近各村"；"大约每晨由各乡村开船来镇，中午由镇返乡。到镇后，即步入茶馆。茧、丝、新米上市时，乡人即以此地为探听市价之所，因而经营茧丝米及其他产品之掮客，亦往往出没于其间，从事撮合，赚取佣金"。[70] 很明显，茶馆不仅是喝茶歇脚之处，而是"探听市价之所"，掮客撮合交易之所。市镇上交易兴隆，形成种种陋规，其中之一就是商品生产者不能与外来客商直接成交，必须通过牙行居间介绍。市镇上各行各业都有牙行，派出牙侩（掮客）到茶馆拉生意。对于生产者而言，市镇上牙行林立，市价变动不一，要卖一个好价钱，就得到茶馆探听市价，与牙侩（掮客）达成交易。

蚕桑地区的市镇，桑叶、蚕丝都是紧俏商品，价格随行就市。正如《乌青文献》所说："凡畜蚕者，或自家桑叶不足，则预定别姓之桑，俗曰梢叶。凡蚕一斤用叶八个（二十斤为一个）。梢者先期约用银四钱，谓之现梢。既收茧而偿者，约用银五钱，再加杂费五分，谓之赊梢。叶价随时高下，倏忽悬绝，谚云：仙人难断叶价。"又说："蚕毕时，各处大郡商客投行收买（新丝），平时则有震泽、盛泽、双林等镇各处机户零买经纬自织。又有贸丝诣各镇卖于机户，谓之贩子。"[71] 桑叶的"现梢"和"赊梢"，新丝的买卖，都在茶馆中由牙侩（掮客）从中撮合交易。

市镇有早市、午市，茶馆也有早茶、晚茶。以生产经济作物及手工业产品为主的村民、镇民，其经营方式与市镇行情休戚相关，每日赶赴茶馆吃早茶晚茶，并不是一种单纯的消费行为，而是一种生产行为——目的在于探听市价行情，做成一笔生意。

再以盛泽镇为例。它是一个丝绸的集散地，交易繁忙，每天都有巨大的人流物流，需要一个公共空间进行这种交流，茶馆便是洽谈生意进行交易的理想场所。《新盛泽》报1926年3月11日在关于绸领业公所整顿佣金的报道中，透露了这样的信息："同业及非同业在船埠茶肆内争收机户绸匹"，可见绸领投与机户洽谈生意、收购绸匹是在茶馆中进行的。新编《盛泽镇志》也指出："盛泽镇之茧商、丝商在茶楼上设座洽谈生意，收购近处村坊（如梅堰秋泽村、坛丘南塘村）的丝经。"[72]可见生丝交易也在茶馆中进行。因此，只要盛泽镇的绸、丝交易保持景气，数量众多的茶馆决不会没有生意。

江南市镇茶馆业的兴旺，和茶馆功能多样化是分不开的。茶馆吸引着镇民、村民及外来客商，使它成为一个信息中心，在那个地域社会共同体中，具有某种权威性，因而成为一个众望所归的仲裁中心。如遇纠纷，双方并不向官府提出诉讼，而是在茶馆中断定是非曲直。于是便形成了"吃讲茶"的习惯。此种"吃讲茶"，与20世纪上海滩青洪帮之类黑社会的"吃讲茶"性质截然不同。光绪《罗店镇志》卷一《风俗》有一条资料十分值得注意："俗遇不平事，则往茶肆争论是非曲直，以凭旁人听断，理屈者则令出茶钱以为罚，谓之吃讲茶。"它反映了市镇民众把茶馆这个公共空间视作裁决是非的场所这样一种集体心理，使茶馆这个非常平民化世俗化的寻常之地具有了仲裁功能。这种情况并非罗店镇的特例，而是江南市镇的普遍现象。新编《盛泽镇志》关于茶馆业有这样一段记载："盛泽茶馆业历史悠久，为数众多，民初有'五步一楼，十步一阁'之称。据民国三十五年（1946

年）统计，全镇有茶馆46家。登仁楼茶园开设于乾隆间，松园、步瀛轩、万泉楼开设于道光间，第一园、荷园、登椿园、龙凤园、第一春开设于同光间。得意楼、同羽春（均开设于1920年代）、万云台、荷园、迎宾等5家茶馆规模宏大，茶桌均在30张以上，得意楼的茶桌达80张之多。茶馆业所以发达，除里人嗜茶成习，晨夕麇集茶馆外，还因为丝绸领三业的商人每日落庄后，往往孵茶馆、蹲书场（书场都设在茶馆）。茶馆又是交流商情、洽谈生意、绸农上街落脚之处，有的乡镇居民为调解纠纷而上茶馆，俗称'吃讲茶'。"[73] 费孝通《江村经济——中国农民的经济生活》谈到茶馆对于当地农民的重要性："茶馆在镇里。它聚集了从各村来的人。在茶馆里谈生意，商议婚姻大事，调解纠纷等等。"[74] 所谓"调解纠纷"，就是吃讲茶。

3. 茶馆的娱乐功能

茶馆还具有娱乐功能，是市镇的主要娱乐场所。请看江南市镇的情况：

璜泾镇——"旁列茶肆，延江湖男女唱淫词，谓之滩黄。甚者搭台于附近僻处，演唱男女私情之事，谓之花鼓戏。"[75]

罗店镇——"演唱淫词小曲，名曰花鼓戏，男女观者致动邪心。"[76]

茶馆戏曲粗俗简陋，适合乡民口味。《淞南乐府》说："男敲锣，妇打两头鼓，和以胡琴、笛板，所唱皆淫秽之词，客白亦用土语，村愚悉能通晓。"[77]《杭俗遗风》说：茶馆戏曲"九调十三腔咸备"，如南词、滩黄、花调、大书、道情、戏法、隔壁戏、木人戏、花鼓调、莲花乐声。[78]

江南市镇茶馆最为流行的娱乐形式首推苏州评弹（弹词、评话），俗称"说书"，常在茶馆演出，因此茶馆大多附设"书场"。如演唱弹词，一人弹三弦，一人弹琵琶；如演唱评话，只有演员一人，布景道具十分简单，茶馆是理想的场所，而万商云集的江南市镇的茶馆更加成为评弹艺人向往的去处。

新编《盛泽镇志》对于"书场"有详尽的记载："盛泽的书场起始于何时无考。清末书场业已繁荣当无疑问。据传马如飞曾至盛泽弹唱《珍珠塔》，时在咸丰、同治间。畅乐园、登椿园早在20世纪初即已评弹名家荟集。盛泽向有'书码头'之称，最盛时书场有十余家之多，多由茶馆兼营……苏浙评弹名家如夏莲生、魏钰卿、夏荷生、薛筱卿、也是娥、杨炳奎、徐云志、严雪亭、张鉴亭、范雪君、朱雪琴、徐丽仙、金声伯等均至盛泽登台献艺。"[79]

新编《黎里镇志》对于茶馆的书场也有详尽的记载："黎里人喜听评弹，书场的历史约有一百多年。书场最多时，三里长街有十多处。书场大多附设茶馆内，如市东有'万云台'，市中有'红星园''义泉''喜春台'等。书场既卖茶，又开书；也有私人出了重金邀请上海、苏州的评弹名家来黎，临时开设家庭书场。而牌子最老，名望最大的要数黎里中市的蒯厅书场。"因为场主不善经营，生意反不及酒肆茶楼的小书场兴隆。代之而起的是易安书场，一直经营到1984年，才由于生意清淡而歇业。[80]

新编《吴江县志》关于吴江县各个市镇的茶馆书场有一个概述："松陵、同里、盛泽、平望、震泽、芦墟七大镇，以及八斥、横扇、北厍、梅堰、铜罗、坛丘登小集镇上的茶馆都兼营书场。大镇书场基本上常年营业，上午卖茶，下午开书……盛泽镇向有

'书码头'之称，本世纪20年代有十余家茶馆兼营书场。每至冬季，评弹名家被邀请到盛泽演唱成为惯例。民国十五年（1926年）畅乐园邀请名家吴玉麟弹唱，鸿福书场又特邀二十三年未到盛泽弹唱的名家张福田父子，双档演唱《文武香球》……听众拥挤，几无插足之地。同里镇最早的书场是泰来桥堍的龙兴书场，清同治年间（1862—1874年）开业，老一辈评弹演员黄异庵、曹汉昌、姚荫梅等都到场演唱过。"[81]

青浦县的情况也是如此。新编《青浦县志》写道："本县茶馆既是城乡居民消遣休息、交流信息之地，又是江湖郎中卖药、民间艺人卖艺场所。抗战前，在城厢（引者按：即青浦镇）、朱家角、练塘、金泽、重固等集镇有二十余家，偏僻的乡镇也有二至三家。""本县茶馆书场，始于清末民初，主要分布在城厢、朱家角、练塘、金泽等集镇，以演唱评弹为主。练塘有长春园书场，建于民国初年。城厢有金谷园，金泽有状元楼、万福楼等。当时的茶楼书场，一般都是上午卖茶，下午、晚上作为书场。30年代，朱家角民乐书场在江浙沪一带颇具影响，场主曹德荣与评弹界著名艺人多有交往，因此常有'响档'（引者按：指著名演员）前往演出。随着商业的繁荣，评弹艺术的发展，城厢、朱家角、金泽镇都有几家书场。抗战胜利后，城厢镇又开设花园书场、大众书场，朱家角开设了胜利书场。青浦解放时，全县有大小茶馆书场二十余家，其中较有影响的评弹书场有花园、大众、民乐、长春园、状元楼等。在白鹤、重固等地的一些茶楼书场，以经营茶馆业为主，偶有民间艺人说唱农民书。"[82]

上海县的茶馆业以及茶馆书场较之青浦县更为发达，这和它的工商业繁荣的背景密切相关。新编《上海县志》写道：1950

年代中期，茶馆遍布大小集镇，多以楼、馆、园、阁、居、社为名，如汇水楼、一笑园、临溪阁、同乐居等，以取雅趣。乡民上镇习惯到小茶馆歇脚，大茶馆多为老茶客、地方绅士、商界人士、过往客商。老字号茶馆有清咸丰元年（1851年）开设的朱行镇沈复兴茶园，同治十年（1871年）开设的朱行镇沈复顺茶园，光绪十五年（1889年）开设的纪王镇王玉记茶园，宣统二年（1910年）开设的纪王镇聚仙茶园，1890年开设的杜行镇四景园茶馆和徐大生茶园，1900年开设的漕河泾镇龙顺茶园，1910年开设的召楼镇长升茶园和长桥镇金德兴茶园，1915年开设的梅陇镇义兴茶园，1919年开设的龙华镇龙泉茶园，1920年开设的莘庄镇一品茶园和新泾镇升和茶园。大的市镇上，茶馆林立，1917年龙华镇有茶馆十余家，1930年代七宝镇有茶馆十九家。该书还指出："上集镇茶馆听评弹、沪书（按：即浦东说书），是县内居民，尤其是老年人重要的文化生活。民国时期，大小集镇多茶馆，茶馆多书场。1949年，北新泾镇有两家茶园书场，七宝镇有五家（茶馆书场），诸翟镇八家茶馆四家附设书场。"以后茶馆撤并，书场减少，1970年代末渐次恢复，到1984年，全县有二十六家茶馆书场营业，座席4 827个。[83] 具体情况见下表。

1984年上海县茶馆书场营业状况调查

书场名	座席数	地 址
七宝书场	400	七宝镇
龙华书场	457	龙华镇
民乐书场	180	北新泾镇

书场名	座席数	地　址
长桥书场	160	龙华乡长桥新村
莘庄书场	420	莘庄镇
纪王茶馆书场	200	纪王镇
诸翟茶馆书场	150	诸翟镇
虹桥茶馆书场	130	虹桥镇
漕河泾茶馆书场	150	漕河泾镇
梅陇茶馆书场	140	梅陇镇
朱行茶馆书场	130	朱行镇
华泾茶馆书场	100	华泾镇
漕行茶馆书场	130	漕行镇
颛桥茶馆书场	150	颛桥镇
塘湾茶馆书场	130	塘湾镇
马桥茶馆书场	150	马桥镇
三林茶馆书场	150	三林镇
鲁汇茶馆书场	350	鲁汇镇
闸港茶馆书场	150	闸港镇
陈行茶馆书场	180	陈行镇
题桥茶馆书场	130	题桥镇
苏民茶馆书场	130	苏民镇
杜行茶馆书场	180	杜行镇
召楼茶馆书场	160	召楼镇
谈家港茶馆书场	100	杜行乡谈家港
华漕茶馆书场	120	华漕镇

资料来源　新编《上海县志》，上海人民出版社，1993年，第942页。

4. 茶馆与赌博

茶馆不仅是一个书场，而且是一个赌场。赌博是刺激茶馆兴旺的一个重要因素。正如《锡金识小录》所说："酒馆茶坊昔多在县治左右，近则委巷皆有之……至各乡村镇亦多开张，此则近数年以内闻乡之老成人云：由赌博者多故，乐其就食之便。"[84]当时人几乎众口一词指出了这点："乡镇茶坊，大半赌场"；"开设茶馆，渐起赌博，小则妨害农功，大则荡废家产"；"茶肆皆设赌具，接龙、斗虎，无肆不然"。[85]

这种情况在各个市镇都可以看到，例如：

璜泾镇——据《璜泾志略》记载："民间赌风为意，钱戏曰'扑八叉'者，入国朝寂然唯掷六骰曰'花园会'。不十年，忽闻斗纸牌曰'马吊'。苏人冯犹龙者为之谱，具论盈缩趋避之法。今则易用竹牌、纸牌，曰'游和'……雍正以来忽兴压宝，窝主曰'宝场'，群小蚁集，盗贼窜藏……惰民至秋七八月间，豢蟋蟀，纳竹中以赌斗，谓之'秋兴'。"[86]《璜泾志稿》也说："赌风为盛……雍正以来忽兴压宝，窝主曰'宝场'。旁列茶肆，延江湖男女唱淫词。"[87]

外冈镇——也有宝场，不仅沿街设局，而且还设局于茶馆。据《续外冈志》记载，"乡氓负担入市，百计诱骗，一经入局，宝具藏机，照珠揭面，移红变黑，公然肆夺"。宝场还有大局，"先期具柬约至宝所，供以盛馔，侑以歌姬。一宝则捐金成笏，抽头积市如山。开赌者丰衣足食，受赌者荡产倾家"。[88]

罗店镇——赌场从茶馆向外扩展，有所谓"秋兴"和"冬兴"。《罗店镇志》说："每岁秋深，里中无赖辈开设栅场斗蟋蟀，谓之'秋兴'。与斗者论定花数之多寡，然后赌胜负，主人则按数取头钱。至冬，开设圈场斗鹌鹑，谓之'冬兴'……自他处来斗者，谓之'客党'。本人嫌花数过多，旁人接认者，谓之'帮花'。于花数外另以钱洋分胜负者,谓之'放彩'。动以千计。"[89]

月浦镇——茶馆中赌博花样甚多,有扑八叉、马吊(斗纸牌)、游和(小纸牌)、幻和(翻百劳)、挖花等。《月浦志》说:"茶坊中群小蚁集,一切无赖之徒皆由此而起。"[90]

此种陋习长期延续,形成以茶馆为中心的赌风。新编《上海县志》写道:"赌博,旧时大多在集镇茶馆聚赌,赌具有麻将、挖花牌、龙牌、扑克牌等;常见有搓麻将、大牌九、小牌九、斗沙蟹、摇宝、廿一门头等。清代盛行摇宝。民国时期盛行搓麻将……逢年过节尤甚。"[91]新编《青浦县志》也有类似记载:"旧时,赌风颇盛。有搓麻将、推牌九、打扑克、斗纸牌(俗称挖花)、掷骰子和弹弹宝等多种赌法。尤其在庙会、新年(春节)期间更甚。"[92]新编《奉贤县志》说:"旧社会的赌博活动有叉麻将、推牌九、打扑克、斗纸牌、掷骰子等形式,用财物作注比输赢……抗战胜利后,赌台大部设在各镇茶馆内。民国三十四年(1945年),南桥镇20家,庄行镇14家,萧塘镇6家,道院镇9家,法华镇4家,青村镇15家,奉城镇8家,四团镇6家,钱桥镇6家,齐贤镇10家,头桥镇8家。春节与庙会期间赌风最盛。"[93]

究其原因,大概与市镇侈靡风尚有关,它带来了一种寄生习气,为寄生阶层提供了孳生的土壤。赌博风气的盛行,导致一部分人家破人亡,沦为盗贼。《南浔镇志》指出:"市镇乡村每多魁猾奸黠,武断乡曲,春间奋身醵金,搭台演戏,勾引博徒游兵赌博外,近有旋骰、磨钱、斗牌、棋势之类,迷诱良民,为恶不一,相习成风,穷民堕其术中,卖妻鬻子,或流为盗贼。"[94]

太湖一带的"枪船",便是赌博和盗贼合而为一的社会现象。光绪《盛湖志补》说:"枪船者,始只太湖滨北舍港一带有之,以枪击鸟为生,其眼力最准。道光中,江苏吴江之盛泽、元和之周庄,浙江秀水之王江泾、新塍,桐乡之濮院,湖州之乌镇、南浔,皆有土棍开设赌场,互相械斗,私制苗刀、长枪,各雇枪船为助。此土棍雇佣枪船之始。后赌(风)益盛,资益集,竟自制鸟枪,买火药,造小船,用游手,每船三四人,泊于其聚赌处。此土棍自设枪船之始。(道光)二十九年,苏、松、嘉、湖大小饥民抢掠富室,乡村寄资城市,中途恐劫,则雇枪船保护。此民间雇佣枪船之始。咸丰三年,粤匪窜金陵,居民迁徙,已有反为所劫者。迨浙江设防于平望,招募枪船百余于莺脰湖,暇日立标中流,演水操,飞凫迅疾,发枪命中,官给赏以励之……久之,浙防募台勇往上海助剿,枪船裁撤,黄旗招摇,散处各村。平望鳝尾浜,黎里罗汉寺后,竟以保卫局为名,开设花鼓赌场。枪船始应官募继冒官设矣。于是官之下乡,之催粮差,之解征拘犯,无不用枪船为卫。值苏州有广棍之扰,吴江有粮匪之集,大王庙有抗粮之案,湖州有拒捕之变,兵勇梢,始以枪船佐之。实无能为役,保赌抢掠是其所长。"[95]赌博和盗贼结合,已经远远超越茶馆赌场的格局,成为社会动乱的一个因素,使江南市镇与开拓性相伴随的寄生性日益彰显。

四　水乡风情：小桥流水人家

江南市镇地处太湖流域的水网地带,河流密布,湖泊众多,河流多桥梁多的水乡风情,小桥流水人家的诗情画意,历来为人们所津津乐道。远远望去，粉墙黛瓦的民居店铺，沿河而建，前门面街，后门临河，蜿蜒曲折，错落有致。进得里面，窄小的青石板街巷，鳞次栉比的店铺商行，一派熙熙攘攘的热闹景象。

1. 园林别墅

由于市镇在地理与经济上无与伦比的优势，吸引大量乡绅、士大夫来此定居，构筑精美的园林别墅，高墙深院，三进四进乃至五进，幽雅宁静。历尽几个世纪的风雨沧桑，不少名园巨宅，早已化作断垣残壁，硕果仅存的，依然彰显着昔日的荣华富贵。

南翔镇上的古猗园，始建于明代。原名猗园，为通判闵士籍所建，后为贡生李宜之购得，加以改建。李宜之有《猗园成小筑诗》描述猗园的旖旎景致：

> 自可身如客，何妨寓是家。
> 质钱为屋小，伐竹补篱斜。
> 燕任营新垒，池休涨浅沙。
> 最怜千树绿，月色不曾遮。

他的另一首《猗园诗》写道：

> 借水成三径，寒云补一林。
> 委蛇俱户牖，咫尺亦登临。
> 梁月分初影，溪杉列远岑。
> 堂虚延桂馥，阁迥失桐荫。
> 直率莲花漏，纡徐贝叶香。

清乾隆年间，洞庭叶锦购得此园，加以扩建，改称古猗园。同时代人沈元禄《古猗园记》讲了事情的始末。古猗园的扩建始于乾隆十一年（1746年），竣工于次年春，落成于乾隆十三年秋。据他的描述，古猗园当时的模样是这样的：

　　园在广福禅院之西，门在水北，由石道达门。门西向，入门绕廊，自南而东折，为幽赏亭。亭之对，有门曰澹游。入门有堂，巍然高峙而四达，曰逸野堂。升其堂，则一园之胜可一览而得大凡也。堂之前为广庭，右为奇峰，左为荷池，而桂林则承其后。当中秋玩月庭中，则桂香从两披袭人衣袂，恍疑身之在广寒也。由堂而南，迭石为山，虚中为谷，曰小云兜。穿谷而去，为"鸢飞鱼跃之轩"，晦翁夫子所手书也。轩三楹，东向，石作云状以垫其足，下俯曲沼，前对茂林，盛夏纳凉，都忘溽暑。自轩而南，皆修廊，廊尽则为竹圃。自堂而东，由石径有曲廊，廊之北环扉双闼，为主人休息之所，游人之所不至。自南而东，为孕清亭，方广数尺，环以曲栏，游者至此，可列坐而休焉。东为采香廊，廊尽有亭。亭之左作水周之轩，为书画舫，在戏鹅池之上。由石径得长堤，夹岸俱芙蓉、桃柳之属。堤右有梅花亭，栋宇基址，皆肖梅花，一簧陶山人为之记。由堤而南，有小山，为小松冈，三面皆水，松杉瀜然，与西水轩相望。绕冈而南，有石桥曰罄折。渡桥而南，即竹圃也，其中有方亭曰宜翠。由亭而南，则堆阜突怒，高笋林表，乔木森立，下临清池。

　　……

　　自山而南，曰环碧楼，楼凡五楹，当盛夏时，登楼凭槛，凯风自南而至，农歌与桔槔欸乃之声互送，亦可领田家风味。楼下为仿雪之堂，复为复道数楹，翼楼之右，楼居园之最南，墙外即环以河，舟楫之所由入也。由此而东，路旁皆以柏为屏，有曲廊十数楹，中构一亭曰孤山，香雪绕亭，树梅百余株。廊以外皆修竹。缘屏而北，复缘溪而西，有浮筠阁，半浮于水，亭亭孤立……自此过浮玉桥，缘溪而北，登小山，有亭曰嘉树。再北，为岩栖之廊。其外数椽则园丁、鹤鹿之所栖也。有溪横绕小山之下，自西而南，入戏鹅池者，为泛春渠。过板桥而西，夹路皆梅杏，缘渠皆桃柳。径尽有亭，即仿雪处也。由亭而北，复得一亭，曲栏四围，下临方池，左列修竹，右为桂丛，曰荷风竹露。左有小廊数楹，曰绘月，盖廊东向，月出而墙壁皆如绘也。廊尽，有轩三楹，与荷风竹露相望者，柳带轩也。外有竹室十余处，曰春藻堂，曰清磬山房，曰坐花斋，曰听雨轩，曰药栏，曰壶春，曰翠霭楼，曰岭香阁，曰蝶庵，曰拙逸，皆燕息之所……[96]

沈元禄的文章洋洋洒洒，仿佛引导人们游览两百多年前的古猗园，令人眼花缭乱，目不暇接。今日古猗园依然存在，堪称上海一景，然而其规模与韵味已经大为逊色了。

与南翔镇的古猗园相比，大名鼎鼎的同里镇退思园，资格浅得多了。这座保存得较完好的晚清名园，规模局促，然而布局紧凑，假山、亭台、曲廊、轩榭都面水而建，以水取景，望去如浮水上。坐春望月楼、菰雨生凉、桂花厅、岁寒居，分别点出园中四季景色。退思草堂是园中主要厅堂，堂前有贴水平台，亭榭倒影尽收眼底。全园占地9.8亩，分东西两个部分，西部为厅堂住宅，建有轿厅、茶厅、花厅，走过备弄便是内宅，有十楼十底的走马楼，以及下房五间。东部是园林。东西两部之间有月洞门相连。门洞上有砖刻"得闲小筑"和"云烟锁月"。月洞门外有亭子傍水而立，即水香榭。出水香榭往北是回廊，壁上嵌有恽南田的石刻。西北角有花瓶门，进门有一小楼，即揽胜阁。向东，进入四面厅，即退思草堂，位居全园中心。过山洞曲折盘旋而上，进入眠云亭，由亭下山，有一小轩，即菰雨生凉。出小轩，绕假山拾级而上，对面有辛台，中间架有天桥，桥下荷花池中有一石舫，即闹红一舸。[97]

其实同里镇上有文物价值的建筑还有不少，例如环翠山庄，是同治年间画家严友兰所建；浩歌堂是近代文化名人陈去病的住所。陈去病曾任孙中山的秘书，也是柳亚子的朋友，南社的发起人。这样的身份，使得他的故居平添了几分魅力。镇上还有硕果仅存的明代建筑耕乐堂，为处士朱祥的园林住宅，园中原有荷花池，池北环秀阁与池南鸳鸯厅均悬架于水上，打开底层搁板，便可以看见池水、游鱼。

同里镇因水成街，因水成市，深宅大院多，园林碑刻多。历代名人雅士，如元代倪云林、顾阿英，明代董其昌、唐寅，清代陈祖范、沈德潜，近代柳亚子等都留下了赞美同里的诗文。昔日有所谓"同里八景"：长山岚翠、九里晴澜、莲蒲香风、林皋春雨、南市晓烟、西津晚渡、野寺昏钟、水村渔笛。以后又有"续八景""增四景"。整个同里镇如同一幅淡雅的古典风景画，既有水乡自然景观的婀娜多姿，又有街巷建筑人文景观的古朴典雅，人们欣赏它的风景美，更欣赏它的世俗生活美。无怪乎它成为江南市镇中第一个对游人开放的旅游景点。

南浔镇的小莲庄则别有一番中西合璧的雅趣。它是南浔著名丝商刘镛的私家园林，始建于1885年（光绪十一年），直至1924

年方才竣工。园中心有占地十亩的荷花池，每到盛夏季节，满园荷花开花，"接天莲叶无穷碧，映日荷花别样红"，令人心旷神怡。园中既有中式的长廊曲桥、楼台亭阁，又有西式的法国式洋房，融中西建筑之妙处于一园。小莲庄最具人文内涵的，为其他江南市镇无法望其项背的，是园中的嘉业堂藏书楼，清末民初江南私家藏书楼的佼佼者。这表明南浔镇的经济繁荣，并没有割断自身人文蔚起、科第兴旺的传统。出生于南浔镇的作家徐迟笔下的家乡是无限令人神往的："谁都知道三四十年前，南浔的辑里村产丝。据父老说，辑里丝的所以优美，归功于河水的质地。那里的碧绿的水，缲丝时用，最能使丝质细而匀净……以园林驰名遐迩的，宜园、适园、小莲庄、张园，亭台楼阁，竹林荷池。"[98]

2. 桥梁：市镇的灵魂

桥梁是江南市镇最为引人入胜的景观，是连通河流与街道的枢纽，人流、物流的集散地。它目睹了昔日的富裕繁华，承载着历史的沧桑，人们从它们身上看到的是市镇的文化，市镇的灵魂。

这与江南市镇地处水乡的地理特点有关。例如同里镇，河流湖泊多，是它的特点。嘉庆《同里志》说："同里地界周遭不及五千步，一半水乡。西有庞山湖，郡邑之路由此达也；南有叶泽湖，响明而治，文教之所以日昌也；东有同里湖，水往东流，有所归也；北有九里湖，地势无不自北而南，且诗礼大姓多居北隅也。"又说："同里镇四面皆湖，东为同里湖，南为叶泽湖，西为庞山湖，北为九里湖，西北为吴淞江，东北为摇（一作姚）城湖、城湖。"[99]河流则有乌金浜、江茶浜、忏堂浜、荷花浜等。这些湖泊河流把全镇分割成一块块水中陆地，如果没有众多的桥梁，就无法把它们连接起来，成为一个整体。桥梁对于同里镇并非可有可无的装饰品，而是不可或缺的组成部分。《同里志》谈到桥梁时说："古多架木，宋始甃石，而莫盛于吴，诚泽国之胜概也。"[100]因此同里镇"桥梁甚多"，《同里志》列举其著名的就有五十座之多。

当今被世人视为旅游胜地的周庄镇，以"小桥流水人家"而闻名遐迩，古意盎然的桥梁多而美。见于光绪《周庄镇志》记载的，就有三十余座，较著名的就有：

贞丰桥——以贞丰里而得名，在中市河西口，明崇祯七年（1634年）重修，清雍正四年（1726年）再次重建；

普庆桥——俗称圣堂桥，在贞丰桥东，澄虚道院前，雍正四年重建；

梯云桥——俗称褚家桥，在普庆桥东，中市河东口，石块木面，乾隆二十九年（1764年）重修，道光七年（1827年）重建；

富安桥——在梯云桥北堍之东，桥旁相传有总管庙，故原名总管桥，元至正十五年（1355年）建，明成化十四年（1478年）重修，嘉靖元年（1522年）又修，清咸丰五年（1855年）重建，系青石面，平而无级，因易黄石；

隆兴桥——在富安桥南，平面三拱，明成化年间（1465—1487年）建，清乾隆二十九年（1764年）重修，道光二十九年（1850年）重建；

报恩桥——俗称南栅桥，在隆兴桥东南，南湖之滨，初系木桥，康熙五十年（1711年）改建为石桥，乾隆五十三年（1788

年）重建时，考虑到水流太直，桥址东移二丈许，桥也增高；

世德桥——在富安桥北，明万历年间（1573—1619年）建，清乾隆三十年（1765年）重修，道光二十三年（1844年）重建；

永安桥——与世德桥东埭纵横相接，故俗称钥匙桥，明万历年间建，清乾隆三十年（1765年）建，嘉庆五年（1800年）重修，道光二十三年（1844年）重建；

全功桥——俗称北栅桥，在世德桥北，初系全姓人士所建，故原名全公桥，清顺治三年（1646年）重修，乾隆三十六年（1771年）重建，规模较前宏大；

太平桥——在后港东口，世德桥西埭之南，明嘉靖年间（1522—1566年）建，清乾隆三十六年重建；

福洪桥——俗称洪桥，在后港西口，平面方拱，康熙年间（1662—1722年）重建，乾隆四十九年（1784年）重修；

通秀桥——俗称盐店桥，在西湾漾北，初系木桥，乾隆三十九年（1774年）改建为石桥；

聚宝桥——在西湾漾之西口，河阔而流急，嘉庆年间（1796—1820年）在此建造木桥，同治十三年（1874年）重建；

中市木桥——在普庆桥、梯云桥之间，屡圮屡修。

此外，还有青龙桥、平安桥、泰安桥、小石桥、俞家桥、四安桥、兴隆桥、永春桥、永宁桥、福庆桥、流庆桥、登龙桥、旋新桥、仁寿桥、皆春桥、聚安桥、陶公义桥等。[101]

从上述资料中约略可以看出，周庄镇的桥梁，较早的建于元代，大多建于明代，清代则为重修或重建时期，这与它的发展历程是密切相关的。

另一水乡名镇乌青镇，由于历史悠久，在明代万历年间就有桥梁七十六座，分布如下：

跨镇南北河的桥梁九座：南昌桥、登瀛桥、济远桥、兴德桥、众塍桥、普宁桥、普济桥、乡思桥、双溪桥；

跨镇西河的桥梁四座：全家桥、官人桥、通安桥、仁济桥；

乌镇街自南至北栅的桥梁十三座：富春桥、报本桥、众安桥、安利桥、黄家板桥、狮子桥、梯云桥、利济桥、会通桥、飞盖桥、斜桥、且闲桥、太师桥；

乌镇西街自安利桥至西栅的桥梁六座：金鼓桥、顾家桥、平等桥、通利桥、通济桥、通津桥；

乌镇西北隅的桥梁六座：施家桥、斗门桥、陈家桥、庆元桥、永安桥、北庄桥；

乌镇吴家浜内桥梁四座：豆腐桥、太平桥、猪栏桥、普昌桥；

乌镇西南隅的桥梁十六座：望仙桥、望佛桥、广济桥、大悲桥、裴仓桥、广生桥、淳熙桥、新街桥、虹桥、元祐桥、圆义庵桥、广嗣桥、螽斯桥、佳城桥、耕云桥、吴桥；

青镇街自南至北的桥梁七座：福昌桥、永兴桥、福兴桥、常丰桥、席行桥、通德桥、广安桥；

青镇东隅的桥梁十一座：寿源桥、望佛桥、太平桥、挹秀桥、碧波桥、观堂桥、菜市桥、致远桥、景定桥、青云桥、望月桥。[102]

从以上关于桥梁的记载中可以获得不少信息。第一，一些木桥改建为石桥，如远济桥、官人桥、通安桥、仁济桥、黄家板桥、梯云桥、太师桥、耕云桥等。第二，一些桥梁为宋代所建，如元祐桥、淳熙桥等；更多的桥梁为明代所建，如南昌桥、乡思桥、且闲桥、通津桥、永安桥、广济桥、福昌桥、青云桥、望月桥等。第三，两桥相距最近的仅几步之遥，即两桥相连接呈八字形，故俗称八字桥，如众塍桥与安利桥。第四，桥名与行业相关，如豆腐、猪栏、席行、菜市等；桥梁连接著名寺观与达官贵人住宅，如利济寺、观音殿、乌将军庙、普静寺、慈云寺、石佛寺、岳庙、密印寺，以及陈序、陈观父子的世科坊、黄百万宅、沈侍郎百花庄、丁节度使府、顾尚书府等。

青浦县的金泽镇地处水乡低洼地区，历来有"桥桥有庙，庙庙有桥"的说法。镇区仅0.5平方公里，原有古桥四十二座，现在尚存二十一座，堪称水乡桥梁密度之冠。《金泽镇志》说：金泽"四面距湖，涵浸相属"，有鼋荡、杨廉荡、雪落漾、瓜娄漾、花莲漾、马腾湖、大葑漾、周家荡、金泽塘、金泽港等湖泊河流。[103] 这样就形成了"金泽四面巨浸，内多支河，桥梁尤多于他镇"的特点。自古有所谓"四十二虹桥"之说，其中最著名的有以下三座：其一，位于金泽镇南市的普济桥，俗名圣堂桥，用纯紫色花岗岩筑成，故又名紫石桥。此桥初建于宋咸淳三年（1267年），至今桥顶上仍镌刻有"咸淳三年"的字样，为上海地区保存最完好、最古老的石桥之一。其二，位于金泽镇南市梢的迎祥桥，元至元年间（1264—1294年）建，明天顺六年（1462年）重建，清乾隆五十六年（1791年）重修。此桥高架五拱，为六柱五孔梁式石桥，中孔跨径6.34米，二孔与三孔为5米、4.3米，宽2.14米，由石、木、砖组建而成。以造型优美，结构轻巧，如长虹卧江："月印川流，水天一色"——为金泽八景之一的"迎祥夜月"。其三，位于金泽镇北市的万安桥，又名万安亭桥。宋景定年间（1260—1264年）建，明嘉靖、万历及清乾隆三次重修。桥长29米，宽2.6米，跨径9.8米，为弧形单孔石拱桥。《金泽镇志》形容它："亭如穿廊，数间飞出，尽处又有佛庐相向，高与亭埒。亭中四望，水天一碧，淀山峙其东，真奇观也。谚云：四十二虹桥，万安为首。"

其他诸桥，也各有特色：

天王阁桥——与塔汇桥东西相峙，桥之北塘有托塔天王庙，故名，初建无考，清康熙三十七年（1698年）重建；

里仁亭桥——南厍港杀口，元至元中建，明永乐间（1403—1424年）重建，清雍正间（1723—1735年）又建，原先桥上有里仁亭，故名；

吉庆桥——在迎祥桥西北，元至元中建，明崇祯间（1628—1644年）重修，清雍正三年（1275年）再修；

百家桥——在南厍，初建无考，清乾隆五十六年（1791年）重修；

香花桥——在莲社庵隔岸，初建无考，清康熙七年（1668年）重建，乾隆四年（1739年）、道光八年（1828年）先后重修；

称心桥——在丁家浜口，初建无考；

如意桥——在东沈港口，元至元中建，明崇祯间、清乾隆间（1736—1795年）先后重修；

放生桥——在如意桥北，初建无考，明崇祯间重修；

安乐桥——在禅寮港口，桥上有亭，飞檐映水，初建无考，清康熙六年（1667年）、嘉庆十三年（1808年）先后重建；

太平桥——在安乐桥北，初建无考，清嘉庆二十五年（1820年）重建；

安寿桥——在神道浜北，旧时架木为梁，清康熙五十年（1711年）改建为石桥；

百婆桥——跨中市，宋景定元年（1260年）建，清乾隆十三年（1748年）重建，乾隆三十七年、嘉庆十九年（1814年）先后重修；

寺西桥——在石假山西，又名寺界桥；

塔汇桥——在北沈浜口，昔时有塔，故名，初建无考，明嘉靖三十六年（1557年）、清乾隆五十五年（1790年）重建；

寿康桥——在小北沈浜，初建名诸家桥，清康熙年间（1662—1722年）重建，更名为寿康桥，嘉庆二十五年（1820年）重建，更名为登瀛桥；

白石桥——在漫子港口，又名石星桥，桥石晶莹可爱，游人登桥眺望九峰，隐隐耸翠，为金泽名胜之一；

西归桥——在天王桥西北，跨正推圩浜口，元时建，明为板桥；

佛阁亭桥——在万安桥东堍，元至正二年（1342年）建，名为旱桥，清康熙十六年（1677年）重修；

延寿桥——在杨寮荡，为三拱石桥，纳薛淀、沉荡之流，为一镇咽喉，元至正间（1341—1367年）建，明末只剩桥基，清顺治九年（1652年）重建。[104]

现已成为著名旅游景点的甪直镇，因贯穿镇东西的主河道六直浦，故称为"六直"。又有一说，从高处俯瞰甪直镇，六条河流把全镇分割成横三条、竖三条，吴淞江沿镇西流过，天然构成一个"甪"字，于是从"六直"的吴方言谐音为"甪直"。甪直镇的桥多而美，据说，有"七十二顶半桥"的谚语，形容桥梁之多，分布密度为平均0.014平方公里有一座桥。现存四十一座，密度依然可观，堪称桥都。镇上居民大多前门临街，后门沿河，每一家石驳岸上都有系船的缆孔。一些人家还有水码头或石埠头，号称"家家门外泊舟船"。在香花桥，可以望见保圣寺山门。保圣寺始建于南朝梁武帝时，极盛时殿宇廊庑有数千间之多。出保圣寺小弄，行数十步，有两座连环的石梁桥，大的叫做三元桥，小的叫做万安桥。当地人俗称"三步两顶桥"。这种"三步两顶桥"的奇观，全镇有四处，尽显小桥流水之美。镇中的中美桥，又名和丰桥，与环玉桥相连，始建于宋代，是镇上最古的石拱桥。镇东明代重修的东美桥，是全环形桥洞的石拱桥，水波不兴时，实体与倒影构成一轮圆月。镇东头的正阳桥，是敞肩式单孔半圆形石拱桥，其高度雄踞各桥之首。桥洞高敞，桥墩半入水中，大拱两肩对称地雄踞在四块莲花座的方形龙门石上。中秋之夜，明月荡漾，这就是角直八景之一的"长虹漾月"。[105]

3. 关于桥梁的分析

日本学者川胜守在其《明清江南市镇社会史研究》第三章"长江三角洲石造虹桥和市镇的形成"中，对江南市镇的桥梁作了细致的分析，颇有启发意义，特作简要的介绍。首先，他从江南水乡桥梁的视角来看市镇的水路交通，重点考察了南浔镇的111座桥梁，得出的结果是：这些桥梁大多分布在运河市河等交通干线上，特别是分布于东西南北四栅的交通线上，东栅20座、西栅20座、南栅48座、北栅19座。他运用南浔镇万分之一地形图，以及咸丰《南浔镇志》卷首的地图，列出南浔镇桥梁一览表，把111座桥梁的构造、位置、跨河流名、俗名、创建等信息，一一注明。其次，他认为，通过桥梁的沟通，使市镇的空间得以扩大。为此川胜守对清修民国十七年续修《法华乡志》、清修《七宝镇小志》、光绪《枫泾小志》、民国《重辑张堰志》、乾隆《金泽小志》、嘉庆《珠里小志》、光绪《盘龙镇志》、宣统《蒸里志略》、民国《章练小志》、崇祯《外冈志》、乾隆《真如里志》、民国《安亭志》、嘉庆十年修光绪十七年补《娄塘镇志》、嘉庆《石冈广福志》、光绪《罗店镇志》等将近二十部市镇志，作了系统分析。再次，他对二十五个市镇373座桥梁作了数量分析。373座桥梁中，建于宋代的10座，建于元代的27座，建于明初的27座，建于明中期的33座，建于明后期的63座，建于明末的34座，建于清初的4座，建于清前期的26座，建于清中期的59座。其中，官建与民建的比例是13∶153。明后期（嘉靖至万历）以及清中期（雍正至乾隆）是桥梁建造的旺盛期，与经济发展状况完全对应。与此相呼应，嘉靖至万历以及康熙至乾隆时期，大批木桥改建为石桥。而桥梁的建造者大多是民众，有地方大姓，也有徽州商人与洞庭商人，而由地方上的慈善机构善堂善会等组织出面承担具体事务。

川胜守的结论是：第一，桥梁的建设是地域开发的一部分，是定居与文化移植的重要一步；第二，宋代是桥梁创建的开始，元代有一定的发展，明清时代出现飞跃的发展；第三，嘉靖至万历，康熙至乾隆是两个高潮，与这些地区生丝与丝织物生产，棉花与棉纱、棉布生产的扩大时期是一致的；第四，桥梁建设与商品生产，尤其是与江南市镇建设是互动的。[106]

莫小也的硕士论文《论明清时期江南市镇的修桥义行》，独辟蹊径，抓住江南市镇水多桥多的特点，把修桥义行这种社会活动，放在经济发展与伦理思想相结合的视角下，进行探索，对于人们了解江南市镇开辟了新的途径，尤其使人们对经济发展新形势下的传统伦理思想，有了新的认识。他指出，作为修桥的功利来说，当然是商业贸易以及日常生活需要等因素在起作用，然而引发人们修桥的最初动机之一则是儒家的"仁人"基本道德观。宁波商人陈守清"发愿""倡捐"修建的塘栖镇通济桥，还有震泽镇朱山募建的达观桥就是典型的实例。他对修桥者的社会角色与行为动机具体分析后指出以下几点。

第一，乡绅士大夫是义桥修建的主要角色。如《双林镇志》记载，绅士茅瑞徵，专研根本之学，勇于为义，包括建宗祠、置义田、助婚葬、创桥梁之事，不可胜数；绅士吴焕，力行善事，乾隆时期改建万魁桥与化成桥，任劳任力，其好善至老不倦。

第二，在位官吏与致仕者是修桥义行的积极推动者。如朱泾镇修建万安桥与众安桥，都有知府知县官员捐俸倡导。双林镇的清风桥与明月桥，是由明正统年间致仕官员捐资修建的。另一方面，地方官员与致仕退休官员还把修桥义行与弘扬仁义道德的乡风民俗联系起来。

第三，诸生与监生是修桥义行的积极支持者。他们是市镇的知识阶层，往往以身作则，倡修桥梁。如朱泾镇的诸生庄允中，倡导镇民把原本是木梁的万安桥改建为石梁。又如安亭镇的监生朱克昌，平生周人之急，修桥铺路，务求利益于众。《新塍镇志》记载，明清时期修桥十三座，其中六座是监生或生员修建的。

第四，商人是修桥义行的积极参与者。商人从市镇中获取利益的同时，渴望得到政治地位与社会舆论的支持，因此他们表现出乐善好施的品格，愿意捐资修建桥梁，如双林镇的蔡本谦与李君修等。

第五，修桥义行直接带动了与桥梁有关的其他义行，诸如义路、义亭、义渡、义浚等，对乡风民俗起了正确的引导作用。[107]

4. 古迹与人文气息

江南市镇的风情远不止上述这些方面可以涵盖的。镇上的一些古迹所保留的人文气息，与市镇风情浑然一体，相映生辉。

甪直镇上的保圣寺，始建于南朝梁武帝时，极盛时有殿宇廊庑数千间。历经沧桑，现存天王宝殿，为元明时重修。殿内罗汉像塑壁，堪称稀世珍宝。1918年顾颉刚应叶圣陶之邀，来到甪直，见罗汉像散落于地，呼吁抢救。1927年，日本美术史家大村西崖来此考察，惊呼罗汉像塑壁为东亚瑰宝。他回国后，出版了《塑壁残影》一书，引起国际学术界的关注。蔡元培、徐悲鸿、刘海粟等纷纷前往考察，敦请建筑师设计通风高敞的古物馆，加以保护。人们至今仍然可以一睹其风采：九尊真人大小的塑像，浑然一幅气势磅礴的立体的佛法腾那图。与保圣寺相映成趣的是，寺边有唐代名人陆龟蒙的衣冠冢，上有墓碑《唐贤甫里先生之墓》。毗邻的甪直小学则是叶圣陶的执教处，他在此执教鞭的五年中，写了《春游》《隔膜》等小说。这些往事令人们对江南市镇的文化积淀之深厚，产生无限遐想。

龙华镇上的龙华寺，始建于五代吴越时，寺旁的龙华塔相传为三国时吴国孙权所建，是上海地区著名的古迹。龙华寺原名龙华教寺，宋治平三年（1066年）朝廷敕赐"空相寺"匾额，明万历二年（1574年）朝廷敕赐"大兴国万寿慈华禅寺"匾额，但龙华寺旧称始终沿用至今。现今所见的寺庙规制，是历经明清及民国时期重修后的模样。龙华塔在寺西南，原先在龙华寺山门内之左侧（龙华寺山门本来开在龙华镇的小街上，塔在山门内，民国初年修建道路，把塔隔于山门之外）。宋太平兴国二年（977年）吴越王钱俶重建，此后迭经重修，塔高四十余米，为楼阁式砖木结构，砖身主体为宋代原物。外观呈八角形，七层，重重飞檐高翘，共悬五十六只铜铃。塔与寺南北相望，形成独特的风景，当年号称沪上八景之一。

盛泽镇则是另一番风情，虽然经过历年的扩建改建，已经旧貌换新颜，但是镇上依然保留着昔日鼎盛时期的文化遗存。位于斜桥街的济东会馆，清嘉庆年间由济南商人营建，现存大门前厅正厅三进，坐北朝南，正厅为硬山顶，梁枋上雕刻龙凤仙鹤花卉，均有彩绘；柱头雀替有镂空雕刻人物故事；前檐斗拱上雕刻穿行于云空的龙凤。正厅西墙上砌有民国十三年（1924年）《重修济东会馆记》石碑，记载了它曾经有过的辉煌："大门紧靠驳岸，进大门有前厅，后有戏台，左有走廊，再后有正大亭，东西厢楼，又有小前楼跨楼过楼后楼小后楼。"位于华阳街的华阳会馆，原为华阳真逸祠，祭祀南朝梁的隐士陶弘景。乾隆年间由染坊红坊商人把它改建为华阳会馆，又名红花会馆。位于东肠圩钱家浜的徽宁会馆，原址先前是新安义学，乾隆三年（1738年）由徽州府与宁国府商人拓建为徽宁会馆。现存门楼，坐北朝南，硬山顶，东首两间有楼，入口为三个拱门，东西各设清水砖八角风窗。馆内原存清道光十二年（1832年）碑刻三块：《吴江盛泽镇徽宁会馆缘始碑记》《徽宁会馆碑记》《徽宁会馆捐银总数并公产粮税碑》。位于五龙路的先蚕祠，俗称蚕皇殿或蚕花殿，祭祀蚕丝业的保护神。道光二十年（1840年）由丝业商人公建，原有园亭、假山、小桥及回廊、书舍，现存门楼、正殿、偏殿，门楼为单檐歇山顶，门楼外为水磨砖八字墙。从占地面积3 700多平方米来看，当年的先蚕祠颇为气势不凡。[108]

然而，有一些江南市镇的历史遗存，留给人们的是深深的遗憾。例如金泽镇的颐浩寺就是如此。颐浩寺建于宋景定元年（1260年），旧为草庵，名永安。宋高宗南渡时，曾驻跸于此，把庵改为寺，敕赐匾额"永安寺"。据元至大三年（1310年）牟巘《颐浩禅寺记》，当地望族费辅之购得寺旁宋宰相吕颐浩故宅，建经堂一所，收藏大藏经。元至元二十五年（1288年）建大雄宝殿、山门、两庑及楼阁堂室，丹垩璀璨，气势宏丽。元贞元年（1295年）奉旨更名为颐浩禅寺。当时有建筑二十余处，包括永安寺、鸳鸯殿、大山门、天王殿、弥陀殿、祖师水火神庙、香乳堂、文昌祠、凌云阁、微笑堂、天香亭、贝多林、金鲫池、石假山、毗卢阁、圆通殿、有充楼、梅雪轩、宜静院、月山东院、雪隐西院、啸云南院、梅雪北院、方丈、功课间、祖堂等。明清两代多次修建，大雄宝殿、鸳鸯殿（无梁殿）、四大天王殿等依然宏伟壮观。内有唐吴道子所画《大士像》，元赵孟頫手书《金刚经》《不断云》石刻，元牟巘《颐浩禅寺记》碑，明陆兴绳摹刻《大士画像》碑等珍贵文物。据清初徐乾学《饭僧田记》说，颐浩禅寺"殿宇崇宏"；清初潘耒《募修禅堂疏》说，颐浩禅寺"规模最为阔大，度可居千僧"。因此当时有"虽杭（州）之灵隐（寺）、苏（州）之承天（寺），莫匹其伟"之说。寺内供奉的如来佛、白衣观音、弥陀、韦陀、四大金刚、十八罗汉等佛像，雕塑手法与苏杭古刹相似，可能出于宋代匠人之手。寺外垒石为峰，植树成荫，古道曲径，殿阁凌云，风动遐迩，世称古刹。可惜1938年初，毁于日军炮火。残存的天王殿、大山门也于1958年拆移，一代古刹至此荡然无存。现仅存古银杏三株，《颐浩禅寺记》碑一座，《不断云》断石十四块，殿宇柱脚石十六块，这就是1959年列为县级文物保护单位的"颐浩禅寺遗址"。[109]

这种遗憾，是无可挽回的。如今人们徜徉于江南市镇，面对这些遗迹，是否也能细细品味其中所蕴含的残缺美呢？它们的价值也许是现今比比皆是的人为打造的假古董所无法比拟的。

注释

[1] 道光《南浔镇志》卷六《科第》。

[2] 咸丰《南浔镇志》卷六《古迹》。

[3] 嘉庆《南翔镇志》卷二《营建·书院》，卷三《小学》，卷五《选举·科贡》。

[4] 王圻：《续文献通考》卷首，序。

[5] 嘉庆《南翔镇志》卷六《人物》，卷七《人物》。

[6] 钱谦益：《牧斋初学集》卷五十四《李长蘅墓志铭》，卷三十二《嘉定四君集序》。

[7] 嘉庆《南翔镇志》卷十一《杂志·园亭》。

[8] 光绪《菱湖镇志》卷十《风俗》引王继祀《重修永宁禅院碑记》。

[9] 光绪《菱湖镇志》卷十九《选举志》。

[10] 光绪《菱湖镇志》卷二《公廨》。

[11] 道光《元和唯亭志》卷三《风俗》。

[12] 钱谦益：《列朝诗集小传》甲集《高启》。

[13] 同上书甲集《张适》。

[14] 道光《元和唯亭志》卷三《风俗》。

[15] 乾隆《吴郡甫里志》卷二十一《艺文》引金应征《议革门摊碑记》。

[16] 同上书卷五《风俗》。

[17] 同上书卷八《进士》，卷九《孝廉》，卷六《人物》。

[18] 万历《重修乌青镇志》卷二《风俗志》。
[19] 同上书卷二《进士表》。
[20] 乾隆《唐市志》卷首。
[21] 同上书卷中《人物》。
[22] 同上书卷上《园亭》。
[23] 同上书卷首，何忠相《唐市志序》。
[24] 同上书卷上《园亭》。
[25] 同上书卷上《风俗》。
[26] 嘉庆《东林山志》卷二十三《艺文志》。
[27] 嘉庆《同里志》卷九《选举志》，卷六《典制志》。
[28] 嘉庆《朱泾志》卷五《选举志》。
[29] 嘉庆《珠里小志》卷八《科目》。
[30] 钱泳：《履园丛话》卷二十一。
[31] 王卫平：《明清时期江南城市史研究——以苏州为中心》第六章“社会风习的变化与思想观念的更新”第一节“冲决礼制——奢侈风气的蔓延”，人民出版社，1999年。
[32] 徐献忠：《吴兴掌故集》卷十二《风土》。
[33] 万历《嘉定县志》卷二《风俗》。
[34] 崇祯《松江府志》卷七《风俗》。
[35] 康熙《吴江县志》卷十三《风俗》。
[36] 康熙《海宁县志》卷二《风俗》。
[37] 光绪《常昭合志稿》卷六《风俗志》。
[38] 吴履震：《五茸志逸》卷二。
[39] 康熙《淞南志》卷一《风俗》。
[40] 光绪《唐栖志》卷十三《桥梁》引陈逵《唐栖镇通济桥碑记》（嘉靖十四年〔1535年〕）。
[41] 同上书卷十八《风俗》引胡元敬《栖溪风土记》。
[42] 同上书卷十八《风俗》。
[43] 万历《杭州府志》卷十九《风俗》。
[44] 光绪《唐栖志》卷十八《风俗》。
[45] 同上。
[46] 嘉庆《濮院琐志》卷六《岁时》。
[47] 同上书卷六《杂仪》。
[48] 咸丰《南浔镇志》卷一《疆域》引潘尔夔《浔溪文献》。

［49］ 道光《南浔镇志》卷一《风俗》；咸丰《南浔镇志》卷二十三《风俗》。

［50］ 道光《南浔镇志》卷一《风俗》；咸丰《南浔镇志》卷一《疆域》。

［51］ 咸丰《南浔镇志》卷二十三《风俗》。

［52］ 光绪《枫泾小志》卷十《拾遗》。

［53］ 嘉庆《朱泾志》卷一《因革》。

［54］ 同上书卷一《风俗》。

［55］ 同上。

［56］ 光绪《罗店镇志》卷二《街巷》。

［57］ 同上书卷一《风俗》《节序》。

［58］ 吴江市政协文史资料委员会编：《吴江风情》，天津科学技术出版社，1993年，第155页。

［59］ 周德华主编：《吴江丝绸志》，第462～463页。

［60］ 李伯重：《江南的早期工业化（1550～1850年）》，第1～36页。

［61］ 杨联陞：《侈靡论——传统中国一种不寻常的思想》，收入氏著《国史探微》，联经出版事业股份有限公司，1983年，第169～188页。

［62］ 此处引文据陆楫《蒹葭堂稿》卷六《杂著》（《续修四库全书》集部别集类）。文字作了订正。

［63］ 以上参看王卫平《明清时期江南城市史研究——以苏州为中心》"冲决礼制——奢侈风气蔓延"及"本末位移——重商思想抬头"部分。同时参看陈学文《中国封建晚期的商品经济》（湖南人民出版社，1989年）所收论文《商品经济的发展对社会意识与民情风俗的冲击》及陈江《明代中后期江南与江南社会生活》（华东师范大学2003年博士学位论文）第三章"消费风尚和生活情趣"第二节"奢靡之风的起因与影响"。

［64］ 彭慕兰：《大分流：欧洲、中国及现代世界经济的发展》，第5页。

［65］ 道光《璜泾志稿》卷一《流习》。

［66］ 民国《嘉兴新志》上编，第58～75页。

［67］ 吴江县档案，案卷号8·1·145。

［68］ 吴江县户口数据，参看新编《吴江县志》，第409页。

［69］ 朱云云整理：《盛泽丝绸的历史和现状》，《吴江文史资料》第五辑，第111页。

［70］ 刘大钧：《吴兴农村经济》，第133页。

［71］ 康熙《乌青文献》卷三《农桑》《土产》。

［72］ 吴江县档案，案卷号8·1507·9；新编《盛泽镇志》，第180页。

［73］ 新编《盛泽镇志》，第259页。

［74］ 费孝通：《江村经济——中国农民的经济生活》，第91页。

［75］ 道光《璜泾志稿》卷一《流习》。

［76］ 光绪《罗店镇志》卷一《风俗》。

［77］ 杨光辅：《淞南乐府》（上海掌故丛书）。

［78］ 范祖述：《杭俗遗风》（不分卷）《声色类》。

［79］ 新编《盛泽镇志》，第363页。

［80］ 新编《黎里镇志》，第200页。

［81］ 新编《吴江县志》，第675～676页。

［82］ 新编《青浦县志》，第386页、661页。

［83］ 新编《上海县志》，第721页、942页。

［84］ 黄印：《锡金识小录》卷一《风俗变迁》。

［85］ 民国《钱门塘乡志》卷一《风俗》；光绪《罗店镇志》卷一《风俗》；民国
　　　《海宁州志稿》卷四十。

［86］ 乾隆《璜泾志略》（不分卷）《流习》。

［87］ 道光《璜泾志稿》卷一《流习》。

［88］ 乾隆《续外冈志》卷二《俗蠹》。

［89］ 光绪《罗店镇志》卷一《风俗》。

［90］ 光绪《月浦志》卷九《风俗》。

［91］ 新编《上海县志》，第1103页。

［92］ 新编《青浦县志》，第883页。

［93］ 新编《奉贤县志》，上海人民出版社，1987年，第1021～1022页。

［94］ 咸丰《南浔镇志》卷二十三《风俗》。

［95］ 光绪《盛湖志补》卷四《旧事》。

［96］ 嘉庆《南翔镇志》卷十一《园亭》。

［97］ 新编《吴江县志》第五章"园林"第二节"退思园"，第693页。

［98］ 徐迟：《南浔作战场》，《宇宙风》第五十三期（1937年12月1日）。

［99］ 嘉庆《同里志》卷首《同里四面湖界图》；卷一《湖荡》。

［100］同上书卷二《桥梁》。

［101］以上均见光绪《周庄镇志》卷二《桥梁》。

［102］万历《乌青镇志》卷一《桥梁志》。

［103］道光《金泽镇志》卷一《水利》。

［104］道光《金泽小志》卷一《桥梁》；新编《青浦县志》第二十九篇"文物古迹"，
　　　第693页。

［105］乾隆《吴郡甫里志》卷十七《桥梁》。

［106］川胜守：《明清江南市镇社会史研究》，第193～268页。

［107］莫小也：《论明清时期江南市镇的修桥义行》，杭州大学1994年硕士学位论文。

［108］新编《盛泽镇志》，第380～383页；王国平、唐力行主编：《明清以来苏州社会史碑刻集》，苏州大学出版社，1998年，第547页、724页。

［109］道光《金泽小志》卷二《祠庙·寺观家祠附》；新编《青浦县志》第二十九篇"文物古迹"，第695～696页。

后　记

1980年以来，我开始从事明清时代江南市镇的研究，陆续发表了十几篇论文。在此基础上写成了《明清江南市镇探微》，1987年12月把书稿送交复旦大学出版社。由于出版经费等复杂原因，迟至1990年9月才得以出版。

此后几年，资料收集条件大为改善，对于江南市镇的研究向深度与广度拓展，我又发表了一些新的论文。此后着手修订《明清江南市镇探微》，形成《江南市镇：传统的变革》，由复旦大学出版社于2005年6月出版。

此次修订，突出城市化的主题，删除与此无关的内容，探讨江南市镇的早期工业化和商业化，以及随之而来的早期城市化。本书的意义，或许正在于此。当前城市化成为一个热门话题，大多着眼于向大城市转化，是否可以换一个思路，眼光向下，回顾一下江南市镇在城市化进程中的地位，再现市镇的经历，对于缓解大城市人口过于集中的种种弊端，或许不无启迪意义。

关于江南市镇的早期城市化，是我探讨已久的课题。在《学术月刊》1987年第1期发表的论文《市镇与乡村的城市化》，就已经有所涉及。

江南市镇的佼佼者，无论就其规模而言，还是就其经济地位而言，都已凌驾于管辖它的县城乃至府城。例如南浔镇在其鼎盛时期，号称"湖州整个城，不及南浔半个镇"，所以《南浔镇志》说："南浔虽镇，一都会也。"又如乌青镇（今称乌镇）有类似城门的坊门，规模可与湖州府城、嘉兴府城比拟，所以《乌青镇志》说："名为镇而实具郡邑城郭之势"，"宛然府城气象"。

在城市化进程中，一些市镇成为县的治所，即县城。例如平湖县以当湖镇为县治，嘉善县以魏塘镇为县治，金山县以朱泾镇为县治，海宁县以硖石镇为县治等。显然，这些市镇具备县城规模与功能在先，改成县治在后，如果不具备城市要素，不可能在某一天突然摇身一变成为县治。

更重要的是江南市镇的经济功能非常突出，万商云集，生意兴隆，物流人流繁忙，逐渐形成人口聚集的中心地，自然而然地转化为城市。丝绸业市镇和棉布业市镇大多如此。

如今成为旅游景点的江南市镇，小桥流水人家的美景令人赞叹，遗憾的是城市化气象早已荡然无存。如果有人从衰微后的现状出发，去质疑曾经的辉煌、曾经的城市化景象，是违背历史主义的。其中的缘由，费孝通写的《小城镇，大问题》有充分的论述，感兴趣的读者不妨找来一读。

历史每时每刻都在影响着人类的当下和未来。历史给人以智慧，教人用具有历史纵深感的眼光去看待过去、现在和将来，而不被眼前的方寸之地所局限。

随着长三角的一体化，江南与江南文化成为引人注目的焦点，我奉献的这本书，或许可以为人们提供另一个窗口，去回望江南，领略江南曾经的辉煌，思考今后的步伐。

美国诗人庞德说："历史是永久的新闻。"实在是一句隽永的至理名言。

樊树志 2022 年秋于闵行蒲溪

542

图版

曾经引领一时风潮的江南古镇，在繁华落尽后，正在以另一种姿态重生。城市化，是明清以来江南市镇始终绕不开的话题。通过这组古今图片，约略可见它们的变迁之迹。

今日宝山寺新建浮屠（刘德功摄）
罗店镇文物古迹、园林宅邸大多毁于战火，现存明代寺庙梵王宫（今宝山净寺）已列入区级文物保护名录。现在的宝山寺多为近年新建，规模已扩大许多。

朱家角放生桥及漕港两岸
（周游摄）

朱家角是松江府首屈一指的大镇，由于经济地位重要，分属两县管辖，放生桥以南属青浦县，放生桥以北属昆山县。

原南翔寺砖塔（樊晔亲摄）

坐落于南翔镇香花桥北堍，是建于梁天监年间的南翔寺仅存遗迹（寺在乾隆三十一年毁于大火）。古建专家根据其形制与结构，推定为五代至北宋间的建筑。

松江叶榭镇草龙（张强军摄）

国家级"非遗"，以稻草扎制。农历五月十三、九月十三关帝庙会时便会舞
起，以行祭祀，祈求风调雨顺。

今日震泽镇（郑宪章摄）

曾经的震泽镇四乡"居民以蚕桑为业"，农家所生产的经丝、绸丝汇集于镇上丝行，再由丝行转销给各地前来的客商，震泽镇因而成为蚕丝的集散中心，繁盛一时。今日震泽镇，已无往日"丝业中心"的影迹。

雪后乌镇（杨帆摄）

乌青镇街市广袤十八里，有四条大街五十八条小街，号称"宛然府城气象"。今日所见乌镇仅是当年一角，依然有"甲于他镇"的不同凡响。

南浔市河（郑宪章摄）

南浔镇烟火万家、舟航辐辏的繁华盛景，早已隐入历史。昔时人声鼎沸的市河两岸，如今归于宁静，当年恢宏的影子依稀可见。

调丝（上左）、运经（上右）、踩绸（下左）、"元宝石"（下右）

机户从事丝织，分工极细，从丝到绸，要经过调丝、摇纬、牵经、运经、刷边、织手、曳花、踩绸等多道工序，需多人配合。"元宝石"是踩绸必备的工具，可使绸"紧薄而有光"。

徽宁会馆旧址

盛泽镇是绫绸集散地，富商大贾挟巨资来此经营，设立同乡会馆。康熙十六年，山东济宁商人建造济宁会馆；道光十二年，徽州、宁国商人建造徽宁会馆。此外还有山西会馆、宁绍会馆、济东会馆等。（本页选自盛泽镇地方志办公室编纂《盛泽镇志》，江苏古籍出版社，1991年）

盛泽先蚕祠

蚕丝与市镇经济生活息息相关，祭祀蚕花诸神的民间信仰代代相传，祈求蚕茧丰收。春蚕时节，全镇围绕先蚕祠举行迎神赛会。

1930年代的罗店镇

今日罗店镇

今日罗店宝山寺远眺

宝山寺中明代梵王宫遗存

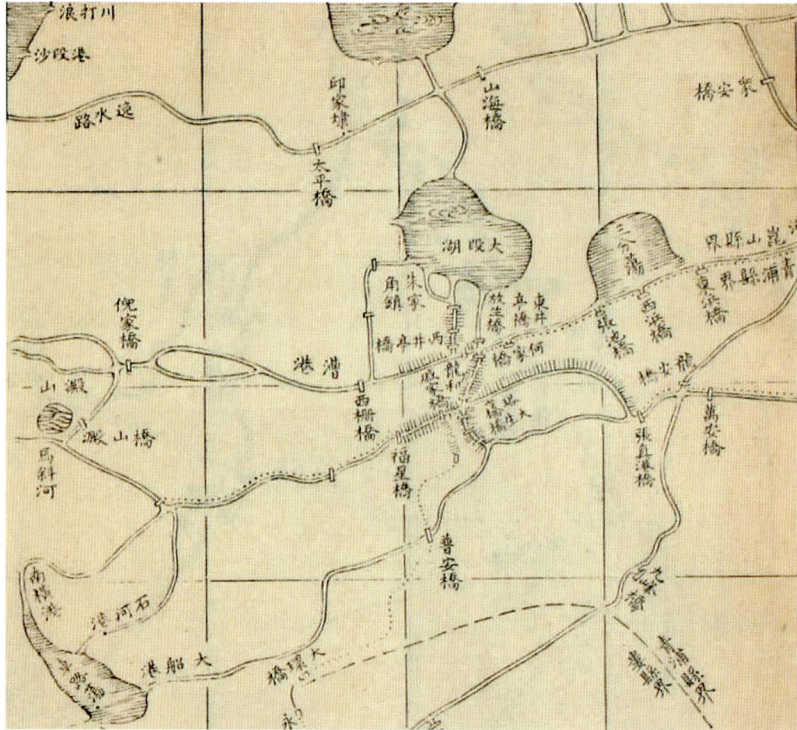

光绪《青浦县志》中朱家角镇周边形势图

朱家角放生桥

朱家角泰安桥

南浔颖园尚存

南浔适园仅存的长生石塔

嘉业堂藏书楼溥仪题赠"钦若嘉业"九龙金匾

嘉业堂藏书楼的窗棂很有辨识度

乌镇水阁

乌镇西栅

乌镇茅盾故居

今濮院镇相传为濮凤开镇时亲手栽种的银杏树，树龄已有八百余年

1980年代的濮院镇众
安桥

濮院镇语儿桥（俗称
女儿桥）旧貌

濮院镇观前街

枫泾元代致和桥

1980年代的七宝蒲汇塘桥

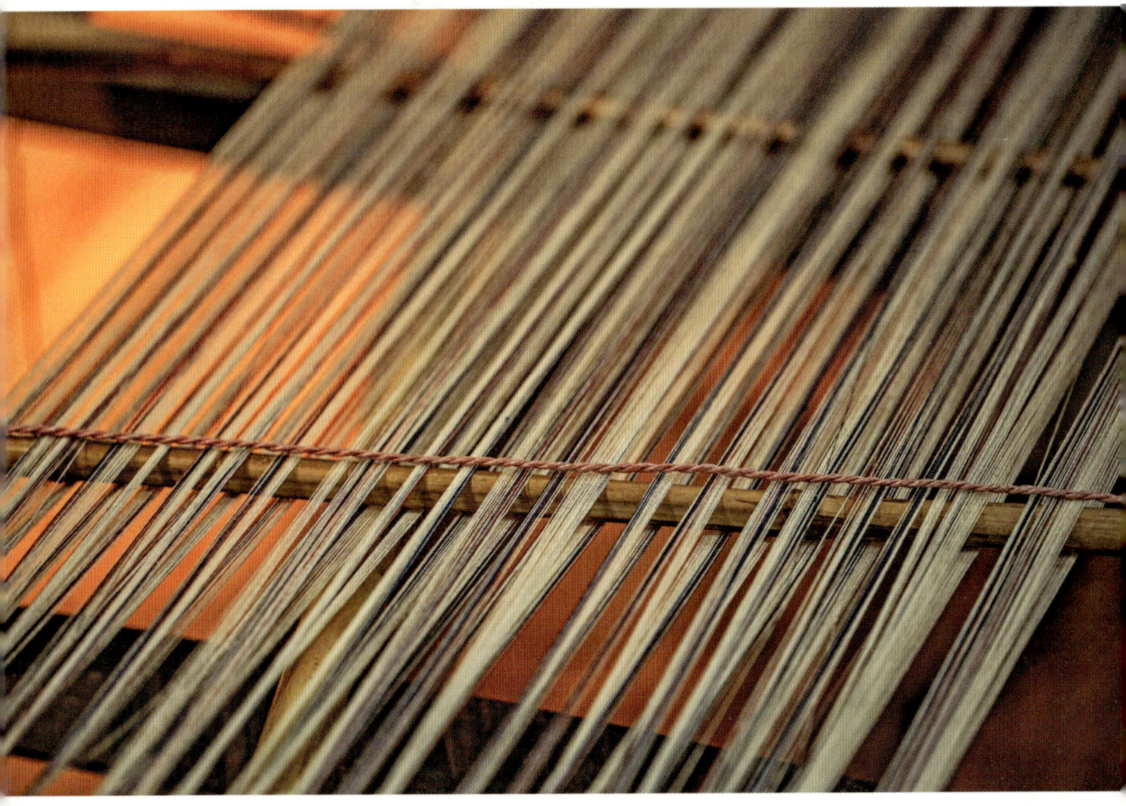

松江棉布（樊晔亲摄）

清明时许多市镇都有龙舟竞渡，五彩缤纷

明仇英《南都繁会图》中的鳌山灯会

罗店龙灯

书场一般都设在茶馆中，这是至今仍在营业的七宝书场

七宝镇水上摇橹（庄琦摄）

Chinese Village. Li Li.

晚清西方明信片上的黎里古镇

今日苏州七里山塘（樊哗亲摄）

古猗园航拍（刘德功摄）

　　南翔镇上的古猗园，始建于明代，原名猗园，清代乾隆时，洞庭叶锦购得此园，加以扩建，改称古猗园。

南浔小莲庄中西合璧的雅趣

同里退思园

周庄世德桥、永安桥，两桥纵横相连，故俗称"钥匙桥"，因陈逸飞油画《故乡的回忆》而闻名，现更多以"双桥"之名为世人所知，已成为周庄古镇标志性景观

双林三桥（自近及远依次为万魁桥、化成桥、万元桥）

双林三桥之化成桥（塘桥），"走过三关六码头，难过双林塘桥头"

南翔三桥："走过吉利桥，大吉大利鸿云照；走过太平桥，四季太平身体好；走过隆兴桥，事业兴旺节节高"。

甪直保圣寺罗汉塑像（蒋理摄）

Shanghai. Loong - Wha Pagoda

民国时期明信片中的龙华塔